本书系国家社科基金一般项目
"环境犯罪刑法治理的早期化问题研究"
(项目批准号:17BFX071)最终成果

# 环境犯罪刑法治理的早期化问题研究

---

STUDY ON
EARLY CRIMINAL LAW
GOVERNANCE
OF
ENVIRONMENTAL CRIMES

---

李梁 / 著

# 序

晚近以来,在"全面依法治国"战略和"大力推进生态文明建设"战略的合力推动下,我国的生态文明建设取得了长足进展。这不但促使环境政策和环境保护法律发生了根本性变化,而且在法学研究领域也引起了一场绿色革命。但是,与宪法和环境保护法对生态文明建设的回应相比,刑法对生态文明建设的回应似乎比较迟缓。相应地,从刑法学视角对生态文明建设的研究,只是在提出"大力推进生态文明建设"战略后盛极一时,之后又趋于平静。时至今日,刑法应当如何有效回应生态文明建设,似乎依然是一个悬而未决的问题。一方面是因为晚近以来因社会剧烈转型而引发的研究热点过多,如食品安全犯罪、恐怖主义犯罪、信息网络犯罪、犯罪治理数字化等,其中任何一个热点都可谓胜过环境犯罪,占用了学者们过多的精力;另一方面是因为与其他刑法学研究领域相比,环境刑法研究确实是一个难度较大的问题,它不仅需要环境伦理学、环境社会学、环境哲学、环境法学等社会科学的滋养,还需要有自然资源学、环境科学、生态学等方面的知识储备,使人望而却步。令人欣慰的是,有部分学者克服重重困难,在环境刑法这一富矿和硬矿中进行着艰难探索,努力寻求生态文明建设的刑法应对策略。《环境犯罪刑法治理的早期化问题研究》一书,就是这种艰难探索的一个缩影。

自新中国成立至1979年《中华人民共和国刑法》颁布期间,我国还没有环境刑法;在1979年《刑法》分则中,立法者于"破坏社会主义经济秩序罪"的最后规定了三个环境犯罪,但被打上了深深的资源保护的烙印。尽管如此,这也标志着破坏自然资源类犯罪(第一代环境犯罪)在我国初步形成。1984年《中华人民共和国水污染防治法》规定了重大水污染事故罪,标志着污染环境类犯罪的出现,而随着1987年《中华人民共和国大气污染防治法》设立重大大气污染事故罪和1995年《中华人民共和国固体废物污染环境防治法》设立危险废物污染事故罪,污染环境类犯罪(第二代环境犯罪)初步形成。在此过程中,1988年通过的《关于惩治捕杀国家重点保护的珍贵、濒危野生动物犯罪的补充规定》设立了非法捕杀珍贵、濒危野生动物罪,标志着破坏生态类环境犯罪(第三代环境犯罪)的出现。至此,"破坏自然资源类犯罪—污染环境类犯罪—破坏生态类犯罪"三元环境犯罪结构已经形成,并成为当时的刑法学者架构环境刑法的基本支柱。但是,在"以经济建设为中心""科学技术是第一生产力"等论断的主导下,当时对环境刑法的研究主要限于对已然发生的环境犯罪的解释,而且主要是形式解释。进入新时代以来,党的十八大将建设生态文明的地位确立为"关系人民福祉、关乎民族未来的长远大计",五年后召开的党的十九大将建设生态文明的地位提升为"中华民族永续发展的千年大计",在之后形成的习近平法治思想中,建设生态文明又被提升为"关系中华民族永续发展的根本大计",其地位之高,前所未有。正是在这种背景下,具有深厚传统生态文化意蕴的人与自然和谐共生思想得以凸显,并被赋予时代性意义,预防性理念的价值同时得到了彰显,给环境刑法及其理论提出了极大挑战。面对这种挑战,解释性研究显然难以满足需要,必须将目光转向建构。为此,部分学者承担起了这一时代使命,冲破传统刑法理论的藩篱,从社会科学和自然科学的视角审视环境刑法,为生态文明建设的刑法应对提供智慧和力量。《环境犯罪刑法治理的早期化问题研究》一书,就是以预防性理念为指导对环境刑法进行的一次全新的立法论研究。该书对生态文明时代下环境刑法的建构所提供的参照价值和指导意义,是不容否认的。

该书从分析与总结环境犯罪刑法治理早期化的国外和国际立法经验出发,论证了环境犯罪刑法治理早期化的理论基础和现实依据,并在此基础上提出了我国环境犯罪刑法治理早期化的立法完善建议,深入回答了环境犯罪为什么需要刑法的早期化干预和如何进行刑法的早期化干预。作者认为,环境犯罪刑法干预的早期化包括实体和程序两个方面。实体层面的早期化,是犯罪构成设置的早期化。从客观方面看包括设置危险犯、犯罪预备行为的实行行为化、帮助犯的正犯化等;从主观方面看包括广泛处罚过失犯、对部分环境犯罪实行严格责任等。程序层面的早期化,是环境犯罪程序设计的早期化,包括环境犯罪证据的收集与采信、犯罪侦查模式、司法证明模式等的早期化。作者通过内容丰富和逻辑严密的论证,为如何理解刑法干预早期化提供了一个全新的视角,淋漓尽致地展现了环境犯罪刑法干预早期化的诸面向。书中提出的一些观点尚需进一步推敲,资料支撑还有待加强,但初读此书,实有一睹为快之感。

该书作者李梁现为中央民族大学法学院副教授,是我曾经指导的硕士研究生和博士研究生。在攻读硕士学位和博士学位期间,李梁思维活跃、刻苦耐劳,取得了优异的成绩。博士毕业后,他又于北京师范大学从事了两年多的博士后研究工作,出站后到高校任教。李梁通过长期努力,积淀了深厚的学术素养,为其驾驭本书涉及的巨大而复杂的课题奠定了基础。该书是作者主持的2017年度国家社会科学基金项目的最终研究成果。研究项目成功结项后,作者又呕心沥血,根据评审意见对全书进行了认真修改。现在,呈现在读者面前的是一部特色鲜明、分析透彻、逻辑思维严密、理论与实践结合紧密的著作。作为李梁在硕士生阶段和博士生阶段的指导教师,我为他能产出如此好的研究成果而感到高兴,并感谢北京大学出版社将该部具有开拓意义的作品呈现给广大读者。

是为序。

齐文远

癸卯年深秋于武汉

# 目 录

导 论 ·················································································· 1

## 第一章 环境犯罪刑法治理早期化的国外和国际立法 ············ 11
### 第一节 环境犯罪刑法治理早期化的国外立法 ················· 11
一、国外环境犯罪的类型及其反映出的刑法治理早期化
程度 ························································································· 12
二、国外环境犯罪的罪过形式及其刑法治理早期化程度 ······ 26
三、国外环境犯罪的法益类型及其刑法治理早期化程度 ······ 34
四、国外环境犯罪的特殊形态及其反映出的刑法治理早期
化程度 ····················································································· 42
五、国外环境犯罪的处理程序及其反映出的刑法治理早期
化程度 ····················································································· 51
### 第二节 环境犯罪刑法治理早期化的国际立法 ················· 56
一、国际环境刑法立法及其基本特点 ························· 57
二、从国际环境刑法立法看犯罪刑法治理的早期化 ········· 62
### 第三节 环境犯罪刑法治理早期化立法的特点 ················· 65
一、环境犯罪刑法治理早期化立法具有强烈的预防性 ········ 65
二、环境犯罪刑法治理早期化立法具有处罚的前置性 ········ 70

三、环境犯罪刑法治理早期化立法具有鲜明的行政
　　依赖性 …………………………………………… 73
四、环境犯罪刑法治理早期化立法具有实体与程序的
　　统一性 …………………………………………… 76
五、环境犯罪刑法治理早期化立法具有形式的多样性 …… 79
本章小结 ……………………………………………… 82

## 第二章　环境犯罪刑法治理早期化的理论根据 …………… 86
### 第一节　积极主义刑法观与环境犯罪刑法治理 ………… 86
一、积极主义刑法观的提出及其基本要求 …………… 86
二、环境刑法是积极主义刑法观的"主战场" ………… 107
### 第二节　风险社会理论与环境犯罪刑法治理 …………… 118
一、风险社会理论的基本内容及其在刑法中的运用 …… 118
二、风险社会理论与环境犯罪刑法治理的早期化 …… 124
### 第三节　"严而不厉"思想与环境犯罪刑法治理 ………… 133
一、"严而不厉"思想的提出及其在刑法中的运用 …… 134
二、"严而不厉"思想与环境犯罪刑法治理的早期化 …… 140
### 第四节　宽严相济思想与环境犯罪刑法治理 …………… 144
一、宽严相济思想的提出及其在刑法中的运用 ……… 144
二、宽严相济思想与环境犯罪刑法治理的早期化 …… 157
本章小结 ……………………………………………… 160

## 第三章　环境犯罪刑法治理早期化的现实依据 …………… 164
### 第一节　环境犯罪观念和事实性特点与环境犯罪刑法治理
　　　　　的早期化 …………………………………………… 164

一、环境犯罪观与环境犯罪刑法治理早期化 …………… 164
　　二、环境犯罪的事实性特点和治理需要与刑法治理的
　　　　早期化 …………………………………………………… 175
　第二节　生态文明建设与环境犯罪刑法治理的早期化 ……… 183
　　一、生态文明建设的特点及对环境犯罪治理提出的挑战 … 183
　　二、作为公共政策的生态文明建设与环境犯罪刑法治理
　　　　的早期化 ………………………………………………… 196
　　三、作为宪法理念的生态文明建设与环境犯罪刑法治理
　　　　的早期化 ………………………………………………… 201
　　四、作为文化形态的生态文明建设与环境犯罪刑法治理
　　　　的早期化 ………………………………………………… 206
　第三节　非刑事法律的局限性与环境犯罪刑法治理的
　　　　　早期化 …………………………………………………… 210
　　一、宪法治理的难以操作性 ………………………………… 211
　　二、民法治理的末端性 ……………………………………… 218
　　三、环境行政法治理的不严厉性 …………………………… 228
　　本章小结 ……………………………………………………… 237

第四章　环境犯罪刑法治理早期化的立法完善 ……………… 240
　第一节　我国环境犯罪刑法治理早期化程度分析 …………… 240
　　一、我国环境犯罪的类型及其反映出的刑法治理
　　　　早期化程度 ……………………………………………… 241
　　二、我国环境犯罪的罪过形式及其反映出的刑法治理
　　　　早期化程度 ……………………………………………… 246

三、我国环境犯罪的法益类型及其反映出的刑法治理
　　早期化程度 ……………………………………… 251
四、我国环境犯罪的特殊形态及其反映出的刑法治理
　　早期化程度 ……………………………………… 262
第二节　我国环境犯罪刑法治理早期化的实体立法完善 …… 270
一、环境犯罪刑法治理早期化的客观维度 …………… 270
二、环境犯罪刑法治理早期化的主观维度 …………… 280
第三节　环境犯罪刑法治理早期化的程序立法完善 ………… 308
一、环境犯罪证据收集与采信 ………………………… 308
二、环境犯罪的侦查模式 ……………………………… 311
三、环境犯罪的司法证明模式 ………………………… 314
本章小结 ………………………………………………… 318

**主要参考文献** ……………………………………………… 321

# 导 论

## 一、研究的缘起

2012年召开的党的十八大明确提出"大力推进生态文明建设",强调"建设生态文明,是关系人民福祉、关乎民族未来的长远大计",要求"全面落实经济建设、政治建设、文化建设、社会建设、生态文明建设五位一体总体布局",并要求"把生态文明建设放在突出地位,融入经济建设、政治建设、文化建设、社会建设各方面和全过程"。2017年召开的党的十九大明确提出建设生态文明是中华民族永续发展的"千年大计"。在习近平生态文明思想中,进一步将生态文明建设提升为关系中华民族永续发展的"根本大计"。[1] 2018年通过的《中华人民共和国宪法修正案》把生态文明写入宪法,明确规定"推动物质文明、政治文明、精神文明、社会文明、生态文明协调发展"。党的十八大召开以来,我国最高立法机关不但对环境保护基本法作出了全面修正,确立了"保护优先、预防为主"原则和"综合治理"的原则,使环境保护基本法成为"史上最严"的环境法,而且修改了几乎所有的环境保护单行法,还制定了新的环境保护单行法。与

---

[1] 参见钱易主编:《生态文明建设理论研究》,科学出版社2020年版,第25页。

此同时,党中央、国务院先后制定和发布了多项环境政策[1],有力地推动了生态文明建设。然而,自党的十八大召开后,在我国最高立法机关进行的三次刑法立法修改活动(制定《刑法修正案(九)》《刑法修正案(十)》和《刑法修正案(十一)》)中,除了2020年通过的《刑法修正案(十一)》对与环境刑法相关的规定作出局部修改,其余两次刑法立法活动均未涉及对环境刑法的修改,对生态文明的回应略显迟缓。那么,作为环境法之保障法的环境刑法[2],如何对生态文明建设作出回应?进一步而言,生态文明建设对环境刑法提出了哪些挑战?环境刑法应当通过什么样的方式来应对这些挑战?正是基于这种考虑,笔者以国外和国际环境犯罪的刑法治理机制为参照,对我国环境犯罪刑法治理早期化问题进行研究。

## 二、研究现状分析

### (一)国外研究现状

环境犯罪在国外(特别是发达国家)出现较早,所以有关环境犯罪刑法治理早期化问题的研究也比较早,现已形成了较为成熟的理论,代表性研究成果如《环境犯罪:读本》(*Environmental Crime: A Reader*, Rob White, 2011)、《危害自然犯罪:非法产业与全球环境》(*Crimes Against Nature: Illegal Industries and the Global Environment*, Donald R. Liddick, 2011)、《环境犯罪现场处理》(*Environmental Crime Scene Processing*, Michael W. Weissberg, 2013)、《环境犯罪与国

---

[1] 参见陈海嵩:《中国环境法治中的政党、国家与社会》,载《法学研究》2018年第3期。
[2] 从我国环境立法对环境法律责任的设置来看,环境刑事责任是环境法律责任之一。在这个意义上,环境刑事责任是保障环境行政责任和环境民事责任实现的法律责任。

家协作式干预》(Environmental Crime and Collaborative State Intervention, Grant Pink and Rob White, 2016)、《环境犯罪的兴起:对自然资源、和平与发展以及安全问题日益严重的威胁》(The Rise of Environmental Crime: a Growing Threat to Natural Resources, Peace, Development and Security, Christian Nellemann et al., 2016)等。这些研究成果运用整体刑法学思维对环境刑法立法问题进行了较为充分的研究,主要涉及环境刑法的保护法益、环境犯罪的基本形态和制裁措施等问题,为环境犯罪刑法治理的早期化的研究提供了重要参考。

在德、日等大陆法系国家,关于此问题的研究主要从三个视角展开:一是从法益概念的视角展开。经过多年研究,现已形成人类·生态中心的环境犯罪的法益观,把环境犯罪的结果界定为对环境的损害和有损害环境的危险(对环境要素的改变)。所以,环境犯罪刑法治理的早期化主要表现为危险犯的增加,同时附带地把个别犯罪的预备行为和帮助行为规定为实行行为。[1] 二是从刑法明确性原则的视角展开。虽然大陆法系国家从宪法确立的自由主义法治原则出发建立以个人法益为核心的法益体系,但法益的抽象化不可避免,迫使刑法理论对环境犯罪处罚合理性的研究从法益转向刑法明确性原则,认为即便是危险犯、犯罪预备行为和帮助行为的实行行为化,只要刑法能够做到明确规定即可。[2] 三是从风险社会的视角展开。这主要是为扩大环境犯罪的处罚范围提供现实依据。通过对风险社会与风险刑法的研究,使人们广泛认识到环境犯罪刑法治理早期化是防范风险的现实需要。在英美法系国家,环境犯罪刑法治理早期化的理论依据主要在于刑法的明确性原则和社会控制理论,现实依

---

[1] 参见李梁:《预备犯立法模式之研究》,载《法学》2016年第3期。
[2] 参见李梁:《中德污染环境罪立法明确性之比较研究》,载《中国地质大学学报(社会科学版)》2019年第5期。

据主要是环境犯罪的危害,与大陆法系国家在环境犯罪刑法治理早期化研究上具有异曲同工之妙。[1] 国外的研究为在我国开展环境犯罪刑法治理早期化问题的研究提供了重要的参考,但在吸收外国研究成果的同时,必须看到其地域性和局限性。

(二)国内研究现状

在国内,对包括环境犯罪刑法治理早期化在内的刑法干预早期化问题的研究,是随着 2013 年最高人民法院、最高人民检察院发布《关于办理环境污染刑事案件适用法律若干问题的解释》开始的。由于该司法解释把我国《刑法》第 338 条中的"严重污染环境"解释为包括并未造成严重污染环境后果的污染行为,这就意味着要处罚危险犯。至此,关于环境犯罪刑法治理早期化的研究拉开了序幕。之后,随着《刑法修正案(九)》把部分犯罪之预备行为和帮助行为实行行为化,关于刑法治理早期化问题的研究陆续展开。从与环境犯罪刑法治理早期化是否有直接关系来看,可将当前的研究成果划分为直接研究环境犯罪刑法治理早期化的研究成果和与环境犯罪刑法干预早期化有关的研究成果。

1. 直接研究环境犯罪刑法治理早期化的研究成果

直接研究环境犯罪刑法治理早期化的代表性成果可分为论文和著作两类。在代表性论文中,早期的有王秀梅的《国际环境犯罪惩治的理论与实践》(《外国法译评》1999 年第 3 期)和《英美法系国家环境刑法与环境犯罪探究》(《政法论坛》2000 年第 2 期)、曲阳的《日本的公害刑法与环境刑法》(《华东政法学院学报》2005 年第 3 期)等。近年来的代表性论文有赵秉志和陈璐的《当代中国环境犯罪刑法立

---

[1] 参见李梁:《刑法中的明确性原则:一个比较法的研究》,载《法学评论》2017 年第 5 期。

法及其完善研究》(《现代法学》2011年第6期)、王勇的《环境犯罪立法:理念转换与趋势前瞻》(《当代法学》2014年第3期)、刘艳红的《环境犯罪刑事治理早期化之反对》(《政治与法律》2015年第7期)、黄旭巍的《污染环境罪法益保护早期化之展开——兼与刘艳红教授商榷》(《法学》2016年第7期)、李梁的《环境犯罪刑法治理早期化之理论与实践》(《法学杂志》2017年第12期)、陈洪兵的《解释论视野下的污染环境罪》(《政治与法律》2015年第7期)、苏永生的《污染环境罪的罪过形式研究——兼论罪过形式的判断基准及区分故意与过失的例外》(《法商研究》2016年第2期)、赵秉志的《中国环境犯罪的立法演进及其思考》(《江海学刊》2017年第1期)、张明楷的《污染环境罪的争议问题》(《法学评论》2018年第2期)、田国宝的《我国污染环境罪立法检讨》(《法学评论》2019年第1期)、苏永生和高雅楠的《论德国环境刑法中的危险犯》[《中国地质大学学报(社会科学版)》2020年第1期]等。这些研究成果从不同角度自觉或不自觉地分析了环境犯罪刑法治理早期化的具体表现,为本书的研究提供了重要参考。

围绕环境犯罪的刑法治理问题,一些著作也在我国陆续出版。早期具有代表性的著作如付立忠的《环境刑法学》(中国方正出版社2001年版)、冷罗生的《日本公害诉讼理论与案例评析》(商务印书馆2005年版)、徐平的《环境刑法研究》(中国法制出版社2007年版)、蒋兰香的《环境犯罪基本理论研究》(知识产权出版社2008年版)和《环境刑法》(中国林业出版社2004年版)等。近年来,随着生态文明建设的大力推进,围绕环境犯罪刑法治理问题展开研究的著作越来越多,代表性的如吕欣的《环境刑法之立法反思与完善》(法律出版社2012年版)、刘彩灵和李亚红的《环境刑法的理论与实践》(中国环境科学出版社 2012 年版)、叶良芳的《海洋环境污染刑法规制研究》(浙江大学出版社 2015 年版)、傅学良的《刑事一体化视野中的环境刑法研究》(中国政法大学出版社 2015 年版)、王吉春的《"美丽中国"背景下我国环境刑事法完善研究》(中国人民公安大学出版社 2018 年版)、周兆进的《环境犯罪严格责任研究》(中国检察出版社 2018 年版)、张继钢的《风险社会下环境犯罪研究》(中国检察出版社 2019 年版)、冯军等的《环境污染犯罪治理问题研究》(法律出版社 2019 年版)等。这些研究成果虽然没有专门研究环境犯罪刑法治理早期化问题,但关于环境犯罪的基本形态、罪过形式、因果关系、严格责任等问题的研究,均涉及环境犯罪刑法治理是否应当实现早期化以及如何实现早期化问题。

2. 与环境犯罪刑法干预早期化有关的研究成果

代表性成果有张明楷的《论〈刑法修正案(九)〉关于恐怖犯罪的规定》(《现代法学》2016 年第 1 期)和《论帮助信息网络犯罪活动罪》(《政治与法律》2016 年第 2 期)、周光权的《转型时期刑法立法的思路与方法》(《中国社会科学》2016 年第 3 期)和《积极刑法立法观在中国的确立》(《法学研究》2016 年第 4 期)、何荣功的《"预防性"反恐刑事立法思考》(《中国法学》2016 年第 3 期)、梁根林的《刑法修正:维度、策略、评价与反思》(《法学研究》2017 年第 1 期)、高铭暄和孙道萃的《预防性刑法观及其教义学思考》(《中国法学》2018 年第 1 期)、李梁的《预备犯立法模式之研究》(《法学》2016 年第 3 期)、付立庆的《论积极主义刑法观》(《政法论坛》2019 年第 1 期)、周光权的《论通过增设轻罪实现妥当的处罚——积极刑法立法观的再阐释》(《比较法研究》2020 年第 6 期)、张明楷的《增设新罪的观念——对积极刑法观的支持》(《现代法学》2020年第5期)等。这些研究成果中均蕴含着对环境犯罪刑法治理早期化问题的看法,并对正确认识环境犯罪刑法干预的早期化问题具有重要的参考价值。

然而,到目前为止,关于我国环境犯罪刑法治理早期化的专门且系统的研究还没有出现。而且,当前的研究成果存在诸多不足。其一,现有研究大多以西方(特别是大陆法系国家)刑法理论为视角来评说我国环境犯罪刑法治理早期化乃至整个刑法治理早期化现象,这既剥离了西方刑法知识的地域性,也没有充分认识到我国刑法的"生态环境",比较缺乏中国立场,致使研究成果难接地气。其二,现有研究大多只是从刑法的立场出发,运用刑法理论研究我国刑法中的环境犯罪问题,而没有从刑法之外来研究环境犯罪刑法治理早期化问题,致使研究成果的实际指导意义不强。其三,在研究方法上,现有研究很少运用政治分析法和社会与文化分析法研究我国环境犯罪刑法治理早期化问题,难以使党和国家的政策与刑法立法有机结合,也难以满足犯罪治理的社会需求,致使研究成果缺乏中国特色。其四,环境犯罪刑法治理早期化是环境刑法具有世界性的发展趋势,包括实体法方面的早期化、程序法方面的早期化以及刑事法与行政法关系上的早期化。但是,当前的研究并没有看到这一点,致使研究成果的碎片化现象比较严重。

综观国内相关研究,其呈现以下趋势:第一,相关研究开始从刑法之内走向刑法之外,尝试从刑法之外寻求环境犯罪刑法治理早期化的理论根据和现实依据。第二,在研究方法上,部分研究开始超越价值分析和规范分析,从政治学、经济学、社会学与文化学的立场出发研究环境犯罪刑法治理的早期化问题,多学科交叉研究的迹象已经出现。第三,从近年来审理的环境犯罪案件出发,检视环境犯罪刑法干预早期化立法之社会效果的实证研究日益增多。

### 三、研究思路及方法

(一)研究思路

本书的总体研究思路是:通过梳理国外和国际环境刑法立法中环境犯罪刑法治理早期化的具体表现,总结出环境犯罪刑法治理早期化的基本特点,然后立足中国实际分析环境犯罪刑法干预早期化的理论根据和现实依据,最后指出我国在环境犯罪刑法治理早期化中存在的不足,提出改进方案。具体而言:

首先,通过查阅和翻译相关资料,运用文献分析法和规范分析法,先分别对德国、日本、英国、美国等发达国家的环境刑法进行深入分析,从犯罪类型、罪过形式、法益类型、犯罪特殊形态、处理程序等方面分析国外环境犯罪刑法治理早期化的具体表现。然后,从国际环境刑法立法实践及基本特点出发,并从预防原则、对犯罪形态的设置以及心理要素和主体要求出发,并总结出环境犯罪刑法治理早期化的理念和基本样态。之后,以环境犯罪刑法治理早期化的国外和国际立法为基础,从环境刑法的基本理念、环境刑法与环境行政法的关系、程序性规定与实体性规定的关系以及立法形式等方面,总结出环境犯罪刑法治理早期化立法的特点。

其次,立足中国实际,先从积极刑法观的提出和基本要求出发,深入分析积极刑法观与环境犯罪刑法治理早期化的内在关联,进而分析积极刑法观下环境犯罪刑法治理早期化的立法与司法途径。然后,从风险社会理论的基本内容及其在刑法中的运用出发,分析风险社会理论与环境刑法的形成及性质,进而分析风险社会理论与环境犯罪刑法治理早期化的发展趋势。之后,以"严而不厉"思想的提出及其在刑法中的运用为基础,深入分析法网严密和刑罚宽缓化对环境犯罪刑法治理早期化的支撑作用。再从宽严相济思想的提出及其在刑法中的广泛运用出发,从"严"的思想和"宽"的思想两方面论证宽严相济思想与环境犯罪刑法治理早期化的内在联系。

再次,立足中国实际,先从环境犯罪观的发展变化出发,分别从人类中心主义环境犯罪观和破坏人与自然和谐关系的环境犯罪观分析当代环境犯罪观与环境犯罪刑法治理早期化的内在关联;同时,从环境犯罪的事实性特点和治理需要出发分析其对环境犯罪刑法治理早期化的决定性意义。然后,从生态文明建设的特点及对环境犯罪治理提出的挑战出发,分别从作为公共政策的生态文明建设、作为宪法理念的生态文明建设以及作为文化形态的生态文明建设等视角论证生态文明建设与环境犯罪刑法治理早期化的内在联系。之后,从环境犯罪刑法治理的难易操作性、民法治理的末端性和环境行政法治理的不严厉性出发,寻求环境犯罪刑法治理早期化在法律治理上的现实依据。

最后,立足中国实际,先从犯罪类型、罪过形式、法益类型以及特殊形态等方面出发,深入分析我国环境犯罪刑法治理的早期化程度,指出其中存在的不足。然后,从增设危险犯的基本思路、环境犯罪的保护法益和犯罪形态设置以及增设危险犯的具体策略等方面,论证完善环境犯罪刑法治理早期化在客观维度上的基本策略;同时,从全面处罚过失犯和针对个别犯罪实行严格责任两个方面,论证完善环境犯罪刑法治理早期化在主观维度上的策略。之后,从环境犯罪的证据收集与采信、环境犯罪的侦查模式和环境犯罪的司法证明模式三个方面,建构环境犯罪刑法治理早期化的特殊程序机制。

(二)研究方法

本书采用的研究方法主要包括:(1)文献分析法。收(搜)集国内外关于环境刑法立法的相关资料、研究环境刑法的相关文献资料，通过对这些资料的整理和分析，总结出环境犯罪刑法治理早期化的各种表现，归纳出环境犯罪刑法治理早期化的基本特点。(2)规范分析法。通过分析国外和国际环境刑法规范所映射出的基本理念和法益观、环境犯罪的基本类型和基本形态、罪过形式设置、程序性规定等，总结出环境犯罪刑法治理早期化的各种表现，归纳出环境犯罪刑法治理早期化的基本样态；同时，运用此方法分析我国环境犯罪刑法治理早期化的现状。(3)比较研究法。通过对中外环境犯罪刑法治理早期化立法的对比，分析国外在环境犯罪刑法治理早期化方面的特有制度和理念以及我国在环境犯罪刑法治理早期化方面的不足，提出完善我国环境犯罪刑法治理早期化的基本对策与方案。(4)政治学分析法。从公共政策与刑法立法的一般关系出发，分析生态文明建设、宽严相济刑事政策等公共政策对环境犯罪刑法治理早期化的影响。(5)逻辑分析法。从形式逻辑的角度分析积极主义刑法观、风险社会理论、"严而不厉"思想、宽严相济思想对环境犯罪刑法治理早期化的理论支撑。(6)社会与文化分析法。以社会需求与刑法立法的一般关系为基础，从环境犯罪观和环境犯罪的事实性特点以及治理需求、生态文明建设的社会需求、非刑事法律在环境犯罪治理上的局限性等方面分析环境犯罪刑法治理早期化的现实依据。(7)价值分析法。从价值哲学的一般原理出发，分析环境犯罪刑法治理早期化对环境犯罪的有效治理，进而提升生态文明建设的基本价值。

# 第一章
## 环境犯罪刑法治理早期化的国外和国际立法

环境犯罪刑法治理的早期化,是生态环境问题全球化之后各国和国际社会通过刑法治理环境犯罪的重要发展趋势,并得以从环境犯罪的客观和主观方面逐步展开。对这些立法内容进行认真分析和总结,并提炼出环境犯罪刑法治理早期化的基本特点,对进一步完善我国环境犯罪刑法治理早期化具有重要的参考价值。

### 第一节 环境犯罪刑法治理早期化的国外立法

刑法立法通常产生于一系列灾难和令人触目惊心的事件,环境刑法立法更是如此。20世纪50年代以来,环境问题首先在各发达资本主义国家出现,大规模的环境污染尤其是各种由环境污染引起的公害病使得人们对日趋严重的环境问题产生恐慌,引发了社会的、法律的乃至政治的危机。[1] 正是在这种背景下,各发达资本主义国家为解决生态环境问题、稳定社会秩序,开始了有关环境保护的立法,并

---

[1] 参见吕忠梅:《环境法新视野》(第三版),中国政法大学出版社2019年版,第34页。

在其中设立了环境刑事责任。[1] 也正因为环境问题首先产生于发达资本主义国家,使得这些国家的环境刑法立法比较早,且积累了比较丰富的经验。分析这些国家环境犯罪刑法治理早期化的情况,对我国环境犯罪刑法治理早期化的完善具有重要的借鉴意义。[2] 在本节中,笔者主要以大陆法系国家中的德国和日本的环境刑法立法、英美法系国家中的英国和美国的环境刑法立法为例进行分析,同时会涉及法国、俄罗斯、巴西等国的环境刑法立法问题。

### 一、国外环境犯罪的类型及其反映出的刑法治理早期化程度

环境犯罪的出现及日益严重,对传统的刑法和刑事诉讼法都带来了较大的冲击,就犯罪形态而言,传统的以侵害犯为基本犯罪类型的单一立法模式被打破,在侵害犯之外出现了危险犯的犯罪类型,形成了侵害犯与危险犯的基本犯罪分类。[3] 所以,就国外刑法规定的环境犯罪而言,最适宜从侵害犯和危险犯这一分类的角度来分析环境犯罪刑法治理早期化的程度。

（一）国外环境犯罪的类型分析

1. 德国环境犯罪的类型

在德国环境刑法立法历史上,1980 年是一条分界线。在此之前,环境刑法立法采用的是附属刑法的立法体例,在《联邦污染防治法》《水务管理法》《化学物品法》《营业法》《空运法》《植物保护法》

---

[1] 参见李梁:《危害性原理的解释困境及自然秩序化建构》,载《中国地质大学学报(社会科学版)》2022 年第 3 期。
[2] 参见李梁:《环境犯罪刑法治理早期化之理论与实践》,载《法学杂志》2017 年第 12 期。
[3] 参见李梁:《德国环境刑法的立法模式及其对我国的借鉴意义》,载《法学杂志》2018 年第 11 期。

《DDT葡虫防治法》《动物保育法》《药剂法》等行政法中规定了环境犯罪。1980年3月28日,德国公布了《第一部环境犯罪防治法》。根据此部法律,德国立法者把行政法中关于环境犯罪的规定逐步纳入刑法典,并增设了《德国刑法典》分则第28章"破坏环境之犯罪行为"。1994年《第二部环境犯罪防治法》的颁布,德国立法者加快了修改环境刑法的进程,并于1998年11月13日颁布的《德国刑法典》分则第29章专门设立了"危害环境的犯罪"。[1] 自此,德国在环境犯罪上形成了刑法典和附属刑法相结合的立法体例。其中,刑法典规定了基本的环境犯罪,附属刑法只具有补充作用。所以,对德国环境犯罪的类型化分析,主要应当以《德国刑法典》分则第29章规定的环境犯罪为依据。

《德国刑法典》分则第29章"危害环境的犯罪"共规定了9个具体的环境犯罪。这些环境犯罪基本犯的罪状如表1-1所示。

表1-1 德国环境犯罪基本犯的罪状设置[2]

| 罪名 | 基本犯的罪状设置 |
| --- | --- |
| 污染水域罪 | 未经许可污染水域或者对其品质作不利改变 |
| 污染土地罪 | 违反行政法上之义务,将特定物质埋入或者让他人埋入或排入土地之中,以危害他人、动物、植物健康,或者污染其他贵重物品或水域的方式,或在广泛的范围内污染土地或将土地作不利改变 |

---

[1] 参见王吉春:《"美丽中国"背景下我国环境刑事法完善研究》,中国人民公安大学出版社2018年版,第102—103页。

[2] 需要说明的是,此处对德国环境刑法规定的9个具体犯罪之罪状的描述和分析,主要参考的是我国大陆学者徐久生翻译的《德国刑法典》汉译本(北京大学出版社2019年版)和我国台湾地区学者王士帆等翻译的《德国刑法典》汉译本(元照出版公司2017年版)。

(续表)

| 罪名 | 基本犯的罪状设置 |
|---|---|
| 污染空气罪 | 1. 违背行政法义务,使设备,尤其是工场或机器的运转过程中,造成空气的改变,足以危害设备范围之外的人、动物、植物健康或其他贵重物品<br>2. 严重违背行政法义务,使设备,尤其是工场或机器的运转过程中,向设备范围之外大量释放有害物质<br>3. 违反行政法义务,向空气中释放大量有害物质 |
| 制造噪音、震动和非离子辐射罪 | 1. 违背行政法义务,在设备,尤其是工场或机器的运转过程中,制造噪音,足以危害设备之外之人的健康<br>2. 违背行政法关于防止噪音、震动和非离子辐射的义务,在设备,尤其是工场或机器的运转过程中,危害他人健康、他人之动物或贵重物品 |
| 未经许可的垃圾处理罪 | 1. 未经许可在规划范围以外或背离规定的或许可的程序,存放、运输、处理、利用、储存、堆放、排放、去除、交易、中介或其他经营下列垃圾:(1)可能含有或产生对人或动物具有公共危险且能传播毒剂或病原体的垃圾;(2)具有致癌、严重危害或改变遗传基因的垃圾;(3)具有爆炸、自燃或严重放射性的垃圾;(4)根据种类、性质或数量,足以持久地污染水域、空气或土地,或有其他不利改变,或危害动物、植物生存的垃圾<br>2. 违反禁令或未获得必要的许可,将第1款所列垃圾运入、运出或运输途经本法效力范围<br>3. 违反行政法义务,不将具有放射性的垃圾运走 |
| 未经许可开动核设备罪 | 1. 缺乏必要的许可或违反可执行的禁令,开动核设备、占有或全部或部分拆卸准备开动的或关闭的核技术设备,或对该设备作重大改变,或者将已使用核燃料的工场或其位置作重大改变<br>2. 依当时有效之法律,未经许可、未经规划确认或违反依当时有效之法律制定的可执行的禁令开动下列机器设备:(1)需要经批准的设备或《联邦环境保护法》规定为防止危险发生而不许运转的设备;(2)《环境影响评价法》规定的为运输对水有害的物质所用的、要经批准的或有报告义务的输水管道设备;(3)《循环经济法》规定的垃圾处理设备;(4)《水资源开发利用法》第60条第3款规定的水处理设备。未经许可、未经规划确认或违反可执行的禁令,在其他欧盟国家开动储存或使用危险物质、危险混合物或进行危险作业的设备,可能损害设备以外的他人的身体或生命,或严重损害动物、植物、水域、空气或土壤 |

（续表）

| 罪名 | 基本犯的罪状设置 |
| --- | --- |
| 未经许可的放射性物质及其他危险物品交易罪 | 1. 未经必要之许可或违反可执行之禁令，保存、运输、加工或做其他利用，进口或出口核燃料；严重违背义务，未经必要之许可或违反可执行的禁令，制造、保存、运输、加工，或进口或出口其他放射性物质，根据其种类、性质或数量，其放射性足以致人死亡或严重损害他人健康，或严重损害动物、植物、水域、空气或土壤<br>2. 依据《原子法》负有运输核燃料的义务而不立即运输；将核燃料或第 1 款第 2 项所述物品交给其他无权得到该物品之人，或介绍交给无权得到该物品之人；引起核爆炸；引诱他人为第 3 项所述行为或对此等行为予以帮助<br>3. 严重违反行政法义务，为下列行为之一，足以危害他人健康，或危害动物或植物、水域、空气或土地，或他人贵重物品…… |
| 侵害保护区罪 | 1. 违反依据《联邦环境保护法》颁布的法规，在防止空气污染或噪音的特别保护区，或者在由于缺乏变化的气候条件下会急剧增加空气污染对环境的有害影响的保护区开动机器设备；违反依据上述法规而颁布的可执行的禁令，在保护区内开动机器设备<br>2. 违反保护水或矿泉的法规，在水或矿泉保护区内用工业设备储存、装载或转运对水有害的物品，或用管道输送对水有害的物品，或在工商企业周围开采鹅卵石、沙土、陶土或其他坚硬物质<br>3. 违反为保护自然保护区或为保护作为自然保护区临时加以保护的地面或为保护国家公园而颁布的法规或可执行的禁令，为下列行为之一的，因而严重妨碍其各自保护目的：(1) 开采矿藏或其他地下物质；(2) 挖沟或填土；(3) 获取、改变或去除水域；(4) 排放沼泽、池塘、泥沼或其他潮湿地区的水；(5) 开垦林地；(6) 猎杀、捕获受《联邦自然保护区法》保护的动物，毁坏或去除其幼崽；(7) 损坏或去除受《联邦自然保护区法》保护的植物；(8) 建造楼宇<br>4. 违反行政法义务，在《Natura 2000-Gebiet》内严重危害对该地区的保存目的或对保护目的具有重要意义的对象（危害对于维持此区域目的或保护此区域目的之物种具有重要性的生存空间，或者危害自然的生存空间类型） |
| 释放毒物造成严重危害罪 | 传播或排放有毒或能产生毒性的物质，有导致他人死亡或严重损害其健康的危险，或有导致不特定多数人的健康受损害的危险 |

从表1-1不难看出,《德国刑法典》规定的环境犯罪之基本犯包括侵害犯、具体危险犯和抽象危险犯三种类型。[1] 其中,污染水域罪和污染土地罪的基本犯属于纯粹的侵害犯;污染空气罪、未经许可的垃圾处理罪和未经许可开动核设备罪的基本犯均包括具体危险犯和抽象危险犯;制造噪音、震动和非离子辐射罪的基本犯包括具体危险犯和侵害犯;侵害保护区罪的基本犯包括抽象危险犯和侵害犯;未经许可的放射性物质及其他危险物品交易罪的基本犯包括抽象危险犯、具体危险犯和侵害犯(详见表1-2)。

表1-2 德国环境犯罪的类型

| 罪名 | 基本犯的类型 |
| --- | --- |
| 污染水域罪 | 侵害犯 |
| 污染土地罪 | 侵害犯 |
| 污染空气罪 | 具体危险犯;抽象危险犯 |
| 制造噪音、震动和非离子辐射罪 | 具体危险犯;侵害犯 |
| 未经许可的垃圾处理罪 | 具体危险犯;抽象危险犯 |
| 未经许可开动核设备罪 | 具体危险犯;抽象危险犯 |
| 未经许可的放射性物质及其他危险物品交易罪 | 具体危险犯;抽象危险犯;侵害犯 |
| 侵害保护区罪 | 抽象危险犯;侵害犯 |
| 释放毒物造成严重危害罪 | 具体危险犯 |

综上所述,从犯罪类型的角度来看,德国环境刑法规定的环境犯罪包括危险犯和侵害犯。其中,危险犯包括抽象危险犯和具体危险犯。

2. 日本环境犯罪的类型

"二战"结束后,特别是20世纪60年代后,日本经济高速发

---

[1] 参见李梁:《德国环境刑法中的罪过形式立法及启示》,载《国外社会科学》2020年第1期。

展,但同时也带来了严重的环境问题。震惊世界的八大公害事件中有四件发生在日本,日本也因此被冠以"公害先进国家"。正是因为环境污染严重,日本不得不动用刑法治理环境犯罪,在环境犯罪的刑法立法上经过了从公害刑法到环境刑法的发展过程。前者以1970年制定的《关于涉及人体健康的公害犯罪处罚的法律》(以下简称《公害罪法》)和《日本刑法典》分则第15章"有关饮用水的犯罪"为代表,后者以分散规定于环境行政管制法中的罚则为代表。[1] 当前,日本的环境刑法主要由《公害罪法》、《日本刑法典》分则第15章"有关饮用水的犯罪"中规定的公害犯罪以及《大气污染防止法》《水质污染防止法》《废弃物处理法》等行政管制法中规定的环境犯罪组成。

不论是从公害刑法还是从环境刑法的规定来看,日本环境刑法规定环境犯罪的一个重要特点是将基本犯均设置为危险犯。日本的《公害罪法》共7条,其中第1条和第4—7条分别规定了《公害罪法》的目的、行为人与法人或代理人与被代理人之间并罚、因果关系推定、起诉的有效期和第一审法院,只有第2条和第3条规定了公害罪的罪刑规范。《公害罪法》第2条第1款规定:"凡伴随工厂或事业单位的企事业活动而排放有损于人体健康的物质(包括通过在人体内蓄积,危害人体健康的物质在内。下同。)给公众的生命和身体带来危险者,应处以3年以下的徒刑或300万日元以下的罚金。"第2款规定:"犯上款之罪而致人死、伤者,应处以7年以下的徒刑或500万日元以下的罚金。"第3条第1款规定:"凡无视业务上必要的注意义务,伴随工厂或事业单位的企事业活动而排放有损于人体健康的物质,给公众的生命或身体带来危险者,应处以2年以下的徒刑或监

---

[1] 参见王吉春:《"美丽中国"背景下我国环境刑事法完善研究》,中国人民公安大学出版社2018年版,第112—114页。

禁,或者处以200万日元以下的罚金。"第2款规定:"犯上款之罪而致人死、伤者,应处以5年以下的徒刑或监禁,或者处以300万日元以下的罚金。"显然,《公害罪法》第2条第1款和第3条第1款规定了公害罪的基本犯。从各该条第1款的规定来看,不论是公害罪的故意犯还是过失犯,其成立都需要以"给公众的生命或身体带来危险"为要件,而且各该条第2款均规定了"致人死伤"的刑罚。显然,《公害罪法》第2条第1款和第3条第1款规定的犯罪属于危险犯,不以发生致人死伤结果为要件,换言之,只要发生致人死伤的危险即可成立公害罪。

《日本刑法典》分则第15章"有关饮用水的犯罪"共6条规定了7个具体犯罪类型,即污染净水罪、污染水道罪、将有毒物质混入净水罪、污染净水等致死伤罪、将有毒物质混入水道罪、将有毒物质混入水道致死罪和损坏水道罪。其中,污染净水罪、污染水道罪和将有毒物质混入净水罪属于基本犯,污染净水等致死伤罪是污染净水罪、污染水道罪和将有毒物质混入净水罪的结果加重犯;将有毒物质混入水道罪属于基本犯,其结果加重犯是将有毒物质混入水道致死罪;损坏水道罪只有一个罪刑层次。这些犯罪的一个共同特点是,基本犯均属于危险犯,而且是抽象的公共危险犯。日本刑法学家西田典之指出:"刑法典第15章'有关饮用水的犯罪',属于一种侵害利用饮用水的不特定或者多数人的生命、身体的安全的抽象的公共危险犯。"[1]例如,《日本刑法典》第142条规定:"污染供人饮用的净水,因而导致不能饮用的,处6个月以下的徒刑或者10万日元以下罚金。"显然,该条以不特定或者多数人为犯罪对象,属于抽象危险

---

[1] [日]西田典之:《日本刑法各论(第七版)》,[日]桥爪隆补订,王昭武、刘明祥译,法律出版社2020年版,第377页。

犯。再如,《日本刑法典》第 144 条规定:"将有毒物质或者其他足以危害他人健康的物质混入供人饮用的净水的,处 3 年以下的徒刑。"虽然立法者在法条表述上使用了"足以危害他人健康"的用语,但这里的"他人"显然具有不特定性或者多数性,故将有毒物质混入净水罪也属于抽象危险犯。从《日本刑法典》分则第 15 章的规定来看,环境犯罪的加重犯均属于侵害犯,而且把侵害结果限于致人死伤。例如,根据《日本刑法典》第 145 条的规定,犯第 142 条、第 143 条、第 144 条之罪,因而致人死伤的,与伤害罪比较,依照较重的刑罚处断。实际上,该条不仅规定了污染净水罪、污染水道罪和将有毒物质混入净水罪的结果加重犯,还规定了一旦发生加重结果后的处理办法。

除《公害罪法》和《日本刑法典》分则第 15 章"有关饮用水的犯罪"之外,有关环境管制的行政法中规定了为数不少的罪刑规范,即附属环境刑法。而且,附属环境刑法是日本环境刑法从公害刑法转向环境刑法的重要表现。这些有关环境管制的行政法主要规定了三类犯罪:(1)污染环境类犯罪。如 1973 年《防治海洋污染法》第 55 条规定了污染海洋罪,1974 年《废除物处理和清扫法》第 25 条和 1995 年《恶臭防治法》第 23 条规定了固体废物污染罪,1995 年《大气污染防止法》第 33 条至第 37 条和 1995 年《恶臭防治法》规定了大气污染罪,1995 年《噪声控制法》第 29 条规定了噪声污染罪,1998 年《水质污染防止法》第 30 条至第 35 条规定了污染水体的行政犯。(2)破坏自然资源类犯罪。如 1950 年《矿业法》第 191 条规定了非法采矿罪,1988 年《森林法》第 197 条和第 202 条分别规定了盗伐林木罪和森林放火罪。(3)侵害动物类群的犯罪。如 1972 年《野生动物保护和狩猎法》第 21 条规定了非法狩猎罪,1986 年《渔业法》规定了非法捕捞罪等。从这些法律对环境犯罪的罪状表述来看,环境犯罪的基本犯基本上属于危险犯。例如，根据1972年《日本野生动物保护法和狩猎法》第21条的规定，只要违反该法第3条、第11条第1款、第15条、第16条或第20条的规定，或者在禁用火铳区内使用火铳狩猎，或者以欺诈手段获得许可证或以欺诈手段获得更换、登记或获得第12条第1款所述许可证，就处1年以下的惩役或30万日元以下的罚金。显然，这里规定的三种情况均属于危险犯。再如，根据1974年《森林法》第197条的规定，凡在森林中偷盗林产品（包括经过加工的产品）为森林盗窃犯，处3年以下有期徒刑或10万日元以下罚金。显然，从人本主义的立场来看，这里的犯罪属于实害犯；但如果从生态环境保护的角度来看，在森林中盗窃林产品必然会对生态环境造成一定的损害，至少有造成损害的危险。在这个意义上，《森林法》第197条规定的犯罪属于危险犯。

  日本环境行政管制法规定的罚则的一个基本特点是，几乎所有的法律都设置了排放标准，违反这些行政上的管制，就成立犯罪。如1997年《产业废弃物处理法》规定了七项标准：(1)抛弃的产业废弃物数量较多；(2)以赢利为目的且多次经营或者抛弃；(3)已经产生了实质性损害且损害难以得到恢复，而且给环境造成了很大的影响；(4)不服从行政指导的行为；(5)无经营许可证的行为；(6)有黑社会组织参加的行为；(7)犯罪嫌疑人过去有前科。这些标准不但是排放标准，而且是成立产业废弃物犯罪的标准。[1] 也就是说，只要处理废弃物达到这些标准就成立犯罪。在这七项标准中，只有违反第三项标准会产生实害结果，违反其他标准均只是产生污染环境的危险。而且，与《公害罪法》和《日本刑法典》分则第15章"有关饮用水的犯罪"相比，环境行政管制法规定的危险犯中的危险，已经不限于

---

[1] 参见冷罗生：《日本公害诉讼理论与案例评析》，商务印书馆2005年版，第354页。

对人身或财产的危险,有造成环境损害的危险已然成为环境犯罪之危险犯中的危险。在这个意义上,认为日本的环境刑法以人本主义理念为基础显然是不全面的。日本环境刑法具有强烈的二元性:一方面,《公害罪法》和《日本刑法典》分则第15章"有关饮用水的犯罪"体现了鲜明的人本主义立场,把维护人的基本利益作为设置环境犯罪的基底。另一方面,环境行政管制法在很大程度上体现了非人本主义理念,在很多情况下并未将犯罪的成立限制为有损人的健康和生命的危险。

综上所述,日本环境刑法规定的基本犯的犯罪类型主要是危险犯,包括对生命和健康的危险犯以及对环境要素的危险犯,对人身或财产的侵害犯主要是环境犯罪的加重犯;同时,在少数情况下把环境犯罪的基本犯设定为对环境的侵害犯。

3. 英国环境犯罪的类型

在英美法系国家,英国和美国先后均遭受过严重的环境污染与生态破坏,故而在环境犯罪立法方面积累了一些比较成熟的经验,两国的环境刑法也有很多相似之处,值得学习和借鉴。

英国缺乏独立的环境刑法立法,环境犯罪主要通过环境行政法规定。英国的环境法律体系比较全面,主要包括三个方面:(1)在大气污染方面,有在1956年公布并于1958年补充的《清洁空气法》和《制碱等工厂法》;除此之外,还有《放射性物质法》《汽车使用条例》等。(2)在水质污染方面,有1951年和1960年两度颁布的《河流防污法》、1963年颁布的《水资源法》、1974年颁布的《海洋倾倒法》等。(3)在固体废物污染方面,有1958年颁布的《垃圾法》、1967年颁布的《公民舒适法》、1972年颁布的《有毒废物倾倒法》、1974年颁布的《污染控制法》等。

从英国环境刑法的规定来看,其主要处罚那些对环境要素造成损害的污染或者破坏行为,但也不排除惩罚对环境要素有造成侵害之危险的行为。例如,英国《环境法案》第95条规定,违反该法规定,实施危害环境要素的行为,构成犯罪的,处不超过法定最高数额的罚金。由此来看,英国的环境法主要处罚对环境要素造成损害的污染行为。再如,1974年的《污染控制法》第31节第7条规定:"任何人引起有毒、有害物质进入水体,引起水污染的,应判处不超过两年的监禁或罚金,或二者兼有。"显然,水污染罪的成立以造成对水体的污染结果为要件,属于侵害犯。根据《空气清洁法》第1条第1款的规定,黑烟不得从任何建筑物的烟囱里往外排放,违反该规定的,建筑的所有者构成犯罪,处第三等级范围内的罚金。根据该条第2款的规定,黑烟不得从任何锅炉或工厂的烟囱往外排出,一旦发现黑烟从上述地方排出,工厂或锅炉的所有者构成犯罪,处第五等级范围内的罚金。显然,根据英国《空气清洁法》第1条的规定,只要排出黑烟就属于违反规定,成立大气污染罪,无需造成污染环境的后果。也许英国的立法者认为,只要排出黑烟就意味着已经污染了空气,但从逻辑上看,向空气排出黑烟的行为未必一定污染空气。所以,英国《空气清洁法》第1条的规定显然包含了危险犯。

4. 美国环境犯罪的类型

在政治体制上,美国实行联邦制,故美国的环境立法由联邦法、州法和地方条例三部分组成。在立法体例上,美国联邦层面的环境刑法立法采取的也是附属刑法的立法体例,在环境行政法中规定了环境犯罪及处罚。1970年,美国总统签署了《国家环境政策法》,此乃美国联邦环境保护基本法。联邦制定的环境保护法主要有《水污染防治法》《空气污染防治法》《海洋保护开发及制裁法》《噪声管制法》《资源保护和回收法》《清洁水法》《有毒物质管制法》《国家环境政策法》等。与此同时，各州也根据自己的基本情况进行了环境立法，在不同程度上规定了环境犯罪及处罚。从美国环境刑法的基本规定来看，环境犯罪的类型既包括侵害犯，也包含危险犯。例如，美国的《资源保护和回收法》第4条规定："（1）任何人故意运输或导致运输本节所标明的危险废弃物到没有许可证的设施；（2）故意处理、储存或处置本节所标明或列举的危险废弃物，其中分为：没有许可证、故意违反许可证所规定的材料情况和要求、故意违反临时性适用规则或标准所规定的材料情况或要求的；（3）在证明符合行政当局规定的申请、标签、证明、记录、报告或许可证或其他文件时，故意隐瞒有关材料信息或对材料作虚假描绘或陈述；（4）故意制造、储存、处理、运输、处置、出口或以其他方式处理危险废弃物或用过的废弃油，并故意毁坏、篡改、隐瞒或者不报送应当保存或报送的记录、申请、证明、报告或其他文件；（5）没有证明而故意运输或导致运输根据本章应有证明的危险废弃物或用过的废油；（6）未经接受国同意故意出口危险废弃物，或在美国和接受国政府签订有关运输、处理、贮存或处置危险废弃物的注意事项、出口和执行程序的国际协定时，以不符合这种协定的方式故意出口危险废弃物；（7）故意贮存、处理、运输或导致运输、处置或以其他方式处理没有被本节列为危险废弃物和用过的废弃油，而其中分别有两种不同情形，即故意违反许可证所规定的材料情况或要求和故意违反适用规则或标准所规定的材料情况或要求的。基于确切罪证，每违反一天得被处以5万美元以下的罚款，或处以2年以下的监禁，或两者并处。如系再犯，其最高刑包括罚金和监禁都应加倍。"从该条规定来看，非法处置危险废物犯罪的成立并不要求一定发生污染环境之危害结果,只要违反法律规定或者只要实施某种行为就可以成立犯罪,并不要求一定发生损害结果。所以,该罪从犯罪类型来看主要是危险犯。《资源保护和回收法》第5条规定:"任何人违反第4条(1)、(2)、(3)、(4)、(5)、(6)或(7)款之规定,故意运输、处理、贮存、处置或出口危险废弃物,并且同时知道其行为使他人处于濒临死亡或严重身体伤害危险之中的,在定罪的基础上,应处以25万美元以下罚金或15年以下监禁,或者并罚。如果被告是组织,在定罪的基础上,应加处100万美元以下罚金。"显然,这是非法处置废弃物犯罪的加重犯,属于针对人身的危险犯。

美国环境刑法多由各州规定,所以州的环境刑法是美国环境刑法的重中之重。从立法体例来看,很多州制定颁布了用于惩治环境犯罪的单行刑法,或者在州刑法典中规定了环境犯罪。前者如俄勒冈州制定颁布的《环境犯罪法》;后者如《加利福尼亚州刑法典》第1章第10节"公害健康及安全罪"中规定了处理公害犯罪的义务,如果没有履行该项义务可构成轻罪,《纽约州刑法典》于1881年规定了公害犯罪处罚后,经过几次修订,最后以第5章"特殊犯罪"第204条"公共秩序罪"沿用至今,对公害犯罪通常处以500美元以下罚金或者1年有期徒刑,或者并处。[1] 根据俄勒冈州《环境犯罪法》第7条的规定,第一级空气污染罪是指违反俄勒冈法规ORS chapter 468A或任何规则、命令、许可及依据俄勒冈法规ORS chapter 468A应申请许可而不申请,故意排放、冒出或允许被排放或被冒出之任何空气污染物进入室外之大气的行为。[2] 从客观方面来看,只要将空气污染物排放于室外之大气,就可成立污染空气的犯罪,即只要求造成对空

---

[1] 参见徐平:《环境刑法研究》,中国法制出版社2007年版,第196页。
[2] 参见王吉春:《"美丽中国"背景下我国环境刑事法完善研究》,中国人民公安大学出版社2018年版,第128—129页。

气的污染,属于针对环境要素的侵害犯。

(二)从环境犯罪的类型看国外环境犯罪刑法治理早期化

从前述国外环境刑法规定的犯罪类型不难看出,国外的环境刑法大都处罚环境犯罪的危险犯,即在环境犯罪之罪刑阶梯的建构中,大都将危险犯作为基本犯规定了下来,将重大危险犯和侵害犯作为加重犯的不同情形规定了下来。例如,在《德国刑法典》分则第29章规定的9个具体犯罪类型中,有7个具体犯罪类型的基本犯属于危险犯,或者包括危险犯。与此同时,《德国刑法典》第330条统一规定了污染水域罪,污染土地罪,污染空气罪,制造噪音、震动和非离子辐射罪,未经许可的垃圾处理罪,未经允许开动核设备罪,未经许可的放射性物质及其他危险物品交易罪以及侵害保护区罪等8个具体犯罪类型的加重犯;而且,从该条的具体规定来看,污染环境犯罪之加重犯要么属于针对环境要素的侵害犯,要么属于针对人身的危险犯或侵害犯。[1] 另外,《德国刑法典》第330条a第2款和第3款分别规定了释放毒物造成严重危害罪的加重犯与减轻犯罪。再如,日本环境刑法包括三部分,即环境单行刑法(《公害罪法》)、《日本刑法典》分则第15章"有关饮用水的犯罪"和环境行政管制法中的罚则。环境单行刑法与刑法典规定的环境犯罪的特点是,犯罪的成立以对人身造成死伤的危险为条件;环境行政管制法中的罚则的特点是只要违反了环境行政法所设定的排放标准,就成立犯罪,显然属于包含

---

[1] 根据《德国刑法典》第330条的规定,环境犯罪的加重犯包括两类:一是情节特别严重的情形。具体包括:(1)污染水域、土地或特别规定的保护区,致使此等污染不能清除,或需花费巨额费用或相当长时间之后才能清除的;(2)危害公共供水设备的;(3)持久损害濒临灭绝的动物或植物的;(4)为获利而行为的。二是对人身造成伤害的情形,具体包括:(1)致他人有死亡危险或严重损害他人健康或不特定多数人健康的;(2)造成他人死亡的。显然,第一类加重犯主要属于针对环境要素的侵害犯,第二类加重犯包括针对生命的危险犯、针对他人健康或者生命的侵害犯。

针对环境的危险犯。还如,在英国和美国,环境犯罪主要规定在环境法当中,其基本特点是,只要违反了相关规定就可以定罪处刑,并不要求发生特定的危险或侵害结果,如果发生特定的危险或侵害结果,通常属于加重处罚的情形。

所谓危险犯,就是不等到侵害结果发生就处罚的一类犯罪;在抽象危险犯的场合中,甚至不用等到具体危险发生就允许刑法干预。换言之,与处罚侵害犯相比,处罚具体危险犯显然实现了刑法的提前介入;处罚抽象危险犯比处罚具体危险犯更为提前,所以处罚抽象危险犯比处罚侵害犯更加实现了刑法的提前介入。从国外关于环境犯罪的立法来看,不仅处罚针对健康和生命的危险犯,而且处罚针对环境要素的危险犯,所以从犯罪类型设置上实现了环境犯罪刑法治理的早期化。

**二、国外环境犯罪的罪过形式及其刑法治理早期化程度**

(一)国外环境犯罪的罪过形式分析

国外刑法在环境犯罪之罪过形式的立法上有两个显著特点:一是择一罪过立法;二是严格责任立法。前者主要出现在德国,后者是英美法系国家环境犯罪的基本特点,在法国、日本等大陆法系国家也一定程度上体现。

《德国刑法典》分则第 29 章"危害环境的犯罪"规定的 9 个具体环境犯罪,均可以由故意和过失构成。《德国刑法典》第 15 条明文规定:"本法只处罚故意行为,但明文规定处罚过失行为的除外。"由此可得出如下明确结论:凡是分则条文没有明文规定罪过形式的犯罪,其罪过形式均属于故意;凡是处罚过失行为的,必须用"过失"的字样作出明文规定。[1]《德国刑法典》在过失犯罪的规定中确实均有"过失犯……"的用语。就环境犯罪的规定而言,首先规定的是环境犯罪的故意犯,紧接着规定未遂犯,最后规定过失犯。例如,《德国刑法典》第 324 条第 1 款规定:"未经许可污染水域或对其品质作不利改变的,处 5 年以下自由刑或罚金。"第 2 款规定:"犯本罪未遂的,也应处罚。"第 3 款规定:"过失犯本罪的,处 3 年以下自由刑或罚金刑。"其他 8 个具体环境犯罪均采取这种规定方式。也就是说,德国环境刑法规定的具体犯罪既可以由故意构成,也可以由过失构成,属于择一罪过。究竟是故意还是过失,在规范层面不需要作出判断,只能根据现实发生的具体犯罪事实来判断。

而且,从具体规定来看,德国环境刑法规定的故意犯与过失犯的处罚范围完全相同,即能够成立故意犯的客观情形均属于成立过失犯的客观情形。故意犯与过失犯的不同主要表现在刑罚设置上。一般而言,故意犯的刑罚为 5 年以下有期徒刑或罚金,或者 3 年以下有期徒刑或罚金,而过失犯的刑罚为 3 年以下有期徒刑或罚金或 2 年(或 1 年)以下有期徒刑或罚金。[2] 由此彰显出德国环境刑法对责任主义、罪刑相适应、刑法的明确性、刑罚个别化等原则的深度贯彻。[3]

---

[1] 与此不同,我国《刑法》第 15 条第 2 款只是规定"过失犯罪,法律有规定的才负刑事责任"。这相当于注意规定,是对第 3 条后半段"法律没有明文规定为犯罪行为的,不得定罪处刑"的重复,从中并不能得出处罚过失犯罪以刑法有特别规定为前提。
[2] 与故意犯的 5 年以下有期徒刑或罚金相对应的是,过失犯的刑罚是 3 年以下有期徒刑或罚金;与故意犯的 3 年以下有期徒刑或罚金相对应的是,过失犯的刑罚是 2 年(或 1 年)以下有期徒刑或罚金。
[3] 参见苏永生、朱晓平:《中德刑法中的择一罪过立法比较研究》,载《青海社会科学》2018 年第 1 期;李梁:《刑法中的明确性原则:一个比较法的研究》,载《法学评论》2017 年第 5 期。

《日本刑法典》第 38 条规定："无犯罪意思之行为，不罚。但法律保护有特别规定者不在此限。"也就是说，与《德国刑法典》一样，凡是在分则条文中没有明文规定罪过形式的犯罪均属于故意犯；处罚过失犯的，必须在分则条文中用"过失"的字样作出明文规定。在《日本刑法典》第 142 条至第 147 条(分则第 15 章"有关饮用水的犯罪")规定的 6 个具体犯罪类型中，污染净水等致死伤罪属于污染净水罪、污染水道罪和将有毒物质混入净水罪的结果加重犯，将有毒物质混入水道致死罪是将有毒物质混入水道罪的加重犯。这两个加重犯属于侵害犯。在污染净水等致死伤罪的场合中，行为人对死伤结果具有过失；如果行为人对死伤结果出于故意，则分别构成污染净水罪、污染水道罪、将有毒物质混入净水罪与伤害罪、杀人罪的想象竞合犯。在将有毒物质混入水道致死罪的场合，立法者配置了"死刑、无期惩役或者 5 年以上有期惩役"的刑罚，故而行为人对死亡结果应当持有故意。[1] 由此来看，在《日本刑法典》分则第 15 章"有关饮用水的犯罪"所规定的犯罪中，基本犯的罪过形式均属于故意，不处罚过失犯。与此不同，日本《公害罪法》规定的公害罪则既可以由故意构成，也可以由过失构成。《公害罪法》第 2 条第 1 款规定的是公害罪的故意犯，第 3 条第 1 款规定的是公害罪的过失犯；而且，与《德国刑法典》规定的环境犯罪的故意犯和过失犯的区别一样，公害罪的故意犯与过失犯的不同亦仅仅表现在处罚上。在日本的环境附属刑法中，有的把过失犯限于加重犯，有的处罚针对相同客观情况的故意犯和过失犯。例如，1974 年日本《森林法》第 202 条分 4 款规定了在森林内纵火的犯罪：(1)凡在他人森林内纵火者，处 2 年以上有期徒刑；

---

[1] 参见〔日〕西田典之：《日本刑法各论(第七版)》，〔日〕桥爪隆补订，王昭武、刘明祥译，法律出版社 2020 年版，第 378—379 页。

(2)凡在自己所有的森林内纵火者,处 6 个月以上 7 年以下的徒刑;(3)前款所指情况如延烧到他人的森林时,处 6 个月以上 10 年以下的徒刑;(4)上述两款的森林为保安林时,处 1 年以上有期徒刑。第 203 条分两款规定了失火烧毁森林的犯罪:(1)因失火而烧毁他人森林者,处 20 万日元以下罚金;(2)因失火烧毁自己所有的森林以致造成社会危害者,按罚金处理。总之,日本环境刑法在很大程度上也处罚基本犯的过失犯。

另外值得注意的是,为了有效打击环境犯罪,日本在经历了足尾铜山矿毒事件后,于昭和十四年(1939 年)对矿业法进行了修改,使严格责任得以成文化。在经历了水俣病案事件和四日市案件等惨痛教训后,日本于昭和四十七年(1972 年)6 月修改了《大气污染防止法》和《水质污染防止法》,确立了严格责任制度。日本现行《空气污染控制法》和《水污染控制法》均规定了严格责任,即不管行为人主观上出于何种心态,只要其排污行为对公众身体或生活造成了损害,直接根据损害事实追究责任。[1] 进而言之,为了避免与传统的责任主义冲突,立法者将一些无罪过或者罪过不明且造成了严重损害的行为规定于行政法当中;立法者在规定罚则时,则默认了严格责任。由此来看,日本的环境刑法在罪过形式立法上具有二元化特点:一方面,单行刑法和刑法典规定的环境犯罪严格遵守了责任主义的基本要求,要求犯罪的成立具备行为人有故意或者过失这一要件;另一方面,在部分环境行政法中确立了严格责任,而且将其延伸到刑事罚则。

从罪过形式的角度来看,英美法系国家的环境刑法则显得比较特殊,其鲜明特点是保留了严格责任。换言之,保留严格责任是英美

---

[1] 参见周兆进:《环境犯罪严格责任研究》,中国检察出版社 2018 年版,第 79 页。

刑法的重要特点,并在环境刑法中得以显现。所谓严格责任,即犯罪的成立只要求行为人的行为符合法律规定或者导致了法定的某种结果,不问行为人主观上是否存在故意或者过失。当今社会所谓的严格责任,实际上是过错推定责任,允许合法辩护,故属于相对严格责任。[1] 在英国,环境犯罪是实行严格责任的重要领域。英国普通法上只针对少数犯罪实行严格责任,公害罪就是其中之一。对于公害罪的典型行为如环境污染,只要行为人因制造了噪声、散发了臭味,影响了公众的正常生活,则无论其有无过错或无论其是否认识到自己的行为造成了公害事实,均不得免责。[2]

一般认为,在环境刑法中最早出现严格责任的是1951年的英国《水污染防治法》。之后,立法上规定严格责任的制定法主要是《空气清洁法》和《污染控制法》。1956年的《空气清洁法》规定,无论行为人主观上是否存在故意或过失,只要烟囱冒浓烟的,就应当承担刑事责任。1974年《污染控制法》第31节第7条规定,任何人只要致使有毒或有害物质进入水体,并因此引起水污染的,均应当被判处不超过2年的监禁或罚金,或同时处以监禁和罚金。而且,从1972年的Alpgacell有限公司诉Woodward造纸厂案、1975年的Price诉Cromick案等案件的司法审判来看,严格责任得到了适用,而且不允许行为人进行善意辩护。[3] 就美国环境刑法而言,实行严格责任的法律主要有《资源保护与再生法》《废料法》《环境反应、赔偿和责任综合法》等。如《废料法》规定,不论行为人主观上是否存在故意或过失,只要把废料倾入河流或港口,都构成犯罪。《资源保护与再生法》规定,法人排放危险物或者在未经许可的场所处理危险物,并没

---

[1] 参见刘仁文:《刑法中的严格责任研究》,载《比较法研究》2001年第1期。
[2] 参见赵秉志主编:《英美刑法学》,中国人民大学出版社2004年版,第64页。
[3] 参见周兆进:《环境犯罪严格责任研究》,中国检察出版社2018年版,第64—65页。

有报告相应主管部门的,不论该法人负责人对此是否知晓,均应当承担刑事责任。《环境反应、赔偿和责任综合法》规定,公司负责人只要没有及时将化学品泄漏的情况向有关部门报告的,就成立犯罪,不论行为发生时公司负责人是否主观上有故意或者过失,对于行为时主观上有故意或者过失的,加重处罚。[1]

在英美法系国家,主要针对"公共福利犯罪"和"道德犯罪"实行严格责任。其中,"公共福利犯罪",即主要指那些违反公共福利管理法规,给社会带来高度危险的行为,其特点在于行为对象是不特定的公众,发生危害的频率很高,后果也很严重,而且犯罪人大多具有专业知识和技能,证明其主观上存在过错极为困难。[2] 环境犯罪恰恰属于该类犯罪,所以针对环境犯罪实行了严格责任。但是,就英美法系国家环境刑法的规定来看,其只针对少数环境犯罪实行了严格责任,多数环境犯罪的成立需要行为人主观上有故意或过失。例如,1976年《美国资源保护回收法》第3007条规定:"(b)(2)任何不服从《美国法典》第18编第1905条的规定知情且蓄意地泄露或公开按本款应予保护的任何情报的人员,基于确切的罪证,应处5000美元以下罚金或一年以下监禁,或两者并处。"显然,该条所规定的犯罪的成立需要行为人主观上明知且蓄意。再如,美国俄勒冈州1993年《环境犯罪法》第13条第1款规定:"危害环境罪者。系指(a)故意违犯非法之处分,贮存、处置或非法运送危险废物,非法污染空气及水体之第一级犯罪,且(b)因此使他人置于近乎危及死亡与严重侵害他人身体之行为者。"显然,这里将危害环境罪的罪过形式限定为故意。

---

[1] 参见周兆进:《环境犯罪严格责任研究》,中国检察出版社2018年版,第71页。
[2] 参见刘仁文:《刑法中的严格责任研究》,载《比较法研究》2001年第1期。

综上所述，从国外环境刑法关于罪过形式的立法来看，大陆法系国家的环境刑法较为严格地贯彻了责任主义，把故意或者过失作为环境犯罪的成立条件，但是，为了有效惩治环境犯罪，在极少数情况下也不得不选择过错推定。适用严格责任是英美法系国家环境刑法的重要特色，但严格责任也只适用于少数环境犯罪，多数环境犯罪的成立必须要求行为人在主观上有故意或者过失。

(二) 从国外环境犯罪的罪过形式看环境犯罪刑法治理的早期化

国外环境刑法对环境犯罪罪过形式的规定，主要可分为两种不同情况。在德国、日本等大陆法系国家，严格贯彻责任主义，不但禁止严格责任，而且从刑罚设置上严格区分同一犯罪的故意与过失，从量上对责任主义作出了进一步贯彻。在德国、日本等国家的刑法理论上，在故意与过失的关系上也存在不同的看法。[1] 如德国有学者指出："过失不是故意的减轻形式，而是与故意不同的概念。与对应的故意犯罪相比，过失犯罪行为的不法内容与责任内容较轻。因为在过失情况下，行为人对法律秩序的要求的违反不是有意识，而是因为不注意。因此，就同一事实而言，故意和过失是相互排斥的。"[2] 德国的通说则认为，故意与过失是位阶关系。如罗克辛指出，在不清楚一个行为是出于故意还是出于过失时，根据存疑时有利于被告人的原则，能够认定为过失犯罪。与过失相比，故意必须具有更多的要素。[3] 在日本，一般认为故意与过失是位阶关系。如山

---

[1] 参见李梁:《德国环境刑法中的罪过形式立法及启示》，载《国外社会科学》2020 年第 1 期。
[2] [德]汉斯·海因里希·耶赛克、[德]托马斯·魏根特:《德国刑法教科书》，徐久生译，中国法制出版社 2017 年版，第 504 页。
[3] 参见[德]克劳斯·罗克辛:《德国刑法学总论(第 1 卷)》，王世洲译，法律出版社 2005 年版，第 498 页。

口厚教授就明确指出,过失是"达到故意心理状态的可能性",是"故意的可能性"。[1] 根据故意与过失的位阶关系,故意就是过失的"高级形式",凡故意犯罪都能被评价为相应的过失犯罪,而过失犯罪则不能被评价为相应的故意犯罪。由此来看,处罚故意犯,同时又处罚与此故意犯相对应的过失犯,实际上就是处罚的提前。从《德国刑法典》分则第29章对环境犯罪的规定来看,所有的具体犯罪均可以由故意和过失构成,而且故意犯与过失犯在不法的范围上完全一致。由此可以断定,从罪过形式来看,德国环境刑法完全实现了刑法的早期化治理。

在英美法系国家,环境刑法在一定程度上实行严格责任。除此之外,在因产品责任而导致的刑事责任等领域,也实行严格责任。也就是说,英美法系国家的刑法在罪过形式立法上主要分为两种形态:一是少部分犯罪实行严格责任,犯罪的成立不需要行为人主观上有罪过;二是大部分犯罪实行责任主义,要求行为人在实施危害行为的基础上,还要求行为人在主观上有故意、轻率或者过失。就严格责任而言,从两个方面实现了处罚的提前。一方面,在没有罪过形式的情况下就处罚,从司法判断来看则意味着不需要判断行为人是否有责任,即不需要判断行为人是否有责任就可以处罚,属于处罚的提前。另一方面,从阶层式犯罪论体系的角度看,对犯罪成立的判断需要进行从构成要件符合性到违法性再到有责性的递进式判断,在具有违法性的情况下必须进行有责性判断。在这种情况下,如果不经过责任判断就处罚,实际上属于处罚的提前。实际上,从严格责任到过失到轻率再到故意,行为人的责任程度依次递减,而且处罚范围依次缩

---

[1] 参见〔日〕山口厚:《刑法总论(第3版)》,付立庆译,中国人民大学出版社2018年版,第224—225页。

小。由此不难看出,严格责任→过失→轻率→故意实际上表达了责任程度上从宽到严的一个递进过程。"责任主义之于国家是一项义务,之于个体则是一项权利,它为国家发动刑罚权设置了重要障碍。"[1]所以,从司法判断的角度看,严格责任→过失→轻率→故意是一个从处罚前置到处罚逐步置后的过程。因而,与仅处罚故意犯相比,处罚同一犯罪的过失犯、轻率犯,乃至实行严格责任,实际上就是刑罚处罚的前置化,在不同程度上实现了刑法治理的早期化。

综上所述,大陆法系国家的环境刑法都处罚过失犯,与处罚故意犯的环境刑法相比,从罪过形式设置上实现了环境犯罪刑法治理的早期化。英美法系国家的环境刑法不仅处罚过失犯,在有些情况下对环境犯罪还实行严格责任,故在环境犯罪刑法治理早期化上走得更远。

**三、国外环境犯罪的法益类型及其刑法治理早期化程度**

从国外环境刑法的立法来看,在环境犯罪的基本犯上实现了人类法益与环境法益并存。所以,不论是从人类法益还是从环境法益视角来看,都实现了环境犯罪刑法治理的早期化。

**(一)从人类法益看国外环境犯罪刑法治理的早期化**

从国外环境刑法的基本规定来看,对人类法益造成侵害或者有造成侵害的危险,是设立环境犯罪的最为基本的依据,几乎贯穿了罪刑阶梯的各个层级。例如,在《德国刑法典》规定的 9 个具体犯罪中,不但基本犯中包含对人身或者财产的危险犯,而且加重犯中亦包含针对人身或者财产的危险犯。前文已经指出,德国环境犯罪的基

---

[1] 劳东燕:《风险社会中的刑法:社会转型与刑法理论的变迁》,北京大学出版社 2015 年版,第 58 页。

本犯主要表现为三种情形：一是纯粹的侵害犯，即污染水域罪和污染土地罪；二是既有侵害犯又有危险犯，即制造噪音、震动和非离子辐射罪，侵害保护区罪和未经许可的放射性物质及其他危险物品交易罪；三是纯粹的危险犯，即污染空气罪、未经许可的垃圾处理罪、未经许可开动核设备罪和释放毒物造成严重危害罪。污染水域罪属于针对环境的侵害犯，蕴含着针对人身或者财产的危险，而且是抽象危险。污染空气罪的侵害结果是"损害设施之外他人健康，或对动物、植物或物品还有重大价值减损"，显然同时包括针对环境的侵害犯和针对人身或者财产的侵害犯。其中，针对环境的侵害犯均蕴含着针对人身或者财产的危险，而且属于抽象危险，故该类侵害犯实际上就是针对人身或者财产的危险犯，故而属于刑法的早期化治理。不论是在既有侵害犯又有危险犯的环境犯罪还是纯粹的危险犯中，危险犯都包括针对环境的危险犯和针对人身或者财产的危险犯。二者均属于对人类法益的早期保护。因为站在人类中心主义立场来看，处罚环境犯罪的危险犯，本身就是对人类利益的早期保护。《德国刑法典》第330条规定了环境犯罪的加重犯。根据该条第2款的规定，因故意犯第324条至第329条规定之罪，致他人有死亡危险或者严重损害他人健康或不特定多数人健康的，或者造成他人死亡的，构成环境犯罪的加重犯。由此不难看出，从人类法益的视角来看，德国环境刑法对环境犯罪的早期化治理已经延伸到了加重犯。

从人类法益的角度看，日本《公害罪法》和《日本刑法典》分则第15章"有关饮用水的犯罪"规定的环境犯罪，属于典型的针对人体健康和生命的危险犯。根据《公害罪法》第2条第1款和第3条第1款的规定，不论是故意的公害罪还是过失的公害罪，均以"给公众的生命和身体带来危险"为成立条件，在彰显人本主义理念的同时，也表明了对环境犯罪运用刑罚提前干预的鲜明态度。在《日本刑法典》分则第15章"有关饮用水的犯罪"规定的环境犯罪中，污染净水罪、污染水道罪、将有毒物质混入净水罪、将有毒物质混入水道罪以及损坏水道罪均属于公共危险罪[1]，实现了对人类法益的提前保护。日本环境附属刑法的基本特点是，把违反环境标准作为处罚的基本依据，实现了从公害刑法到环境刑法的转变。[2] 日本的《大气污染防止法》《水质污染防止法》等法律设定了排放标准，其目的在于督促企事业单位在生产过程中履行保护环境的义务，并对不履行义务、超标准排放的企事业单位依据排放标准进行处罚。根据这些法律的规定，故意实施超标准排放行为，可对直接责任者或者企事业单位处6个月以下拘役或10万日元以下罚金；过失超标准排放的，对于责任者处3个月以下拘役或5万日元以下罚金。[3] 显然，超过排放标准的污染物排放，所针对的直接对象是环境要素，是对环境要素的损害。直接根据超标准排放对行为人予以刑事处罚的行为，旨在运用刑罚手段保护生态环境，其中包含针对人体健康和生命的危险犯，故从人类法益的角度来看也已实现了环境犯罪刑法治理的早期化。

从人类法益的角度看，英美法系国家的环境刑法更是实现了环境犯罪刑法治理的早期化。英美环境刑法的一个重要特点是处罚危险犯，包括故意危险犯和过失危险犯。例如，美国《清洁水法》规定的环境犯罪行为载于《美国法典》第33篇第1319节。根据该节第3条的规定，任何人故意违反《美国法典》第1311节、第1312节、第1316节、第1317节、第1318节、第1328节或第1345节，而使他人处于死

---

[1] 参见〔日〕西田典之：《日本刑法各论（第七版）》，〔日〕桥爪隆补订，王昭武、刘明祥译，法律出版社2020年版，第377—379页。
[2] 参见曲阳：《日本的公害刑法与环境刑法》，载《华东政法学院学报》2005年第3期。
[3] 参见冷罗生：《日本公害诉讼理论与案例评析》，商务印书馆2005年版，第358页。

亡或者严重人身伤害的极度危险中,经审判处以 25 万美元以下罚金,或者 15 年以下监禁,或者二者并处。[1] 同时规定,任何人过失将污染物或危险物排入下水道或污水处理站,并且知道或者应当知道可能导致人身伤害或财产损害,应处以每天 2500 美元以上 2.5 万美元以下罚金或者 1 年以下监禁,或者并处。[2] 显然,这是典型的针对人身的危险犯,从人类法益上实现了刑法治理的早期化。英美法系国家的环境刑法也以保全生态环境为主要目标,故在很多法律中把犯罪的客观构成要件设定为对环境要素造成侵害。例如,英国的《环境法案》第 95 条规定,违反该法规定,实施危害环境要素行为的,构成犯罪,处不超过法定最高数额的罚金。[3] 这显然是对针对环境要素的侵害犯的肯定。对任何环境要素的保护都是以人为主体进行的价值判断,所以针对环境要素的侵害犯实际上就蕴含着针对人的危险犯,从人类法益的角度来看体现了环境犯罪刑法治理的早期化。

综上所述,不论是大陆法系国家的环境刑法还是英美法系国家的环境刑法,均规定污染环境或者破坏生态的行为只要达到危及人身安全的程度,就运用刑法来干预,或者将刑法的干预提前到对环境要素的损害,实现了对人类法益的提前保护,从人类法益的角度看实现了环境犯罪刑法治理的早期化。

(二)从环境法益看国外环境犯罪刑法治理的早期化

从国外环境刑法的规定来看,以环境法益为根据而设立的环境

---

[1] 参见王吉春:《"美丽中国"背景下我国环境刑事法完善研究》,中国人民公安大学出版社 2018 年版,第 131 页。
[2] 参见王秀梅:《英美法系国家环境刑法与环境犯罪探究》,载《政法论坛》2000 年第 2 期。
[3] 参见王吉春:《"美丽中国"背景下我国环境刑事法完善研究》,中国人民公安大学出版社 2018 年版,第 121 页。

犯罪的基本类型主要表现为针对环境的危险犯和针对环境的侵害犯。在《德国刑法典》规定的 9 个具体的环境犯罪中,除污染水域罪和污染土地罪的基本犯属于针对环境的侵害犯之外,其他 7 个具体犯罪的基本犯要么属于纯粹的危险犯,要么包含危险犯。具体而言,污染空气罪、未经许可的垃圾处理罪、未经许可开动核设备罪以及释放毒物造成严重危害罪的基本犯属于纯粹的危险犯,制造噪音、震动和非离子辐射罪和未经许可的放射性物质及其他危险物品交易罪以及侵害保护区罪的基本犯中包含危险犯。除释放毒物造成严重危害罪的基本犯属于针对人身的危险犯之外,作为其他 6 个犯罪之基本犯的危险犯,均包括针对环境的危险犯和针对人身或者财产的危险犯。在基本犯属于侵害犯的环境犯罪中,从环境法益的视角来看,没有实现刑法的早期化治理。在危险犯中,针对环境的危险犯意味着在损害环境的结果发生之前就应当由刑法进行干预,所以从环境法益的角度看,实现了刑法的早期化治理。《德国刑法典》第 330 条规定的环境犯罪的加重犯包括针对环境的侵害犯、针对人身的危险犯和针对人身的侵害犯,不包括针对环境的危险犯,故从环境法益的角度看并未实现刑法的早期化治理。

　　日本环境刑法的第一部分即《日本刑法典》分则第 15 章"关于饮用水的犯罪"的规定,被日本学者认为属于公共危险罪的重要组成部分。所谓公共危险罪,是指侵犯不特定或者多数人的生命、身体、财产的犯罪。有关饮用水的犯罪属于一种侵害利用饮用水的不特定或者多数人的生命、身体的安全的抽象的公共危险犯。[1] 所以,从环境法益的角度看,该部分环境刑法并未实现环境犯罪刑法治理的早

---

[1] 参见〔日〕西田典之:《日本刑法各论(第七版)》,〔日〕桥爪隆补订,王昭武、刘明祥译,法律出版社 2020 年版,第 342、377 页。

期化。日本环境刑法的第二部分即《公害罪法》规定的公害罪的基本特点是公害性,即公共危害性或公共危险性。所谓公共危害性或公共危险性,是指不特定或者多数人的生命、身体的安全。《公害罪法》第 2 条和第 3 条将公害罪的"公害"限于"给公众的生命或身体带来危险",而不是有造成环境损害的危险。所以,从环境法益的角度看,《公害罪法》并未实现环境犯罪刑法治理的早期化。日本环境刑法的第三部分即环境行政法中的"罚则"部分的基本特点是以违反排放标准作为直接处罚根据,实际上等同于规定了行为犯,即只要违反了排放标准进行污染物排放,或者违反污染控制程序中的义务,即可成立环境犯罪。[1] 在这里,由于立法者并未将环境犯罪的成立限为对人的生命和健康造成损害或者有损害的危险,故从逻辑上也包含对环境要素的损害或者有造成损害的危险。例如,日本 1970 年《海洋污染及海上灾害防止法》第 55 条规定,在船舶或者海洋设施上违法处置油类废弃物的,或者违法经营废油处理事业的,或者违反行政命令的,应处 6 个月以下惩役或 30 万日元以下罚金。过失违法排放油类的,应处 3 个月以下监禁或者 20 万日元以下罚金。[2] 在此,立法者并未将犯罪成立限定为必须造成人身损害或者有造成人身损害的危险,也未限制为必须造成环境损害,而是规定只要实施处置油类废弃物,或者违法经营废油处理事业,或者违反行政命令即可成立犯罪(既遂)。所以,从环境法益的角度来看,日本环境刑法的第三部分在一定程度上实现了环境犯罪刑法治理的早期化。

坚持非人类本位是英美环境刑法的重要特点。在这一理念的指导下,英国与美国形成了以保护环境法益为首要目标的环境刑法。

---

[1] 参见冷罗生:《日本公害诉讼理论与案例评析》,商务印书馆 2005 年版,第 358—361 页。
[2] 参见叶良芳:《海洋环境污染刑法规制研究》,浙江大学出版社 2015 年版,第 161 页。

根据英国1990年颁布的《环境保护法》第23条的规定,以下五种情形成立危害环境的犯罪:(1)违反本法第6条第1项的规定;(2)依照本法第19条规定应发给许可证而没有发给;(3)不服从甚至违反环保执行令的要求以及禁止令的禁止性规定;(4)毫无理由地不服从依第19条第2项发布的保护令的要求;(5)故意对与环境保护直接相关的材料作虚假陈述。构成危害环境的犯罪的,处2万英镑以下的罚金,或者处3个月以上2年以下的监禁,或者两者并处。[1] 由此不难看出,根据英国1990年《环境保护法》的规定,成立危害环境的犯罪并不以造成人身损害或者有造成人身损害的危险为前提,也不以造成环境损害为前提,只要实施上述五种行为之一即可成立犯罪,属于典型的行为犯。这种立法在逻辑上当然包含针对环境要素的危险犯,故从环境法益的角度看实现了环境犯罪刑法治理的早期化。

美国的情形与英国基本相同。例如,美国1977年的《清洁水法》在整个联邦水污染控制体系中处于主要地位,该法旨在减少和消除对联邦水域的污染,提高地表水和地下水的质量。根据该法规定,任何人过失违反许可证规定的条件或排放标准、其他限制性条件,或者过失将污染物、危害物排入地下水道或公共污染处理站,应处每日2500美元以上2.5万美元以下罚金,并处或单处1年以下的监禁;如果故意实施上述行为,应处每日5000美元以上5万美元以下罚金,并处或单处3年以下监禁。如果明知实施上述行为会造成他人生命危险且仍然实施的,对个人应处25万美元以下罚金或15年以下监禁,或者二者并处;对法人应处100万美元以下罚金。故意篡改、毁损或丢弃应当保护的记录、文件,或者故意作虚假陈述的,应处

---

[1] 参见王吉春:《"美丽中国"背景下我国环境刑事法完善研究》,中国人民公安大学出版社2018年版,第122页。

1万美元以下罚金或2年以下监禁,或者二者并处。[1]可见,根据美国《清洁水法》的规定,只有故意犯的加重犯才受"会造成他人生命危险"的限制,过失犯和故意犯的基本犯均属于行为犯,只要实施某种行为就可以成立犯罪,不以发生具体危险为条件。显然,从环境法益的角度看,这种立法已经实现了环境犯罪刑法治理的早期化。

除以上各国环境刑法在环境法益上不同程度地实现了环境犯罪刑法治理的早期化之外,规定针对环境要素的危险犯,似乎已经成为世界各国环境刑法立法的一种趋势。例如,1996年《俄罗斯联邦刑法典》第247条第1款规定:"违反现行规则生产被禁止的各种有害废弃物,运输、保管、埋藏、使用或以其他方式处理各种放射性的、细菌的、化学的物质和废弃物,如果这些行为造成严重损害人的健康或环境的威胁的,处……"显然,该款规定的是危险犯,其中"造成环境的威胁"的规定是针对环境要素的危险犯。又如,1998年12月12日通过的《巴西环境犯罪法》第五章"危害环境的犯罪"规定了危害动物罪、危害植物罪、污染和其他环境犯罪、违反城市管理和危害文化遗产罪、妨害环境管理罪等犯罪。危害动物罪和危害植物罪的行为对象分别包括所有的动物和植物,污染和其他环境犯罪的行为对象也主要是环境要素,其中不乏针对环境要素的危险犯。如该法第54条规定:"引起任何性质的、达到导致或能够导致损害人类健康或者能够造成动物死亡或植物大规模毁灭程度的污染的,处以1年至4年的监禁和罚金。"显然,成立该条规定的犯罪,达到能够造成动物死亡或植物大规模毁灭程度的污染,就可以成立该条规定的犯罪,并不要求实际造成动物死亡或植物大规模毁灭。该法第56条规定:"不

---

[1] 参见叶良芳:《海洋环境污染刑法规制研究》,浙江大学出版社2015年版,第143—144页。

依照法律或法规的要求生产、处理、包装、进口、出口、交易、供应、运输、储藏、保管、仓储和使用有毒、危险或对人体健康或环境有害的产品或物质的,处以1年至4年的拘留和罚金。"其中,不依照法律或法规的要求生产、处理、包装、进口、出口、交易、供应、运输、储藏、保管、仓储和使用对环境有害的产品或物质的,也成立本条规定的犯罪,而且只要求实施不依照法律或法规的要求生产、处理、包装、进口、出口、交易、供应、运输、储藏、保管、仓储和使用对环境有害的产品或物质的行为即可成立犯罪,不需要出现特定的危险或者损害结果。[1]再如,澳大利亚新南威尔士州1989年《环境犯罪与惩治法》第6条第1款规定:"行为人未经合法许可,故意或过失地以有害或可能有害于环境的方式,引起任何物质从容器中渗漏、溢出、外泄的行为:(a)该人,和(b)如果该人不是废物的所有人,该所有人,即犯该罪。"显然,未经合法许可故意或过失地以可能有害于环境的方式,引起任何物质从容器中渗漏、溢出、外泄的行为,属于针对环境要素的危险犯。还如,根据1989年《奥地利刑法典》第180条第1款的规定,"违反法规或行政机关的行政处分,污染或侵害水,或污染土壤或空气","致广大区域动、植物生存之危险"的,成立故意侵害环境罪;根据该法第181条的规定,如果行为人为该行为的,成立过失侵害环境罪。不难看出,不论行为人是出于故意还是过失,都属于针对环境的危险犯。[2]这种世界性立法趋势表明,各国在不同程度上从环境法益的角度实现了环境犯罪刑法治理的早期化。

**四、国外环境犯罪的特殊形态及其反映出的刑法治理早期化程度**

这里所说的犯罪特殊形态,包括未遂犯和共犯。与我国处罚所

---

[1] 参见《巴西环境犯罪法》,郭怡译,中国环境科学出版社2009年版,第9—20页。
[2] 参见蒋兰香:《环境犯罪基本理论研究》,知识产权出版社2008年版,第380页。

有犯罪的预备犯、未遂犯和中止犯不同,国外刑法一般只处罚未遂犯,而且未遂犯包括障碍未遂和中止未遂,后者相当于我国刑法规定的实行中止和实行后中止;若要处罚预备犯,则在刑法分则中作出特别规定。就国外环境刑法而言,是否处罚环境犯罪的未遂犯、预备犯以及共犯,通常反映了环境犯罪刑法的早期化治理程度。

(一)国外环境刑法中的犯罪特殊形态分析

《德国刑法典》第22条规定了未遂犯的概念:"行为人根据其对行为的构想,直接着手构成要件的实现的,是犯罪未遂。"第24条第1款规定:"行为人自愿放弃行为的继续或者防止犯罪完成的,不受未遂犯处罚。"对这里的"不受未遂犯处罚",罗克辛教授解释道:在未遂的引起中,存在着一个符合行为构成的、违法的和有罪责的行为,其罪责通过中止看起来好像减轻了,但并不能被消除。正因为的确不存在一种特殊预防,也不存在一种一般预防的刑罚需要,才免除刑罚。[1] 换言之,对于因中止而未遂的情形,需要定罪处罚,但免除刑罚。所以,德国刑法中所谓的未遂包括障碍未遂和中止未遂。前者是指由于违背行为人意志而导致的未遂,后者是指出于行为人的意志而形成的未遂,是根据未遂的原因对二者进行分类的。[2]《德国刑法典》第23条第1款规定:"重罪之未遂犯,罚之。轻罪未遂犯之处罚,以有特别规定者为限。"所以,德国刑法对犯罪的处罚没有停留在仅仅处罚既遂犯上,而是向前延伸到所有重罪的未遂犯和分则条文明文规定的轻罪的未遂犯,这显然是刑法治理早期化的表现。

---

[1] 参见〔德〕克劳斯·罗克辛:《德国刑法学总论(第2卷)》,王世洲等译,法律出版社2013年版,第369页。
[2] 参见张明楷:《外国刑法纲要》(第三版),法律出版社2020年版,第225页。

《德国刑法典》第 12 条规定了重罪与轻罪及各自的判断标准："称重罪者,谓最轻本刑为 1 年或 1 年以上有期徒刑之罪。""称轻罪者,谓最轻本刑为未满 1 年之有期徒刑或罚金之罪。"对此,罗克辛解释道:"重罪是违法的构成行为,最低受 1 年或者 1 年以上自由刑的威胁。轻罪是违法的构成行为,最低受一种轻微的自由刑或者罚金刑的威胁。"[1]以此来看,在《德国刑法典》分则第 29 章"危害环境的犯罪"所规定的 9 个具体环境犯罪中,只有释放毒物造成严重危害罪属于重罪,基本犯的法定刑是 1 年以上 10 年以下自由刑,其他 8 个具体犯罪的基本犯的最低刑都是不满 1 年的自由刑或者罚金,故均属于轻罪(详见表 1-3)。

表 1-3 德国环境犯罪中的重罪与轻罪

| 罪名 | 基本犯法定刑 | 重罪或轻罪 |
| --- | --- | --- |
| 污染水域罪 | 5 年以下自由刑或罚金刑 | 轻罪 |
| 污染土地罪 | 5 年以下自由刑或罚金刑 | 轻罪 |
| 污染空气罪 | 5 年以下自由刑或罚金刑 | 轻罪 |
| 制造噪音、震动和非离子辐射罪 | 3 年以下自由刑或罚金刑 | 轻罪 |
| 未经许可的垃圾处理罪 | 5 年以下自由刑或罚金刑 | 轻罪 |
| 未经许可开动核设备罪 | 5 年以下自由刑或罚金刑 | 轻罪 |
| 未经许可的放射性物质及其他危险物品交易罪 | 5 年以下自由刑或罚金刑 | 轻罪 |
| 侵害保护区罪 | 3 年以下自由刑或罚金刑 | 轻罪 |
| 释放毒物造成严重危害罪 | 1 年以上 10 年以下自由刑 | 重罪 |

---

[1] 〔德〕克劳斯·罗克辛:《德国刑法学总论(第 1 卷)》,王世洲译,法律出版社 2005 年版,第 172 页。

从《德国刑法典》第 324 条至第 329 条的规定来看,明文规定处罚未遂犯的有 5 个罪名,即污染水域罪、污染土地罪、污染空气罪、未经许可的垃圾处理罪和未经许可的放射性物质及其他危险物品交易罪,没有明文规定处罚未遂犯的罪名有 3 个,即制造噪音、震动和非离子辐射罪以及未经许可开动核设备罪和侵害保护区罪。释放毒物造成严重危害罪属于重罪,故根据《德国刑法典》第 23 条的规定,处罚该罪的未遂犯。总之,在《德国刑法典》分则第 29 章"危害环境的犯罪"规定的 9 个具体犯罪中,有 6 个具体犯罪处罚未遂犯,从犯罪特殊形态上看在很大程度上实现了刑法治理的早期化。预备犯是比未遂犯更为缓和的犯罪特殊形态,所以德国刑法原则上不处罚预备犯。对于需要处罚的极为严重的犯罪的预备犯,则规定为分则中的预备罪,即预备行为的实行行为化。如《德国刑法典》第 83 条第 1 款规定:"预备实施针对联邦的特定叛乱行为的,处 1 年以上 10 年以下自由刑;情节较轻的,处 1 年以上 5 年以下自由刑。"第 2 款规定:"预备实施针对州的特定的叛乱行为的,处 3 个月以上 5 年以下自由刑。"此即分则条文明文规定的预备叛乱罪。但是,从《德国刑法典》分则第 29 章"危害环境的犯罪"的规定来看,为环境犯罪做准备的行为还没有被规定为犯罪。[1]

《德国刑法典》第 26 条规定:"故意教唆他人故意实施违法行为的是教唆犯。对教唆犯的处罚与正犯相同。"据此规定,德国刑法处罚一切故意犯罪的教唆犯。《德国刑法典》第 324 条至第 329 条和第 330 条 a 规定的 9 个具体环境犯罪的基本犯均包括故意犯,故教唆他人故意实施第 324 条至第 329 条和第 330 条 a 规定的

---

[1] 参见李梁:《德国环境刑法中的罪过形式立法及启示》,载《国外社会科学》2020 年第 1 期。

具体的环境犯罪的,成立各具体环境犯罪的教唆犯,而且与正犯施以相同的处罚。《德国刑法典》第 27 条第 1 款规定:"对他人故意实施的违法行为,故意予以帮助的,是帮助犯。"第 2 款规定:"对帮助犯的处罚参照正犯的处罚,并依第 49 条第 1 款减轻其刑罚。"由此来看,德国刑法处罚一切故意犯罪的帮助犯,凡是对他人故意实施的危害环境的犯罪予以帮助的,成立环境犯罪的帮助犯。[1] 另外,值得注意的是,《德国刑法典》分则第 29 章"危害环境的犯罪"中出现了帮助犯的正犯化。如第 328 条第 2 款第 4 项规定:"引诱他人为第 3 项所述行为或者对此等行为予以帮助的。"其中,"对此等行为予以帮助的"就属于帮助犯的正犯化,不能根据第 27 条第 2 款的规定减轻处罚。

《日本刑法典》第 43 条规定:"已经着手实行犯罪而未遂的,可以减轻刑罚,但基于自己的意志中止犯罪的,应当减轻或者免除刑罚。"可见,日本刑法对未遂犯概念的规定与德国基本一致,都包括障碍未遂和中止未遂,但在处罚上有所不同。具体而言,在障碍未遂的处罚上,德国刑法的规定和日本刑法的规定是一致的;但在中止未遂的处罚上不同,德国刑法规定免除处罚,日本刑法规定应当减轻或者免除处罚。在未遂犯的处罚范围上,《日本刑法典》第 44 条规定:"处罚未遂罪的情形,由本法条文规定。"与德国刑法中的"重罪之未遂,均应处罚,轻罪未遂之处罚,以法律有明文规定者为限"的规定相比,日本刑法的相关规定显得保守多了。也就是说,日本刑法原则上不处罚未遂犯,若要处罚未遂犯,只能由分则条文特别规定。从《日本刑法典》分则第 15 章"有关饮用水的犯罪"各本条的规定来看,并未规定

---

[1] 参见李梁:《中德污染环境罪立法明确性之比较研究》,载《中国地质大学学报(社会科学版)》2019 年第 5 期。

未遂犯[1],更未规定比未遂犯更为缓和的预备犯。所以,就日本环境刑法的第一部分而言,并不处罚未遂犯、预备犯等犯罪特殊形态。日本环境刑法的第二部分即《公害罪法》也未规定公害罪的未遂犯、预备犯等犯罪特殊形态。在日本环境刑法的环境附属刑法中,也难以找到处罚未遂犯和预备犯的规定。

教唆犯的本质是犯意的引起者和犯罪的发动者,所以日本刑法对教唆犯的处罚是比较严厉的。《日本刑法典》第61条第1款规定:"教唆他人使之实行犯罪者,科以正犯之刑罚。"第2款规定:"教唆教唆者,与前款同。"第62条第2款规定:"教唆从犯者,科以从犯之刑。"可见,日本刑法不但处罚正犯的教唆,而且处罚对教唆者的教唆(间接教唆),还处罚对从犯(帮助者)的教唆。与德国刑法将教唆犯限定为"故意教唆他人故意实施违法行为"不同,日本刑法既没有把教唆行为限定为故意,也没有把被教唆的行为限定为故意,所以逻辑上包括过失教唆和教唆过失两种情形,但通说否定了这两种教唆,对故意唆使他人实施过失犯罪的,通常应认定为间接正犯。[2] 在日本环境刑法的第一部分(《日本刑法典》分则第15章)规定的环境犯罪中,除污染净水等致死伤罪之外,其他犯罪均属于故意犯罪,《公害罪法》规定了故意的公害罪和过失的公害罪,环境附属刑法规定的犯罪也包括故意犯罪和过失犯罪。所以,凡是故意教唆他人故意实施环

---

[1] 值得注意的是,日本著名法学家山口厚指出,虽然《日本刑法典》在有必要处罚犯罪未遂的场合,分别地设置了旨在处罚犯罪未遂的明文规定,并以此为依据才能处罚未遂犯,但对于几乎全部的针对重要法益的加害行为,其犯罪未遂都被作为处罚的对象;而且指出,在主要的犯罪中不处罚犯罪未遂的,只有伪造文书罪(第155条、第156条、第159条)、伤害罪(第204条)、侵占罪(第252条至第254条)、损坏器物罪(第261条)等。参见[日]山口厚:《刑法总论(第3版)》,付立庆译,中国人民大学出版社2018年版,第278页。但是,《日本刑法典》分则第15章"有关饮用水的犯罪"是否属于主要的犯罪,则不得而知,故实际上是否处罚未遂犯也难以得知。
[2] 参见张明楷:《外国刑法纲要》(第三版),法律出版社2020年版,第289页。

境犯罪、故意教唆他人并通过该他人故意教唆第三人故意实施环境犯罪以及故意教唆他人帮助第三人故意实施环境犯罪的,均成立环境犯罪的教唆犯。

不完整罪是英美刑法中的一个重要概念。根据普通法,不完整罪包括未遂、教唆和共谋三种情况。惩罚不完整罪,体现了刑法的预防功能,是刑法主动性的表现,因而被认为是刑法的一种进步。[1]一般情况下,当行为人意图实施犯罪行为,且实施了目标犯罪(故意犯罪)开始阶段的相关行为,而不仅仅是为目标犯罪(也就是故意犯罪)做准备,那么就成立未遂。[2] 犯罪未遂在普通法中是一种犯罪。如今,重罪的未遂属于重罪的一种,但通常受到的处罚比目标犯罪的刑罚要轻;对于轻罪的未遂,通常判处其目标犯罪最高法定刑的一半刑期,或者以类似的方法判处。当一个人引诱、要求、命令、雇佣或者鼓励一个人去实施构成任何重罪的行为,或者是与妨碍公正、破坏和平相联系的轻罪行为,即构成教唆犯罪。无论被教唆犯罪的等级如何,教唆犯罪仍是普通法上的一种轻罪。《美国模范刑法典》规定了教唆犯罪之后,受其影响,目前许多州已经有了有关教唆犯罪一般规定的条文,并且这些条文覆盖了所有的犯罪,或者至少是所有的重罪。然而,这些州大多遵循了普通法的方法,将教唆犯罪视为比被教唆犯罪轻的犯罪。而且,教唆犯罪的成立不受被教唆者是否实际实施犯罪的影响,换言之,教唆犯罪在教唆人将教唆内容传达给被教唆人的瞬间即告完成。既然教唆犯罪涵盖了所有的犯罪,那么行为人教唆他人实施环境犯罪的,也成立教唆犯罪。普通法上的共谋,是指两人或者多人为了实施一个犯罪或者一系列犯罪行为,或者通过非

---

[1] 参见储槐植:《美国刑法》,北京大学出版社1987年版,第86页。
[2] 参见[美]约书亚·德雷斯勒:《美国刑法纲要》,姜敏译,中国法制出版社2016年版,第57页。

法手段完成一个合法行为而达成的协议。自从1611年的英国皇室法庭建立以来,共谋犯罪一直作为普通法上的一种轻罪,今天对该罪的处罚比以前普通法上的处罚更加严厉。《美国模范刑法典》第5.03条第1款规定了"共谋犯罪"的定义,即以促成或便利实质犯罪的实施为目的,行为人实施下列行为的,与其他一人或者多人构成共谋犯罪:(1)行为人与其他一人或多人达成合意,有全部或部分人员实施构成该罪的行为、构成该罪未遂的行为或者构成该罪教唆的行为;(2)行为人同意帮助其他一人或者多人计划或实施构成该罪的行为、构成该罪未遂的行为或者构成该罪教唆的行为。处罚共谋犯罪主要在于促进预防性法律的实施和犯罪集团的特殊危险性。[1] 从共谋犯罪的定义不难看出,以促成或便利环境犯罪的实施为目的,行为人与他人共谋的,就构成共谋犯罪。换言之,行为人与他人共谋促成或便利实施环境犯罪的,应当受到刑事制裁。

在英美刑法中,共犯人被界定为"具有犯罪所必需的犯罪意图,并且帮助主要当事人实施犯罪的人",即帮助犯。一般而言,主要有三种帮助,即实施客观行为的帮助、通过心理影响提供帮助和通过使被帮助人不作为提供帮助(假设不作为者有法定的义务)。帮助犯的成立,不但要求有帮助主犯实施犯罪的意图,而且主犯有实施被指控犯罪的意图。[2] 由此来看,凡是故意为环境犯罪的故意犯提供物理上的帮助和心理上的帮助以及帮助被帮助者不履行法定的生态环境保护义务的,均成立环境犯罪的帮助犯。

---

[1] 参见〔美〕约书亚·德雷斯勒:《美国刑法精解(第四版)》,王秀梅等译,北京大学出版社2009年版,第346、383—384、391—393页。
[2] 参见〔美〕约书亚·德雷斯勒:《美国刑法精解(第四版)》,王秀梅等译,北京大学出版社2009年版,第435、439页。

## (二)从国外环境犯罪的特殊形态看刑法治理早期化程度

由上述分析不难看出,处罚环境犯罪的特殊形态是国外环境刑法立法的共同做法,只是处罚程度不同。而且,处罚程度的不同恰恰反映出环境犯罪刑法治理早期化程度的差异。

在德国,部分地处罚环境犯罪的未遂犯(包括障碍未遂和中止未遂),也没有把为实施环境犯罪行为做准备的行为规定为单独实行犯。所以,从这一角度来看只是在一定程度上实现了环境犯罪刑法治理的早期化。但是,德国的环境犯罪同时包含故意犯和过失犯,而且刑法规定故意教唆他人故意实施违法行为,处以与正犯相同的刑罚。[1] 就环境犯罪的故意犯而言,均存在教唆犯,即故意教唆他人故意实施环境犯罪的,均成立教唆犯,而且处以与正犯相同的刑罚。教唆属于施行前的行为,所以从处罚教唆犯的角度看,德国环境刑法在很大程度上实现了环境犯罪刑法干预的早期化。值得注意的是,德国刑法不但处罚所有故意为环境犯罪的故意犯提供帮助的行为,而且将为引起核爆炸提供帮助的行为规定为独立正犯(《德国刑法典》第328条第2款第4项)。所以,从处罚环境犯罪的帮助犯的角度看,德国环境刑法在很大程度上实现了环境犯罪刑法治理的早期化。

《日本刑法典》虽然规定了未遂犯的概念,但原则上不处罚未遂犯,对未遂犯的处罚仅限于刑法分则条文的特别规定(包括单行刑法和附属刑法)。从日本三部分环境刑法的规定来看,均难以找到处罚未遂犯的规定,更没有将为实行环境犯罪行为做准备的行为规定为单独实行犯。所以,从这一角度看,日本的环境刑法确实没有实现刑

---

[1] 参见李梁:《德国环境刑法中的罪过形式立法及启示》,载《国外社会科学》2020年第1期。

法治理的早期化。但是,日本刑法在环境犯罪之教唆的处罚上要严厉得多。不仅处罚教唆环境犯罪的直接教唆犯,而且处罚环境犯罪的间接教唆犯,还处罚教唆帮助他人实施环境犯罪的行为;并且明文规定对直接教唆犯和间接教唆犯的处罚与正犯相同,对帮助犯的教唆的处罚与帮助犯相同。所以,从这一角度看,日本环境刑法在很大程度上实现了环境犯罪刑法治理的早期化。

在英美法系国家,对犯罪特殊形态的处罚主要表现为未遂、教唆、共谋等不完整罪和帮助。就前者而言,英美法系国家的环境刑法不但处罚环境犯罪的未遂犯、教唆犯和共谋犯,而且教唆和共谋行为单独成立教唆罪和共谋罪,特别是教唆罪的成立不以被教唆之罪的成立为前提。换言之,环境犯罪的损害结果没有发生或行为未实行完毕,或者只发生教唆他人实施环境犯罪的教唆,或者只要出现环境犯罪的共谋,就可以发动刑罚,致使环境犯罪的刑罚处罚在很大程度上得以提前,这是环境犯罪刑法治理早期化的重要表现。帮助犯并非发生在实行行为之前的纵向关系上的犯罪的特殊形态,而是与正犯同时进行,是在正犯产生犯意的情况下协助正犯的行为,属于横向关系上的犯罪的特殊形态,而且英美法系国家刑法对帮助犯采取的是从属性原则,即共犯(帮助犯)必须从属于主犯(正犯)。所以,处罚帮助犯本身并不能体现出刑法干预的早期化。但是,如若立法者将帮助行为规定为刑法分则中的独立正犯,尤其是规定处罚中立帮助行为,则实现了刑法介入的早期化。在英美法系国家的环境刑法中还难以找到这种立法。所以,从帮助行为正犯化的角度看,英美法系国家的刑法尚未实现刑法治理的早期化。

**五、国外环境犯罪的处理程序及其反映出的刑法治理早期化程度**

环境犯罪刑法治理的早期化不仅仅通过设立危险犯、针对环境要素的侵害犯、处罚犯罪的非既遂形态和教唆犯、帮助犯的正犯化等实体法规则展开，而且也通过处罚主体、因果关系证明方式、罪过判断方法等程序法规则展开。环境犯罪的特殊性及其治理需求表明，如果对环境犯罪的处理程序与一般的犯罪相同，则不可能有效治理环境犯罪，进而不可能有效控制环境风险。由此，各国环境犯罪的处理程序采取了比较特殊的处理方法，从中彰显了环境犯罪刑法治理的早期化特征。

（一）环境刑法中的直罚主义与环境犯罪刑法治理的早期化

日本的环境行政管制法，如《大气污染防止法》《水质污染防止法》等，设置了较为严格的排放标准。这些标准是判断企事业单位的排放行为违法与否的分界线。排放标准设定之后，特定设施的企事业单位必须把废气乃至排放的废水中含有的污染物质限制在排放标准以下，否则，执法机关可因其违反行政法上的义务直接进行处罚。如果故意实施超标准排放行为，可对直接责任者或企事业单位处6个月以下拘役或者10万日元以下罚金；如果过失超标准排放，对于责任者处3个月以下拘役或5万日元以下罚金。这种对违反排放标准的责任者直接处以刑罚的做法，称为直罚主义。[1] 不难看出，日本立法者针对污染空气、水体等环境犯罪设立的直罚主义有两大特点：一是直罚的依据是企事业单位违反了排放标准，超标准排放废气、废水等污染物；二是实施刑罚处罚的主体并非司法机关，而是环境行政执法机关。日本的环境刑法之所以如此规定，主要是因为环境刑法被视为行政刑法。与把普通刑法（刑法典）定位为司法法不同，行政刑法通常被定位为行政法。前者的指导原理是法的安定性，后者是为了实现行政规制、经济管理等目的而借用刑罚手段的法

---

[1] 参见冷罗生：《日本公害诉讼理论与案例评析》，商务印书馆2005年版，第358页。

律,其指导原理主要是合目的性。[1] 一般而言,对行政犯的处罚在程序上必须先经过行政机关的行政处罚,然后交由司法机关决定是否进行刑罚处罚,这是由行政刑法的附属性决定的。所以,从处罚程序上看,由环境行政执法机关直接根据企事业单位是否违反排放标准直接给予刑罚处罚,显然使刑罚处罚在行政处罚阶段提前实现了,这是环境犯罪刑法治理早期化的重要表现。

(二)环境刑法中的因果关系推定与环境犯罪刑法治理早期化

日本《公害罪法》第5条规定:"如果某人由于工厂或企业的业务活动排放了有害于人体健康的物质,致使公众的生命和健康受到严重危害,并且认为在发生严重危害的地域内正在发生由于该种物质的排放所造成的对公众的生命和健康的严重危害,此时便可推定此种危害系该排放者所排放的那种有害物质所致。"此即日本环境刑法中的因果关系推定规则,这对刑事诉讼中因果关系的司法证明所产生的影响不容忽视。

在传统刑法理论中,主要存在三种结果归责类型,即"造成"型因果的结果归责、"引起"型因果的结果归责和义务型因果的结果归责。前者居于因果归责的核心地位,其要义在于行为本身便具有在自然意义上导致结果出现的特质,而结果则作为其合乎逻辑的产出物;中者和后者是分别针对狭义的共犯和不作为犯的归责提出来的。相较"造成"型因果的归责类型,"引起"型因果的归责类型实质性地降低了行为与危害结果之间事实关联的程度要求。当事实因果关联的要求从"造成危害"放宽到"引起危害"即可满足时,刑事责任的范围也相应得以扩张。如果说作为犯中的因果关系属于现实中的因果关

---

[1] 参见付立庆:《积极主义刑法观及其展开》,中国人民大学出版社2020年版,第81页。

系,那么不作为犯中的因果关系主要是假想的因果流程。随着环境犯罪等现代型犯罪的大量出现,刑法立法上确立了疫学因果关系说和风险升高理论。前者主要用于解决环境犯罪的结果归责问题,后者主要用于解决过失犯的结果归责问题。其中,就疫学因果关系而言,充其量只能得出若行为存在,则危害结果的发生概率会升高的结论,故疫学因果关系属于行为与结果之间连条件关系都无法确凿地得到证明的因果关系。[1] 由此不难看出,因果关系与结果归责理论的发展过程其实是对行为与结果之间关联性证明标准逐步降低的过程。

在日本,《公害罪法》第5条所确立的因果关系推定规则,实际上就是确立了疫学因果关系。疫学因果关系不要求证明行为与结果之间事实上的条件关系,只要排污行为提升了危害结果发生的概率,就将结果归责于行为人的排污行为。首先,在运用疫学因果关系的场合,不需要证明排污行为与污染结果之间存在事实上的因果关系,换言之,在不证明排污行为与污染结果之间存在条件关系的情况下,就已经具备了刑事处罚的客观条件,司法机关据此可以发动刑罚处罚,这显然属于刑法干预的早期化。其次,疫学因果关系实际上是一种推定,即如果在排放污染物有可能导致公众的生命和健康受到严重危害的地区确实出现了公众的生命和健康受到严重危害的危害结果,那么就推定排污行为与公众的生命和健康受到严重危害之间存在因果关系,而这不符合古典时期所确立的"疑罪从无"原则。在还没有确定为"有"或者"无"的情况下就发动刑罚处罚,显然属于一种刑法的提前介入。最后,作为司法推定的疫学因果关系,也允许

---

[1] 参见劳东燕:《风险社会中的刑法:社会转型与刑法理论的变迁》,北京大学出版社2015年版,第126—140页。

行为人进行反证。但是,在行为人提出反证之前就推定行为人应当对结果负责,显然表明了刑法提前干预的态度。[1]

(三)环境犯罪程序上的严格责任与环境犯罪刑法治理早期化

19世纪中期以来,在英美法系国家,随着工商业活动的大规模出现,危害公众健康及社会安全与福利的犯罪行为急剧增加。这些犯罪行为在治理上的基本特点是,要证明行为人主观罪过极为困难,致使如果在证明行为人有主观罪过的基础上再进行处罚,则只能放纵犯罪,不利于保护公共利益。为此,英美刑法便秉持灵活的态度,确立了严格责任,这也成为世界各国刑法立法的一种发展趋势。[2] 进入20世纪50年代,一系列环境公害事件致使各国在环境犯罪的治理中确立了严格责任。与英美刑法不严格区分实体与程序的品格相适应,严格责任同时兼有实体法和程序法的特点。"严格责任既包括不问主观罪过而定罪的'实体'意义上的严格责任,又包括不问主观罪过而起诉的'程序'意义上的严格责任",主要从起诉或定罪与辩护两个层面展开。具体而言,在起诉或者定罪阶段,只需证明被告有法律所规定的某种行为或造成了某种结果,不需要考虑被告的主观罪过;在辩护阶段,允许辩护方以未成年、强迫、自卫、无意识等理由进行合法辩护。[3] 如今,环境犯罪不仅在英美法系国家是严格责任发挥作用的"主战场",在日本、法国等国家,为了有效治理

---

[1] 参见李梁:《环境犯罪刑法治理早期化之理论与实践》,载《法学杂志》2017年第12期。

[2] 参见雷鑫:《严格责任移植于环境刑法中的价值分析》,载《法学杂志》2009年第6期。

[3] 参见刘仁文:《刑法中的严格责任研究》,载《比较法研究》2001年第1期。

环境犯罪,也引入了严格责任。[1]

严格责任的基本特点是,在没有查明行为人主观上有无罪过的情况下就允许刑法介入,其目的有两个:从实体上看是为了实现对犯罪的有效预防,是预防性刑法的重要体现;从程序上看是为了提高办案效率。"严格责任免除了控方证明行为人对某些构罪事实的故意、明知、疏忽或轻率的证明责任,确实提高了办案效率,可以用有限的法律资源保护更多的公共利益。"[2]就后者而言,反过来说,为了提高办案效率,必须减轻司法机关的证明责任。从犯罪的证明过程来看,首先需要证明的是行为人是否实施了某种犯罪行为(在结果犯的场合还需证明行为导致了某种危害结果),然后证明行为人对其所实施的行为(及行为所导致的结果)所持有的主观心态,即是否有故意、明知、轻率或疏忽。而且,这一证明过程具有位阶性,即只有在证明了客观事实的基础上才能证明主观心理态度。由此来看,不需证明行为人主观上是否有故意、明知、轻率或疏忽就可以发动刑罚显然属于刑法的提前介入,彰显了环境犯罪刑法治理的早期化特征。

## 第二节 环境犯罪刑法治理早期化的国际立法

环境犯罪的国际立法包括国际环境保护公约、区域性环境保护

---

[1] 例如,日本在《矿业法》《大气污染防止法》《水质污染防止法》《制造物责任法》《原子力损害赔偿法》等环境附属刑法中一般都规定了严格责任;法国的《农业法》中有关环境犯罪的相关规定,通常被认为存在实行严格责任的情形。参见周兆进:《环境犯罪严格责任研究》,中国检察出版社2018年版,第75—76页。
[2] 赖早兴:《美国刑法中的严格责任:争议、解决方案及其启示》,载《环球法律评论》2018年第3期。

公约以及国际性环境刑事保护公约对环境犯罪的规定。从这些规定的内容来看,国际环境刑法也在一定程度上实现了环境犯罪刑法治理的早期化。

**一、国际环境刑法立法及其基本特点**

(一)国际环境刑法立法实践

国际环境刑法立法实践,是随着20世纪70年代环境犯罪的全球化发展趋势而展开的。或者说,环境犯罪的全球化发展趋势推动了国际环境刑法立法。最早的环境犯罪治理国际立法活动,是国际刑法学协会在1978年华沙预备会议中提出的关于运用刑法保护环境的决议案,并于1979年在第12届国际刑法学会决议中作出了"必须将故意严重影响环境的行为纳入国家犯罪行列,并以适当的方式进行惩罚"的规定。1979年,联合国国际法委员会拟定了《关于国家责任的条文草案》。该草案第19条规定,违背对维护和保全人类环境具有重要性的国际义务,如禁止大规模污染大气层或海洋的义务,属于国际罪行。这些行为严重影响了空气、海洋和河流的生存性和洁净性,或毁坏了全部或一部分环境,或严重危害了海洋和国际水道中的植物群和动物群,希望或放任对遭到危害的物种的破坏环境的行为属于国际犯罪行为。之后,在联合国及国际刑法学会的牵头和组织下,一系列有关环境犯罪治理的决议作出。主要有:(1)1989年,联合国环境规划署在瑞士的巴塞尔召开了"关于控制危险废物越境转移全球公约全权代表会议",通过了《控制危险废物越境转移及其处置巴塞尔公约》,规定各缔约国应当把非法运输危险废物或其他废物列为犯罪行为,并应当采取适当的法律、行政和其他措施来保证实施,以期实施本公约的各项规定;(2)1989年,联合国经济与社会理事会通过了第 1989/62 号决议,要求各国政府、国际组织、具有经社理事会咨商地位的有关非政府组织和其他决议机关研究联合国秘书长提出的关于采取一致国家行动打击越境环境犯罪的建议,以便付诸实施;(3)1990 年,联合国在第八届预防犯罪与罪犯待遇大会上对环境的刑法保护进行了讨论,并就《刑法在保护自然和环境中的作用》的议案达成了一致意见;(4)1991 年,联合国国际法委员会拟定了《危害人类和平与安全治罪法草案》,将蓄意严重危害环境的行为规定为国际犯罪;(5)1992 年,在第十五届国际刑法学预备会议上,各国代表不但就"环境犯罪是国际犯罪"这一问题达成了相当程度的共识,而且作出了关于对环境犯罪适用刑法总则的建议案;(6)1993 年,联合国经济与社会理事会又通过了第 1993/28 号决议,号召各成员国继续采用国内刑法保护环境,并要求联合国秘书长把防治环境犯罪作为国际技术合作问题之一;(7)1994 年,国际刑法学协会专门将"危害环境犯罪——刑法总则的适用"作为一个专题进行研讨,并就环境犯罪的构成及其刑事责任作出了具体规定;(8)1998 年,欧洲理事会在斯特拉斯堡订立了《通过刑法保护环境公约》,规定国家应当承担其责任,处罚措施包括环境修复等;(9)1998 年,在联合国设立的国际刑事法院全权代表外交会议通过了《国际刑事法院罗马规约》,不但该规约第 1 条规定国际刑事法院有权就规约所提到的、受到国际社会关注的最严重的犯罪对个人行使管辖权,对国家刑事管辖权起到了补充作用,而且第 8 条增加了对自然环境的严重破坏行为行使管辖权;等等。[1]

---

[1] 参见王吉春:《"美丽中国"背景下我国环境刑事法完善研究》,中国人民公安大学出版社 2018 年版,第 138—140 页;冯军等:《环境污染犯罪治理问题研究》,法律出版社 2019 年版,第 50—51 页。

(二)国际环境刑法立法的基本特点

随着环境问题的全球化,国际社会,特别是联合国、国际刑法学协会等国际组织对如何进行国际环境刑法立法的问题进行了诸多探索,也出台了一些具有普遍性的国际法规范。这些国际法规范虽然大多属于"软法",不像国内法那样具有较强的法律效力,但对国际法主体乃至国内环境刑法的形成与发展均产生了一定的影响,有其自身的鲜明特点。

1. 国际环境刑法主要是国内环境刑法立法的指导性意见

由于国际法的主体是国家、政府间国际组织等,而不可能是个人,因而国际环境刑法立法不可能针对个人制定罪刑规范,而主要是向国家提供制定环境刑法的指导性意见和建议。例如,1992 年通过的《里约环境与发展宣言》提出的第 13 条原则:各国应制定关于污染和其他环境损害的责任和赔偿受害者的国家法律。各国还应迅速并且更坚决地进行合作,进一步制定关于在其管辖或控制范围内的活动对在其管辖外的地区造成的环境损害的不利影响的责任或赔偿的国家法律。[1] 又如,1994 年 9 月 10 日国际刑法学协会第 15 届代表大会通过的《关于危害环境罪(总则适用部分)的决议》(以下简称《决议》),实际上就是向国内环境刑法立法提出的建议,包括预防原则、危害环境罪的一些特殊问题、法人危害环境罪的责任、危害环境的犯罪以及司法管辖等。同时,《决议》就国际公约的实施提出如下建议:如果有关危害环境的国际公约,其刑事制裁的实施在国内法中并不是自动实施,各签字国应当为公约的实施制定必要的国内法。[2] 再如,《控制危险废物越境转移及其处置巴塞尔公约》第 4 条

---

[1] 参见万霞编:《国际环境法资料选编》,中国政法大学出版社 2011 年版,第 19 页。
[2] 参见徐平:《环境刑法研究》,中国法制出版社 2007 年版,第 308—309 页。

"一般义务"中的第 3 项建议是:"各缔约方认为危险废物或其他废物的非法运输为犯罪行为。"第 4 项建议是:"各缔约方应采取适当的法律、行政和其他措施,以期实施本公约的各项规定,包括采取措施以防止和惩办违反本公约的行为。"从世界各国的刑法实践来看,主要是通过国内刑法的普遍管辖原则来实现国际公约规定的环境犯罪,而通过建立国际刑事法庭来追诉危害全球的环境犯罪,目前只是一种理想。这也反映出,目前就国际环境犯罪问题,特别是国际环境犯罪的罪刑规范而言,还未能形成统一的、全球性的国际公约和地区性的条约,现有环境保护的国际公约或国际条约,内容大多是关于设定国家在国际环境犯罪中的义务和责任,如《联合国气候变化框架公约》《〈联合国气候变化框架公约〉京都议定书》《生物多样性公约》《〈生物多样性公约〉卡塔赫纳生物安全议定书》《国际水道非航行使用法公约》《国际油污损害民事责任公约》《国际干预公海油污事故公约》《联合国关于在发生严重干旱和/或荒漠化的国家特别是在非洲防治荒漠化的公约》《控制危险废物越境转移及其处置巴塞尔公约》《关于环境保护的南极条约议定书》《及早通报核事故公约》等,莫不如此。

2. 国际环境刑法坚持的是综合性立法理念

从国际环境刑法所提出的一系列建议来看,国际环境刑法在立法理念上坚持的是非人本理念与人本理念并存的立法理念。例如,《破坏环境犯罪国内法的推荐文本〈波特安草案〉》列举了 4 项一般犯罪:(1)不管是否违反了法定责任或者规章责任,故意地、非故意地(间接诈欺行为)或由于疏忽,导致或促使对当地或地区的环境造成严重的损害或破坏;(2)不管是否违反了法定责任或规章责任,故意地、非故意地(间接诈欺行为)或由于疏忽,发射、排放、处一种污染物质,从而导致或促使人员死亡、严重疾病或剧烈的伤害;(3)不管是否违反了法定责任或规章责任,非故意地(间接诈欺行为)或由于疏忽,导致或促使对严重伤害或破坏当地的或地区的环境造成实质性威胁;(4)不管是否违反了法定责任或规章责任,非故意地(间接诈欺行为)或由于疏忽,发射、排放、处理一种污染物质,从而导致或促使对人死亡、严重疾病或剧烈的伤害,造成实质性威胁。同时,把特殊犯罪描述为:故意地,不顾法定的或规章的责任;或者由于非故意(间接诈欺行为)或疏忽,违反了法定的或规章的责任:(1)向环境中排放一种污染物质;(2)运行一种有公害的设备;(3)进口、出口、处置、运输、储存或处理一种有毒、危害的或危险的物品、物质或废物,或者以任何方式促使进口、出口、故意流通、处理、运输、储存或处理这种物质;(4)导致或促使对当地的或地区的环境造成严重的损害或破坏;(5)提供虚假的资料信息,或疏忽,或隐藏所需信息的资料,或干扰监控设备。[1] 显然,从对一般犯罪的列举来看,第一项与第三项相对应,都属于针对环境要素的犯罪,且第一项属于针对环境的侵害犯,第三项属于针对环境的危险犯;第二项与第四项相对应,都属于针对人身的犯罪,且第二项属于针对人身的侵害犯,第四项属于针对人身的危险犯。由此可见,在《破坏环境犯罪国内法的推荐文本〈波特安草案〉》中,针对环境要素的犯罪首先被强调,至少可以说,针对环境要素的犯罪与针对人身的犯罪平分秋色。

3. 国际环境刑法主要依赖国内环境刑法及其实施机制来实施

环境犯罪属于一类新兴犯罪,是20世纪中叶以来逐步出现并日益严重的犯罪类型,不论是从法益侵害还是从规范违反的角度看,都很难对环境犯罪的本质作出深刻的解释。与此相对应,环境刑法是

---

[1] 参见徐平:《环境刑法研究》,中国法制出版社2007年版,第310—311页。

一个新兴的刑法领域,缺乏较为深厚的理论基础。这一点在国际环境刑法立法上更加突出。虽然环境犯罪的国际性日益显著,并引起国际社会的广泛关注,但还远未形成如灭绝种族罪、危害人类罪、战争罪、侵略罪等为国际社会公认且已比较成熟的国际法规范。所以,现有关于环境保护的国际法规范中,对国际环境犯罪的规定通常限于原则性和建议性规定。对这种规定只有通过国内的环境立法及相应的执法活动和环境刑法立法及相应的司法活动才能保障实施。即便有了比较成熟的国际环境刑法规范,但因国际法的主体是国家和国际组织,国际环境刑法也只能通过国家制定和实施国内环境法和环境刑法的方式实施。一般而言,国际环境法在国内的实施包括制定和执行有关履行条约的法律、法规和其他法律文件两个方面,实施方式主要包括国家司法、行政执法、守法和个案补充等。[1] 显然,这是国际环境刑法作为"软法"的必然结果。

## 二、从国际环境刑法立法看犯罪刑法治理的早期化

与传统犯罪相比,环境犯罪属于一种新型犯罪,在国际法上也是如此。所以,关于国际环境犯罪的立法主要属于非刑事立法;相应地,国际环境犯罪的治理主要停留在非刑事治理上。[2] 因而,无法通过分析具体的罪刑规范了解国际环境犯罪刑法治理的早期化程度,只能从具有原则性和建议性的规定入手进行分析。

(一)从预防原则看国际环境犯罪刑法治理的早期化

值得注意的是,预防原则是国际环境法的一项基本原则,国际社会对此已经达成共识。该原则要求,在国际性、区域性或国内的环境

---

[1] 参见林灿铃、吴汶燕主编:《国际环境法》,科学出版社2018年版,第78页。
[2] 参见冯军等:《环境污染犯罪治理问题研究》,法律出版社2019年版,第53页。

管理中,对于那些可能对环境有害的物质或行为,即使缺乏其有害的结论性证据,亦应采取各种预防性手段和措施,对这些物质或行为进行控制或管理,以防止环境损害的发生。正因为预防原则反映了环境保护的客观要求,所以在许多国家宣言、决议、条约等国际法律文件以及国际司法实践中得到了体现。例如,1972年的《斯德哥尔摩人类环境宣言》第7项原则规定:"各国应采取一切可能的步骤来防止海洋受到那些会对人类健康造成危害的、损害生物资源和破坏海洋舒适环境的或妨害对海洋进行其他合法利用的物质的污染。"又如,1992年的《生物多样性公约》在序言中规定:"注意到预测、预防和从根源上消除导致生物多样性严重减少或丧失的原因,至为重要。"[1]国际环境法对预防原则的提倡与贯彻,必然使得国际刑法具有预防刑法的性质,并在一定程度上实现了环境犯罪刑法治理的早期化。

(二)从国际环境刑法对犯罪形态的设置看环境犯罪刑法治理的早期化

为了贯彻预防原则,国际环境刑法在向国内环境立法拟定的推荐文本中,建议将环境犯罪的基本犯设定为危险犯,所以危险犯就成为国际环境犯罪的基本形态。例如,1994年在美国俄勒冈州波特兰市举行的国际专家会议上讨论并公布的《破坏环境犯罪国内法的推荐文本(波特安草案)》,将一般犯罪和特殊犯罪的罪状描述为危险犯,包括针对环境要素的危险犯和针对人身的危险犯。又如,1994年国际刑法学协会第15届代表大会通过的《关于危害环境罪(总则适用部分)的决议》不但建议各国把预防原则作为环境刑法的原则确立下来,而且建议把危害环境罪的最低限度行为要件设定为两项:

---

[1] 林灿铃、吴汶燕主编:《国际环境法》,科学出版社2018年版,第64—65页。

(1)对环境造成严重损害的作为或不作为;(2)违反已规定的环境标准以致对环境造成现实的和紧迫的(具体的)危险。同时,在设置法人危害环境罪的责任时规定,如果私法人或公共法人从事的活动对环境有造成损害的危险,应要求其经理或指挥当局对避免发生危险履行监督责任。[1] 显然,关于行为要件中的第一项属于针对环境要素的侵害犯,必然蕴含着针对人身的危险犯;第二项是针对环境要素的危险犯,对法人危害环境罪的描述也属于针对环境的危险犯,这些都是环境犯罪刑法治理早期化的体现。

(三)从国际环境犯罪的心理要件和主体要求看环境犯罪刑法治理的早期化

国际环境刑法对心理要件和责任主体的设置也体现了环境犯罪刑法治理的早期化。例如,前述《关于危害环境罪(总则适用部分)的决议》把危害环境罪心理要件规定为:不论作为、不作为或其后果,均应包括最低限度的心理要件,即明知、故意或过失,或者当发生严重后果时,具有疏忽大意。在设置法人危害环境犯罪的责任时规定,虽然刑事犯罪通常要求有具体的责任人,但是,在追究私法人危害环境的责任时,即使无法找出直接对该项罪行负责的私法人代表,也可以追究责任;如果一个国家的基本法允许公法人对其在执行公共职能或由于其他原因所犯的刑事罪行承担责任,即使此项罪责不能找到对此罪行直接负有责任的任何具体的法人代表,也可以追究该公法人的危害环境罪。[2] 显然,国际环境刑法把危害环境犯罪的罪过形式向前延伸到过失,在一定程度上体现了环境犯罪刑法治理的早期化。同时,在难以确定具体的行为主体时,径直追究法人危害环境罪

---

[1] 参见徐平:《环境刑法研究》,中国法制出版社 2007 年版,第 306—307 页。
[2] 参见徐平:《环境刑法研究》,中国法制出版社 2007 年版,第 307—308 页。

的刑事责任,也是刑法提前干预的体现。

## 第三节　环境犯罪刑法治理早期化立法的特点

从前述环境犯罪刑法治理早期化的国外和国际立法来看,虽然在细节上存在诸多差异,但对环境犯罪实行刑法早期化治理的基本立场是一致的,从中不难总结出环境犯罪刑法治理早期化立法的一些特点。

**一、环境犯罪刑法治理早期化立法具有强烈的预防性**

预防性刑法,或预防刑法,是近年来我国刑法理论根据我国刑法立法的预防化倾向提出的一个概念。我国有学者指出,所谓预防性刑法,即不再严格强调以既成的法益侵害结果作为追究刑事责任的基础,而是着眼于未来,基于对安全的关注,着重防范潜在的法益侵害危险,从而实现有效的社会控制的刑法。[1] 本来,预防是刑罚论领域的一个重要概念,仅限于刑罚目的,包括一般预防和特殊预防;后来,一般预防从原来仅仅表现为消极一般预防拓展为包括消极一般预防和积极一般预防。根据并合主义的刑罚理论,在量刑活动中刑罚被划分为责任刑和预防刑。责任刑即报应刑,是指由犯罪事实和行为人的责任所决定的刑罚;预防刑即目的刑,是指由预防必要性所决定的刑罚。[2] 预防刑又进一步划分为由特殊预防因素所决定的刑罚和由一般预防因素所决定的刑罚。在量刑过程中,对决定

---

[1] 参见何荣功:《预防刑法的扩张及其限度》,载《法学研究》2017 年第 4 期。
[2] 参见李梁:《认罪认罚从宽作为量刑情节及其具体适用》,载《华东政法大学学报》2023 年第 3 期。

刑罚的各种因素的运用是有层次之分的,即必须坚持先通过犯罪事实和责任确定责任刑,然后在责任刑之内(下)通过影响预防刑的因素确定预防刑[1];在确定预防刑的过程中,先通过影响特殊预防的因素来确定预防刑,然后才能在此之内(下)通过影响一般预防的因素确定预防刑。[2] 换言之,量刑过程应当是:根据犯罪事实和责任确定刑罚(责任刑)→根据特殊预防必要性确定刑罚(预防刑)→根据一般预防必要性确定刑罚(预防刑),而且根据预防必要性确定的刑罚不能突破根据犯罪事实和责任所确定的刑罚(责任刑),在预防刑内部,根据一般预防因素确定的刑罚不能突破根据特殊预防刑所确定的刑罚。[3] 现在,预防必要性从量刑领域受制于责任刑的地位上升到影响刑法立法,可谓受到了前所未有的重视。这一点在环境犯罪刑法治理的早期化立法中得到了充分的体现。

(一)普遍设置环境犯罪的危险犯

从德、日、英、美等国的环境刑法立法原则来看,危险犯是环境犯罪最为重要的表现形式。例如,日本当前的环境刑法由三部分组成,即《日本刑法典》分则第15章"有关饮用水的犯罪"、《公害罪法》和环境行政法中的"罚则"。"有关饮用水的犯罪"在日本的刑法教义学上被解释为公共危险罪,主要属于针对人身的危险犯;《公害罪

---

[1] 参见齐文远、李梁:《中国量刑规范化尝试之述评与反思》,载《人民检察》2014年第7期。
[2] 参见张明楷:《责任主义与量刑原理——以点的理论为中心》,载《法学研究》2010年第5期。
[3] 关于量刑基准,有"幅"的理论和"点"的理论之分,前者主张责任刑是一个幅度,而且只能在责任刑的幅度内根据预防必要性确定宣告刑,如果根据预防必要性所确定的刑罚突破了责任刑的上限或下限,宣告刑只能是责任刑;后者主张责任刑是一个点,而且只能在责任刑的点之下根据预防必要性确定宣告刑,如果根据预防必要性所确定的刑罚比责任刑重,宣告刑只能是责任刑。参见张明楷:《责任主义与量刑原理——以点的理论为中心》,载《法学研究》2010年第5期。

法》第 2 条和第 3 条把公害罪的故意犯和过失犯都设定为针对人身的危险犯;根据环境行政法中的"罚则",只要违反了环境行政法所确立的排放标准或者义务,就具有违法性,可以径直定罪判刑,显然属于行为犯(抽象危险犯)。又如,德国的环境刑法由两部分组成,即《德国刑法典》分则第 29 章"危害环境的犯罪"和附属于环境行政法中的"罚则"。前者规定的环境犯罪的基本犯多属于危险犯,既包括针对环境要素的危险犯,也包括针对人身或财产的危险犯;既包括故意的危险犯,也包括过失的危险犯。[1] 再如,在英美法系国家,环境刑法主要属于制定法,附属规定于环境行政法当中,特别是在有关保护空气和水体以及核设备的法律中。在通常情况下,违反环境行政法设定的排放标准和义务就可以成立犯罪,显然旨在预防危害结果的发生。危险犯的要义在于,当出现某种特定的侵害法益的危险,乃至使人们普遍感到有危害环境的危险时,就由刑法来介入,使得环境刑法的早期化立法具有强烈的预防性。[2]

(二)广泛处罚环境犯罪的特殊形态

在环境犯罪领域,世界各国普遍处罚未遂、预备、预谋、独立的教唆、帮助等犯罪的特殊形态。在《德国刑法典》分则第 29 章规定的 9 个具体的环境犯罪中,有一半以上的具体犯罪处罚未遂犯(包括障碍未遂和中止未遂)。在处罚未遂的犯罪中,除释放毒物造成严重危害罪属于重罪外,其他具体犯罪均属于轻罪。法律明文规定处罚轻罪的未遂,显然是为了防止实害结果的发生;在基本犯属于危险犯的情况下,处罚未遂还意味着防止危害环境之危险的出现,由此可见立法

---

[1] 参见苏永生、高雅楠:《论德国环境刑法中的危险犯》,载《中国地质大学学报(社会科学版)》2020 年第 1 期。
[2] 参见李梁:《污染环境罪侵害法益的规范分析》,载《法学杂志》2016 年第 5 期。

者对刑法预防性的注重。[1]《德国刑法典》第 328 条第 2 款明文规定对帮助他人引起核爆炸与未经许可的放射性物质及其他危险物品的交易罪同等处罚。甚至为了排除核威胁,在进入 2010 年后,在中国、俄罗斯、印度等国还在修建核电站,如火如荼地发展核能的同时,德国就已经决定进行彻底的"能源转型",加快退出使用核能,大力推进向可再生能源的转型。[2] 环境刑法立法与核能政策相适应,彰显了对核设备使用的慎重,立法的预防目的显而易见。在环境犯罪刑法立法上,英美法系国家显得更为实际。一方面,与大陆法系国家的环境刑法立法一样,强调对未遂的处罚;另一方面,还规定处罚环境犯罪的共谋罪、预备犯、教唆罪以及帮助行为,更加彰显了环境犯罪刑法早期化立法的预防性。

(三)把预防原则作为国际环境刑法的基本原则

国际环境刑法立法实践普遍强调将预防原则作为环境刑法立法的基本原则。如《里约环境与发展宣言》第 15 项原则就是:"为了保护环境,各国应按照本国的能力,广泛适用预防措施。遇有严重或不可逆转损害威胁时,不得以缺乏科学充分确定的证据为理由,迟延采取符合成本效益的措施防止环境恶化。"《联合国气候变化框架公约》第 3 条第 3 款规定:"各缔约方应当采取预防措施,预测、防止或尽量减少引起气候变化的原因,并缓解其不利影响。当存在造成严重或不可逆的损害的威胁时,不应当以科学上没有完全的确定性为理由推迟采取这类措施,同时考虑到应付气候变化的政策和措施应当讲求成本效益,确保

---

[1] 参见李梁:《德国环境刑法中的罪过形式立法及启示》,载《国外社会科学》2020 年第 1 期。

[2] 参见〔德〕安德烈亚斯·罗德:《21.0:当代简史》,朱颜译,商务印书馆 2020 年版,第 77 页。

以尽可能最低的费用获得全球效益。"又如,《生物多样性公约》第3条"原则"规定:"依照联合国宪章和国际法原则,各国具有按照其环境政策开发资源的主权权利,同时亦负有责任,确保在它管辖或控制范围内的活动,不致对其他国家的环境或国家管辖范围以外地区的环境造成损害。"并在第8条"就地保护"中规定:"(h)防止引进、控制或消除那些威胁到生态系统、生境或物种的外来物种。"第9条"移地保护"中规定:"(d)对于为移地保护目的在自然生境中收集生物资源实施管制和管理,以免威胁到生态系统和当地的物种群体,除非根据以上(c)项必须采取临时性特别移地措施。"《关于预防危险活动的跨界损害的条款草案》第3条"预防"明确规定:"起源国应采取一切适当措施,以预防重大的跨界损害或随时尽量减少这种危险。"而且,在第9条规定了"关于预防措施的协商"。再如,《国际水道非航行使用法公约》第二部分(一般原则)第7条(不造成重大损害的义务)第1项规定:"水道国在自己领土内利用国际水道时,应采取一切适当措施,防止对其他水道国造成重大损害。"总之,凡是涉及生态环境保护的国际公约或条约,在设定保护原则时,几乎都将预防原则作为生态环境保护的原则确定下来,并建议各缔约国将这一原则贯穿环境犯罪的治理过程,从中也彰显了环境犯罪刑法治理早期化立法具有强烈的预防性。[1]

总之,从世界各国环境刑法现状看,不但危险犯是环境犯罪的基本犯罪形态,而且普遍处罚未遂、预备、预谋、独立的教唆、帮助等犯罪的特殊形态,同时国际环境刑法把预防原则确定为环境犯罪治理的基本原则。这种立法现状和趋势表明,环境犯罪刑法治理的早期

---

[1] 参见褚雨、李梁:《污染环境罪刑法治理早期化问题探究》,载《中共郑州市委党校学报》2019年第5期。

化立法具有强烈的预防性,属于典型的预防性刑法。[1]

**二、环境犯罪刑法治理早期化立法具有处罚的前置性**

一般情况下,环境犯罪刑法治理早期化立法的预防性也就意味着处罚的前置性。例如,把环境犯罪的基本犯设定为危险犯,就意味着当行为针对环境要素或针对人身造成一定危险时,就由刑法介入。相较于只处罚侵害犯,上述立法规定实现了刑法处罚的前置化。又如,与处罚既遂犯相比,处罚预备犯、未遂犯、共谋犯等意味着在达至既遂之前就由刑法介入,实现了刑法处罚的前置化。再如,与处罚正犯相比,处罚教唆犯(特别是独立教唆罪)和帮助犯(尤其是在把帮助犯与正犯同等对待的场合)也意味着在正犯行为实施之前就由刑法介入,显然也实现了处罚的前置化。所以,在前述环境犯罪刑法治理早期化立法的预防性的表现中,把环境犯罪的基本犯设置为危险犯以及处罚独立预备罪、未遂犯、教唆罪、共谋罪等特殊犯罪形态,都意味着刑法处罚的前置性。但是,环境犯罪刑法治理早期化立法中处罚的前置性,主要是就处罚程序设计而言的。

(一)归责原则的前置化

在环境犯罪刑法治理早期化立法中,对结果归责的立法远远超越了传统的造成型因果归责立法,从而使刑法处罚具有了前置性。传统的结果归责,是建立在造成型因果关系基础上的一种结果归责。所谓造成型因果关系,即没有行为就没有结果,行为是结果发生的充分必要条件。相应地,以造成型因果关系为基础的归责,意味着只有

---

[1] 参见高铭暄、孙道萃:《预防性刑法观及其教义学思考》,载《中国法学》2018年第1期。

查清行为与危害结果之间存在事实上的因果关系,才能将危害结果归责于行为人的行为,并以此为基础使行为人承担刑事责任。换言之,在以造成型因果关系为基础的结果归责的场合,只有把危害结果在事实层面无误地归责于行为,才能将结果归责于行为人。显然,如果把这种结果归责原理用于环境犯罪的结果归责,则意味着很多环境犯罪无法受到制裁,并且在社会保护与人权保障之间会失去平衡。正是在这种情况下,环境犯罪刑法治理早期化立法超越传统,选择了因果关系推定。根据日本《公害罪法》第5条的规定,如果某人在工厂或企业从事业务活动的过程中,将有害人体健康的物质排放于某一地区,恰在此期间该地区公众的生命和健康受到了损害,便可推定此种危害是由排放者排放的对人体健康有害的物质造成的。显然,这是为了有效打击环境犯罪而在证明标准上采取的一种策略。因果关系推定,在刑法学上一般称之为疫学因果关系。"疫学因果关系的特殊之处恰恰在于,它是行为与结果之间连条件关系都无法确凿进行证明的因果关系。""就疫学因果关系而言,充其量只能得出若P(行为)存在则Q(危害结果)的发生概率会升高的结论。倘若认为这也成立条件因果关系,从逻辑上讲,它表明的也只是行为与危害结果发生的几率的提升之间存在条件关系,而不是行为与危害结果的发生本身存在条件关系。"[1]在结果归责上采取推定,导致了归责原则的前置化,实际上意味着免除了司法机关证明事实因果关系的责任,即在证明事实因果之前就发动刑事处罚,显然使刑法处罚具有了前置性。

---

[1] 劳东燕:《风险社会中的刑法:社会转型与刑法理论的变迁》,北京大学出版社2015年版,第138—139页。

## (二) 罪过形式判断的前置化

在环境犯罪刑法治理早期化立法中,普遍将环境犯罪的罪过形式设置为过失,甚至实行严格责任,使罪过形式判断出现了前置化,进而使刑法处罚具有了前置性。责任主义是现代刑法的基本原则,在主观归责上坚持主客观相统一,即在行为人对行为和结果有故意或者过失的基础上才能处罚,而且奉行"以处罚故意犯罪为原则,处罚过失犯罪为例外"的处罚原则。在这个意义上,处罚过失犯罪就属于主观归责的例外。就行为人对其行为和结果持有故意或过失才处罚而言,实行严格责任更是主观归责(责任主义)的例外。[1] 从世界各国环境犯罪刑法治理早期化立法来看,处罚过失犯是常态,如英、美两国针对环境犯罪实行严格责任,日本环境行政法中的"罚则"亦规定了个别严格责任。在这种情况下,处罚环境犯罪的过失犯不但不是例外,而且在很大程度上已经成为原则;针对环境犯罪实行严格责任,在很大程度上也已经不是例外了。"过失是与故意相并列的责任形式……与将故意理解为'对构成要件该当事实的认识、预见'相对应,过失可理解为对构成要件该当事实的认识或预见的可能性。"[2] 所以,过失是发生于故意之前的一种责任形式。处罚过失犯就意味着在判断故意之前要判断是否有过失,意味着在出现故意犯之前刑法就已经介入了,从而使刑法处罚具有了前置性。就严格责任而言,不要求对责任形式作出具体判断意味着在处罚过失犯之前刑法就可以介入,更是体现了刑法处罚的前置。

---

[1] 参见李梁:《我国刑法中的"严重后果"及其主观归责问题研究》,载《政法论坛》2023年第4期。

[2] 〔日〕山口厚:《刑法总论(第3版)》,付立庆译,中国人民大学出版社2018年版,第239页。

(三)处罚主体的前置化

在行政法与司法法的分类中,行政法以法的合目的性为指导原理,司法法则以法的安定性为指导原理。刑法属于司法法,而非行政法,所以刑法以法的安定性为指导原理。法的安定性包括两个方面:一是刑法本身的安定性,即刑法是实定的、明确的、稳定的法律,对作为刑法的基础的事实必须尽可能准确无误地予以确认,对各种案件的处罚不受任何人恣意的左右;二是通过刑法达至的安定性,即刑法的运行一方面有利于保障国民自由,另一方面能够预防犯罪和保护法益,进而维护共同的生活秩序。[1] 为了实现刑法的安定性,必须把刑法交由司法机关适用,不能由行政机关决定是否构成犯罪与施予刑罚。但是,环境刑法的行政附属性,特别是规定在环境行政法中的罚则,通常被行政法的合目的性统摄,致使依据罚则的处罚主体由司法机关前移至行政机关,在个别国家(如日本)的环境犯罪刑法治理早期化立法中出现了直罚主义,出现了犯罪处罚主体的前置化,进而致使对环境犯罪的处罚从程序上具有了前置性。

总之,从各国环境犯罪刑法治理早期化立法来看,环境犯罪归责原则的前置化、罪过形式判断的前置化以及处罚主体的前置化,使环境犯罪刑法治理早期化立法具有了刑法处罚的前置性。

**三、环境犯罪刑法治理早期化立法具有鲜明的行政依赖性**

从世界各国环境犯罪刑法治理早期化的立法来看,环境犯罪的设置和处罚程序的启动大多有赖于环境行政法的规定和执行,进而使环境犯罪刑法治理早期化立法具有鲜明的行政依赖性。

---

[1] 参见张明楷:《刑法学》(第五版),法律出版社2016年版,第16页。

(一)环境刑法的适用依赖环境行政法的规定

我国有学者企图通过建立环境刑法的伦理基础增强环境刑法的合法性,提出环境刑法应当以现代人类中心主义伦理观为基础,并且指出,应当弘扬人与自然的统一观、协同观,以全球意识、生态意识、可持续发展意识等为其具体的观念性构成要素,并认为在生态系统中人虽居于主导地位,是管理者,但绝不意味着人可以凌驾于自然之上。[1] 而且,从逻辑上讲,环境犯罪的伦理基础就应当是环境伦理。但是,生态环境保护与经济发展之间天然抵牾,这通常使环境伦理稀薄化,而且经济发展水平不同的国家或地区对环境伦理的要求截然不同。这就使环境伦理很难为环境刑法提供合法性基础,所谓现代人类中心主义伦理观在很多情况下也只能成为"镜中花"或"水中月"。所以,务实的立法者只能把环境犯罪界定为法定犯,并根据法定犯的特点来制定环境刑法。为此,环境刑法大多以违反环境行政法为前提,并通常以单行刑法或附属刑法的形式存在;即便是以刑法典的形式存在的环境刑法,立法者也不得不将违反环境行政法作为构成要件要素规定下来。例如,《德国刑法典》第329条规定的侵害保护区罪就将"违反依据《联邦环境保护法》颁布的法规""违反保护水或矿泉的法规""违反保护自然保护区或为保护作为自然保护区临时加以保护的地面或为保护国家公园而颁布的法规"分别作为侵害保护区罪不同的构成要件要素。又如,在我国刑法规定的环境犯罪中,污染环境罪,非法处置进口的固体废物罪,危害国家重点保护植物罪,非法引进、释放、丢弃外来入侵物种罪把"违反国家规定"作为构成要件要素,非法捕捞水产品罪和非法狩猎罪分别把"违反保护水产资源法规"和"违反狩猎法规"作为构成要件要素,非法占用农用

---

[1] 参见蒋兰香:《环境犯罪基本理论研究》,知识产权出版社2008年版,第140页。

地罪把"违反土地管理法规"作为构成要件要素,非法采矿罪和破坏性采矿罪把"违反矿产资源法的规定"作为构成要件要素,滥伐林木罪把"违反森林法的规定"作为构成要件要素。这种立法足以表明,环境犯罪刑法治理早期化立法具有强烈的行政依赖性。

从表面上看,环境刑法的行政依赖性是由环境犯罪的法定犯特点决定的;但从实质上看,环境刑法的行政依赖性恰恰体现了环境犯罪刑法治理的早期化。换言之,环境刑法的行政依赖性是由环境犯罪刑法治理早期化决定的。这是因为,刑法理论把刑法定位为保障法,即保障其他一切法律实施的法律[1],如果强调环境刑法的行政依赖性(这是不得不强调的),那么就意味着要以环境行政法的标准来衡量是否构成犯罪,并从合目的性的角度来解释环境刑法,从而使得环境犯罪的刑法治理出现了早期化。

(二)环境刑法的适用依赖行政程序

所谓环境刑法的适用依赖行政程序,是指环境刑法的适用依赖根据环境行政法而作出的具体行政行为。例如,在《德国刑法典》分则第29章规定的环境犯罪中,除释放毒物造成严重危害罪之外,其他8个犯罪都将"违反(背)行政法……义务""未经许可"或"违反可执行的禁令"等作为构成要件要素规定了下来。而且,《德国刑法典》第330条d将"行政法义务"解释为基于法规、法庭判决、可执行的行政行为、可执行的义务、公法上之合同(如果此等义务也可以通过行政行为来赋予)所产生的义务。[2] 我国《刑法》第339条第2款

---

[1] 有学者从积极主义刑法观出发对此提出了批评,认为刑法只是宪法的保障法,而非其他部门法的保障法。参见付立庆:《积极主义刑法观及其展开》,中国人民大学出版社2020年版,第59页。
[2] 参见李梁:《德国环境刑法中的罪过形式立法及启示》,载《国外社会科学》2020年第1期。

把"未经国务院有关主管部门许可"作为擅自进口固体废物罪的构成要件要素规定了下来。这些所谓的义务、许可、禁令等主要指行政执法主体根据行政法规作出的具体行政行为,致使环境刑法的适用依赖行政程序。换言之,环境刑法的适用以行政机关作出具体行政行为为前提,通常发生在行政机关作出具体行政行为之后,致使环境犯罪的刑事司法判断依附于具体行政行为。[1] 甚至,日本环境刑法中的直罚主义,使环境犯罪的刑事司法判断直接由环境行政执法机关控制。

总之,各国环境犯罪刑法治理早期化立法不但将违反环境行政法设置为环境犯罪的构成要件要素,而且将违反行政机关根据环境行政法作出的义务、许可、禁令等具体行政行为设置为环境犯罪的构成要件要素,进而使刑事司法程序依赖行政程序,致使环境刑法具有鲜明的行政依赖性。

**四、环境犯罪刑法治理早期化立法具有实体与程序的统一性**

程序是制度化的基石。"个人如果不把利益转变成权利,那么这种利益是不安定的;国家如果不把服从转变成义务,那么这种服从是不可靠的。实现这种转变的装置是程序。"[2]甚至可以说,任何实体法的实施必须依靠程序,没有合理的程序设计,实体法所规定的权利和义务只能是一纸空文。为了保证环境刑法的有效实施,很多国家在环境刑法中明文规定了相关的程序机制,在一定程度上实现了实体与程序的统一,并成为了环境犯罪刑法治理早期化立法的一个重

---

[1] 这种前置于刑事司法判断的具体行政行为,看似使刑事司法判断滞后于行政决定,但实际上使刑事司法判断在很大程度上失去了独立性,尤其是在证据的收集与判断上依赖行政机关,致使环境犯罪的刑法干预在程序上出现了前移。
[2] 季卫东:《法治秩序的建构》,商务印书馆2019年版,第84页。

要特点。这一点在那些采用环境保护单行刑法这一立法体例的国家表现得尤为突出。

(一)从英美法系环境刑法立法看实体与程序的统一性

英美法系国家属于普通法传统,有普通法上的环境犯罪和制定法上的环境犯罪。但不可否认的是,通过制定法规定环境犯罪是环境刑法立法的主流。在专门规定环境犯罪的刑法立法中,通常不但规定环境犯罪的罪与刑,而且规定了特殊的诉讼程序,实现了实体与程序的统一。例如,澳大利亚新南威尔士州1989年《环境犯罪与惩治法》共由五章构成。第一章(前言)对法律名称、生效、目的、定义和适用范围作出了规定,第二章规定了犯罪,第三章规定了罪行的诉讼程序,第四章规定了复原、赔偿和损害,第五章属于一般规定。其中,规定最为详尽的是第二章和第三章。第三章对第一级犯罪、第二级犯罪、第三级犯罪以及杂项作出了详尽的规定;第三章对第一级犯罪的诉讼程序的性质、第二级犯罪的诉讼程序的性质、建议程序可以开始的时间以及对提起诉讼的同意作出了详尽的规定。除此之外,第四章(复原、赔偿和损害)对复原和赔偿损害的程序也作出了规定,第五章对专家证据也作出了规定。[1] 可见,澳大利亚新南威尔士州1989年《环境犯罪与惩治法》是一部典型的将实体与程序统一起来规定的环境保护单行刑法。

从澳大利亚新南威尔士州1989年《环境犯罪与惩治法》的规定不难看出,第一章(前言)对法律名称、生效、目的、定义和适用范围的规定相当于刑法总则中的一般规定,第二章关于犯罪的规定属于实体性规定,第三章关于罪行的诉讼程序的规定属于典型的程序性规定,第四章关于复原、赔偿和损害的规定综合了实体与程序,第五章

[1] 参见徐平:《环境刑法研究》,中国法制出版社2007年版,第262—284页。

"一般规定"也具有综合性,既有实体性规定,也有程序性规定,还有技术性规定。由此不难看出,在惩治环境犯罪的专门立法中,完全实现了实体与程序的统一性。

(二)从大陆法系环境刑法立法看实体与程序的统一性

如果说澳大利亚的法律传统属于英美法系传统,即历来就有实体与程序统一的特点,那么属于大陆法系传统的国家的环境刑法就不规定程序问题了吗?答案是否定的。例如,在日本,《公害罪法》在环境刑法中发挥着统领作用。而恰恰在这部法律中,就明文规定了因果关系推定、公诉时效这些兼具实体法和程序法性质的内容,同时对第一审裁判权这一程序法问题也作出了规定。另外,日本环境法律、法规中确立的由执法机关依据环境法律、法规直接对企事业单位或国民不遵守环境法律、法规所设定的义务的行为处以拘役和罚金的直罚主义[1],显然也属于对程序问题的规定。又如,巴西属于大陆法系国家,遵循的是大陆法系传统。巴西于1998年12月12日通过的《环境犯罪法》由八章组成,分别是总则(第一章)、处罚(第二章)、环境违法犯罪产品和工具的扣押与处置(第三章)、刑事诉讼及其程序(第四章)、危害环境的犯罪(第五章)、行政违法(第六章)、环境保护的国际合作(第七章)以及附则(第八章)。其中,第四章对危害环境的犯罪的刑事诉讼及相关程序作出了较为详尽的规定,第三章关于环境违法犯罪产品和工具的扣押与处置的规定兼有实体和程序的内容;在第六章关于行政违法的规定中,也有关于程序的内容。如第六章第71条规定,查证环境行政违法案件应当遵守以下时限:(1)从得知其行为被立案起20日内,违法者可以提供辩护或反驳

---

[1] 参见冷罗生:《日本公害诉讼理论与案例评析》,商务印书馆2005年版,第357—365页。

对其违法行为的立案;(2)从违法行为被立案起 30 日内,无论行为人是否提供了辩护或反驳,主管部门应当对违法作出裁定;(3)违法者在 20 日内可以根据其违法行为的种类向 SISNAMA 或海军部港口局提出上诉;(4)违法者接到通知起 5 日内缴纳罚金。[1] 这显然是对程序的规定。

由上文可知,把环境犯罪相关实体性规范和追究环境犯罪的程序性规范部分或者全部地规定在环境保护单行刑法中,是采用单行刑法规定环境犯罪的国家的环境刑法立法的共同特点,而非某个法律文化传统特有的现象。之所以如此,是因为环境犯罪与其他犯罪的治理存在较大差异,即前者必须实现刑法的早期化治理。为保证治理效果,必须对特殊的程度与环境犯罪作出统一规定。

**五、环境犯罪刑法治理早期化立法具有形式的多样性**

世界各国环境刑法的立法体例主要有四种:一是法典化的立法体系,即仅在刑法典中规定环境犯罪,如俄罗斯与我国环境刑法采用的就是这种立法体例;二是法典化与附属刑法相结合的立法体例,即在法典中规定环境犯罪的同时,也在环境行政法中规定罪刑规范,如德国环境刑法采用的就是这种立法体例;三是法典化、单行刑法和附属刑法相结合的立法体例,即同时通过刑法典、单行刑法和附属刑法规定环境犯罪,最典型的如日本;四是单行刑法与附属刑法相结合的立法体例,即同时通过单行刑法和附属刑法规定环境犯罪,英美法系国家的环境刑法大多采取的是这种立法体例。显然,环境刑法立法具有形式多样性的特点。之所以出现这种情况,与环境犯罪刑法治理早期化不无关系。

---

[1] 参见《巴西环境犯罪法》,郭怡译,中国环境科学出版社 2009 年版,第 22—23 页。

(一)环境犯罪事实与规范特点决定了立法形式的多样性

环境犯罪是一类比较特殊的犯罪,其特殊性表现为事实与规范两个层面。从事实层面看,环境犯罪的特点主要表现为:(1)隐蔽性。环境犯罪主要发生于企业的工业活动中,这些工业活动大多具有专业性,而且通常具有合法的形式,致使环境犯罪很难被一般人发现,即使从事环境犯罪侦查的人员也不得不与环保部门合作,或者为了发现环境犯罪而掌握专业技术。(2)危害的潜伏性。环境犯罪实施后危害结果通常不会立即发生,往往要经过一段时间甚至很长时间才显现。(3)危害的公共性。环境犯罪的危害通常不是特定的个人,而是具有公共性,即不特定人或多数人,故日本、俄罗斯等国环境刑法把环境犯罪界定为公共危险罪。[1] (4)因果关系的难以判断性。环境污染及生态破坏行为与危害结果之间在事实上是否存在因果关系通常难以准确判断,这给环境犯罪的查证带来了很大困难。从规范层面看,环境犯罪的特殊性主要表现为两个方面:一是环境犯罪的行政附属性。在环境犯罪构成要件的设置中,立法者通常不得不将违反环境行政法作为构成要件要素规定下来,形成了环境刑法对环境行政法的强烈的附属性。二是因果归责的规范性。如果采用传统的"造成"型因果关系理论,从事实上证明环境污染和生态破坏行为与危害结果之间存在因果关系实为困难,进而将导致放纵环境犯罪。为此,各国立法和刑法理论对环境犯罪的因果关系大多从规范入手,设定了因果关系推定原理,在因果归责上实现了从事实到规范的转变。正是环境犯罪的这些事实与规范层面的特点,决定了必

---

[1]《日本刑法典》分则第15章(有关饮用水的犯罪)、《公害罪法》和环境行政法中的"罚则"均将环境犯罪界定为公共危险罪。在《俄罗斯刑法典》中,环境犯罪被命名为"生态犯罪",属于危害公共安全罪中的一类犯罪。

须对环境犯罪进行刑法上的早期化治理,进而决定了立法形式的多样性。

(二)环境犯罪治理的特殊性决定了立法形式的多样性

环境犯罪的特殊性意味着,如果将环境犯罪规定在刑法典当中,就会受到以处罚危险犯的例外性、责任主义等原则或理念的制约,难以满足环境犯罪的治理需要。但是,如果采用单行刑法或附属刑法的立法形式,则可以借助特别法优于普通法的原理来满足环境犯罪治理的特殊需求,如处理危险犯的常规性、突破责任主义等。即使在环境刑法立法上采取法典化立法体例的国家,也是从过去的环境附属刑法发展为法典化立法体例的,而且并不必然排除环境附属刑法。例如,在1980年之前,德国的环境刑法主要以《水务法》(1960年)、《垃圾处理法》(1972年)、《联邦空气保护法》(1974年)、《联邦德国污染控制法》(1974年)、《联邦德国水法》(1976年)等附属刑法的形式存在。除《垃圾处理法》《联邦空气保护法》等重要的行政法外,德国共颁布了600多部保护环境的法律法规。1980年之后,环境犯罪逐步被法典化,但并未排斥通过环境行政法的"罚则"规定环境犯罪。[1]而且,对照《德国刑法典》分则第29章(危害环境的犯罪)的规定与其他章节的规定不难发现,第29章的规定具有独特性。德国立法者将第29章(危害环境的犯罪)规定在第28章(危害公共安全的犯罪)之后,从体系性地位来看,环境犯罪亦带有危害公共安全的性质。但是,对危害环境的犯罪的规定与对危害公共安全的犯罪的规定有两个方面显然不同:一是危害公共安全犯罪的基本犯大多属于侵害犯,而危害环境犯罪的基本犯大多属于危险犯。二是危害公共安全罪中的过失犯仅针对故意犯中的某种情形,而在危害环

---

[1] 参见蒋兰香:《环境犯罪基本理论研究》,知识产权出版社2008年版,第46—47页。

境的犯罪中,过失犯与故意犯的处罚范围几乎完全一致。所以,把环境犯罪规定在刑法典中,一方面会造成环境犯罪基于其事实与治理上的特殊性而肢解刑法典的统一性,另一方面会造成环境犯罪因不得不服从于刑法典而致使对其早期化治理的个性化特点被抹杀。在这个意义上,刑法立法应讲求分散性[1],针对环境犯罪采用兼有型立法体例似乎更为妥当。

在治理犯罪的过程中,必须根据犯罪事实的特点确立个性化的应对策略,否则会导致治理无效。环境犯罪的事实性特点决定了对该类犯罪必须实行刑法的早期化治理。但是,法典的原理难以满足环境犯罪刑法治理早期化的基本需求。在这种情况下,选择多样性的立法形式,特别是通过特别刑法的形式规定环境犯罪,不但能够突出环境犯罪的个性化特点,而且能够摆脱法典原则(如处罚危险犯的例外情形、责任主义等)的禁锢,充分实现环境犯罪刑法治理的早期化。总之,采取具有多样性的立法形式,是环境犯罪刑法治理早期化的必然要求。

**本章小结**

从国外环境刑法立法的基本内容看,环境犯罪的基本犯主要是危险犯,同时也包括侵害犯,个别环境犯罪的加重犯也属于危险犯,在很大程度上实现了环境犯罪刑法治理的早期化。从环境犯罪的罪过形式的立法看,国外不仅处罚环境犯罪的故意犯,而且大面积处罚环境犯罪的过失犯,甚至在有些国家实行严格责任,后两者显然从犯罪主观方面表达了环境犯罪刑法治理的早期化倾向。从人类法

---

[1] 所谓分散性,即应当由刑法典、单行刑法、附属刑法、轻犯罪法分别规定不同性质的犯罪。参见张明楷:《刑事立法的发展方向》,载《中国法学》2006年第4期。

益的角度看,国外环境刑法大都把对人身造成侵害之危险的行为和对环境要素造成损害的行为规定为犯罪。前者属于典型的危险犯,后者蕴含着对人身的危险犯,二者均实现了刑法治理的早期化。从环境法益的角度看,国外环境刑法把对环境法益造成侵害或者有造成侵害的危险同时规定为犯罪,在一定程度上实现了环境犯罪刑法治理的早期化。在国外,不仅处罚环境犯罪的未遂(包括障碍未遂和中止未遂)、独立预备罪以及共谋罪,而且在一定程度上处罚环境犯罪的独立教唆犯和独立帮助犯,使对环境犯罪的刑罚处罚得以前移,这是环境犯罪刑法治理早期化的重要表现。在环境犯罪的处理程序上,日本环境刑法上的直罚主义和因果关系推定,英、美两国环境犯罪诉讼程序中普遍无需证明主观罪过等,都属于环境犯罪刑法治理早期化的表现。

国际环境刑法立法是在联合国、国际刑法学协会等国际组织的牵头和组织下,随着20世纪70年代环境犯罪全球化发展而展开的。到目前为止,已形成了一系列环境犯罪治理的决议,签订了一些国际公约,形成了一些具有普遍性的国际法规范。这些国际法规范虽然大多属于"软法",不像国内法那样具有较强的法律效力,但针对国际法主体乃至国内环境刑法的形成与发展产生了一定的影响。这些国际环境刑法规范具有三个特点:其一,国际环境刑法主要是针对国内环境刑法立法的指导性意见,而不是具体的罪刑规范;其二,从国际环境刑法所提出一系列建议来看,国际环境刑法在立法理念上坚持非人本理念与人本理念并存的立法理念;其三,国际环境刑法主要依赖国内环境刑法及其实施机制来实施。当前,把预防原则作为国际环境法的一项基本原则,已在国际社会达成共识。对预防原则的贯彻必然使国际刑法具有预防性刑法的性质,并在一定程度上实现了环境犯罪刑法治理的早期化。从犯罪形态设置来看,国际环境刑法大都主张将环境犯罪设置为危险犯,体现了对环境犯罪的早期化治理。国际环境刑法把环境犯罪的罪过形式向前延伸到过失,在难以确定具体的行为主体时径直追究法人危害环境罪的刑事责任,体现了刑法治理的早期化。

从世界各国环境刑法的立法现状来看,环境犯罪刑法治理早期化立法具有五个特点:一是强烈的预防性。主要表现为不但危险犯是环境犯罪的基本犯罪形态,而且普遍处罚未遂、预备、预谋、独立的教唆、帮助等犯罪的特殊形态,同时国际环境刑法把预防原则确定为环境犯罪治理的基本原则。二是处罚的前置性。主要表现为普遍确立了以因果关系推定为基础的结果归责,实现了归责原则的前置化;在主观归责上依据过失归责具有常态性,依据过错推定(严格责任)来归责,实现了罪过形式判断的前置化;在一定程度上将处罚主体前移至行政机关,实现了处罚主体的前置化。[1] 三是鲜明的行政依赖性。一方面,环境刑法的适用依赖环境行政法的规定;另一方面,环境刑法的适用依赖行政程序,即环境刑法的适用依赖根据环境行政法作出的具体行政行为。四是实体与程序的统一性。为了保证环境犯罪刑法早期化的治理效果,必须把特殊的程序与环境犯罪的实体内容统一规定在环境单行刑法中,成为环境犯罪刑法治理早期化立法的共同特点。五是立法形式具有多样性。如果将环境犯罪规定在刑法典当中,就会受刑法典原则或理念的禁锢,难以突出环境犯罪的个性化特点,进而难以满足环境犯罪的治理需要。如果采用单行刑法或附属刑法的立法形式,则可以借助特别法优于普通法的原理来

---

[1] 参见李梁:《我国刑法中的"严重后果"及其主观归责问题研究》,载《政法论坛》2023年第4期。

满足环境犯罪治理的特殊需求。因此,各国在环境犯罪刑法治理早期化立法上呈现出立法形式多样性的特点。

# 第二章
# 环境犯罪刑法治理早期化的理论根据

环境犯罪刑法治理早期化是世界各国环境刑法及国际环境刑法立法所表现出来的一种立法趋势。从理论维度来看,积极主义刑法观、社会控制理论、"严而不厉"思想、宽严相济刑事政策等,均为环境犯罪刑法治理的早期化提供了坚实的理论基础。

## 第一节 积极主义刑法观与环境犯罪刑法治理

进入20世纪70年代,世界各国刑法立法逐步表现出活性化的趋势。一方面,刑法立法一反非犯罪化的传统,出现了犯罪化的发展趋势,一些新出现的犯罪问题急需刑法干预;另一方面,刑法不再扮演其他法律之保障法的角色,而是成为法律的"排头兵",积极干预社会生活。正是在这种背景下,学者们提出了积极主义刑法观,并成为指导刑法立法的重要理论。

### 一、积极主义刑法观的提出及其基本要求

(一)积极主义刑法观的提出

从笔者目前掌握的文献来看,在我国最早提到"积极的刑法立

法"的是郎胜,其在2007年发表的《在构建和谐社会的语境下谈我国刑法立法的积极与谨慎》中指出:"从科学发展和建构和谐社会的战略高度回顾和总结我国刑法立法。可以说,积极的刑法立法正是我国立法在社会主义初级阶段面对经济社会领域中的挑战的一种客观反映,适应了我国现阶段迅速发展的现实需要。"[1]其中,"积极的刑法立法"只是对我国刑法立法发展趋势的一种客观总结,但并未从理论上提出"积极刑法立法观"的概念。最早提出并论证积极主义刑法观的,是周光权教授。周光权教授在2016年发表的《转型时期刑法立法的思路与方法》一文中,指出当前的刑法立法与传统刑法观之间存在距离。我国原本朝着古典主义目标挺进的刑法观后来有所调整,通过多个修正案,刑法已经成为广泛地参与社会治理的"功能性工具",刑法主观主义的某些特征开始展现。[2] 在该文中,周光权教授虽然没有明确提出积极主义刑法观的概念,但积极主义刑法观已初露端倪。在其之后发表的《积极刑法立法观在中国的确立》一文中,周光权教授明确提出了"积极主义刑法立法观"。并指出,当代刑法立法活动的功能性特征极其明显,立法者的反应更为迅捷,通过刑法控制社会的欲望更为强烈,触角也伸得更长。欧洲大陆国家将这种刑法立法活跃的现象称为立法的"灵活化",日本将其称为立法的"活性化",二者表达的意思相同,即刑法立法必须符合时代精神。当前,我国刑法立法从消极立法观逐步转向积极立法观,恰好与此一致。在该文中,周光权教授还论证了积极刑法立法观在我国确立的社会基础及其具体贯彻。[3] 显然,周光权教授只是从刑法立法的角

---

[1] 郎胜:《在构建和谐社会的语境下谈我国刑法立法的积极与谨慎》,载《法学家》2007年第5期。
[2] 参见周光权:《转型时期刑法立法的思路与方法》,载《中国社会科学》2016年第3期。
[3] 参见周光权:《积极刑法立法观在中国的确立》,载《法学研究》2016年第4期。

度来论证积极主义刑法观,而未将理论延伸到刑法的适用解释领域。从逻辑上看,积极主义刑法立法观是积极主义刑法观的重要组成部分。

实际上,积极主义刑法观究竟应当仅就刑法立法而言,还是同时适用于刑法司法,在我国似乎存在争论。有学者坚持积极主义刑法观应当覆盖刑法立法和刑法司法两方面,并对积极主义刑法观在司法领域如何展开进行了理论设计。[1] 有学者似乎仅仅将积极主义刑法观限定在刑法立法领域,即认为积极主义刑法观仅在刑法立法领域适用。如张明楷教授指出,在我国刑法理论中存在积极主义刑法观、消极刑法观和折中刑法观之争,我国当下应当采取积极主义刑法观,通过增设新罪来满足保护法益的合理需求。[2] 显然,张明楷教授仅仅将积极主义刑法观限定在刑法立法领域。又如,高铭暄教授将积极主义刑法观称为"预防性刑法观",指出预防性刑法观是因应当代社会风险而形成的一种刑法观,集中表现为以犯罪化、危险犯配置、安全价值优位、刑罚积极预防等为特征的预防性刑法立法。[3] 显然,高铭暄教授也将积极主义刑法观限定于刑法立法领域。笔者认为,在刑法司法领域历来存在消极司法观与积极司法观之分,在以往消极刑法观的指导下,刑法司法长期被认为属于消极司法观的范畴;而且,从现实情况来看,消极司法观并不利于刑法对社会生活的积极干预。所以,对积极主义刑法观应当从立法和司法两个层面来理解。

---

[1] 参见付立庆:《积极主义刑法观及其展开》,中国人民大学出版社2020年版,第86页以下。
[2] 参见张明楷:《增设新罪的观念——对积极刑法观的支持》,载《现代法学》2020年第5期。
[3] 参见高铭暄、孙道萃:《预防性刑法观及其教义学思考》,载《中国法学》2018年第1期。

针对积极的刑法立法,我国刑法理论上形成了截然不同的两种观点,即否定论与肯定论,而且从形成的时间来看,先有否定论后有肯定论。拉开否定积极主义刑法立法之序幕的是刘艳红教授,其在2011年发表的《我国应该停止犯罪化的刑事立法》一文中,针对《刑法修正案(八)》的施行,旗帜鲜明地主张刑法消极主义,反对刑法对社会生活的积极干预。[1] 后来,何荣功教授、魏昌东教授、刘宪权教授、齐文远教授、程红教授、谢望原教授、孙国祥教授等学者,均对积极主义刑法观作出了不同程度的批评与否定。[2] 最早提出并肯定和支持积极主义刑法观的学者是周光权教授,在《转型时期刑法立法的思路与方法》和《积极刑法立法观在中国的确立》两篇论文中,周光权教授旗帜鲜明地表达了对积极主义刑法观的肯定与支持,并针对积极主义刑法观的展开提出了建构性意见。[3] 后来,梁根林教授、高铭暄教授、付立庆教授、张明楷教授等都对积极主义刑法观发表了肯定性观点。[4]

积极主义刑法观并非我国独有,其具有世界性;而且,与国外相

---

[1] 参见刘艳红:《我国应该停止犯罪化的刑事立法》,载《法学》2011年第11期。
[2] 参见何荣功:《社会治理"过度刑法化"的法哲学批判》,载《中外法学》2015年第2期;魏昌东:《新刑法工具主义批判与矫正》,载《法学》2016年第2期;刘宪权:《刑事立法应力戒情绪——以〈刑法修正案(九)〉为视角》,载《法学评论》2016年第1期;齐文远:《修订刑法应避免过度犯罪化倾向》,载《法商研究》2016年第3期;刘艳红:《象征性立法对刑法功能的损害——二十年来中国刑事立法总评》,载《政治与法律》2017年第3期;程红:《象征性刑法及其规避》,载《法商研究》2017年第6期;谢望原:《谨防刑法过分工具主义化》,载《法学家》2019年第1期;孙国祥:《新时代刑法发展的基本立场》,载《法学家》2019年第6期;等等。
[3] 参见周光权:《转型时期刑法立法的思路与方法》,载《中国社会科学》2016年第3期;周光权:《积极刑法立法观在中国的确立》,载《法学研究》2016年第4期。
[4] 参见梁根林:《刑法修正:维度、策略、评价与反思》,载《法学研究》2017年第1期;高铭暄、孙道萃:《预防性刑法观及其教义学思考》,载《中国法学》2018年第1期;何荣功:《预防刑法的扩张及其限度》,载《法学研究》2017年第4期;付立庆:《论积极主义刑法观》,载《政法论坛》2019年第1期;张明楷:《增设新罪的观念——对积极刑法观的支持》,载《现代法学》2020年第5期;等等。

比,我国的积极主义刑法观已经"落后"了多年。德国自20世纪70年代中期以后的刑法立法、日本自20世纪90年代的刑法立法、美国自"9·11"恐怖袭击事件之后的刑法立法等,均充分体现了积极主义刑法观,并均早于积极主义刑法立法在我国出现的时间。积极主义刑法观的出现,并非法学家提倡的结果,而是有着深刻的社会背景。对此,有学者指出,伴随着现代社会风险的提升,刑法提前介入以便有效防控风险的预防性特征逐渐呈现。预防思维最终迫使人们必须弃守传统的法治国刑法,从原本只是处罚有责的法益侵害行为的不完整性格(最后手段性)转变为富有弹性的危机抗制机制(手段优先性)。[1] 还有学者指出,随着社会的发展变化,人们的利益只会越来越多,原本不会被侵害的利益受到了严重侵害,原本轻微的法益侵害演变为严重的法益侵害;与此同时,人们对犯罪的评价标准也发生了变化,即把原本不成立犯罪的一般违法行为认定为犯罪,人们生活更加复杂化、科学化、高度技术化,非正式的社会统制已经难以发挥规制作用,促使刑法积极干预社会生活,积极主义刑法观应运而生。[2] 笔者的基本观点是,现实存在的事物一定有其存在的理由,当存在的理由没有了,该事物自然会消失。积极主义刑法观在我国出现,是我国社会治理的基本需求使然。所以,对积极主义刑法观不能持否定态度,但这并不妨碍对积极主义刑法观在发展过程中出现的问题进行批评与矫正。

(二)积极主义刑法观的基本要求

积极主义刑法观虽因刑法立法而起,但不仅限于刑法立法。积

---

[1] 参见古承宗:《刑法的象征化与规制理性》,元照出版公司2017年版,第103页。
[2] 参见张明楷:《增设新罪的观念——对积极刑法观的支持》,载《现代法学》2020年第5期。

极主义司法既可以被理解为积极主义刑法观的重要表现,也在很大程度上具有独立性。所以,应当从立法和司法两个层面理解积极主义刑法观的基本要求。

1. 积极主义刑法观在立法上的基本要求

从世界各国刑法立法的发展来看,积极主义刑法观在立法上主要表现为适度犯罪化、刑法干预早期化两方面。

一是适度犯罪化方面。积极主义刑法观在立法上首先表现为刑法不再保守,而是积极参与到社会治理当中,刑法的司法法属性逐渐稀薄。自刑事古典学派诞生以来,刑法就被赋予了保障法的地位,刑法被确定为保护法益的最后一道手段,即只有在其他法律不能有效保护法益时,才允许动用刑法。而且,动用刑法必须讲求效益。如果动用刑法无效益,即便其他法律难以保护某种法益,也不能动用刑法来保护该法益。这种消极主义刑法观一直左右着刑法的发展,由此生发出刑法谦抑主义价值理念,时至今日依然对刑法立法存在着实质性影响。[1] 在消极主义刑法观中,刑法被赋予了强烈的被动性,即刑法不是积极地应对社会问题,而总是隐藏在法律体系的背后,不到万不得已时绝不出手。正是在消极主义刑法观的指导下,20世纪出现了非犯罪化、非刑罚化的立法趋势。但历时不久,随着传统的相对确定的社会转向充满不确定性的风险社会,对各种社会风险的防范成为人们的最大需求,并且认为只有将这种需求诉诸刑法,才能有效防范社会风险。这种民意必然会得到一个有所作为的政府的

---

[1] 如我国有学者指出,大体可以肯定的是,就犯罪论而言,刑事实证学派已经退出了历史舞台;就刑罚论而言,刑事实证学派提倡的目的刑论并没有被淘汰。参见张明楷:《刑法学》(第五版),法律出版社2016年版,第8页。也就是说,在当今的刑法理论中,刑事古典学派创立的刑法理论在犯罪论领域依然占支配地位,消极主义刑法观依然盛行。

积极回应。正是在这种社会背景下,积极主义刑法观得以形成。20世纪70年代以来,德国、日本、美国等国相继出现的犯罪化发展趋势,绝非主观推动下的一种客观发展,而是存在着深刻的社会背景。

从世界各国近几十年来刑法立法的发展来看,在积极主义刑法观的影响下,刑法立法迅速发展。例如,德国自1969年开始刑法立法就非常频繁,通过各种形式对《德国刑法典》进行了200余次修订,所涉及的条文难以计数,其间对众多附属刑法的修订更是不胜枚举。就侵犯人身法益犯罪、婚姻家庭和性犯罪、侵犯经济和财产犯罪、危害公共安全犯罪、环境犯罪,特别是针对恐怖主义犯罪、妨害公务犯罪、毒品犯罪等问题,不但修改了落后于时代的一些规定,而且增设了许多新的犯罪。[1] 又如,20世纪90年代以来,日本刑法立法进入了活性化时期。截至目前,日本对《日本刑法典》修订近20次,并制定和修改了单行刑法和附属刑法。从发展特点来看主要表现为犯罪化,增设了许多新的犯罪类型;而且,单行刑法、行政刑法增设的犯罪类型难以计数。[2] 再如,我国自1979年《刑法》颁布以来,刑法立法活动一直比较积极,虽然也存在个别的非犯罪化、非刑罚化现象,但从整体上看是一个犯罪化的发展过程。在1999年之前,主要通过由全国人民代表大会制定单行刑法的方式对刑法进行修改和补充,之后主要通过刑法修正案的方式修改和补充刑法。特别是从晚近的刑法立法来看,犯罪化的脚步进一步加快。对此,我国有学者总结道:预防性立法的迹象在《刑法修正案(七)》中有所呈现,在《刑法修正案(八)》和《刑法修正案(九)》中进一步强化,并凝

---

[1] 参见王钢:《德国近五十年刑事立法述评》,载《政治与法律》2020年第3期;金燚:《德国五十年刑事立法发展史的考察、评析与启示》,载《德国研究》2020年第2期。

[2] 参见张明楷:《日本刑法的发展及其启示》,载《当代法学》2006年第1期;张明楷:《日本刑法的修改及其重要问题》,载《国外社会科学》2019年第4期。

聚成一股强大的刑法立法发展力量,犯罪化是主要立法策略之一。[1] 从《刑法修正案(十)》《刑法修正案(十一)》的立法内容来看,犯罪化依然是我国当前刑法立法的主要发展趋势。

　　支持积极主义刑法观的学者指出,积极主义刑法观之下的犯罪化是一种适度的犯罪化,即一种理性而非情绪的犯罪化。[2] 换言之,"功能主义的积极立法观并不意味着象征性和情绪性的立法"[3]。在推进犯罪化的过程中,立法者应当着眼于社会的现实问题,通过犯罪学实证研究确认刑法干预的必要性,而不能仅将刑法作为回应社会公众情绪或宣示立场的工具,用来防止臆想的危险。[4] 笔者认为,这种观点是中肯的。积极主义刑法观因应社会高速转型的需要产生。回顾近几十年来我国发生的大规模社会变迁,我们可以真切地看到转型过程中包含了复杂和独特的内容,社会转型与经济和社会发展构成了错综复杂的关系,经济转型、社会治理方式转型、价值观转型、生态目标转型、政治治理方式的转型等,对刑法立法的活跃产生了全方位的影响。[5] 正是社会的高速转型催生了许多新的犯罪问题,这些新的犯罪问题急需刑法来解决,但因消极主义刑法观的桎梏而无法提出解决办法。为此,积极主义刑法观应运而生,并以适度犯罪化的面貌呈现。

　　二是刑法干预的早期化层面。刑法干预的早期化,即刑法的提前介入,与刑法的事后介入相对应。传统刑法理论认为,刑法属于事

---

[1] 参见高铭暄、孙道萃:《预防性刑法观及其教义学思考》,载《中国法学》2018年第1期。
[2] 参见付立庆:《积极主义刑法观及其展开》,中国人民大学出版社2020年版,第49页。
[3] 焦旭鹏:《现代刑法的风险转向——兼评中国当下的刑法观》,载《西南民族大学学报(人文社科版)》2018年第12期。
[4] 参见王钢:《德国近五十年刑事立法述评》,载《政治与法律》2020年第3期。
[5] 参见周光权:《转型时期刑法立法的思路与方法》,载《中国社会科学》2016年第3期。

后法,仅在发生侵害结果的场合,刑法才能介入,刑法一般不介入造成危险的行为,普通刑事犯罪的设立尤其如此。这是适用消极主义刑法观的必然逻辑结果。因为在消极主义刑法观看来,刑法对社会生活的干预是消极的,如果在出现或造成危险的情况下就进行干预,那么其消极性就会丧失,进而违反了刑法作为事后法的本质。在这种理念的指导下,刑法的提前干预被限制在狭小的范围内,如国事犯罪。但是,进入20世纪70年代,随着环境污染的加剧、恐怖主义愈演愈烈以及核工业、信息网络、生物技术等新产业的迅猛发展,传统意义上被定性为具有消极性的事后法的刑法受到了严峻挑战,积极主义刑法观得以逐步确立,刑法的提前干预由例外逐步转变为常态。[1]

首先,在积极主义刑法观的指导下,刑法治理的早期化表现为危险犯大量出现。"当前的刑法体系则表现出将刑法保护不断前置的趋势,各国立法者日益常见地利用危险犯(尤其是抽象危险犯)的构成要件,将对相关利益或权利的保护扩张至欠缺现实侵犯后果的阶段。"[2]就普通刑事犯罪而言,危险犯最早出现在环境犯罪领域。例如,面对严重的环境污染及其造成的严重危害,日本于1970年制定颁布了《公害罪法》,将公害罪设定为危险犯。《公害罪法》第2条第1款规定:"凡伴随工厂或事业单位的企事业活动而排放有损于人体健康的物质(包括通过在人体内蓄积,危害人体健康的物质在内。下同。)给公众的生命或身体带来危险者,应处以3年以下的徒刑或300万日元以下的罚金。"这是关于公害罪的故意犯罪的规定。第3条第1款规定:"凡无视业务上的注意义务,伴随工厂或事业单位的企事

---

[1] 参见李梁:《我国恐怖主义犯罪立法的特点及其司法展开》,载《法学杂志》2019年第12期。

[2] 劳东燕:《风险社会中的刑法:社会转型与刑法理论的变迁》,北京大学出版社2015年版,第51页。

业活动而排放有损于人体健康的物质,给公众的生命或身体带来危险者,应处以 2 年以下的徒刑或监禁,或处以 200 万日元以下的罚金。"这是对公害罪的过失犯罪的规定。显然,根据这两款规定,只要在企事业活动中排放有损于人体健康的物质,给公众的生命或身体带来危险,即可成立犯罪;而且,在罪过形式上可以是故意,也可以是过失,即同时处罚故意危险犯和过失危险犯。[1] 再如,根据 1980 年德国第十八部《刑法修订法》和《打击环境犯罪法》的规定,在《德国刑法典》分则中增设"危害环境的犯罪"一章。[2] 在现行《德国刑法典》分则第 29 章"危害环境的犯罪"规定的 9 个具体犯罪类型中,7 个具体犯罪的基本犯属于危险犯或者包括危险犯,而且同时处罚故意危险犯和过失危险犯。[3] 自此之后,危险犯在环境犯罪、食品安全犯罪、恐怖主义犯罪、有组织犯罪、信息网络犯罪、生物技术犯罪等领域大面积展开,形成了蔚为壮观的危险犯立法运动,刑法的事后性特点逐步削弱,危险犯演变为法律体系的"排头兵",积极主动地干预社会生活。[4]

其次,在积极主义刑法观的指导下,出现了处罚犯罪未遂和犯罪预备的情形。在大陆法系国家,根据消极主义刑法观,刑法不处罚犯罪未遂和犯罪预备,或者说处罚犯罪未遂和犯罪预备只是极为例外的情形。但是,20 世纪 70 年代以来,刑法立法将犯罪未遂和犯罪预备规定为刑法分则中的犯罪行为的做法已成为刑法干预的常态。例

---

[1] 参见李梁:《污染环境罪的罪过形式:从择一到二元》,载《甘肃社会科学》2021 年第 1 期。
[2] 参见金燚:《德国五十年刑事立法发展史的考察、评析与启示》,载《德国研究》2020 年第 2 期。
[3] 参见苏永生、高雅楠:《论德国环境刑法中的危险犯》,载《中国地质大学学报(社会科学版)》2020 年第 1 期。
[4] 参见李梁:《我国恐怖主义犯罪立法的特点及其司法展开》,载《法学杂志》2019 年第 12 期。

如,德国刑法从一开始就处罚未遂犯,但仅处罚重罪的未遂。《德国刑法典》第23条第1款规定:"重罪的未遂一律处罚;对轻罪的未遂的处罚以法律有明文规定为限。"但是,在近几十年的刑法立法中,处罚轻罪的未遂已成为德国刑法立法的重要方面。例如,根据德国第十八部《刑法修订法》和《打击环境犯罪法》增设的"危害环境的犯罪"及之后的修改,现行《德国刑法典》分则第29章规定的9个具体的环境犯罪均处罚未遂犯。在这些犯罪中,除释放毒物造成严重危害罪的基本犯之外,故意的减轻犯和过失犯以及其他8个具体犯罪的法定最低刑均在1年自由刑以下,属于轻罪。这显然是刑法对社会生活积极的、早期化的干预。德国刑法原则上不处罚预备犯,总则中也没有预备犯的规定,但在近几十年的刑法修改中不断增设独立预备罪,即将某种犯罪的预备行为规定为单独实行犯。例如,德国立法者于2009年大力推进本国的反恐刑事立法,主要侧重于对任何组织中预备实施严重威胁国家安全之罪行的行为人加以制裁,并力求为刑法尽早介入制止恐怖主义活动创设条件。在这种思想的指导下,德国立法者在《德国刑法典》中增设了第89条a"预备实施严重危害国家之暴力犯罪"、第89条b"为实施严重危害国家之暴力犯罪而建立联系"、第91条"指导实施严重危害国家之暴力犯罪"等罪名。这种立法在近年来的有组织犯罪、毒品犯罪等的立法中也较为明显。[1] 在日本,刑法处罚未遂犯、预备犯只是极为例外的情况。《日本刑法典》第43条虽然规定了未遂犯的概念和处罚原则,但第44条接着规定:"未遂之处罚,由本法条文规定。"同时,《日本刑法典》总则没有规定预备犯。然而,近年来日本的刑法立法增加了未遂犯、预

---

[1] 参见王钢:《德国近五十年刑事立法述评》,载《政治与法律》2020年第3期;金燚:《德国五十年刑事立法发展史的考察、评析与启示》,载《德国研究》2020年第2期。

备罪的处罚规定,使刑法的早期化干预逐步成为常态。例如,2001年增设的《日本刑法典》分则第18章之二,将为了供相关犯罪行为使用而获取、提供电磁信息记录的行为、保管不正当获取的电磁记录信息的行为、准备器械或者原料的行为规定为犯罪。又如,2017年日本国会在《修正〈关于处罚有组织犯罪及犯罪收益的规制等法律〉等的一部分的法律》(法律第67号)中,增设了共谋罪。根据新增加的第6条之二第1项的规定,二人以上共同计划将实施作为恐怖集团或者其他有组织的犯罪集团之团体活动的行为,从而使得以实施恐怖集团或者其他有组织的犯罪集团之团体活动的行为得以遂行者,其参与计划的任何人基于该计划而准备资金或者物品,事先勘查相关场所或者为实施其他计划的犯罪而实施准备行为时,成立共谋罪,以恐怖犯罪论处。根据新增加的第6条之二第2项的规定,二人以上共同计划实施作为恐怖集团或者其他有组织的犯罪集团之团体活动的行为,使得以恐怖集团或者其他有组织的犯罪集团获取、维持、扩大不正当权益为目的的行为得以遂行者,其参与计划的任何人基于该计划而准备资金或者物品,事先勘查相关场所或者为实施其他计划的犯罪而实施准备行为时,亦成立共谋罪。[1] 显然,上述规定把犯罪未遂和犯罪预备规定为刑法分则中的未遂犯和单独实行犯,使刑法的干预大为提前,这是刑法积极干预社会生活的重要表现。

再次,在积极主义刑法观的指导下,出现了帮助犯的正犯化。帮助犯属于共犯,其构成要件虽然属于修正的构成要件,但处罚帮助犯是各国刑法的惯常做法。而且,在刑法理论上有主张把帮助犯理解

---

[1] 参见张明楷:《日本刑法的修改及其重要问题》,载《国外社会科学》2019年第4期。

为危险犯的观点。[1] 成立帮助犯的帮助行为,通常属于事前或事中帮助,而不可能是事后帮助。所以,帮助行为通常早于实行行为,或者发生在实行行为结束之前。在这种情况下,处罚帮助行为本身就意味着刑法的提前干预。另外,虽然在理论上人们一再提倡共犯从属性说,但共犯独立性说也具有相当的市场,并通常能够为刑法积极干预社会生活提供理论依据。所以,在被帮助者没有实施被帮助的犯罪行为或者未遂的情况下,也可以处罚帮助犯,这显然属于刑法的提前干预。在这个意义上,通过设置帮助犯所体现的刑法的提前干预在立法上早就已经实现了。值得注意的是,近年来各国刑法将为犯罪提供帮助的行为规定为刑法分则中的独立实行犯。例如,进入21世纪后,为了满足强化打击恐怖主义的需要,德国立法机关在《德国刑法典》分则第1章第3节"危害民主法治国家的犯罪"中增设了第89条c,专门规定了资助恐怖主义的犯罪。根据该条规定,明知会被他人用于实施下列犯罪行为,而聚集、接受或者提供资产的,处6个月以上10年以下自由刑:(1)预谋杀人、故意杀人、种族灭绝、侵害人类的犯罪、战争犯罪、第224条规定的身体伤害,或者造成他人严重的身体或心理损害,尤其是第226条规定的重伤害的故意伤害;(2)掳人勒索或扣押人质;(3)第303条b、第305条、第305条a规定的犯罪,或第306条至第306条c,或第307条第1款至第3款、第308条第1款至第4款、第309条第1款至第5款、第313条、第314条,或第315条第1款、第3款或第4款、第316条b第1款或第3款,第316条c第1款至第3款,或第317条第1款规定的犯罪;(4)第330条a第1款至第3款规定的危害环境的犯罪;(5)《战争武

---

[1] 参见〔德〕克劳斯·罗克辛:《德国刑法学总论(第2卷)》,王世洲等译,法律出版社2013年版,第148页。

器控制法》第 19 条第 1 款至第 3 款、第 20 条第 1 款或第 2 款、第 20 条 a 第 1 款至第 3 款、第 19 条第 2 款第 2 项或第 3 款第 2 项,与第 21 条相联系的第 20 条第 1 款或第 2 款或第 20 条 a 第 1 款至第 3 款,或第 22 条 a 第 1 款至第 3 款规定的犯罪;(6)《战争武器控制法》第 51 条第 1 款至第 3 款规定的犯罪;(7)第 328 条第 1 款或第 2 款、第 310 条第 1 款或第 2 款规定的犯罪;(8)第 89 条 a 第 2 款 a 规定的犯罪。[1] 其中,为他人实施这些犯罪提供资产的行为,显然属于为他人犯罪提供帮助的行为,是帮助犯的正犯化。又如,在积极主义刑法观的指导下,我国刑法立法先后增设了帮助恐怖活动罪(第 120 条之一)、组织考试作弊罪(第 284 条之一第 2 款)、帮助信息网络犯罪活动罪(第 287 条之二)等,这些犯罪都属于将原来为他人犯罪提供帮助的行为规定为分则中的单独实行犯。关于把为他人犯罪提供帮助的行为规定为单独实行犯的立法,在我国刑法理论上存在两种观点。一种观点主张,被实行犯化后的帮助行为属于帮助犯的正犯化,独立构成犯罪[2];另一种观点认为,被实行犯化后的帮助行为不属于帮助犯的正犯化,而仍然属于某一犯罪的帮助犯,只是量刑规则[3]。笔者认为,不论是从立法目的还是从法条的文字表述来看,把某一犯罪的帮助行为规定为分则中的实行行为,属于帮助犯的正犯化,独立构成犯罪。如此一来,被正犯化后的帮助犯的成立,就不受共犯从属性说之限制,即不论被帮助者是否实施了实行行为,只要行为人实施了帮助行为就成立相应的"帮助型"犯罪。不仅如此,"帮助型"犯罪还存在帮助犯。综上,帮助犯的正犯化是刑法干预早期化的重要表现。

---

[1] 参见《德国刑法典》,徐久生译,北京大学出版社 2019 年版,第 82 页。
[2] 参见刘艳红:《网络犯罪帮助行为正犯化之批判》,载《法商研究》2016 年第 3 期。
[3] 参见张明楷:《论帮助信息网络犯罪活动罪》,载《政治与法律》2016 年第 2 期。

最后,在积极主义刑法观的指导下,刑法干预的早期化表现为处罚过失犯的常态化。传统刑法立法奉行的是"以处罚故意犯为原则,处罚过失犯为例外"的处罚原则。如《德国刑法典》第15条规定:"本法只处罚故意行为,但明文规定处罚过失行为的除外。"有德国刑法学者就此指出:"对主观要件而言,刑法通常要求有故意,过失行为的处罚是个例外。这是刑法条款的一般规定。根据刑法规定,只有故意犯罪才受刑法处罚,如果法律未明确规定处罚过失犯罪的,过失犯罪不处罚。"[1]《日本刑法典》第38条第1款规定:"无犯罪意思之行为,不罚。但法律有特别规定者,不在此限。"日本学者就此解释道:"要成立犯罪,原则上要求故意(以处罚故意犯为原则)。不过,作为一种例外,存在'特别的规定'的场合,只要存在过失即可,过失犯也可以成为处罚的对象。"[2]而且,刑法理论一致认为,故意与过失的共同基础是回避可能性,故意的回避可能性明显要大于过失的回避可能性。所以,故意所表现出来的主观恶性明显大于过失所表现出来的主观恶性,故意是过失的"高级形式"。德国学者指出,"故意和过失处于一种'等级关系'之中","在同样的法益损害中,归责于故意的不法和罪责应当比归责于过失的更多"。"社会对一种举止行为的不赞同,是随着那种在内心参与造成这种结果的程度而增加的。这种内心的参与,在故意的举止行为中是大于在过失的举止行为中的,因此,在怀疑中作出的判断就能够成为比较软弱的归责形式的基础。"[3]有日本学者指出:"过失是与故意相并列的

---

[1] 〔德〕汉斯·海因里希·耶赛克、〔德〕托马斯·魏根特:《德国刑法教科书》,徐久生译,中国法制出版社2017年版,第392页。
[2] 〔日〕山口厚:《刑法总论(第3版)》,付立庆译,中国人民大学出版社2018年版,第239页。
[3] 〔德〕克劳斯·罗克辛:《德国刑法学总论(第1卷)》,王世洲译,法律出版社2005年版,第730—731页。

责任形式……与将故意理解为'对构成要件该当事实的认识、预见'相对应,过失可理解为对构成要件该当事实的认识或者预见可能性。"[1]可见,就同一行为及危害结果而言,与仅仅处罚故意相比,在处罚故意的同时也处罚过失就说明刑法干预提前了。近几十年来,随着风险社会的到来,为了防范各种社会风险,整个刑法体系正在经历结构性的变化。其中,传统的处罚过失犯的例外性逐步演变为处罚过失犯的常态性。正如有德国学者指出:"过失犯罪的实践意义,随着日益增多的技术化和由此产生的危险(尤其是在道路交通中,以及在生产和管理中),呈现出跳跃式增长的态势;在所有的犯罪行为中,已经有大约一半是过失犯罪了。"[2]这种立法模式的形成,从犯罪主观方面来看充分说明了刑法的早期化干预。

综上所述,在积极主义刑法观的指导下,不仅要求刑法积极参与社会治理,适度犯罪化,而且要求通过处罚危险犯、预备犯和未遂犯,以及帮助犯的正犯化和处罚过失犯的常态化来实现刑法干预的早期化。

2.积极主义刑法观在司法上的基本要求

如果说积极主义刑法观在立法上的基本要求表现为适度犯罪化和刑法干预的早期化,那么在司法上的基本要求则表现为有罪必罚原则的确立与展开。

首先是有罪必罚原则的确立。从法治发展的基本规律来看,法律至上是法治形成的重要条件之一。13世纪英国国王约翰被迫签署的《大宪章》之所以被认为属于在法治形成历史上具有标志意义的

---

[1] [日]山口厚:《刑法总论(第3版)》,付立庆译,中国人民大学出版社2018年版,第239页。
[2] [德]克劳斯·罗克辛:《德国刑法学总论(第1卷)》,王世洲译,法律出版社2005年版,第712页。

宪法性法律文件，是因为《大宪章》确立了著名的"王在法下"的原则。[1]《大宪章》第38条规定："今后任何官员不得仅凭自己的一句话，在没有可信证人证明其真实性之情况下，对一个人进行审判。"第39条规定："任何自由人将不受逮捕、监禁、没收财产、剥夺法律保护、流放或以其他任何方式受到伤害，朕亦不会对之施加暴力或派人对之施加暴力，除非通过其平等人士之合法裁决或通过英格兰法裁决。"这被认为是现代正当程序和罪刑法定原则的最早法律渊源，其从源头上奠定了法律至上主义的基础。美国著名法学家庞德指出，法律至上主义是法治的重要原则之一，是指所有问题都可经由个人之间有序的诉讼过程加以审判，没有任何人和任何行为超越法律。[2] 实际上，在西方法律传统的源头，就已经有了法律至上的观念。如古希腊思想家亚里士多德指出："我们应该注意到邦国虽有良法，要是人民不能全部遵循，仍然不能实现法治。法治包含两重意义：已成立的法律获得普遍的服从，而大家所服从的法律又应该本身是制定得良好的法律。"[3] 显然，在亚里士多德的法治公式中，法律获得普遍的服从是法治的关键要素，蕴含着法律至上的思想。

法律至上主义表现在刑法领域就是有罪必罚原则，而且自近代以来就得到了刑法学者的充分阐述。例如，被誉为近代刑法学鼻祖的贝卡里亚在《论犯罪与刑罚》一书中，明确提出了刑罚的确定性和必定性思想，指出"对犯罪最强有力的约束力量不是刑罚的严酷性，而是刑罚的必定性……即使刑罚是有节制的，它的确定性也比

---

[1] 参见王振民、屠凯：《大宪章的现代法政价值》，载《大宪章》，陈国华译，商务印书馆2016年版，第61页。
[2] 参见〔美〕罗斯科·庞德：《普通法的精神》，唐前宏等译，法律出版社2010年版，第15页。
[3] 〔古希腊〕亚里士多德：《政治学》，吴寿彭译，商务印书馆1965年版，第199页。

联系着一线不受处罚希望的可怕刑罚所造成的恐惧令人印象深刻"。"如果让人们看到他们的犯罪可能受到宽恕，或者刑罚并不一定是犯罪的必然结果，那么就会煽惑起犯罪不受处罚的幻想。"[1]显然，贝卡里亚对刑罚的确定性和必定性的论述，实际上就是要求在刑法领域实行有罪必罚，或者说，有罪必罚是刑法的一项基本原则。又如，被誉为近代刑法学之父的费尔巴哈，在论述刑法的最高原则时，明确将有罪必罚作为与罪刑法定并列的刑法的最高原则。[2] 时至今日，与罪刑法定原则一样，有罪必罚也作为刑法的基本原则被完整保留了下来，是法治在刑法领域的集中体现之一。这一原则在刑法话语上主要通过刑法的任务表达出来。如德国学者在论述刑法的任务时指出，仅仅依靠社会秩序是不能保障人们在社会中的共同生活的，它必须通过法律秩序来加以补充、完善和加强。刑法通过国家强制最终确保法律秩序的不可破坏性。一旦刑法不再能保证安全和秩序，就会存在公民个人擅自司法、强者肆无忌惮地凌辱弱者的危险。刑法对社会的保护，只能保护公共和平之需，同时尊重个人的行为自由，反对非法强制，根据公正原则对严重的违法行为进行制裁。[3] 可见，与罪刑法定原则从过去的形式的罪刑法定发展为形式和实质相结合的罪刑法定一样，有罪必罚也被赋予了实质内容。

其次是有罪必罚原则的展开。有罪必罚原则虽然对立法和司法都提出了要求，但其主要是一项司法原则，故该原则主要应当在司法

---

[1] [意]切萨雷·贝卡里亚：《论犯罪与刑罚》，黄风译，商务印书馆 2018 年版，第 61—62 页。
[2] 参见[德]安塞尔姆·里特尔·冯·费尔巴哈：《德国刑法教科书》，徐久生译，中国方正出版社 2010 年版，第 31 页。
[3] 参见[德]汉斯·海因里希·耶赛克、[德]托马斯·魏根特：《德国刑法教科书》，徐久生译，中国法制出版社 2017 年版，第 2—3 页。

领域展开。

其一,有罪必罚原则要求提倡二元论的犯罪本质理论。在犯罪本质上,我国刑法理论的传统观点依然坚持的是社会危害性说,认为社会危害性是犯罪的最基本的特征。所谓社会危害性,是指行为对刑法所保护的社会关系造成或可能造成损害的特性。犯罪的本质就在于其危害了国家和人民的利益,危害了社会主义社会。[1] 近年来,随着我国部分学者对德国、日本等大陆法系国家刑法理论的深入研究,引入了法益侵害说,主张以此来代替社会危害性说,并将法益解释为包括国家法益、社会法益和个人法益。[2] 除此之外,有学者主张在犯罪本质理论上应当提倡规范违反说,认为犯罪的本质在于对刑法规范背后所蕴含的社会规范的违反。[3] 显然,不论是社会危害性说,还是法益侵害说,抑或规范违反说,在犯罪本质上均坚持一元论。这种一元论的犯罪本质理论是建立在犯罪一元化的基础上的。所谓犯罪一元化,即犯罪的同质化,认为所有犯罪在本质上都是相同的,没有在本质上存在差异的犯罪。自加罗法洛把犯罪分为自然犯和法定犯以来,虽然人们认识到了法定犯与自然犯存在很大不同,而且对犯罪分类以及刑法立法模式产生了深远影响,但在犯罪本质理论上人们一直企图用自然犯的原理来解释法定犯,根本原因在于自然犯在数量上占据绝对优势。[4] 但是,进入21世纪后,随着科技时代和风险社会的到来,基于社会生活安全控制的需求,刑法日益关注早期化、失范化的不安全行为,行政违法行为的犯罪化进程不断

---

[1] 参见高铭暄、马克昌主编:《刑法学》(第九版),北京大学出版社、高等教育出版社2019年版,第42页。
[2] 参见张明楷:《刑法学》(第五版),法律出版社2016年版,第63页;陈兴良:《本体刑法学》(第三版),中国人民大学出版社2017年版,第127—128页。
[3] 参见周光权:《刑法总论》(第三版),中国人民大学出版社2016年版,第213页。
[4] 参见李梁:《预备犯立法模式之研究》,载《法学》2016年第3期。

加快,致使刑法中的犯罪形态出现了结构性变化,即从传统的自然犯在数量上占绝对优势演变为法定犯在数量上占很大比重,法定犯的时代全面到来。而且,法定犯(行政犯)与自然犯之间的差异是根本性的。不但规定法定犯的刑法规范已经完全脱离了司法法的本质特点,而且更为重要的是,法定犯先天具有"法益性的欠缺"的特点,被我国学者解释为法定犯的先天性不足。[1] 所以,面对法定犯与自然犯并驾齐驱,乃至法定犯在数量上远远超过自然犯,且法定犯在本质特征上明显不同于自然犯的情况,依然用一元的犯罪本质理论来解释犯罪显然不合适。笔者认为,应当提倡犯罪本质二元论。详言之,针对自然犯依然可以坚持社会危害性说、法益侵害说或者规范违反说,针对法定犯只能提倡法规范违反说。有罪必罚原则的适用以有罪为前提。就自然犯而言,只有在形式判断的基础上作出实质判断并得出有罪结论的情况下,才进行处罚;就法定犯而言,只要在形式上违反了法规范就可以处罚。[2]

其二,有罪必罚原则要求坚持类型化的司法判断方法。对刑法规范的解释离不开事实,而且相对于刑法规范的内在性,事实始终具有外在性。就刑法规范而言,如果内在性针对的是刑法规范的形式,那么外在性针对的就是刑法规范的实质。正如波斯纳所言:"形式指的是法律内在的东西,实质指的是法律外部的世界,就像形式正义和实质正义的差别一样。"[3]在这个意义上,所有的刑法解释都属

---

[1] "法益性的欠缺"被我国学者解释为是行政犯(法定犯)的先天不足。参见刘艳红、周佑勇:《行政刑法的一般理论》(第二版),北京大学出版社2020年版,第228页。实际上,"法益性的欠缺"是法定犯的规范特点,是一种客观存在,而不是价值评价的结果。

[2] 参见苏永生:《环境犯罪违法性判断的特殊性及标准》,载《甘肃社会科学》2021年第1期。

[3] [美]理查德·A.波斯纳:《法理学问题》,苏力译,中国政法大学出版社2002年版,第51页。

于实质解释,所谓形式解释只是对刑法规范字面含义的分析,不涉及案件事实,也不涉及社会事实,属于"裸"的解释。所谓实质解释,就是以处罚的必要性和合理性为基本立场对刑法规范作出的解释。[1]而要对处罚的必要性和合理性作出判断,则必须借助社会事实。[2]不同的犯罪类型决定了刑法解释中对社会事实的运用多少与运用程度的不同。规定自然犯的刑法规范的背后,一般都有道德、伦理、习惯等社会规范的支撑。所以,对规定自然犯的刑法规范的解释,一般都自觉或不自觉地借助道德、伦理、习惯等社会规范,故属于实质化范畴较广和程度较高的解释。与此不同,规定法定犯的刑法规范一般不会有道德、伦理、习惯等社会规范的支撑,或者很少受道德、伦理、习惯等社会规范的支撑。所以,对规定法定犯的刑法规范的解释,一般不会借助道德、伦理、习惯等社会规范,只看法律的规定就够了。因而,对规定法定犯的刑法规范的解释,属于实质化范畴较窄和程度较低的解释。面对自然犯,司法者必须穿梭于案件事实、刑法规范和社会事实之间,进而寻求解释结论;与此不同,面对法定犯,司法人员只要穿梭于案件事实与法律规范之间,就可以找到解释结论。由此也决定了,自然犯的司法判断坚持的是从形式判断到实质判断的过程,属于开放式的司法判断方法;与此不同,在法定犯的司法判断上无须坚持从形式判断到实质判断的过程,只要进行形式判断就

---

[1] 参见张明楷:《刑法的基本立场》(修订版),商务印书馆2019年版,第139—141页。
[2] 这里的事实不仅包括案件事实,也包括其他社会事实。"社会事实"是法国著名社会学家涂尔干提出的一个极具解释力的社会学概念,是社会学的研究对象。社会事实就是带有社会性质的事实,由于它具备或能够具备从外部施加在个人身上的约束力,才得到了人们的承认;同时,这种约束力也由于某种特定惩罚的存在,或者由于社会对个人企图侵犯它的行为进行抵制,才得到了人们的承认。参见渠敬东:《缺席与断裂:有关失范的社会学研究》,商务印书馆2017年版,第27页。

可以了,是一种半开放式的司法判断方法。[1] 从有罪必罚原则的视角看,对自然犯的司法判断必须走从形式判断到实质判断的判断过程,否则就不是有"罪"必罚;而对法定犯的司法判断只进行形式判断即可,否则有可能出现有罪不罚。

**二、环境刑法是积极主义刑法观的"主战场"**

就普通刑事犯罪而言,世界上第一个危险犯出现在环境犯罪领域,而且从世界各国环境犯罪的立法和司法实践来看,环境犯罪的立法和司法从一开始就是在积极主义刑法观指导下进行的刑法实践,而且与传统的刑法运行实践之间形成了明显的差异。这恰恰说明,环境犯罪的刑法治理需要积极主义刑法观的指导,环境犯罪的立法和司法是积极主义刑法观的"主战场"。

(一)积极主义刑法观为环境刑法立法提供了理论根据

1. 积极主义刑法观与环境刑法立法的犯罪化

根据积极主义刑法观,刑法立法应当积极参与社会治理,走犯罪化的道路。从世界范围来看,环境刑法自诞生以来一直走的是犯罪化的道路,这恰恰彰显了积极主义刑法观的生命力。

与犯罪化相反的立法路径是非犯罪化。近代以来,非犯罪化主要发生于20世纪中叶的西方国家。[2] 经过短暂的20余年,20世纪70年代中期之后又走上了犯罪化的道路。与此不同,环境刑法立法

---

[1] 参见苏永生:《环境犯罪违法性判断的特殊性及标准》,载《甘肃社会科学》2021年第1期。

[2] 如德国自第二次世界大战之后就对刑法进行了全面改革。起初的刑法改革,除体现国家社会主义的条文之外,主要是废除纯伦理道德的犯罪、死刑、重罪的监禁刑以及压制6个月以下的自由刑、扩大缓刑的条件等刑罚轻缓化改革。但自20世纪70年代中期以来,犯罪化又成为刑法改革的主流。参见〔德〕克劳斯·罗克辛:《德国刑法学总论(第1卷)》,王世洲译,法律出版社2005年版,第63—73页。

一直走的是犯罪化的道路。除英国之外[1]，环境刑法立法主要发生在20世纪50年代之后的西方各国。例如，美国自1948年以来，制定颁布了有关防治水污染、空气污染、固体废物污染、有毒物质等的法律，而且制定颁布了《国家环境政策法》。这些环境法律中都设置了刑事罚则，形成了美国环境刑法的基本样态。[2] 又如，日本的环境刑法在立法模式上经历了从附属刑法到附属刑法与环境单行法并存的发展过程，20世纪40年代末期以来先后制定了《农药控制法》（1949年）、《矿业法》（1950年）、《土地区划整理法》（1954年）、《河流法》（1964年）、《大气污染控制法》（1968年）、《公害纠纷处理法》（1970年）、《海洋污染及海上灾害防止法》（1970年）、《野生动物保护法和狩猎法》（1972年）、《自然环境保全法》（1972年）、《废物处理法》（1972年）、《国土利用计划法》（1974年）、《森林法》（1974年）、《油污损害赔偿保障法》（1975年）、《濑户内海环境保护临时措施法令》（1976年）、《深海海底采矿暂行措施法》（1982年）等。这些环境法律都规定了刑事罚则，是日本环境刑法的主要组成部分。与此同时，日本立法机关还于1970年制定了专门用于治理环境犯罪的单行刑法——《公害罪法》。[3] 每增加或者修改一部环境法律，都意味着环境犯罪的相应增加，这一点在日本的环境刑法立法中表现得尤为突出。

---

[1] 英国的环境刑事立法起步较早，在19世纪初期就制定了防止空气污染的法律，后来于1875年整理为综合性的《公众卫生法》，该法迄今仍为英国环境保护的基本法。英国在1865年、1866年和1874年分别公布了《地下水利用法》《环境卫生法》和《河川污染预防法》。20世纪以来，英国的环境法律体系始告确立。参见王秀梅：《英美法系国家环境刑法与环境犯罪探究》，载《政法论坛》2000年第2期。

[2] 参见王秀梅：《英美法系国家环境刑法与环境犯罪探究》，载《政法论坛》2000年第2期。

[3] 参见徐平：《环境刑法研究》，中国法制出版社2007年版，第260—261、285—298页。

不仅如此,环境刑法立法的犯罪化程度要高于其他刑法立法的犯罪化程度。例如,日本自第二次世界大战结束以来的刑法立法,除了删除对皇室的犯罪、通敌犯罪、通奸罪等犯罪,整体上走的是犯罪化的道路,不仅通过修改刑法典来增设犯罪和加重部分犯罪的刑罚,而且通过制定和修改单行刑法,特别是通过制定和修改附属刑法,使犯罪化的发展趋势更加明显。[1] 值得注意的是,日本环境刑法的发展主要出现在20世纪六七十年代,但同一时期其他方面的犯罪化则明显迟缓。不仅刑法典的修改没涉及环境犯罪,而且很少有环境犯罪之外的单行刑法颁布,环境犯罪之外的附属刑法规范也不多。[2] 这足以表明,在同一时期内,日本环境刑法立法的犯罪化程度要明显高于其他刑法立法的犯罪化程度,从中彰显出刑法对环境治理的积极参与,积极主义刑法观在环境刑法立法中得到了充分运用。又如,德国的环境刑法立法可以追溯到19世纪工业革命时期,当时针对严重的环境污染现象德国陆续颁布了《水务法》《垃圾处理法》《联邦空气保护法》等单行法,其中规定了刑事罚则。从20世纪50年代开始,出现了大规模的环境刑法立法,先后制定了《联邦狩猎法》(1952年)、《水政法》(1957年)、《原子能法》(1959年)、《联邦肥料法》(1962年)、《植物保护法》(1968年)、《飞机噪声控制法》(1971年)、《垃圾处置法》(1972年)、《DDT法》(1972年)、《生活资料和日用品法》(1974年)、《洗涤剂法》(1975年)、《动物躯体、内脏处置法》(1975年)、《饲料法》(1975年)、《废水排放法》(1976年)、《联邦自然保护法》(1976年)等,这些法律都规定了刑事罚

---

[1] 参见张明楷:《日本刑法的发展及其启示》,载《当代法学》2006年第1期。
[2] 参见张明楷:《日本刑法的发展及其启示》,载《当代法学》2006年第1期。

则。[1] 1980 年,随着第十八部《刑法修订法》的颁布实施,德国开启了环境刑法法典化的历程,即在《德国刑法典》分则中增设了"危害环境的犯罪"一章,并根据 1994 年的第三十一部《刑法修订法》,通过引入污染土地的行为构成,扩大并强化了环境刑法。[2] 但是,大部分内容实际上已由刑事附属法律规定。新的规定毫无例外地处罚过失犯罪,并对严重的环境污染犯罪加重处罚。[3] 同一时期,德国其他方面的刑法立法则显得相对迟缓,这反映出环境刑法立法的犯罪化程度要高于同一时期其他刑法领域的犯罪化程度,从中也彰显出,刑法在积极主义刑法观的指导下积极参与到了环境犯罪的治理当中。

不难看出,在日本与西方各国,大规模的环境刑法立法主要发生在 20 世纪 50 年代之后。之所以如此,是因为这一时期出现了一系列震惊世界的环境灾难(如旧八大公害事件[4]),促使人们普遍意识到了环境风险的存在与严重性。为此,必须制定法律,并通过严格执行和适用法律,才能实现对环境风险的有效控制。而且事实证明,对实施环境污染和破坏生态环境的企业,仅施以行政制裁和民事制裁远远不能预防其继续实施污染环境和破坏生态环境的行为。为此,刑法必须积极参与到环境风险的控制当中。而刑法中的危险犯

---

[1] 参见王吉春:《"美丽中国"背景下我国环境刑事法完善研究》,中国人民公安大学出版社 2018 年版,第 101—102 页。
[2] 参见[德]克劳斯·罗克辛:《德国刑法学总论(第 1 卷)》,王世洲译,法律出版社 2005 年版,第 67 页。
[3] 参见[德]汉斯·海因里希·耶赛克、[德]托马斯·魏根特:《德国刑法教科书》,徐久生译,中国法制出版社 2017 年版,第 148 页。
[4] 即发生在比利时的马斯河谷烟雾事件(1930 年)、发生在美国洛杉矶的光化学烟雾事件(1943 年)、发生在美国多诺拉镇的烟雾事件(1948 年)、发生在英国伦敦的烟雾事件(1952 年)以及发生在日本的水俣病事件(1952—1972 年间断发生)、富山骨痛病事件(1931—1972 年间断发生)、四日市哮喘病事件(1961—1970 年间断发生)和米糠油事件(1968 年)。

最早出现在环境犯罪领域也就不足为奇了。在这个意义上可以说,正是环境风险防范促生了积极主义刑法观。[1] 而且,从西方环境刑法立法的过程来看,起初各国采用的都是附属刑法的立法体例,后来有的国家采取了法典化和附属刑法相结合的立法体例,通过附属刑法规定环境犯罪始终没有被抛弃。之所以如此,是因为采用附属刑法的立法体例更容易实现环境刑法与环境法的有效衔接,更有利于刑法积极参与到环境犯罪的治理中去,是贯彻积极主义刑法观不得不采取的立法体例。

2. 积极主义刑法观与环境刑法立法的早期化干预

综观世界各国环境刑法立法,环境刑法的基本特点之一就是干预的早期化。这种刑法干预早期化的立法不仅通过设立危险犯、预备行为的实行犯化、帮助犯的正犯化等犯罪客观方面体现出来,还通过处罚过失、设立相对严格责任(过错推定)体现出来。而且,环境犯罪刑法干预的早期化程度要远远高于其他犯罪。例如,在《德国刑法典》分则第29章规定的9个具体犯罪中,不但有7个犯罪的基本犯属于危险犯或者包括危险犯,而且所有的犯罪均处罚未遂犯。《德国刑法典》第23条第1款规定:"重罪之未遂犯,罚之;轻罪未遂犯之处罚,以有特别规定者为限。"第12条规定:"称重罪者,谓最轻本刑为1年或1年以上有期徒刑之罪。称轻罪者,谓最轻本刑为未满1年之有期徒刑或罚金之罪。"以此为标准,《德国刑法典》分则第29章规定的9个具体犯罪中,除释放毒物造成严重危害罪之外,其他8个犯罪的最轻本刑均为未满1年的有期徒刑或者罚金。[2] 也就是说,这8个具体的犯罪属于轻罪,且特别规定处罚未遂犯,其刑法处罚早期化

---

[1] 参见李梁:《中德两国污染环境罪危险犯立法比较研究》,载《法商研究》2016年第3期。
[2] 参见《德国刑法典》,王士帆等译,元照出版公司2017年版,第408—423页。

程度之高，在其他犯罪中是难以看到的。又如，根据日本《公害罪法》第 2 条和第 3 条的规定，凡伴随工厂或事业单位的企事业活动而排放有损于人体健康的物质（包括通过在人体内蓄积和危害人体健康的物质）给公众的生命或身体带来危险者，就成立公害罪。行为人出于故意的，应处以 3 年以下有期徒刑或 300 万日元以下的罚金；行为人出于过失的，应处以 2 年以下的有期徒刑或者监禁，或处以 200 万日元以下的罚金。由此不难看出，根据《公害罪法》的规定，不但公害罪的基本犯属于危险犯，而且成立公害罪不以行为违反相关法律为前提，其处罚的早期化程度之高，在其他犯罪之中也难以看到。再如，虽然人们认为实行严格责任是美国刑法的一大特色，但由于"主观罪过"深深根植于法律之中，所以严格责任犯罪并不常见。严格责任仅适用于公共利益犯罪，在极少数情况下，非公共利益犯罪在实质上会被认定为严格责任，如法定强奸。[1] 环境犯罪恰恰属于公共利益犯罪，所以美国针对环境犯罪实行的是严格责任。当今的严格责任已不是绝对的严格责任，而是相对严格责任，允许被告人将没有故意或过失作为抗辩事由，即推定被告人有故意或者过失，当被告人能够证明自己没有故意或者过失时，则不负责任。一般认为，故意与过失之间属于位阶关系，"在同样的法益损害中，归责于故意的不法和罪责应当比归责于过失的更多"[2]。也就是说，故意完全能够被评价为过失。所以，就同一法益侵害而言，处罚过失显然已经是提前干预了，如果连过失都不考虑，只要有侵害结果或危险就推定有过失或者故意，更会使刑法的干预提前。

---

[1] 参见〔美〕约书亚·德雷斯勒：《美国刑法纲要》，姜敏译，中国法制出版社 2016 年版，第 154—155 页。
[2] 〔德〕克劳斯·罗克辛：《德国刑法学总论（第 1 卷）》，王世洲译，法律出版社 2005 年版，第 730 页。

在环境犯罪的刑法立法中,之所以出现刑法干预的早期化,是因为人们从环境污染或生态破坏所带来的灾难中不难总结出:环境犯罪是会带来风险的犯罪,具有很强的风险性,而且,环境犯罪的危害具有不可控性。所以,环境犯罪的刑法治理,说到底就是环境风险的刑法控制。环境风险是现代社会中最初形成的社会风险,属于典型的现代风险。而现代风险最大的特点在于风险形成的人为性、影响后果的延展性和影响途径的不确定性。[1] 其中,环境风险的人为性决定了运用刑法来控制环境风险具有可行性,环境风险影响后果的延展性和影响途径的不确定性决定了环境刑法只能是预防性刑法。所以,对环境刑法起决定作用的刑法观只能是积极主义刑法观。如果坚持消极主义刑法观,把刑法干预设定在环境污染和生态环境破坏发生之后,显然于事无补。

(二)环境刑法司法中应贯彻有罪必罚原则

如果说积极主义刑法观在环境刑法立法领域表现为适度的犯罪化和刑法干预的早期化,那么在司法领域则表现为有罪必罚原则的有效贯彻。[2] 前文已经指出,就自然犯而言,贯彻有罪必罚原则需要坚持从形式判断到实质判断的判断过程,采用的是开放式司法判断方法;就法定犯而言,贯彻有罪必罚原则只需坚持形式判断即可,无需作过多的实质判断,采用的是半开放式的司法判断方法。那么,在环境犯罪中如何贯彻有罪必罚原则呢?这需要从环境犯罪的性质说起。

---

[1] 参见劳东燕:《风险社会中的刑法:社会转型与刑法理论的变迁》,北京大学出版社2015年版,第17页。
[2] 参见李梁:《环境犯罪刑法治理早期化之理论与实践》,载《法学杂志》2017年第12期。

1. 环境犯罪的本质

迄今为止,对犯罪本质的解释主要遵循两种路向,即法益侵害说的路向和规范违反说的路向。那么,面对环境犯罪,这两种解释路向是否具有解释力？能否说明环境犯罪的性质？值得认真思考。

在法益侵害说的路向上,有学者提出了环境法益或者生态法益的概念,并主张以环境的生态价值为核心建立生态环境的价值体系。[1] 但不可否认的是,面对环境犯罪,法益侵害说通常显得苍白无力。因为法益保护的核心是利益衡量原理,而根据这一原理,当某种行为在侵犯某种法益的同时又保护了同等的或者更大的法益,则这种行为在实质上就不具有违法性。当污染环境或者破坏生态环境的行为给人类带来的现实利益或价值明显大于环境本身的生态价值时,该如何在两种利益之间进行衡量呢？所以,生态环境保护与经济社会发展之间始终存在的无法克服的矛盾,致使现代刑法理论所奉行的利益衡量原理失去了解释力,进而导致无法从实质上解释环境犯罪。

在规范违反说的路向上,有学者提出了将环境伦理作为环境刑法之基础,进而认为环境犯罪在实质上违反了环境伦理的观点。[2] 然而,环境伦理并非凌驾于其他伦理基础之上的伦理,也没有且不可能形成相对于其他伦理的明显优势。从环境伦理的角度看,任何污染环境或者破坏生态环境的行为都违反了环境伦理,为环境伦理坚守者所不齿。但是,当某种污染环境或者破坏生态环境的行为符合其他伦理要求(如免于物质匮乏的伦理)时,如何判断其违反伦理性？难道仅仅根据其违反了环境伦理就认定其具有违反

---

[1] 参见焦艳鹏:《刑法生态法益论》,中国政法大学出版社2012年版,第147—168页。
[2] 参见侯艳芳:《环境刑法的伦理基础及其对环境刑法新发展的影响》,载《现代法学》2011年第4期。

伦理性？换言之，环境伦理与其他伦理之间也天然地存在冲突，违反环境伦理的行为恰恰可能符合其他伦理。所以，面对环境犯罪的本质，规范违反说就失去了解释力，环境伦理无法为环境犯罪的本质提供判断标准。

由上可见，不论是法益侵害说还是规范违反说，都无法为环境犯罪的本质提供一个行之有效的判断标准。所以，环境犯罪的违法性判断属于非实质判断、非价值判断和非个别判断，进而属于非阶层式判断，在环境犯罪的违法性判断上只能坚持法规范违反说。[1] 这里的法规范，首先是指环境刑法规范，包括分则性罪刑规范和总则中适用于环境犯罪的刑法规范。其次是环境法律规范。环境犯罪的特殊性决定了环境刑法与环境法之间存在着难以割舍的关系，环境刑法与环境法共同构筑了整体的环境法秩序，是环境犯罪治理的基本法律依据。这就说明，环境犯罪既不是利益性的，也不是伦理性的，其本质在于其法定性。相应地，环境犯罪不是自然犯，而是典型的法定犯。

2. 环境犯罪司法中有罪必罚原则的贯彻

有罪必罚原则先强调"有罪"，后强调"必罚"。"有罪"是前提，"必罚"是后果。所以，在有罪必罚原则的贯彻过程中，合理判断有罪显得极为重要。何为有罪？在不同的犯罪类型中，判断有罪的方法是不同的。就自然犯而言，判断有罪的方法是先形式判断后实质判断。在判断某一行为在形式上是否符合犯罪构成要件之后，还要从实质上判断是否具有处罚的必要性和合理性。如果仅仅坚持形式判断，则会将法律规范与社会事实割裂开来，致使缺乏实质判

---

[1] 参见苏永生：《环境犯罪违法性判断的特殊性及标准》，载《甘肃社会科学》2021年第1期。

断,最终可能扩大有罪的范围。就法定犯而言,对是否有罪只进行形式判断就足以,无法作出实质判断。既然环境犯罪属于法定犯,那么根据有罪必罚原则,对是否有罪只进行形式判断即可。换言之,根据环境犯罪之规范特点,对是否有罪只进行形式判断,就足以实现有罪必罚原则的基本要求。

从环境犯罪的规范特点来看,既然对是否有罪只进行形式判断,那么何为形式判断中的"形式",则需进一步分析。形式是与实质相对应的概念。在法律世界中,相对于需要调整的社会关系而言,法律从来都是形式的。正如博登海默所称,法律是一般性规则的形式结构,相对于社会生活,法律永远都是形式的。[1] 环境犯罪是法定犯,所以环境行政法是设置环境犯罪之罪刑规范的基本依据。环境犯罪的法定犯性质对环境犯罪的立法模式和罪状设置产生了很大的影响。[2] 一方面,很多国家主要通过附属刑法的立法体例规定环境犯罪,即使在环境犯罪法典化的国家,也没有抛弃采用附属刑法规定环境犯罪的方式;另一方面,在将环境犯罪法典化的国家,对环境犯罪之罪状设置只能采用空白罪状的形式,克服因环境法的变化而导致的刑法的滞后性。所以,就环境犯罪的司法判断而言,"形式"是指包括一切与环境犯罪认定有关的法律规范。这里的法律规范,首先是指环境刑法规范。在我国,环境刑法规范是指实质上规定环境犯罪的刑法规范,包括刑法分则第六章第六节规定的 16 种环境犯罪以及零散规定于危害公共安全罪、破坏社会主义市场经济秩序罪、渎职

---

[1] 参见〔美〕E. 博登海默:《法理学:法律哲学与法律方法》,邓正来译,中国政法大学出版社 2017 年版,第 423 页。
[2] 参见李梁:《德国环境刑法的立法模式及其对我国的借鉴意义》,载《法学杂志》2018 年第 11 期。

罪等类罪中的环境犯罪。[1] 其次是指环境法律规范。在我国,环境法的渊源有国内法和国际法两种。国内法渊源包括关于生态环境保护的宪法性规范、法律层次的环境法规范、环境保护行政法规、地方性环境保护法规、地方政府环境保护规章、国务院各部委颁布的关于环境保护规章以及对环境法的适用具有普遍意义的有权解释;国际法渊源包括有关生态环境保护的条约、习惯、软法等。[2] 这些环境法渊源中的环境法律规范,是认定环境犯罪的基本依据,构成了环境犯罪形式判断之"形式"的重要方面。

所谓"必罚",顾名思义,就是必须处罚或者必须受到处罚。现代社会的刑法不但早已突破单纯运用刑罚处罚犯罪的一元化制裁模式,走向刑罚和保安处分并用的二元化制裁模式,而且在刑罚制裁中大大拓展了刑罚方法。所以,不能把有罪必罚中的"必罚"理解为"必须判处刑罚",而应当理解为"必须予以刑事制裁"。我国对环境犯罪规定的刑事制裁方法除立法者为个罪配置的刑罚方法之外,还有职业禁止、禁止令等非刑罚处罚方法。只要根据犯罪情节判处了与犯罪相适应的刑罚或者非刑罚处罚方法,就等于实现了有罪必罚。由此不难看出,环境犯罪的司法判断是在案件事实与法律规范之间的一种判断,无需借助其他社会事实。也只有如此,才能实现有罪必罚原则。换言之,环境犯罪司法判断的形式性,恰恰符合有罪必罚原则的要求,从有罪必罚原则中找到了理论根据。

---

[1] 参见付立庆:《中国〈刑法〉中的环境犯罪:梳理、评价与展望》,载《法学杂志》2018年第4期。
[2] 参见汪劲:《环境法学》(第四版),北京大学出版社2018年版,第27—28页。

## 第二节　风险社会理论与环境犯罪刑法治理

与传统刑法的目的在于保护法益不同，环境刑法的目的在于控制环境风险。所以，自20世纪五六十年代开始以环境风险为初始关注对象而形成的风险社会理论，为环境犯罪刑法治理的早期化提供了重要的理论根据。

**一、风险社会理论的基本内容及其在刑法中的运用**

（一）风险社会理论的基本内容

风险社会理论是人们基于现代风险社会提出的一种社会理论。"从20世纪50—60年代开始，作为西方发达国家中各种环境问题和环境运动不断产生与发展的产物，西方理论界开始将风险与环境问题联系起来加以讨论，并由此将风险及其相关概念逐渐扩展到与人类安全相关的一系列讨论之中。"[1]风险社会作为一个由"我害怕"联系起来的共同体在应对全球风险和维护人类整体安全上的意义不断凸显，风险社会理论也逐渐发展成为当今世界风险问题研究的一个主导性范式。[2]

要求人与人之间关系有序的倾向，主要可以追溯至两种欲望或冲动，它们似乎深深地根植于人的精神：第一，人具有重复在过去被认为是令人满意的经验或安排的先见倾向。第二，人倾向于对其关

---

[1] 王芳：《事实与建构：转型加速期中国区域环境风险的社会学研究》，上海人民出版社2018年版，第31页。
[2] 参见刘岩、邱家林：《转型社会的环境风险群体性事件及风险冲突》，载《社会科学战线》2013年第9期。

系受瞬时兴致、任性和专横力量控制而不受关于权利义务对等的合理稳定的决定控制作出逆反心理。除此之外,法律的秩序要素还可能具有审美成分,对秩序的追求还具有一种思想(智识)的成分。[1] 可见,正是人对秩序的心理需求促使各种社会控制理论的形成,也正是人对秩序之心理需求的变化,促使社会控制理论的发展,社会控制理论实际上就是风险控制理论。所以,传统社会理论与风险社会理论的区别,主要在于传统风险与现代风险的不同。

如果说传统意义上的风险是一种实体意义上的风险,那么风险社会的风险不仅具有实体性,而且具有建构性。所谓实体性,是指工业社会以来的风险是由不断发展的工业化和科学生产引起的,是人类运用知识与技术改造引发的结果。所谓建构性,即对风险的定义会受政治、社会、文化等因素的影响。进而言之,与传统风险相比,现代社会的风险主要是人为化的风险,具有风险影响的延展性、风险影响途径的不确定性以及风险的建构性。[2]"风险的这种建构性表明,无论环境风险在技术上被如何科学地界定,只有那些放在特定社会语境中被人们普遍感知到的风险才是'真实'的。"[3]所以,现代社会的风险在很大程度上表现为人的风险感知。

(二) 风险社会理论在刑法中的运用

"法律的主要功能也许并不在于变革,而在于建立和保持一种可以大致确定的预期,以便利人们的相互交往和行为。从这个意义上

---

[1] 参见[美]E.博登海默:《法理学:法律哲学与法律方法》,邓正来译,中国政法大学出版社2017年版,第242页。
[2] 参见劳东燕:《风险社会中的刑法:社会转型与刑法理论的变迁》,北京大学出版社2015年版,第17—18页、第23页。
[3] 王芳:《事实与建构:转型加速期中国区域环境风险的社会学研究》,上海人民出版社2018年版,第25页。

法律从来都是社会中一种比较保守的力量,而不是一种变革的力量。"[1]法律如此,法学更是如此。法学理论不会自动形成,是立法和司法实践推动了法学理论的发展,立法和司法实践才是法学理论的源泉。风险社会的到来推动了风险理论的形成,也推动着刑法理论在不知不觉中发生变化。对此,我国学者指出,风险社会的到来,促使刑法的关注点由以往的自由问题转向安全问题,一种预防走向的刑法体系正在形成。[2]

首先,在风险社会理论推动下,刑法的规范机能明显偏向于评价机能。刑法的规范机能,即通过刑法规范而发生的效用,包括评价机能和裁判机能。前者是指刑法对公民的规范机能,是刑法规范作为评价规范的体现;后者是指刑法对于司法者的规范机能,是刑法规范作为裁判规范的体现。[3] 随着风险社会的到来,为了应对非传统风险,刑法立法的建构性明显增强,刑法一反非犯罪化的趋势,走向犯罪化的道路,而且犯罪化的步伐远快于之前所有时代的犯罪化。不仅如此,刑法谦抑性不再得到坚守,在很多情况下其他法律没有禁止的行为,已经被刑法禁止了,刑法的谦抑性这一被奉为现代刑法基本理念的法律传统受到了严峻挑战,出现了前所未有的危机。[4] 随着风险社会的到来,为了应对非传统风险,刑法本身出现了危险化倾向,而且大量出现的危险犯化、预备犯的实行犯化、帮助犯的正犯化等,使刑法本身的危险化程度越来越明显。这种立法使刑法广泛干

---

[1] 苏力:《法治及其本土资源》(修订版),中国政法大学出版社 2004 年版,第 7 页。
[2] 参见劳东燕:《风险社会中的刑法:社会转型与刑法理论的变迁》,北京大学出版社 2015 年版,第 19—21 页。
[3] 参见陈兴良:《本体刑法学》(第三版),中国人民大学出版社 2017 年版,第 30—32 页。
[4] 参见周光权:《转型时期刑法立法的思路与方法》,载《中国社会科学》2016 年第 3 期。

预社会生活,刑法的行为规范性被强化,其作为行为规范所表现出来的评价机能得以凸显。

其次,在风险社会理论的推动下,刑法的社会机能明显偏向于社会保护。刑法的社会机能是指刑法对社会的效用,包括保障机能和保护机能。前者是指刑法对人权的保障效用,包括对被告人权利的保障和对全体公民的个人权利的保障;后者是指刑法对社会的保护效用,包括对国家利益的保护、对社会利益的保护和对个人(被害人)利益的保护。而且,传统刑法理论强调刑法的保障机能与保护机能的统一或平衡。[1] 但是,随着风险社会的到来,刑法的社会机能明显倾向于社会保护,而非人权保障。在风险社会的推动下,刑法立法出现了活性化或灵活化的发展趋势。一方面,在恐怖主义犯罪、有组织犯罪、信息网络犯罪、环境犯罪、生物技术犯罪等领域的大面积犯罪化和刑法干预的早期化,使得刑法的社会保护机能得以充分彰显乃至过分张扬。[2] 另一方面,刑事制裁措施的社会化、罚金刑的抽象化等方面的改革,使得刑事制裁更加贴近于朝着积极的一般预防大踏步迈进。例如,在我国近年来的刑罚结构改革中,罚金的中心化日益明显[3],但同时出现了罚金的抽象化,即立法者将原本的比例罚金、倍数罚金或者倍比罚金修改为无限额罚金。这种改革显然扩大了司法裁量权,其目的在于适应犯罪形势的变化,强化刑法的社会保护机能。

再次,在风险社会理论的推动下,刑法的本位基础明显偏向于行

---

[1] 参见陈兴良:《本体刑法学》(第三版),中国人民大学出版社 2017 年版,第 33—43 页。
[2] 参见李梁:《我国恐怖主义犯罪立法的特点及其司法展开》,载《法学杂志》2019 年第 12 期。
[3] 参见苏永生:《变动中的刑罚结构——由〈刑法修正案(九)〉引发的思考》,载《法学论坛》2015 年第 5 期。

为本位,法益侵害说受到了严峻挑战。传统刑法是结果本位的刑法,强调对法益的侵害,即只有在发生法益侵害结果时才追究行为人的刑事责任。"对于犯罪成立来说,发生结果是必要的。单单是实施加害行为的意思表现于外部还不够。犯罪是针对于保护法益的加害行为的类型,现实地由于加害行为而发生了'结果'的场合,则成立犯罪。"[1]所以,传统刑法具有明显的事后性,处罚危险犯和未遂犯是极为例外的情形。但是,在风险社会到来之后,人们对风险的感知超出了风险本身。如果等到发生侵害结果再处罚,则为时过晚,人们的体感安全根本得不到保护,社会管理将会失去民意基础。为此,立法者不得不将制造危险的行为规定为犯罪,而不再等到侵害结果的发生。于是,结果本位的刑法观逐步被削弱,刑法立法明显偏向行为本位,引入了超个人法益,出现了法益的稀薄化。"在当代刑法体系中,个体法益的犯罪甚至已经成为星星点点的岛屿,湮没在公共法益犯罪的汪洋大海之中。"[2]正是在这种情况下,行为本位的刑法观与结果本位的刑法观并驾齐驱的二元刑法观开始盛行,犯罪本质的法益侵害说受到了严峻挑战。

复次,在风险社会理论的推动下,出现了刑法的政治化倾向。传统刑法学强调人权保障与社会保护的平衡,且倾向于人权保障,罪刑法定主义得到了充分强调。所以,在传统刑法学滋养下的刑法属于自由刑法。然而,面对风险社会带来的具有不确定性的社会风险,刑法理论不能无动于衷。"刑法学者既不要在一种愈来愈独立的学理中迷失自己,也不能否认这个事实,刑法是行使国家权力的一种形

---

[1] [日]山口厚:《刑法总论(第3版)》,付立庆译,中国人民大学出版社2018年版,第44—45页。
[2] 劳东燕:《风险社会中的刑法:社会转型与刑法理论的变迁》,北京大学出版社2015年版,第50页。

式,因而也就是一种政治。"[1]风险社会的到来,对政治决策产生了极大的影响,对刑法提出了新的要求。为此,刑法的立场发生了转变,"原本朝着古典主义目标挺进的刑法观后来有所调整——通过多个修正案,刑法成为广泛地参与社会治理的'功能性工具',刑法主观主义的某些特征开始展现"[2]。正是在这一过程中,刑法的政治化倾向得以凸显。

最后,在风险社会理论的推动下,犯罪形态发生了一定的变化,行为犯的概念再次受到重视。在传统刑法理论中,结果无价值论扮演着重要角色,该理论在犯罪本质上提倡法益侵害说,主张结果是任何犯罪的构成要件要素,危险也属于结果。即便是在抽象危险犯的场合,也需要证明有危险存在,甚至提出在具体危险犯与抽象危险犯之间还存在一个准抽象危险犯。[3] 然而,不论是从立法原意还是从司法的基本逻辑来看,在抽象危险犯的场合,立法者已经设定了行为本身就具有危险,只需要证明有行为,无需证明有危险存在。正如罗克辛指出:"抽象的危险性犯罪,是指一种典型的危险的举止行为被作为犯罪而处于刑罚之下,不需要在具体案件中出现一种危险的结果。这就是说,防止具体的危险和侵害,仅仅是立法的动机,而不是使这种具体的危险和侵害的存在成为行为构成的条件。"[4]罗克辛还提出了"单纯的活动犯罪"的概念,指出"单纯的活动犯罪是这样一些行为构成,在这些行为构成中,行为构成的满足与行为的最后

---

[1] 〔美〕马库斯·达博:《积极的一般预防以及法益论》,杨萌译,载陈兴良主编:《刑事法评论》(第21卷),中国政法大学出版社2007年版,第466页。
[2] 周光权:《转型时期刑法立法的思路与方法》,载《中国社会科学》2016年第3期。
[3] 参见〔日〕山口厚:《刑法总论(第3版)》,付立庆译,中国人民大学出版社2018年版,第46页。
[4] 〔德〕克劳斯·罗克辛:《德国刑法学总论(第1卷)》,王世洲译,法律出版社2005年版,第278页。

活动共同发生,也就是说,不会出现一个可以与之分离的结果"[1]。例如,在醉酒驾驶的场合,只要查明行为人在道路上醉酒驾驶机动车就满足了醉驾型危险驾驶罪的成立条件,无需证明任何危险的存在。可见,正是在风险社会理论的推动下,以结果无价值论和法益侵害说为基础的危险犯概念受到了冲击,行为犯的概念再次受到了重视,致使犯罪形态发生了变化。

## 二、风险社会理论与环境犯罪刑法治理的早期化

既然环境风险是风险社会的首要风险,环境犯罪的治理主要是指对环境风险的控制,那么风险社会理论就与环境刑法的形成、性质以及发展之间存在着非常密切的关系,是解释环境犯罪刑法治理早期化的重要理论根据。[2]

(一)风险社会理论与环境刑法的形成和性质

1. 风险社会理论为环境刑法的形成提供了理论根据

"在风险社会中,对风险威胁的感知不仅塑造了人们的思想与行动,也直接决定着制度的建构。"[3]同样,对风险威胁的感知也塑造着刑法。环境风险是进入工业社会以来首先出现的社会风险。人们通过对危害极为严重且为之付出惨重代价的环境污染与生态环境破坏事故的反思,使对环境风险的感知得以强化,并将其诉诸政治决策。为此,环境刑法不能依然停留在保护环境资源上,而必须把环境

---

[1] 〔德〕克劳斯·罗克辛:《德国刑法学总论(第1卷)》,王世洲译,法律出版社2005年版,第216—217页。
[2] 参见李梁:《环境犯罪刑法治理早期化之理论与实践》,载《法学杂志》2017年第12期。
[3] 劳东燕:《风险社会中的刑法:社会转型与刑法理论的变迁》,北京大学出版社2015年版,第24页。

的生态价值提上议事日程,甚至作为建构环境刑法的优先价值导向。

例如,在发生环境公害事件之前,日本的环境刑法仅限于《日本刑法典》分则第15章"有关饮用水的犯罪"中规定的几个具体犯罪,如污染净水罪、污染水道罪、将有毒物质混入净水罪、污染净水等致死伤罪、将有毒物质混入水道罪、将有毒物质混入水道致死罪、损坏水道罪等,从构成要件来看,其具有明显的水资源保护性质。即便是在附属环境刑法中,也是以保护环境资源为目的。20世纪60年代后期,在防范环境风险之社会需求的推动下,日本的环境刑法立法进入了"快车道"。日本于1970年召开了号称"公害国会"的第64届国会,不但对《公害对策基本法》进行了修订,将立法目的中的"与经济相协调"的条款修改为"保护国民健康与保全生活环境",明确了环境保护优先的立法宗旨,而且制定了《公害罪法》,标志着环境刑法的真正形成。之所以如此,是因为在20世纪60年代的日本,随着经济的高速发展,以震惊世界的四大公害为代表的公害事件在日本各地相继发生,致使日本被冠以"公害先进国家"。在国民反对公害舆论的压力下,日本立法机关在环境刑法立法中确立了环境保护优先的立法原则。[1] 从日本环境刑法的立法过程中不难看出,正是为了应对环境风险,以环境保护优先、突出环境之生态价值的真正的环境刑法才得以形成。

又如,我国的环境犯罪主要规定在刑法分则第六章第六节"破坏环境资源保护罪"中。除此之外,在危害公共安全罪、破坏社会主义市场经济秩序罪、渎职罪中也分散规定了部分环境犯罪。[2] 从这些

---

[1] 参见曲阳:《日本的公害刑法与环境刑法》,载《华东政法学院学报》2005年第3期。
[2] 除了《刑法》分则第六章第六节规定的16种具体的环境犯罪,属于环境犯罪的还有危害公共安全罪中的非法制造、买卖、运输、储存危险物质罪;破坏社会主义市场经济秩序罪中的走私珍贵动物、珍贵动物制品罪,走私国家禁止进出口的货物、物品罪,走私废物罪;渎职罪中的违法发放林木采伐许可证罪,环境监管失职罪,非法批准征收、征用、占用土地罪,动植物检疫徇私舞弊罪,动植物检疫失职罪等。

犯罪在刑法分则体系中的位置和具体罪状表述来看,其所保护的法益主要是环境的资源价值,而非环境的生态价值。自1997年全面修订刑法以来,我国立法机关对环境犯罪的修改共有四次:第一次是2001年8月31日通过的《刑法修正案(二)》修改了《刑法》第342条;第二次是2002年12月28日通过的《刑法修正案(四)》修改了《刑法》第339条第3款、第344条和第345条;第三次是2011年2月25日通过的《刑法修正案(八)》修改了《刑法》第338条和第343条第1款;第四次是2020年12月26日通过的《刑法修正案(十一)》修改了《刑法》第338条和第341条,并增设了第342条之一和第344条之一。其中,《刑法修正案(二)》和《刑法修正案(四)》对环境犯罪的修改主要是扩大了处罚范围,并未从保护法益的性质上进行修改。[1] 但随着《刑法修正案(八)》把《刑法》第338条规定的结果要件由"造成重大环境污染事故,致使公私财产遭受重大损失或者人身伤亡的严重后果"修改为"严重污染环境",环境犯罪的保护法益开始由环境的资源价值部分地转向环境的生态价值。《刑法修正案(十一)》对环境犯罪的修改,进一步扩大了《刑法修正案(八)》的立

---

[1] 但只是将《刑法》第342条规定的行为对象由以往的"耕地"改为"耕地、林地等农用地",扩大了处罚范围。如《刑法修正案(四)》对《刑法》第339条第3款、第344条和第345条进行了修改。对《刑法》第339条第3款的修改主要是把行为对象由"不能用作原料的固体废物"修改为"不能用作原料的固体废物、液态废物和气态废物",只是扩大了处罚范围。对《刑法》第344条的修改包括三个方面:一是将原来的"违反森林法的规定"修改为"违反国家规定";二是将行为对象由原来的"珍贵树木"扩充为"珍贵树木或者国家重点保护的其他植物";三是增设了非法收购、运输、加工、出售国家重点保护植物、国家重点保护植物制品罪。对《刑法》第345条的修改包括两个方面:一是删除了"以营利为目的"的主观要件;二是删除了"在林区"这一对行为的限制,同时将"运输"增加为行为类型。显然,这些修改只是扩大了行为对象或者行为所违反的法律法规的范围,增设了行为类型,删除了对行为和主观要件的限制,旨在扩大处罚范围,并未改变各该条(款)的保护法益。

法成果。[1]之所以出现这种立法趋势,是因为在《刑法修正案(八)》颁布前后,我国的环境污染和生态环境破坏已经非常严重,并成为制约经济社会发展的瓶颈。人们普遍感受到了环境污染或生态环境破坏所带来的威胁,要求国家治理环境的呼声日益高涨。为了回应民意,满足人民对美好生活的需要,党和国家确立了"大力推进生态文明建设"的战略部署。正是在这种背景下,环境刑法得到了重大修改,其所保护的价值由环境的资源价值逐步转向环境的生态价值。在同一时期,我国最高立法机关对环境基本法进行了全面修改。其中,引人瞩目的是将"环境保护与经济社会发展协调"修改为"经济社会发展与环境保护相协调",确立了保护优先原则。保护优先原则强调在对待经济社会发展与环境保护之间的关系这一问题上,应当坚持环境保护的优先性。该原则在连接《环境保护法》立法目的与制度设计中起核心作用,是预防为主、综合治理、公众参与和损害担责原则的上位原则,也是环境法基本原则中最为基础性的原则。[2]所以,这一修改也意味着环境法的保护重点由环境的资源价值转变为环境的生态价值,对环境刑法观念转变具有明显的助推作用。

综上所述,环境刑法的形成原因在于环境污染和生态环境破坏所导致的人们对环境安全的普遍关注,是环境风险在刑法立法上的体现。换

---

[1] 迄今为止,对环境刑法修改得最为广泛的刑法修正案是《刑法修正案(十一)》。修改包括四个方面:其一,修改了《刑法》第338条,把原来的一级加重犯中的"后果严重"修改为"情节严重",增设了二级加重犯,并在该加重犯中将环境利益与人类利益并重。其二,增设了《刑法》第341条第3款,把违反野生动物保护管理法规,以食用为目的非法猎捕、收购、运输、出售珍贵、濒危野生动物之外的在野外环境自然生长繁殖的陆生野生动物且情节严重的行为规定为犯罪。其三,增设了《刑法》第342条之一,把违反自然保护地管理法规,在国家公园、国家级自然保护区进行开垦、开发活动或者修建建筑物,且造成严重后果或者有其他恶劣情节的行为规定为犯罪。其四,增设了《刑法》第344条之一,把违反国家规定,非法引进、释放或者丢弃外来入侵物种且情节严重的行为规定为犯罪。
[2] 参见吕忠梅主编:《环境法学概要》,法律出版社2016年版,第76页。

言之,正是在风险社会理论的指导下,才形成了真正意义上的环境刑法。

2. 风险社会理论下环境刑法的性质解读

在环境刑法的形成过程中,风险社会理论确实发挥了很大作用,甚至完全可以说,真正的环境刑法就是在风险社会理论的滋养下形成的。这也决定了环境刑法具有迥异于传统刑法的独特性。

其一,环境刑法属于危险刑法。这里的危险刑法,是与结果刑法相对应的。传统的刑法属于结果刑法,不论是基本犯还是加重犯,均以发生法益侵害结果为成立要件。不发生法益侵害结果的情形,可能成立未遂犯。但是,处罚未遂犯只是一种例外。"思考犯罪和责任的更加传统的办法,是以危害后果的造成开始的,并且要查明:谁应当为这个违法行为承担责任,以及承担到何种程度?未遂人(the attempter)仅仅是向这种危害后果靠近,并仅仅制造了这种危害的风险,因此,应当对事实违法行为的一个较低的等级承担责任。"[1]但是。就环境犯罪而言,如果等造成严重后果再去处罚,则这种处罚除了给犯罪人造成痛苦,对环境的改善是没有任何意义的。所以,不论是从日本的以人类中心主义为基础而建立起来的环境刑法,还是从德国的以人类·生态中心主义为基础而建立起来的环境刑法来看,把环境犯罪的基本犯设定为危险犯,才是环境犯罪的常态。唯有如此,才能贯彻生态环境保护优先于经济社会发展的原则,进而有效防范环境风险。这也决定了环境刑法是以规定危险犯为核心的刑法,侵害犯只是环境犯罪的加重犯,并且决定了环境刑法在实质上属于危险刑法,而非结果刑法。

其二,环境刑法属于预防性刑法。预防与报应是本属于刑罚论

---

[1] [美]乔治·P. 弗莱彻:《刑法的基本概念》,王世洲等译,中国政法大学出版社 2004 年版,第 226 页。

范畴的一对概念,是刑罚的正当化根据理论中的话语。根据刑法的正当化根据理论,刑法的正当化根据在于报应与预防的有机统一,即因为有了犯罪并为了没有犯罪才科处刑罚。[1] 近年来,随着风险社会的到来及在其影响下刑法立法的变革,预防被引入犯罪论,人们创造了"预防刑法"或"预防性刑法"的概念,用来解释犯罪和刑法立法发展的新动向。如有学者指出,预防刑法是刑法开放发展、适应社会变迁的产物,表现出与传统刑法的结构性差异。预防性刑法不再严格强调以既成的法益侵害结果作为追究刑事责任的基础,而是着眼于未来,基于对安全的关注,着重防范潜在的法益侵害危险,从而实现有效的社会控制。[2] 还有学者指出,在风险社会,应对不确定的风险和维护安全秩序已然成为刑法必须实现的主要目标,促使现代刑法的使命发生变轨,既深刻触动了传统刑法体系的社会根基、价值取向与功能设定,也凸显了风险刑法本质上是一种预防刑法的新思维。[3] 环境风险是风险社会的首要风险,是人们基于对环境污染和生态环境破坏重大事件之深切感知而形成的一种风险。所以,环境刑法只能是用来防范环境风险的刑法,属于预防性刑法。

其三,环境刑法属于行为本位的刑法。近代以来,为了反对根据思想来定罪,人们在刑法领域确立了"无行为无犯罪,无行为无刑罚"的原则。[4] 但是,这里的行为必须具有有害性。所谓行为的有害性,要么理解为对法益造成侵害,要么理解为违反了刑法规范背后的

---

[1] 参见张明楷:《刑法学》(第五版),法律出版社2016年版,第506—508页。
[2] 参见何荣功:《预防刑法的扩张及其限度》,载《法学研究》2017年第4期。
[3] 参见高铭暄、孙道萃:《预防性刑法观及其教义学思考》,载《中国法学》2018年第1期。
[4] 如法国著名启蒙思想家孟德斯鸠指出,人们处罚的不是言语,而是所犯的行为,言语只有在准备犯罪行为、伴随犯罪行为或追从犯罪行为时,才构成犯罪。参见〔法〕孟德斯鸠:《论法的精神》,张雁深译,商务印书馆2020年版,第233页。这一论断得到了后世刑法学家的全面继承和弘扬。

社会规范,要么笼统地理解为对社会关系造成了损害。总之,单纯的行为不能认为构成犯罪。既然强调行为的有害性,那么只能在行为造成一定的损害结果之后才能认定为犯罪,故在立场上坚持的就是结果本位。但是,在风险社会理论看来,环境犯罪是造成环境风险的行为。而环境风险的基本特点是其具有不确定性,主要是人们的一种感知。一旦放任环境风险不管,会造成什么样的灾难,运用现代科学技术是难以衡量的。所以,在环境犯罪罪行体系的设置上,基本犯通常被设定为抽象危险犯,而加重犯通常被设定为侵害犯,包括对环境要素的侵害犯和对人身或者财产的侵害犯。由此来看,正是风险刑法理论认识到了环境风险的不确定性,才使环境刑法对环境犯罪的治理不以发生侵害结果为限,而是只要出现可能造成环境风险的行为,就要惩罚。由此就决定了环境刑法只能属于行为本位的刑法。

其四,环境刑法属于安全刑法。安全是人类矢志不渝追求的最具有现实意义的目标,并自法律产生后就根植于法律中,是法律最为基本的价值目标之一。正因如此,法律的安定性首先被界定为"通过法律达成的安定性,如借此达到防止抢夺、谋杀、盗窃、违约的安定性"[1]。当今社会,各种社会风险逐步增多,人们对安全的呼声日益高涨,不但个人基于自身安全的需要扩大了安全需求,而且社会安全也成为社会发展中一个不容忽视的问题,同时国家安全也因防止恐怖主义、信息网络犯罪、生物技术犯罪、疫情等的威胁而日益得到加强。[2] 正是在这种背景下,形成了蔚为壮观的风险社会理论。刑法

---

[1] 〔德〕阿图尔·考夫曼:《法律哲学(第2版)》,刘幸义等译,法律出版社2011年版,第209页。
[2] 为此,习近平总书记在2014年4月15日主持召开的中央国家安全委员会第一次会议上明确提出了总体国家安全观,强调走出一条中国特色国家安全道路,要构建集政治安全、国土安全、军事安全、经济安全、文化安全、社会安全、科技安全、信息安全、生态安全、资源安全、核安全等于一体的国家安全体系。

的安全价值得到了充分强调,并在自由与安全之间明显倾向于安全,而且强调只有安全才有自由。与环境风险相对应的安全是生态安全,既涉及个人安全,也涉及公共安全,同时是国家安全的重要组成部分,是其他一切安全的基础。所以,世界各国均运用刑法这一最严厉的法律手段来保障生态安全,建立了以刑法保障为核心的生态安全法律保障体系,在日本、德国、美国、俄罗斯等国家都是如此。正是在这种社会背景下,环境刑法从以往的环境资源保护刑法演变为安全刑法,既用来保护个人的体感安全,又保护社会安全和国家安全。[1]

其五,环境刑法是环境风险控制法。"鉴于当下的论述目的,我认为法律史向我们展现了这样一幅景象:通过社会控制,人类的需求、主张与欲望不断被更大程度地承认和满足;社会利益被以一种更加包容、更有实效的方式所保障;在人类享受其存在之善的过程中,社会内耗的消除、社会冲突的化解,越来越彻底、越来越有成效。进而言之,一项越来越有成效的社会工程(social engineering)。"[2]可见,从更为根本的意义上说,法律的任务就在于实现有效的社会控制,刑法亦不例外。"一旦刑法不再能够保证安全和秩序,就会存在公民个人擅自司法、强者会肆无忌惮地欺辱弱者的危险。"[3]不同的是,刑法是通过惩罚和预防犯罪的方法来实现对社会的控制。在现代风险社会,环境风险是最初形成的社会风险,也是所有社会风险中最具基本性的风险。所以,在现代风险社会,环境刑法是依据风险社会理论而建构的,其目的在于有效控制环境风险,故环境刑法无法脱

---

[1] 参见焦艳鹏:《生态文明保障的刑法机制》,载《中国社会科学》2017年第11期。
[2] 〔美〕庞德:《法哲学导论》,于柏华译,商务印书馆2020年版,第43页。
[3] 〔德〕汉斯·海因里希·耶赛克、〔德〕托马斯·魏根特:《德国刑法教科书》,徐久生译,中国法制出版社2017年版,第2页。

离风险控制的性质。

(二)风险社会理论与环境刑法的发展

1.环境刑法立法的犯罪化

传统的环境刑法是以纯粹人类中心主义为基本立场来建构的,很少考虑环境的生态价值。所以,与一般的刑法一样,传统环境刑法也将环境犯罪限定为对人身、财产造成一定损害的环境污染或者破坏行为。环境风险的出现预示着风险社会的到来,促成了风险社会理论的形成。在风险社会理论的指导下,人们进一步认识到不能仅仅把环境问题看作一种损害,更为重要的是应当看作一种风险。换言之,不能等到环境损害发生后再惩治造成环境损害的人,而应当在某种行为具有造成环境损害的危险时就予以惩治。不仅如此,风险社会的风险不仅是实体意义上的风险,而且更多地表现为人们的风险感知。风险是基于蕴藏在社会组织特定形式中的原则而被定义、被感知、被管理的。现代风险不同于传统风险的特点是人们对风险的认识,这是一个价值判断问题。[1] 所以,风险社会的风险与实体意义上的风险并不对等。风险通常会借助现代媒体而被放大。这种被放大的风险意识通常会影响作为社会控制工具的法律。"在风险社会中,对风险威胁的感知不仅塑造了人们的思想与行动,也直接决定着制度的建构。"[2] 所以,在风险社会理论的指导下,环境刑法必然会出现从传统的事后刑法、结果本位刑法向预防刑法、行为本位刑法转变,将环境的生态价值置于环境价值体系的核心位置。为此,必须将部分造成环境风险的行为增设为新的犯罪,环境刑法立法的犯罪

---

[1] 参见王芳:《事实与建构:转型加速期中国区域环境风险的社会学研究》,上海人民出版社 2018 年版,第 33 页。
[2] 劳东燕:《风险社会中的刑法:社会转型与刑法理论的变迁》,北京大学出版社 2015 年版,第 24 页。

化趋势不可避免。

2. 环境犯罪刑法干预的早期化

现代环境刑法必须接受风险社会理论的指导，否则它将无法完成环境风险防范的任务。在风险社会理论的指导下，环境刑法的性质发生了根本性的变化，它不再是事后刑法、结果本位的刑法和侧重于自由保障的刑法，而是危险刑法、预防性刑法、行为本位的刑法，侧重于生态安全保障和环境风险控制。这就意味着，刑法对环境犯罪的干预必然是早期化干预，否则无法体现出环境刑法的基本性质。在风险社会理论的指导下，环境犯罪刑法干预的早期化从四个方面展开：第一，从客观方面来看，主要是危险犯的增设、犯罪预备行为的实行行为化以及帮助犯的正犯化；第二，从主观方面来看，主要是处罚过失犯，甚至对环境犯罪实行严格责任；第三，从刑罚权的分配来看，将部分制刑权和量刑权交由行政机关行使[1]；第四，从证明标准和证明程序上看，针对环境犯罪实行因果关系推定原则。总之，在风险社会理论的指导下，环境刑法已不再谦抑，而一直处于扩张状态，环境刑法已从环境犯罪治理的幕后走向台前，实现了环境刑法与环境行政法的平面化。

## 第三节 "严而不厉"思想与环境犯罪刑法治理

环境犯罪刑法干预的早期化，主要是将有造成生态环境损害之危险的行为犯罪化，并从程序和刑罚权的分配上实现对环境问题的

---

[1] 例如，在日本，为了有效治理环境风险，确立了环境犯罪的直罚原则，即企事业单位违反环境标准排放污染物，或者违反了排放标准程序，就由执法机关根据环境法律、法规直接对企事业单位或者责任者处以拘役或罚金。参见冷罗生：《日本公害诉讼理论与案例评析》，商务印书馆2005年版，第357—365页。

提前干预。所以，环境犯罪刑法干预早期化追求的并非刑罚的严厉性，而是刑罚的严密性，并从"严而不厉"思想中获得了重要的理论支撑。

**一、"严而不厉"思想的提出及其在刑法中的运用**

(一)"严而不厉"思想的提出

思想不是凭空产生的，它是深耕于社会生活实践的产物。"思想不是立言，而是吟游，是踩在大地和语言的边缘上的一次对话，一次旅行。""意义就是思想与生活之间始终存在着的张力状态。"[1] "严而不厉"思想的提出，也是一个不断实践和试错的过程。早在启蒙思想家的刑罚宽和性思想和罪刑相适应思想中就蕴含着"严而不厉"思想。如孟德斯鸠指出："治理人类不要用极端的方法；我们对于自然所给与我们领导人类的手段，应该谨慎地使用。如果我们研究人类所以腐败的一切原因的话，我们便会看到，这是因为对犯罪不加处罚，而不是因为刑罚的宽和。"[2] 显然，在孟德斯鸠的刑罚的宽和性思想中，"治理人类不要用极端的方法"实际上说的就是"不厉"。在孟德斯鸠看来，对犯罪不加处罚才是导致犯罪发生的主要原因。这里的"不加处罚"不但指司法上的不加处罚，而且包括没有把应当受到刑罚处罚的行为通过立法规定为犯罪，这恰恰说明了刑罚要严密。孟德斯鸠的这一刑罚思想经由贝卡里亚、边沁、费尔巴哈等刑法学家发扬光大，已然成为近代以来刑罚思想的主线，对刑罚结构的形成具有重要影响。

在我国，明确提出"严而不厉"思想的是储槐植教授。早在《严

---

[1] 渠敬东：《缺席与断裂：有关失范的社会学研究》，商务印书馆2017年版，第6页。
[2] [法]孟德斯鸠：《论法的精神》，张雁深译，商务印书馆2020年版，第101—102页。

而不厉:为刑法修订设计政策思想》一文中,储槐植教授就旗帜鲜明地提出了"严而不厉"的政策思想,并指出"严"是指刑事法网严密、刑事责任严格,"厉"主要是指刑罚苛厉、刑罚过重,并提出应当用"严而不厉"的刑罚结构来取代我国当时"厉而不严"的刑罚结构。[1] 这一思想在我国一经提出,就得到了很多学者的赞同并发扬光大。而且,从近年来的刑法立法实践来看,我国的刑罚结构正是朝着"严而不厉"的方向发展的。具体而言,从犯罪化方面来看,进入2010年以来,特别是随着2013年劳动教养制度的废除,轻罪犯罪化成为我国刑法立法中犯罪化立法的重要方面,甚至出现了如危险驾驶罪、代替考试罪等法定最高刑为拘役的犯罪。从刑罚结构变迁的角度来看,我国近年来废除了22个具体犯罪的死刑,罚金得到了迅速扩张,刑罚结构正朝着死刑的去中心化和罚金的中心化方向发展。[2] 所谓轻罪,主要是配置了较低法定刑的犯罪[3],是刑罚严密的表现;死刑的去中心化和罚金的中心化,是刑罚"不厉"的表现。可见,"严而不厉"刑事政策思想的提出,是对我国刑法立法发展趋势的理性预测。

(二)"严而不厉"思想的基本内容

"严而不厉"思想的基本内容由两个方面组成,即法网严密和刑罚宽缓,而且二者是相辅相成的。

---

[1] 参见储槐植:《严而不厉:为刑法修订设计政策思想》,载《北京大学学报(哲学社会科学版)》1989年第6期。
[2] 参见苏永生:《变动中的刑罚结构——由〈刑法修正案(九)〉引发的思考》,载《法学论坛》2015年第5期。
[3] 从我国刑法立法所采取的"既定性又定量"的立法技术以及刑法和刑事诉讼法的相关规定来看,我国以3年有期徒刑为标准来划分重罪与轻罪,即法定最低刑为3年有期徒刑(包括3年有期徒刑)以上的犯罪为重罪,法定最高刑为3年有期徒刑以下(不包括3年有期徒刑)的犯罪为轻罪。

1. 法网严密

一方面,法网严密在犯罪成立条件上主要表现为犯罪成立标准要低。值得注意的是,我国刑法立法采取了"既定性又定量"和"只定性不定量"相结合的立法技术。[1] 其中,运用"既定性又定量"的立法技术的结果是,很多犯罪的成立在客观上有定量因素的限制。从我国刑法分则的规定来看,有定量因素限制的犯罪主要有结果犯[2]、数额犯和情节犯。相应地,定量因素主要是结果犯的结果(后果)[3]、数额犯中的犯罪数额(犯罪数量、犯罪金额等)和情节犯中的具有整体评价功能的情节严重(情节较重、情节严重、情节恶劣等)。[4] 因犯罪的成立受定量因素的限制,所以没达到定量因素就不成立相应的犯罪。虽然定量因素有利于限制处罚范围,但定量因素致使定罪门槛比较高,部分未达到定量因素的行为无法受到刑法的规制,出现了不严密的情形,不利于预防犯罪。例如,数额型盗窃

---

[1] 需要澄清的是,我国刑法学界一直认为"既定性又定量"是我国刑法立法区别于国外特别是大陆法系和英美法系国家刑法立法的重要特点。实际情况是,"既定性又定量"的立法技术只在部分犯罪设置中被采用,在其他犯罪中采用的则是"只定性不定量"的立法技术。

[2] 关于结果犯,有成立标准说与既遂标准说之分。如果坚持成立标准说,那么所有的结果犯都不存在预备犯、未遂犯、中止犯等犯罪的非既遂形态,所以笔者赞同既遂标准说,即以具体危害结果的发生为既遂形态成立的犯罪。另外,在日本刑法学界有学者认为,结果犯是结果的发生与行为之间存在时间的、场所的间隔的犯罪;相应地,行为犯是结果与行为同时或者几乎同时发生的犯罪。参见〔日〕山口厚:《刑法总论(第3版)》,付立庆译,中国人民大学出版社2018年版,第45页。显然,这是坚持结果无价值论的当然逻辑结论,而结果无价值论具有片面性,所以笔者不采纳这种结果犯的概念。

[3] 从我国刑法分则的规定来看,结果犯的结果主要有两种:一种是行为必然导致的结果,如故意杀人罪中被害人死亡的结果;另一种是行为可能导致的结果,如丢失枪支不报罪的结果是造成严重后果,没有这种结果发生就不成立丢失枪支不报罪,但这种致使丢失枪支后不及时报告的行为有可能导致的结果。作为定量因素的结果,主要是指后一种结果。

[4] 参见李梁:《认罪认罚从宽作为量刑情节及其具体适用》,载《华东政法大学学报》2023年第3期。

属于典型的数额犯,只有盗窃公私财物达到数额较大才能成立盗窃罪。如果某地区将数额较大的起点确定为 2000 元,行为人盗窃 1900 元,且不属于多次盗窃、入户盗窃、携带凶器盗窃或扒窃的,只能交由行政机关根据治安管理处罚法来处理。显然,这种规定有鼓励人们去盗窃之嫌,是刑法处罚不严密的表现。所以,通过设置轻罪和微罪,克服定量因素所导致的不利于预防犯罪的弊病,实现刑法处罚的严密性,是"严而不厉"思想的重要表现。

另一方面,法网严密表现为刑法规范周延。所谓刑法规范周延,是指刑法规范能够包含应当包含的各种情况,刑法规范应当向社会生活保持开放。成文刑法是用过去或者现在的规则来规范现在或将来的社会生活,所以任何成文刑法从诞生的那一天起就滞后于社会的发展,滞后性是成文刑法的基本属性。为了克服成文刑法的滞后性,就必须使刑法规范向社会生活保持开放。为此,必须避免使用过于明确的、封闭性的用语,使构成要件周延。但是,我国刑法规范在很多情况下使用了"列举+择一"式立法技术,使犯罪构成丧失了周延性,发生新的情况就难以应对,致使法网不严密。例如,我国《刑法》第 17 条第 2 款规定:"已满十四周岁不满十六周岁的人,犯故意杀人、故意伤害致人重伤或者死亡、强奸、抢劫、贩卖毒品、放火、爆炸、投放危险物质罪的,应当负刑事责任。"也就是说,已满 14 周岁不满 16 周岁的未成年人只对这 8 类犯罪负刑事责任。但实际上,在信息网络时代,比这 8 类犯罪更为严重的犯罪(如绑架罪、以危险方法危害公共安全罪)都完全可能被已满 14 周岁不满 16 周岁的未成年人认识到,而且发生概率也不低,但行为人不负刑事责任。显然,这充分证明了运用"列举+择一"式立法技术所导致的刑法处罚的不严密问题。与此不同,我国刑法立法也针对很多情况采用了"列举+概括"式立法技术。例如,《刑法》第 56 条第 1 款将附加剥夺政治权利的适用规定为应当附加剥夺政治权利和可以附加剥夺政治权利两种情形。其中,将可以附加剥夺政治权利的情形规定为:"对于故意杀人、强奸、放火、爆炸、投毒、抢劫等严重破坏社会秩序的犯罪分子,可以附加剥夺政治权利。"这一规定就属于典型的对"列举+概括"式立法技术的运用。"故意杀人、强奸、放火、爆炸、投毒、抢劫"属于对常见犯罪的列举,属于明确具体的规定,"等严重破坏社会秩序"属于概括性规定。这样的规定既明确又不失周延,完全可以实现法网严密。所以,对"列举+择一"式立法应当参照"列举+概括"式立法技术进行修改,进而实现刑法规范的周延性。

2. 刑罚宽缓

"严而不厉"思想所要求的刑罚宽缓,实际上是对刑法思想史上刑罚宽和性思想的继承与发展。刑罚宽和性思想是启蒙思想家针对封建刑法的严酷性而提出的一种刑罚思想。日本刑法学家把封建刑法的特点总结为以下四点,即干涉性、恣意性、身份性和残酷性。其中,残酷性是指刑罚方法大部分是死刑与身体刑。[1] 正是针对封建刑法的残酷性,启蒙思想家及之后的刑法学家提出了刑罚宽和性思想。如孟德斯鸠指出:"如果在一个国家里,有什么不便的事情发生的话,一个暴戾的政府便想立即加以消弭。它不想法执行旧有的法律,而是设立新的残酷的刑罚,以便马上制止弊害。但是因为政府的动力被用尽了,人们对严刑峻法在思想上也习惯了,正如对宽法轻刑也会习惯一样;当人们对轻刑的畏惧减少了,政府不久便不能事事都用严刑。有的国家时常发生拦路抢劫,为着消除这种祸害,它们便发明了车轮轧杀刑;这个刑罚的恐怖,使抢劫暂时停止。但是不久以

---

[1] 参见张明楷:《刑法的基本立场》(修订版),商务印书馆 2019 年版,第 14 页。

后,在大路上拦路抢劫又和从前一样了。"[1]显然,在孟德斯鸠看来,既然酷刑与宽和的刑罚在效果上一样,甚至宽和的刑罚比酷刑的效果还要好,那么就必须禁止酷刑。贝卡里亚指出,刑罚的目的既不是要摧残折磨一个感知者,也不是要消除业已犯下的罪行。只要刑罚的恶果大于犯罪所带来的好处,刑罚就可以收到它的效果。这种大于好处的恶果中应该包含的,一是刑罚的坚定性,二是犯罪既得利益的丧失。除此之外的一切都是多余的,因而也是暴虐的。[2] 可见,贝卡里亚主要是在罪刑相适应的意义上理解刑罚宽和性的,或者说,刑罚宽和性思想是罪刑相适应思想的一种延伸。刑罚宽和性思想一经启蒙思想家和之后的刑法学家提出,就被广泛接受并广为传播,成为近代以来影响甚广的刑罚思想,为"严而不厉"思想中所蕴含的刑罚宽和性提供了思想资源。在这个意义上,"严而不厉"思想中所蕴含的刑罚宽缓之意并非刑罚越轻越好,而是罪刑相适应原则下的一种宽缓,是对正义的一种表达。

"正义有着一张普洛透斯似的脸(a Protean face),变幻无常、随时可呈现不同形状并具有极不相同的面貌。当我们仔细查看这张脸并试图揭开隐藏其表面背后的秘密时,我们往往会深感迷惑。"[3]显然,正义是相对的,作为正义之表达的刑罚宽和性也是相对的,不同的社会对于刑罚宽和性有不同的理解。在交通运输业不发达的社会,吊销驾驶执照显然不是较重的惩罚,因而也无需将吊销驾驶执照规定为刑罚方法;而在一个交通运输业很发达的社会,吊销驾驶执照

---

[1] [法]孟德斯鸠:《论法的精神》,张雁深译,商务印书馆2020年版,第101—102页。
[2] 参见[意]切萨雷·贝卡里亚:《论犯罪与刑罚》,黄风译,商务印书馆2018年版,第43—44页。
[3] [美]E.博登海默:《法理学:法律哲学与法律方法》,邓正来译,中国政法大学出版社2017年版,第266页。

则成为比较重的惩罚,通常也被作为刑罚方法来加以使用。可见,刑罚的宽和性是一个受政治、经济、文化等多种因素影响的概念。所以,在"严而不厉"思想中,对刑罚宽和性的把握必须深刻洞察其地域性和时代性。就当代中国而言,刑罚宽和性一方面表现为刑罚轻缓化和非刑罚化的改革,即废除部分犯罪的死刑、无期徒刑和较重的有期徒刑;另一方面,刑罚宽和性是与法网严密相辅相成的概念,即通过增设轻罪和微罪来织密轻刑。总之,刑罚轻缓在我国当前主要表现为实现轻刑的一般化和重刑的个别化。

## 二、"严而不厉"思想与环境犯罪刑法治理的早期化

(一)环境犯罪刑法干预早期化是法网严密的重要表现

环境犯罪刑法干预早期化,是环境犯罪刑法干预的基本样态,即环境刑法从性质上看就属于预防性刑法,是刑法干预早期化的重要领域,本身就是严密法网的重要表现。

首先,从犯罪形态上严密了法网。从世界各国环境刑法立法来看,环境犯罪的基本犯大都属于危险犯,在遭受环境污染或生态环境破坏的国家尤其如此。例如,在曾经遭受过四大公害事件影响的日本,不论是普通刑法还是特别刑法,都将环境犯罪的基本犯设置为抽象危险犯,以违反环境标准为定罪标准,甚至不管是否违反了环境标准,只要造成环境污染或者生态环境破坏进而有导致国民健康受损的危险,就得承担刑事责任。[1] 虽然日本环境刑法将危险犯限制为对人的危险犯,即造成国民健康受损的危险,但其处罚广度和深度远甚于采取人类·生态中心主义立场的环境刑法。又如,遭受过严重

---

[1] 参见冷罗生:《日本公害诉讼理论与案例评析》,商务印书馆2005年版,第368—369页。

空气污染事件影响的英国和美国,空气污染罪的犯罪均属于危险犯。不仅如此,预备行为的实行行为化和帮助犯的正犯化也是环境犯罪刑法干预早期化的重要表现。这些犯罪形态均不以具体侵害结果的出现为既遂的成立要件,而且其本身还成立未遂犯,显然从犯罪形态上严密了环境犯罪的刑事法网。

其次,从罪过形式上严密了法网。在传统刑法中,处罚过失犯属于刑法干预的例外情形。但是,在环境犯罪中,处罚过失犯则不具有例外性。例如,日本《公害罪法》第2条和第3条公害罪的故意犯和过失犯,均属于危险犯,且客观构成要件完全相同。[1] 又如,《德国刑法典》分则第29章规定的9个具体环境犯罪,均处罚过失犯。[2] 过失与故意之间属于位阶关系,在处罚某种行为的故意犯时也处罚该行为的过失犯。这意味着处罚的提前,是严密刑事法网的表现。不仅如此,英美刑法历来针对环境犯罪实行严格责任,只要有污染环境或者破坏生态环境的行为,就推定行为人主观上有故意、轻率或者过失,行为人能够证明自己没有故意、轻率或者过失的,则否定责任。[3] 这显然是更为提前的处罚,是刑事法网严密的重要表现。

最后,从证明标准和追诉程度上严密了法网。从其他国家环境刑法的规定来看,立法者普遍降低了环境犯罪因果关系的证明标准。例如,根据日本《公害罪法》的规定,对环境犯罪实行因果关系推定,即只要在某地区发生了对公众的生命健康的严重危害,就推定这种危害是由该地区的某工厂或企业排放的有害物质造成的。显然,实行因果关系推定,就意味着司法上不再证明科学上的因果关系的存

---

[1] 参见徐平:《环境刑法研究》,中国法制出版社2007年版,第260页。
[2] 参见《德国刑法典》,徐久生译,北京大学出版社2019年版,第228—235页。
[3] 参见李梁:《中德污染环境罪立法明确性之比较研究》,载《中国地质大学学报(社会科学版)》2019年第5期。

在,只要被告人举不出危害结果不是其所排放的有害物质所致的证据,那么就要承担刑事责任。这显然降低了证明标准,使处罚得以提前,严密了刑事法网。另外,在环境犯罪的刑事追诉上,各国均规定了环境行政机关与司法机关之间的协作机制,在证据调查和收集上,环境行政执法机关调查获得的证据可直接作为司法证据使用。而且,根据日本环境刑法中的直罚主义,环境行政执法机关可直接根据企事业单位违反了环境排放标准或不履行环境行政法上的义务追究刑事责任。环境刑事追诉的这两个特点,显然都使定罪处罚更为严密。

(二)环境犯罪刑法干预早期化是轻刑化的重要表现

把犯罪划分为重罪与轻罪,是大陆法系国家刑法对犯罪的经典分类。这一分类具有重要的现实意义,在实体法上主要关系到未遂犯、教唆未遂是否应当受到处罚以及公职资格和选举资格的丧失等,在程序法上主要关系到管辖权、是否必须有辩护等。[1] 环境犯罪刑法干预的早期化,是进入风险社会之后环境刑法的常态。既然属于早期化干预,那么所干预的行为只能是没有造成法益侵害结果的行为,或者说只能是有造成法益侵害之危险的行为。与造成法益侵害结果的行为相比,这些大都属于比较轻微的行为。所以,环境犯罪的基本犯大都属于轻罪,所配置的刑罚都比较轻,从而使得刑法分则中的刑罚体系向着轻刑化的方向发展,或者增加了整个刑法分则刑罚体系中轻刑的比例。

一方面,环境犯罪的危险犯、预备行为的实行行为化、帮助犯的正犯化,使得轻刑的相对数量和绝对数量都有所增加,整体上实现了

---

[1] 参见〔德〕克劳斯·罗克辛:《德国刑法学总论(第1卷)》,王世洲译,法律出版社2005年版,第173页。

刑罚轻缓化。[1] 处罚危险犯、预备行为的实行行为化以及帮助犯的正犯化，意味着原来不被刑法处罚的行为现在受到了刑法处罚，而且要处罚这些行为的未遂犯和帮助犯，但是针对这些行为所配置的刑罚大都比较轻。从《德国刑法典》分则第 29 章规定的具体的环境犯罪类型来看，基本犯（主要是危险犯）的刑罚一般都是"5 年以下自由刑或罚金刑"，在少数情况下是"3 年以下自由刑或罚金刑"，加重犯的刑罚分不同情况分别是"6 个月以上 10 年以下自由刑""1 年以上 10 年以下自由刑""6 个月以上 5 年以下自由刑""3 年以上自由刑"等。由此不难看出，环境犯罪刑法早期化干预，不但使环境犯罪之刑罚配置中轻刑数量相对增加，而且使整个刑法分则刑罚体系中轻刑的绝对数量有所增加，从整体上实现了轻刑化。

另一方面，广泛处罚环境犯罪的过失犯和实行过错推定，也使轻刑的相对数量和绝对数量都有所增加，整体上实现了轻刑化。实行过错推定责任、犯罪过失与犯罪故意之间的位阶关系表明，处罚环境犯罪的过失犯，乃至实行过错责任推定，是环境犯罪刑法早期化干预的重要表现。但是，故意、过失和过错推定反映了相对悬殊的主观恶性，故针对环境犯罪的过失犯或实行过错推定的犯罪的刑罚普遍比环境犯罪的故意犯的刑罚要轻。例如，在《德国刑法典》分则第 29 章中规定的 9 个具体犯罪均处罚过失犯，前 8 个具体犯罪的故意犯的刑罚一般是"5 年以下自由刑或罚金刑"或"3 年以下自由刑或罚金刑"，而相应的过失犯的刑罚一般是"3 年以下自由刑或罚金刑"或"1 年以下自由刑或罚金刑"。释放毒物造成严重危害罪属于加重犯，该罪故意犯的刑罚因不同情况分别是"1 年以上 10 年以下自由刑""3 年以上自由刑"和"6 个月以上 5 年以下自由刑"，过失犯的刑罚因不

---

[1] 参见李梁：《预备犯立法模式之研究》，载《法学》2016 年第 3 期。

同情况分别是"5年以下自由刑或罚金刑"和"3年以下自由刑或罚金刑"。又如，根据日本《公害罪法》第2条和第3条的规定，公害罪的故意犯的刑罚是3年以下有期徒刑或300万日元以下罚金，公害罪的过失犯的刑罚是2年以下有期徒刑或监禁，或者200万日元以下罚金。显然，环境犯罪的过失犯的刑罚普遍轻于对应的故意犯的刑罚，这使环境犯罪的轻刑数量增加了，进而使刑法分则的刑罚体系中轻刑的绝对数量增加了。

综上所述，不论是从客观还是从主观方面来看，环境犯罪是刑法干预早期化的重要表现，并从整体上严密了刑事法网，是"严而不厉"思想之"严"的重要体现；环境犯罪基本犯的法定刑均比较轻，大部分属于轻罪，是"严而不厉"思想之"不厉"的重要体现。

## 第四节 宽严相济思想与环境犯罪刑法治理

宽严相济思想是进入21世纪以来我国提出的一项重大的刑事政策思想。从政策的层面来看，宽严相济思想既指导刑法立法，也指导刑法司法，还指导刑事执行，属于基本刑事政策。[1] 宽严相济刑事政策思想自提出以来对我国刑法立法产生了重要影响，为环境犯罪刑法干预早期化提供了重要的理论根据。

### 一、宽严相济思想的提出及其在刑法中的运用

**（一）宽严相济思想的提出**

中国古代法律文化中就蕴含着"宽猛相济"思想。在中国古代，从

---

[1] 参见马克昌：《论宽严相济刑事政策的定位》，载《中国法学》2007年第4期。

周代的"明德慎罚"到汉代的"德主刑辅",再到唐代的"德礼为政教之本,刑罚为政教之用",奠定了"德法合治"的基本治国方针,是中国古代统治者治理国家得出的成功经验。[1] 其中,"德"的范围非常广泛,主要是指政治是否能得到民心民力的拥戴;相应地,"德治"并非道德治国,而是为民执政,实行"仁政"。[2] 所以,就刑事政策而言,"德"代表的是"宽"的一面,"法"主要是指刑罚,代表的是"猛"的一面。"德法合治"方针既强调德本刑用,也强调德礼与刑罚的合作,即"合治",所以表现在刑事政策上就是"宽猛相济"。近代以来,随着域外法治理念的侵入,宽猛相济的刑事政策思想受到了排挤和压制,未能在广泛的治理犯罪策略中得到运用。新中国成立初期,主要运用在革命根据地的司法实践中形成的刑事政策来治理犯罪,在反革命罪的治理上采用了镇压与宽大相结合的刑事政策思想。1956年9月15日,中国共产党第八次全国代表大会的政治报告指出:"我们对反革命分子和其他犯罪分子一贯地实行惩办和宽大相结合的政策,凡是坦白的、悔过的、立功的,一律给以宽大的处置。大家知道,这个政策已经收到了巨大的成效。"这是首次正式将惩办与宽大相结合的政策定型化为我国的基本刑事政策,并适用于包括反革命罪在内的各种类型的犯罪,标志着镇压与宽大相结合的政策向惩办与宽大相结合的刑事政策转换的完成。[3] 后来,随着"反右倾"运动的扩大化和文化大革命的爆发,惩办与宽大相结合刑事政策思想对刑法立法和司法失去了指导作用。1979年《刑法》是中华人民共

---

[1] 参见张晋藩:《中国法律的传统与近代转型》(第四版),法律出版社2019年版,第3—12页。
[2] 参见段秋关:《中国现代法治及其历史根基》,商务印书馆2018年版,第387—388页。
[3] 参见卢建平:《刑事政策与刑法变革》,中国人民公安大学出版社2011年版,第125页以下。

和国成立以来制定的第一部刑法典,该法第 1 条明确将惩办与宽大相结合刑事政策规定为制定刑法的重要依据,标志着惩办与宽大相结合刑事政策的复兴,并一直延续到 2005 年。总之,不论是镇压与宽大相结合,还是惩办与宽大相结合,虽然将"镇压"或"惩办"放在"宽大"之前,但强调镇压或惩办与宽大"相结合",显然是对中国古代宽猛相济刑事政策思想在一定程度上的继承和发展。

2005 年 12 月,中央政法委员会书记罗干在全国政法工作会议上要求各级政法机关要更加注重贯彻"宽严相济"的刑事司法政策,并明确指出"宽严相济"就是要区别对待刑事犯罪,既要有力打击和震慑犯罪,维护法制的严肃性,又要化消极因素为积极因素,尽可能减少社会对抗,进而实现法律效果与社会效果的统一。2006 年 3 月,最高人民法院院长和最高人民检察院检察长在向第十届全国人民代表大会第四次会议所作的工作报告中,均提出要对犯罪实行区别对待,贯彻和坚持"宽严相济"的刑事政策。2006 年 10 月 11 日,党的十六届六中全会在《中共中央关于构建社会主义和谐社会若干重大问题的决定》中进一步明确提出要实施"宽严相济"的刑事司法政策。至此,宽严相济刑事政策作为刑事司法政策在我国得以确立;与此同时,宽严相济刑事政策思想在司法实践中得以广泛运用。值得注意的是,不论是中央政法委员会书记的讲话,还是最高司法机关向全国人民代表大会所作的工作报告,抑或是中共中央的相关文件,宽严相济刑事政策都被表述为"刑事司法政策"。换言之,宽严相济是作为刑事司法政策被提出来的;相应地,宽严相济刑事政策思想仅限于在刑事司法领域运用。

(二)宽严相济思想在刑法中的运用

宽严相济刑事政策确立后,我国有学者撰文指出,宽严相济刑事政策是对惩办与宽大相结合刑事政策的继承与发展,既是刑事立法政策,也是刑事司法政策,还是刑事执行政策。[1] 实际上,宽严相济刑事政策虽然是作为刑事司法政策提出和确立的,但其自确立之后,就对刑法立法产生了重要影响,并已经上升为基本刑事政策,其中蕴含的宽严相济思想不但对刑事司法和刑事执行产生了直接影响,而且对刑法立法也产生了深远影响。这主要是因为刑事政策(特别是基本刑事政策)对犯罪治理具有整体性的指导意义。"刑事政策主要与现行法律的修改有关。它首先以现行刑法为出发点,同时也吸收了刑法教义学的研究成果。它根据犯罪学经验研究的成果,对在将来修订现行法律的要求提供理由。"[2]不仅如此,刑法立法与刑法司法及刑事执行具有互动关系,刑法立法是刑法司法和刑事执行的基本依据,但刑法立法的问题通常是通过刑法司法与刑事执行活动发现的,进而形成修改刑法的理由并反馈给立法者。在这种情况下,宽严相济刑事政策即便作为刑事司法政策,也会对刑法立法产生影响。

另外值得注意的是,如果说惩办与宽大相结合刑事政策是对中国传统法律文化中宽猛相济刑事政策思想之方法论的继承,即前者强调"相结合",后者强调"相济",二者具有方法论上的同构性,那么宽严相济刑事政策对宽猛相济刑事政策思想的继承则具有全面性。具体而言:首先,宽严相济刑事政策与中国古代的宽猛相济刑事政策思想都强调"相济",更具有方法论上的同构性。其次,与惩办与宽大相结合刑事政策把"惩办"置于"宽大"之前不同,宽严相济刑事政策将"宽"置于"严"之前,而且在"宽"与"严"的关系上采用了"相

---

[1] 参见马克昌:《论宽严相济刑事政策的定位》,载《中国法学》2007年第4期。
[2] 〔德〕汉斯·海因里希·耶赛克、〔德〕托马斯·魏根特:《德国刑法教科书》,徐久生译,中国法制出版社2017年版,第62页。

济",故宽严相济刑事政策与中国古代的宽猛相济刑事政策思想具有逻辑和语言上的同构性。再次,宽严相济刑事政策是在构建社会主义和谐社会的背景下提出来的,是构建社会主义和谐社会的应有之意和必然要求。[1] 中国古代的宽猛相济刑事政策思想正是建立在"和谐"理念上。"古代中国人由天道—自然—和谐的信仰出发,创造出一整套与众不同的价值体系。在处理纷繁的人际关系时,他们把宇宙的和谐奉为楷模,力图创造一个合乎自然的社会。在他们看来,这不仅是必要的,而且是可能的。因为,人道与天道并非全无干系,它们相同乃至相合,天道就在人心之中,并且是人间全部道德的最后依据。人依其天性而生活,理想中的和谐社会就一定能实现。"[2]所以,宽严相济刑事政策思想与中国古代的宽猛相济刑事政策思想具有文化上的同构性。可见,在对中国古代宽猛相济刑事政策思想之合理成分的继承程度上,宽严相济刑事政策要远远超过惩办与宽大相结合刑事政策,既顺应了犯罪治理的一般规律,也实现了与中国传统法律文化之间的沟通,这样一种全方位的犯罪治理刑事政策思想,当然应当运用于刑法立法中。[3]

实际上,宽严相济刑事政策自提出和确立以来,就对刑法立法产生了深远的影响。宽严相济刑事政策正式确立后的第一次刑法立法,是 2009 年 2 月 28 日通过的《刑法修正案(七)》。《关于〈中华人民共和国刑法修正案(七)(草案)〉的说明》在关于《刑法》第 201 条偷税罪的修改中指出,打击偷税犯罪的主要目的是维护税收征管秩

---

[1] 参见刘仁文:《宽严相济的刑事政策研究》,载《当代法学》2008 年第 1 期。
[2] 梁治平:《寻求自然秩序中的和谐:中国传统法律文化研究》,商务印书馆 2013 年版,第 213 页。
[3] 参见李梁、曾涛:《何以超越"灵魂"——刑事政策与刑法的冲突及其解决再探》,载《云南社会科学》2014 年第 2 期。

序，保证国家税收收入，对属于初犯，经税务机关指出后积极补缴税款和滞纳金，履行了纳税义务，接受行政处罚的，可不再作为犯罪追究刑事责任，这样处理可以较好地体现宽严相济的刑事政策。[1] 也就是说，在这次刑法立法中就已经部分地贯彻了宽严相济刑事政策。

2011年2月25日通过的《刑法修正案（八）》，首次全面贯彻了宽严相济刑事政策。《关于〈中华人民共和国刑法修正案（八）（草案）〉的说明》明确指出："中央关于深化司法体制和工作机制的意见进一步落实宽严相济的刑事政策，对刑法作出必要的调整和修改。"[2] 这就表明，在《刑法修正案（八）》中整体性地贯彻了宽严相济刑事政策。具体而言，本次刑法修正案对刑法的修改主要涉及调整刑罚结构、完善惩处黑社会性质组织等犯罪的法律规定、完善从宽处理的法律制度和规范非监禁刑的适用、加强对民生的保护等方面。在调整刑罚结构方面，既有"宽"的一面，如适当减少死刑罪名；也有"严"的一面，如限制对被判处死刑缓期执行犯罪分子的减刑、加强对被假释犯罪分子的监督管理、适当延长有期徒刑数罪并罚的刑期等，实现了宽严相济。在完善惩处黑社会性质组织等犯罪的法律规定方面，主要加大对黑社会性质组织犯罪的惩处力度，把恐怖活动犯罪、黑社会性质组织犯罪纳入成立特殊累犯的范围，加大了处罚力度，体现了宽严相济刑事政策"严"的一面。在完善从宽处理的法律制度和规范非监禁刑的适用方面，主要体现了宽严相济刑事政策"宽"的一面，不但完善了未成年人和老年人犯罪从宽处理的规定，而且进

---

[1] 参见李适时：《关于〈中华人民共和国刑法修正案（七）〉（草案）的说明》，载中国人大网2009年6月9日，http://www.npc.gov.cn/zgrdw/huiyi/cwh/1107/2009-06/09/content_1867185.htm。

[2] 李适时：《关于〈中华人民共和国刑法修正案（八）〉（草案）的说明》，载中国人大网2011年5月10日，http://www.npc.gov.cn/cwhhdbdh/c6626/c14002/c14003/201905/t20190523_390121.html。

一步明确了缓刑适用的条件,同时完善了管制刑及缓刑、假释的执行方式,进一步落实了坦白从宽的刑事政策。在加强对民生的保护方面,主要增设了危险驾驶罪,提高了强迫劳动罪的法定刑,将为强迫劳动的个人或者单位招募、运送人员的行为规定为犯罪,将为组织卖淫的人招募、运送人员的行为纳入协助组织卖淫罪的处罚范围,降低了生产、销售假药罪和重大环境污染事故罪(污染环境罪)的入罪门槛,既严密了刑事法网,也加大了处罚力度,体现了宽严相济刑事政策之"严"的一面。

2015年8月29日通过的《刑法修正案(九)》也是在宽严相济刑事政策思想指导下进行的一次重要刑法立法。时任全国人大常委会法制工作委员会主任的李适时在《关于〈中华人民共和国刑法修正案(九)(草案)〉的说明》中指出,本次刑法修改坚持了四个方面的指导思想,即坚持正确的政治方向、坚持问题导向、坚持宽严相济的刑事政策和坚持创新刑事立法理念。其中,坚持宽严相济的刑事政策,就是为了维护社会公平正义,一方面对社会危害严重的犯罪惩处力度不减,保持高压态势;另一方面对一些社会危害较轻或者有从轻情节的犯罪,留下从宽处置的余地和空间。[1] 修改内容主要涉及七个方面,均在不同程度上体现了宽严相济刑事政策:(1)在《刑法修正案(八)》取消削减部分犯罪之死刑的基础上取消了9个具体犯罪的死刑,同时进一步提高了对死缓罪犯执行死刑的门槛,从"宽"和"严"两个方面贯彻了宽严相济刑事政策。(2)在维护公共安全方面,不但对组织、领导、参加恐怖组织罪增设了罚金,扩大了资助恐怖犯罪活

---

[1] 参见李适时:《关于〈中华人民共和国刑法修正案(九)(草案)〉的说明》,载中国人大网2014年11月3日,http://www.npc.gov.cn/zgrdw/npc/lfzt/rlys/2014-11/03/content_1885123.htm。

动罪的处罚范围[1],而且增设了5个具体的恐怖主义和极端主义犯罪,实现了刑法的早期化干预,严密了刑事法网,充分体现了宽严相济刑事政策"严"的一面。[2] (3)在维护信息网络安全方面,完善了惩处网络犯罪的法律规定,不仅扩大了部分犯罪(如出售、非法提供公民个人信息罪,非法获取公民个人信息罪[3],扰乱无线电通讯管理秩序罪等)的处罚范围,加大了处罚力度,还增设了拒不履行信息网络安全管理义务罪、非法利用信息网络罪、帮助信息网络犯罪活动罪等,实现了处罚的早期化,严密了法网,体现了宽严相济刑事政策"严"的一面。(4)进一步强化了刑法的人权保障机能,修改了强制猥亵、侮辱妇女罪,猥亵儿童罪,拐卖妇女、儿童罪,扩大了处罚范围,加强了对公民人身权利的保护,增设了虐待被监护、看护人罪,严密了刑事法网,体现了宽严相济刑事政策"严"的一面。(5)在反腐败方面,不但修改了贪污受贿犯罪的定罪量刑标准,而且加大了对行贿犯罪的处罚力度,同时通过增设对有影响力的人行贿罪严密了惩治行贿犯罪的法网,从"严"和"宽"两个方面体现了宽严相济刑事政策。(6)在维护社会诚信方面,将部分危害比较严重的失信、背信行为规定为犯罪,对伪造、变造、买卖国家机关公文、证件、印章罪和盗窃、抢夺、毁灭国家机关公文、证件、印章罪增设了罚金,扩大了伪造、变造居民身份证罪的处罚范围,增设了使用虚假身份证件、盗用身份证件罪以及虚假诉讼罪,体现了宽严相济刑事政策"严"的一面。(7)在加强社会治理和维护社会秩序方面,扩大了危险驾驶罪,抢夺

---

[1] 修改之后,最高人民法院、最高人民检察院将罪名调整为"帮助恐怖活动罪"。
[2] 参见李梁:《我国恐怖主义犯罪立法的特点及其司法展开》,载《法学杂志》2019年第12期。
[3] 《刑法修正案(十一)》颁布后,最高人民法院、最高人民检察院将这两个犯罪的罪名合并为"侵犯公民个人信息罪"。

罪,非法生产、销售间谍专用器材罪[1],走私制毒物品罪和非法买卖制毒物品罪[2]以及扰乱法庭秩序罪和拒不执行判决、裁定罪的处罚范围,增设了扰乱国家机关工作秩序罪、泄露不应公开的案件信息罪以及披露和报道不应公开的案件信息罪,加大了组织、利用会道门、邪教组织破坏法律实施罪的处罚力度,从法网严密和处罚严格两个方面充分体现了宽严相济刑事政策。

为了与2017年9月1日通过的《中华人民共和国国歌法》协调,2017年11月4日通过了《刑法修正案(十)》,该修正案在《刑法》第299条中增加了第2款,把侮辱国歌,情节严重的行为规定为犯罪,严密了刑事法网,体现了宽严相济刑事政策。[3]

2020年12月26日通过的《刑法修正案(十一)》进一步贯彻了宽严相济刑事政策。时任全国人大常委会法制工作委员会副主任的李宁在《关于〈中华人民共和国刑法修正案(十一)(草案)〉的说明》中指出,本次刑法修改的总体思路有三个:一是坚决贯彻落实党中央决策部署,将党中央决策转化为法律制度;二是坚持以人民为中心,适应新时代人民群众日益增长的美好生活需要;三是进一步贯彻宽严相济刑事政策;四是坚持问题导向,针对实践中反映的突出问题,及时对刑法作出调整。其中,对宽严相济刑事政策的进一步贯彻,总的来说是指适应国家治理体系和治理能力现代化的要求,把握犯罪产生、发展和预防惩治的规律,注重社会系统治理和综合施策。

---

[1] 修改之后,最高人民法院、最高人民检察院将罪名调整为"非法生产、销售专用间谍器材、窃听、窃照专用器材罪"。

[2] 修改之后,最高人民法院、最高人民检察院将罪名调整为"非法生产、买卖、运输制毒物品、走私制毒物品罪"。

[3] 《刑法修正案(十一)》颁布后,最高人民法院、最高人民检察院将该条规定之犯罪的罪名由原来的"侮辱国旗、国徽罪"调整为"侮辱国旗、国徽、国歌罪"。

一方面,对社会危害严重的犯罪保持高压态势,对一些社会危害较轻,或者有从轻情节的犯罪,留下从宽处置的余地和空间。另一方面,对能够通过行政、民事责任和经济社会管理等手段有效解决的矛盾,不作为犯罪处理,防止内部矛盾激化,避免不必要的刑罚扩张。[1] 具体而言:(1)在加大预防惩治安全生产犯罪方面,增设了高空抛物罪,加重了重大责任事故犯罪的刑罚和适当前移了处罚阶段(危险犯化)[2],既严密了刑事法网,又加大了处罚力度,充分彰显了宽严相济刑事政策"严"的一面。(2)在完善惩治食品药品犯罪的规定方面,扩大了生产、销售假药罪和生产、销售劣药罪的处罚范围,针对以假药论的情形和违反药品生产质量管理规范的行为单独增设了犯罪,扩大了食品监管渎职罪的处罚范围[3],主要从严密法网方面体现了宽严相济刑事政策。[4] (3)在完善破坏金融秩序犯罪的规定方面,加大了证券犯罪的处罚力度,提高了非法集资犯罪的刑罚,增设了催收非法债务的犯罪[5],从严密刑事法网和提高刑罚的严厉程度两方面充分体现了宽严相济刑事政策。(4)在加强企业产权的刑法保护方面,加大了对民营企业内部发生的侵害民营企业财产犯罪的惩治力度,提高了骗取贷款、票据承兑、金融票证犯罪的入罪标

---

[1] 参见李宁:《关于〈中华人民共和国刑法修正案(十一)(草案)〉的说明》,载中国人大网 2020 年 12 月 28 日,http://www.npc.gov.cn/npc/c2/c30834/202012/t20201228_309531.html。
[2] 立法修改之后,最高人民法院、最高人民检察院将罪名由原来的"强令违章冒险作业罪"调整为"强令、组织他人违章冒险作业罪",针对新规定确立了"危险作业罪"罪名。
[3] 立法修改后,最高人民法院、最高人民检察院把"生产、销售假药罪"罪名变更为"生产、销售、提供假药罪",把"生产、销售劣药罪"罪名变更为"生产、销售、提供劣药罪",把"食品监管渎职罪"罪名变更为"食品、药品监管渎职罪",针对新规定确立了"妨害药品管理罪"罪名和"妨害兴奋剂管理罪"罪名。
[4] 参见李梁:《生产、销售有毒、有害食品罪基本犯既遂形态研究》,载《法商研究》2018年第6期。
[5] 立法修改之后,最高人民法院、最高人民检察院把"欺诈发行股票、债券罪"罪名变更为"欺诈发行证券罪",针对新规定确立了"催收非法债务罪"罪名。

准,降低了侵犯商业秘密罪入罪标准并进一步提高刑罚[1],从严密法网和提高刑罚严厉程度两方面彰显了宽严相济刑事政策之"严"的一面,同时从提高入罪标准上彰显了宽严相济刑事政策"宽"的一面。(5)在强化保障公共卫生方面,扩大了妨害传染病防治罪的处罚范围,增加规定了非法从事人体基因编辑、克隆胚胎的犯罪,严重危害国家人类遗传资源安全的犯罪,非法处置外来入侵物种的犯罪等,把以食用为目的非法猎捕、收购、运输、出售除珍贵、濒危野生动物和"三有野生动物"以外的陆生野生动物且情节严重的行为规定为犯罪[2],从严密刑事法网的角度体现了宽严相济刑事政策之"严"的一面。除此之外,将侮辱、诽谤英雄烈士的行为明确规定为犯罪[3],加大对污染环境罪的惩处力度,增加规定在国家级自然保护区非法开垦、开发或者修建建筑物等严重破坏自然保护区生态环境资源的犯罪[4],明确军队文职人员适用军人违反职责罪规定,进一步调整了为境外窃取、刺探、收买、非法提供军事秘密罪的刑罚结构,从严密法网和提高刑罚的严厉程度两方面体现了宽严相济刑事

---

[1] 立法修改后,最高人民法院、最高人民检察院针对新规定确立了"为境外窃取、刺探、收买、非法提供商业秘密罪"罪名。
[2] 立法修改后,最高人民法院、最高人民检察院针对新规定确立了"非法植入基因编辑、克隆胚胎罪"罪名、"非法采集人类遗传资源、走私人类遗传资源材料罪"罪名、"非法引进、释放、丢弃外来入侵物种罪"罪名、"非法猎捕、收购、运输、出售陆生野生动物罪"罪名等。
[3] 针对该新规定,最高人民法院、最高人民检察院确立了"侵害英雄烈士名誉、荣誉罪"罪名。
[4] 立法修改之后,最高人民法院、最高人民检察院确立了把"非法猎捕、杀害珍贵、濒危野生动物罪"罪名和"非法收购、运输、出售珍贵、濒危野生动物、珍贵、濒危野生动物制品罪"合并为"危害珍贵、濒危野生动物罪"罪名,把"非法采伐、毁坏国家重点保护植物罪"罪名和"非法收购、运输、加工、出售国家重点保护植物、国家重点保护植物制品罪"罪名合并为"危害国家重点保护植物罪"罪名,针对新规定确立了"非法猎捕、收购、运输、出售陆生野生动物罪"罪名、"破坏自然保护地罪"罪名、"非法引进、释放、丢弃外来入侵物种罪"罪名等。

政策的要求。

由上可见,宽严相济刑事政策虽然是作为刑事司法政策而被提出和确立的,但在其确立之后的历次刑法立法中,无一例外地得到了贯彻。

(三)宽严相济刑事政策与环境犯罪治理的共同文化基因

宽严相济刑事政策思想不但从方法论上继承了中国古代宽猛相济刑事政策思想,而且在逻辑和语言、文化等方面与宽猛相济的刑事政策思想具有同构性,而宽猛相济刑事政策思想是中国古代"天人合一"思想的必然逻辑结果。我国有文化学者指出,中国文化最根本的精神是以人为本,强调人的主体性、独立性和能动性。在这种以人为本的文化传统中,有两个优秀传统:一个是"以史为鉴",一个是"以天为则"。所谓"以天为则",即人们常说的"天人合一",更准确地说应当是"天人和德",强调人与天在德行上的一致,而且人道是从天道学来的。人不能狂妄自大,不要去做天地万物的主宰,反而要虚心地向天地万物学习,尊重、顺应自然。[1] 显然,在中国传统文化中,和谐包括人与自然之间的和谐和人与人之间的和谐;而且,人与人之间的和谐来源于人与自然之间的和谐,或者说人与自然之间的和谐构成了人与人之间和谐的基础。这也是在构建社会主义和谐社会下提倡和贯彻宽严相济刑事政策的重要原因。或者说,宽严相济刑事政策思想的提出和确立,是对传统宽猛相济刑事政策思想的一种延续,是对传统法律文化的一种有效利用。[2]

确立宽严相济刑事政策的政治背景和社会背景是构建社会主义

---

[1] 参见楼宇烈:《中国文化的根本精神》,中华书局2016年版,第46—57页。
[2] 参见李梁、曾涛:《何以超越"灵魂"——刑事政策与刑法的冲突及其解决再探》,载《云南社会科学》2014年第2期。

和谐社会。2006年10月11日中国共产党第十六届中央委员会第六次全体会议通过的《中共中央关于构建社会主义和谐社会若干重大问题的决定》明确指出,人与自然和谐相处是构建社会主义和谐社会的总要求之一;资源利用效率显著提高和生态环境明显好转,是构建社会主义和谐社会的目标和主要任务的重要组成内容;加强环境治理保护,促进人与自然相和谐,是坚持协调发展和加强社会事业建设的重要内容。显然,在宽严相济刑事政策思想提出与确立的社会背景下,虽然未强调人与自然之间和谐相处是人与人之间和谐相处的前提,但人与自然和谐相处是社会和谐的重要内容,不容忽视。这就意味着,必须把生态环境保护作为贯彻宽严相济刑事政策思想的重要内容,贯彻宽严相济刑事政策思想与环境犯罪治理之间存在着特殊的关系。

其一,在宽严相济刑事政策的指导下,应当将环境犯罪治理作为刑法的重要任务之一,从整体和理念上实现刑法的生态化。例如,在犯罪本质理论上,当下正在流行的法益侵害说以法益衡量为核心内容。也就是说,当行为所侵害的法益价值大于所保护的法益价值时,行为才具有实质上的违法性。但是,生态环境保护与经济社会发展之间存在天然的对立,即经济社会发展在很大程度上是以牺牲生态环境为代价的。当某种污染、破坏环境或者生态的行为实现了经济社会的发展,如解决了就业、税收等问题,那么如何在生态环境价值和人类利益之间进行衡量呢?显然,法益侵害说是无法回答这一问题的。所以,在宽严相济刑事政策的指导下,必须重建犯罪本质理论,实现刑法理念的创新与发展。

其二,在宽严相济刑事政策的指导下,还应当从理念和制度上改变环境刑法。我国的环境刑法集中表现为《刑法》分则第六章

"妨害社会管理秩序罪"中的第六节"破坏环境资源保护罪"规定的具体犯罪。从该类犯罪在刑法分则体系中的地位来看,环境犯罪属于侵害社会法益的犯罪,而社会法益终究是人的利益,与生态环境本身的价值还是有区别的,尤其是当社会利益与生态环境的价值发生冲突时,这种区别就极为明显。从"破坏环境资源保护罪"的罪名上看,我国环境刑法保护的显然是环境的资源价值,而非生态价值。显然,当前的环境刑法映射出的这些理念和人与自然和谐相处的理念是背离的。所以,要有效实现人与自然的和谐,就必须转变这种理念,通过立法将对生态环境的侵害作为环境犯罪的基本形态规定下来。另外,当今社会属于风险社会,环境风险是最早出现的社会风险,也正是环境风险的出现促成了风险社会观念的形成。[1] 环境风险概念的提出,就意味着防范环境风险是实现人与自然和谐的必要途径。相应地,环境犯罪的治理实际上主要表现为对环境风险的防范。这就要求环境犯罪治理的观念实现从事后治理到事前治理的转变,并在制度上把危险犯作为环境犯罪的基本犯规定下来。唯有如此,才能实现人与自然之间的和谐,才能将宽严相济刑事政策思想落到实处。

## 二、宽严相济思想与环境犯罪刑法治理的早期化

在宽严相济刑事政策思想中,不论是"宽"的一面还是"严"的一面,均为环境犯罪刑法治理的早期化提供了理论根据。

(一)"严"的思想与环境犯罪刑法治理的早期化

在宽严相济刑事政策思想中,对"严"的思想主要应当从外部来

---

[1] 参见王芳:《事实与建构:转型加速期中国区域环境风险的社会学研究》,上海人民出版社2018年版,第13—14页。

理解,即有的犯罪的基本犯属于实害犯,而有的犯罪的基本犯属于危险犯,对后者的处罚显然严于对前者的处罚。

从我国刑法分则的规定来看,有的犯罪的基本犯属于实害犯,即只处罚实害犯,如故意杀人罪;有的犯罪的基本犯是具体危险犯,实害犯属于加重犯,即不处罚抽象危险犯,如放火罪;有的犯罪的基本犯是抽象危险犯,具体危险犯和实害犯属于加重犯,即处罚所有的犯罪形态。从处罚的严厉程度来看,在把抽象危险犯规定为基本犯的场合,只要有行为就可以处罚,无需证明危险的存在,因而处罚的严厉程度最高;在把具体危险犯规定为基本犯的场合,在行为之外还需证明具体危险的存在,因而处罚的严厉程度次之;在把实害犯规定为基本犯的场合,在行为之外还需证明有实害结果的存在,而且实害结果是具体危险的现实化,故处罚的严厉程度最低。由此不难看出,在对行为的处罚阶段上,处罚早期化程度由高到低依次是处罚抽象危险犯、处罚具体危险犯和处罚实害犯。换言之,基本犯是抽象危险犯的,处罚早期化程度最高,基本犯是具体危险犯的,处罚早期化程度次之,基本犯是实害犯的,处罚早期化程度最低或者没有实现处罚的早期化。所以,贯彻宽严相济刑事政策思想之"严"的思想,就意味着处罚的早期化,为环境犯罪刑法治理的早期化提供了有力的理论基础。[1]

进而言之,在环境犯罪中有效贯彻宽严相济之"严"的思想,就意味着应当将环境犯罪的基本犯设定为危险犯,实害犯是环境犯罪的加重犯。换言之,在环境犯罪中有效贯彻宽严相济之"严"的思想,不但要处罚造成实害结果的环境犯罪,而且要处罚造成公共危险的环

---

[1] 参见李梁、田玉明:《我国环境犯罪刑事政策的现状、困境与完善路径》,载《新疆财经大学学报》2022年第3期。

境犯罪。[1] 与只处罚实害犯的犯罪相比,显然实现了处罚的早期化。

(二)"宽"的思想与环境犯罪刑法治理的早期化

在宽严相济刑事政策思想中,"宽"的思想主要应当理解为刑罚宽和。宽和被誉为刑罚的美德。贝卡里亚从功利原则出发指出:"只要刑罚的恶果大于犯罪所带来的好处,刑罚就可以收到它的效果。这种大于好处的恶果中应当包含的,一是刑罚的坚定性,二是犯罪既得利益的丧失。除此之外的一切都是多余的,因而也就是暴虐的。"[2] 从贝卡里亚的刑罚宽和思想中不难看出,刑罚宽和是罪刑相适应原则的重要表现,或者说刑罚宽和是以罪刑相适应原则为基础的。给轻罪配置重刑固然不符合刑罚宽和的要求,给重罪配置较轻的刑罚也不是刑罚宽和的应有之意。

从犯罪成立要素的多少来看,可将环境犯罪分为侵害犯和危险犯,前者要求造成实际损害,后者不要求造成实际损害。所以,在宽严相济刑事政策思想中,"宽"的思想主要从两个方面为环境犯罪刑法治理的早期化提供了理论根据。一方面,从不同犯罪类型之间的比较来看,宽和的刑罚只能配置于危害比较轻微的犯罪。实害犯的危害性大体上都重于危险犯的危害性。所以,立法者给危险犯配置的刑罚大都要轻于给实害犯配置的刑罚。换言之,在实害犯与危险犯的刑罚配置上,宽缓的刑罚主要应配置于危险犯,如此才能实现罪刑相适应。环境犯罪的实害犯主要表现为对环境要素造成了损害,在

---

[1] 参见高铭暄、郭玮:《论我国环境犯罪刑事政策》,载《中国地质大学学报(社会科学版)》2019年第5期。
[2] [意]切萨雷·贝卡里亚:《论犯罪与刑罚》,黄风译,商务印书馆2018年版,第43—44页。

很多情况下还侵害了人类利益,且具有公害性。所以,环境犯罪之侵害犯的刑罚要重于一般普通刑事犯罪的刑罚。[1] 在这种情况下,只有针对环境犯罪设立危险犯,才能实现环境犯罪与其他犯罪之间在危害性和处罚上的平衡。这必然会加剧环境犯罪刑法干预的早期化。与这一刑法干预早期化现象相适应的刑罚,只能是宽缓的刑罚。可见,只有在宽严相济刑事政策思想中"宽"的思想的指导下,才能在罪刑相适应原则的框架下实现环境犯罪刑法治理的早期化。

另一方面,从环境犯罪的内部来看,侵害犯的危害性通常大于危险犯。环境犯罪的侵害犯的危害性通常大于其他普通刑事犯罪的危害性,所以各国环境刑法除了处罚环境犯罪的侵害犯,还大量处罚环境犯罪的危险犯,特别是将抽象危险犯设立为环境犯罪的基本犯。在同一环境犯罪中,从抽象危险犯到具体危险犯再到实害犯,跨度较大。所以,环境刑法立法是全面贯彻宽严相济刑事政策思想的绝佳立法领域。[2] 当针对侵害犯配置了较重的刑罚后,针对危险犯,特别是抽象危险犯,只能配置较轻的刑罚,以有效实现"轻其轻者,重其重者"。其中,在危险犯的刑罚配置上,只能坚持以宽严相济刑事政策思想中"宽"的思想为指导。

**本章小结**

积极主义刑法观是近年来我国学者针对世界性的预防性刑法立法的发展趋势提出的一种刑法观,在立法上首先表现为适度犯罪化,即刑法不再保守,而是积极参与到社会治理当中,刑法的司法法属性逐

---

[1] 参见李梁、田玉明:《我国环境犯罪刑事政策的现状、困境与完善路径》,载《新疆财经大学学报》2022年第3期。
[2] 参见高铭暄、郭玮:《论我国环境犯罪刑事政策》,载《中国地质大学学报(社会科学版)》2019年第5期。

渐稀薄;其次表现为刑法干预的早期化,即危险犯的大面积出现、未遂犯和预备犯的实行犯化、帮助犯的正犯化以及处罚过失犯的常态化。在司法上,积极主义刑法观要求确立有罪必罚原则,并通过提倡二元论的犯罪本质理论和坚持类型化的司法判断方法来贯彻和实现。正是在积极主义刑法观的指导下,环境刑法立法不但出现了犯罪化的立法趋势,而且其犯罪化的程度要高于其他刑法立法的犯罪化程度。在这种立法趋势中,把危险犯普遍设立为环境犯罪的基本犯构成了立法的主旋律,同时在很大程度上实现了预备行为的实行犯化、帮助犯的正犯化以及处罚过失犯的常态化。环境犯罪的治理主要表现为对环境风险的防范,所以在环境犯罪的本质上只能提倡法规范违反说,并通过有罪必罚原则来加以贯彻,而这正是积极主义刑法观的应有之意。

风险社会理论是人们基于现代风险社会而提出的一种社会理论,环境风险是促成风险社会观念形成的最初风险和最为重要的风险。在风险社会理论的推动下,刑法的规范机能明显偏向评价机能,相应地,刑法的社会机能明显偏向社会保护,并且出现了刑法的政治化倾向,致使犯罪形态发生了一定的变化,行为犯的概念再次受到重视。环境刑法的形成原因是环境污染和生态环境破坏所导致的人们对环境安全的普遍关注,是环境风险在刑法立法上的体现。换言之,正是在风险社会理论的指导下,才形成了真正意义上的环境刑法。而且,在风险社会理论下,环境刑法被解释为危险刑法、预防性刑法、行为本位的刑法、安全刑法和风险控制刑法。为了有效控制环境风险,在实体立法上必须深度实现犯罪化,主要表现为大量设立危险犯、实现预备行为的实行犯化和帮助犯的正犯化、强调处罚过失犯的常态化和主观罪过的推定化;在程序立法上采用降低证明责任的因果关系推定规则,甚至出现了行政机关替代司法机关处罚环境犯罪的直罚主义。

在欧洲启蒙时代，启蒙思想家提出的刑罚宽和思想中就蕴含着"严而不厉"思想[1]；在我国，明确提出"严而不厉"思想的是储槐植教授。"严而不厉"中的"严"是指刑事法网严密，刑事责任严格；"厉"主要指刑罚苛厉，刑罚过重。"严而不厉"思想由法网严密和刑罚宽缓两个方面的基本内容构成。[2] 法网严密一方面要求犯罪成立标准要低，另一方面要求刑法规范周延，即刑法规范能够包摄应当包摄的各种情况，刑法规范应当向社会生活保持开放。刑罚宽缓在我国当前主要表现为实现轻刑的一般化和重刑的个别化。环境犯罪刑法治理早期化是法网严密的重要表现。不仅要求通过设立危险犯、预备行为的实行犯化、帮助犯的正犯化等从犯罪客观方面实现处罚的早期化，还要求通过设立过错推定和处罚过失犯的常态化从犯罪主观方面实现处罚的早期化；与此同时，通过降低证明标准，让环境行政执法机关分享司法权等，从简化环境犯罪的追诉程序上实现刑法干预的早期化。[3] 环境犯罪刑法干预早期化的结果是大量轻罪的设立，对于轻罪而言只能配置轻刑，显然是"严而不厉"思想中"不厉"思想的表现。

宽严相济思想是在构建社会主义和谐社会的背景下提出的刑事政策思想，是对惩办与宽大相结合刑事政策思想的继承和发展。[4]

---

[1] 参见〔法〕孟德斯鸠：《论法的精神》，张雁深译，商务印书馆 2020 年版，第 102—108 页；〔意〕切萨雷·贝卡里亚：《论犯罪与刑罚》，黄风译，商务印书馆 2018 年版，第 85—88 页；〔法〕卢梭：《社会契约论》，何兆武译，商务印书馆 2003 年版，第 73 页。

[2] 参见储槐植：《严而不厉：为刑法修订设计政策思想》，载《北京大学学报（哲学社会科学版）》1989 年第 6 期。

[3] 参见李梁：《环境污染犯罪的追诉现状及反思》，载《中国地质大学学报（社会科学版）》2018 年第 5 期。

[4] 参见高铭暄、郭玮：《论我国环境犯罪刑事政策》，载《中国地质大学学报（社会科学版）》2019 年第 5 期。

宽严相济思想自提出后,就对刑法立法产生了重要影响,除2009年通过的《刑法修正案(七)》部分贯彻了宽严相济思想外,《刑法修正案(八)》《刑法修正案(九)》《刑法修正案(十一)》均全面贯彻了宽严相济思想。宽严相济思想与宽猛相济思想具有方法、文化、语言、逻辑等方面的同构性。而宽猛相济思想是古人以"天人合一"思想为基础发展而来的。所以,宽严相济思想与环境犯罪治理存在文化上的共同基因,不但要求从整体和理念上实现刑法的生态化,而且要求从理念和制度上实现环境刑法的根本性变革。在宽严相济刑事政策思想中,不论是"宽"还是"严",均为环境犯罪刑法治理的早期化提供了理论根据。对"严"的思想主要应当从外部来理解,即有的犯罪的基本犯属于实害犯,而有的犯罪的基本犯属于危险犯,既处罚危险犯也处罚实害犯,其严厉性表现为处罚危险犯,是环境犯罪刑法干预早期化的体现。同时,只有在"宽"的思想的指导下,才能在罪刑相适应原则的框架下实现环境犯罪刑法治理的早期化。当针对侵害犯配置了较重的刑罚后,针对危险犯,特别是抽象危险犯,只能配置较轻的刑罚,这是坚持"宽"的思想的必然逻辑结果。

# 第三章
# 环境犯罪刑法治理早期化的现实依据

环境犯罪刑法治理早期化,是世界各国环境刑法及国际环境刑法的重要发展趋势。从现实层面来看,环境犯罪刑法治理早期化既源于环境犯罪的发展及危害机理,也源于环境公共政策的有力推行,同时源于环境法的局限性。

## 第一节 环境犯罪观念和事实性特点与环境犯罪刑法治理的早期化

一部环境史,就是一部环境犯罪的发展史,也是环境犯罪的治理史。环境犯罪的发展经历了从作为破坏环境资源价值的环境犯罪到作为破坏环境生态价值的环境犯罪的转变过程。正是作为破坏环境生态价值的环境犯罪的出现,表明环境犯罪的形势更加严峻。正是在这种情况下,形成了环境犯罪刑法治理早期化。

**一、环境犯罪观与环境犯罪刑法治理早期化**

在犯罪学上,犯罪通常被认为是一种客观存在,但这种客观存在必须获得人们的认识。如果缺乏人们的足够认识,那么客观上的任何事实都不可能成为犯罪。所以,不论是犯罪学上的犯罪还是刑法学上的犯罪,都是人们主观认识的结果,均具有价值评价性。[1] 犯罪学家指出,犯罪只不过是文化的一个侧面,并且因为文化的变化而发展变化。它是依据集体的一般变化而出现的,它既不是一个离体的脓包,也不是寄生的肿瘤,它是一个有机体,是文化的产物。因而,如果不懂得发生犯罪的文化背景,我们也不懂得犯罪。换言之,犯罪问题只能以文化来充分解释。[2] 所以,犯罪学上对犯罪的评价主要是一种文化评价,这种文化评价是形成刑法上的犯罪的前提。随着环境问题的发展和人们对环境问题认识的加深,不同的环境犯罪观形成,并对环境刑法治理的早期化产生了不同的影响。

(一)人类中心主义环境犯罪观与环境犯罪刑法治理的早期化

环境犯罪是环境问题的重要表现。环境问题是指因自然变化或人类活动而引起的环境破坏和环境质量变化及由此给人类生存和发展带来的不利影响。因自然变化而引起的环境问题属于第一环境问题,因人类活动而引起的环境问题属于第二环境问题,二者之间的区分是相对的。[3] 显然,环境犯罪只能归类于第二环境问题,因为任何犯罪只能是人的行为,而不可能是人之外的其他生物的行为。

环境问题的发展经历了人类社会早期放任环境问题、以农业为主的奴隶社会和封建社会的环境问题、产业革命以后到 20 世纪 60

---

[1] 犯罪学上的犯罪与刑法学上的犯罪都具有价值评价性,二者之间不是事实与价值的区分,而是评价不同程度的区分。犯罪学上的犯罪是经过一般的价值评价的结果,刑法上的犯罪是经过法律上的价值评价的结果。
[2] 参见严景耀:《中国的犯罪问题与社会变迁的关系》,吴桢译,北京大学出版社 1986 年版,第 3 页。
[3] 参见吕忠梅:《环境法新视野》(第三版),中国政法大学出版社 2019 年版,第 15 页。

年代的环境问题和当代世界的环境问题四个发展时期。[1] 人类社会早期,社会生产力低,人口密度小,人类改造自然的能力较低,因而没有出现比较严重的环境问题;以农业为主的奴隶社会和封建社会,虽然社会生产在很大程度上依赖自然条件,但因对自然环境造成的破坏较小,故环境问题并不突出。"在近代以前漫长的历史阶段,所谓生态环境问题基本上是地方性而非全球性的问题。当时,全球联系还未建立;世界市场还没有形成;没有因为大生产而引起严重的大气污染;没有大量排放的有毒、有害物质;没有核爆炸、核污染的威胁;等等。那时的生态问题主要由人口繁衍对土地造成压力所引起的。"[2] 所以,在这两个时期,如果说有比较严重的环境问题,那也是第一环境问题,而非第二环境问题。

真正的环境问题产生于产业革命之后到 20 世纪 60 年代这一段时期,并延续到现在。产业革命大大提高了人们利用和改造自然环境的能力,但这不仅导致了大规模的环境污染,还出现了极为严重的生态破坏。"这一时期人类对自然资源进行了掠夺式的开发利用,大规模的垦殖、采矿以及森林采伐使得局部地区的自然环境受到严重破坏;同时,人类将环境作为天然垃圾场,毫无顾忌地向自然界排放废弃物,造成了严重的城市和工业区的环境污染,而且环境污染发展的速度超过了自然环境破坏的速度。"[3] 这一时期出现的旧八大公害事件,充分说明了产业革命带来的环境污染和生态破坏的严重性。

以旧八大公害事件为代表的环境公害事件出现后,触动了资本主义制度的神经,引起了资本主义国家的高度重视,促进了环境法的

---

[1] 参见金瑞林主编:《环境法学》(第四版),北京大学出版社 2016 年版,第 10—12 页。
[2] 俞金尧:《资本主义与近代以来的全球生态环境》,载田丰、李旭明主编:《环境史:从人与自然的关系叙述历史》,商务印书馆 2011 年版,第 382 页。
[3] 吕忠梅:《环境法新视野》(第三版),中国政法大学出版社 2019 年版,第 18 页。

大发展。最早制定环境法的是美国,其先后制定和颁布了《联邦水污染控制法》(1948年)、《清洁水法》(1972年)、《固体废物处置法》(1967年)、《国家环境政策法》(1969年)等。显然,美国的环境立法经历了从制定单行环境法到综合性立法(制定环境基本法)的发展过程。在英国,环境立法主要以单行法的形式出现。英国制定了《河流防污法》《清洁空气法》《放射性物质法》《垃圾法》等环境保护法律。[1] 日本在20世纪50—60年代也开始建立以公害控制为中心的环境保护立法,先后制定了《公害对策基本法》《自然环境保护法》等法律。1969年,日本环境厅开始专门编纂有关环境的法律、法规、环境标准,总称为《环境六法》,之后每年修订一次。[2] 与英国、美国、日本等国家的环境立法相比,德国的环境立法相对较晚,主要原因在于德国国内没有发生大的公害事件,因而人们的环境保护意识相对较弱。但是,20世纪70年代后,随着大量环境公害事件的出现和人们环境保护意识的增强,环境立法在德国迅速展开。德国先后制定了《联邦污染防治法》《联邦自然保护法》《水保持法》《废物处理法》《化学品禁止条例》等环境单行法。

虽然人们普遍认为环境法是一个特殊的法律部门,但到目前为止,环境法还没有形成独立的法律责任,进而不得不借助行政责任、民事责任和刑事责任来完成对环境违法犯罪行为的追究。[3] 所

---

[1] 参见王秀梅:《英美法系国家环境刑法与环境犯罪探究》,载《政法论坛》2000年第2期。
[2] 参见吕忠梅:《环境法新视野》(第三版),中国政法大学出版社2019年版,第35页。
[3] 如在我国学者汪劲的《环境法学》中,环境责任法由环境损害救济法(包括民事救济和环境纠纷的行政处理)、环境公益诉讼和危害环境犯罪制裁法三部分组成。参见汪劲:《环境法学》(第四版),北京大学出版社2018年版,第275—324页。在吕忠梅主编的《环境法学概要》中,虽然提出了专门法律责任,但依然主张环境法律责任由行政法律责任、民事法律责任、刑事法律责任和专门法律责任共同构成。参见吕忠梅主编:《环境法学概要》,法律出版社2016年版,第197—233页。

以,环境立法的出现,就意味着环境刑法立法的出现,只不过并未以法典的形式出现,而是以附属刑法的形式出现的。换言之,环境刑法立法与环境立法是同步进行的,最早的环境刑法表现为环境附属刑法,不论是在英美法系国家还是在大陆法系国家均如此。但不可否认的是,在这一时期,人们依然没有摆脱利用和改造环境的价值观,因而将环境犯罪界定为对环境资源的破坏。例如,美国1948年制定《联邦水污染控制法》,后来从1952年至1972年经五次修订后改称为《清洁水法》。在起初的《联邦水污染控制法》中,污染行为成立犯罪的条件限制为知道或者应当知道可能导致人身伤害或者财产损害。又如,日本1970年制定颁布的《公害罪法》第2条明确将故意犯罪的成立限制为"排放有损于人体健康的物质给公众的生命或身体带来危险"。《日本刑法典》规定的有关饮用水的犯罪一般被认为属于环境犯罪[1],但这些犯罪的基本成立条件是有造成不特定或者多数人的生命、身体损害的危险,故被称为抽象的公共危险。[2] 总之,在旧八大公害事件发生后,西方资本主义国家深刻认识到了环境污染和生态破坏的严重危害性,通过刑法来干预环境犯罪已成为环境犯罪治理的必然选择。

纵观西方资本主义环境刑法的规定,从产业革命以后到20世纪60年代这一时期的环境刑法在三个方面实现了早期化干预:其一,从犯罪客观方面看,普遍处罚环境犯罪的危险犯。例如,在深受公害事件影响的日本,为了有效打击环境犯罪,及时制定了《公害罪法》,规定公害罪属于危险犯,只要排放有损于人体健康的物质,给公

---

[1] 包括污染净水罪、污染水道罪、将有毒物质混入净水罪、污染净水致死伤罪、将有毒物质混入水道罪、将有毒物质混入水道致死罪、损坏水道罪等。
[2] 参见[日]西田典之:《日本刑法各论(第七版)》,[日]桥爪隆补订,王昭武、刘明祥译,法律出版社2020年版,第377页。

众的生命或身体带来危险者,就能够成立公害罪。这一时期,美国、英国等深受公害事件影响的其他国家均如此,把环境犯罪的基本犯设定为危险犯。显然,相对于只处罚实害犯,把危险犯作为基本犯来处罚,在很大程度上实现了刑法干预的早期化。其二,从犯罪主观方面看,普遍处罚过失犯,且在一定范围内实行严格责任。同样以日本《公害罪法》为例,根据该法第 2 条和第 3 条的规定,不但处罚故意犯,而且处罚过失犯,且基本犯均属于危险犯,即处罚过失危险犯。值得注意的是,英美法系国家在公共利益犯罪上通常适用严格责任[1],而环境犯罪恰恰属于公共利益犯罪。所以,英国刑法和美国刑法大都针对环境犯罪实行严格责任。一般认为,在刑法评价上故意与过失属于位阶关系,所以与仅处罚某一犯罪的故意犯相比,同时处罚相应的过失犯,则意味着处罚的提前。在不证明有过失或者故意的情况下就处罚,更意味着处罚的提前。其三,从证明标准上看,在环境犯罪的因果关系判断上普遍实行因果关系推定规则。如日本《公害罪法》第 5 条就明文规定了因果关系推定,美国、英国等在这一时期的环境刑法同样如此。在没有证明原因与结果之间存在事实上的因果关系的情况下就发动刑罚,显然是刑法干预早期化的重要表现。

综上所述,在人类中心主义环境犯罪观盛行的时期,虽然以人类自身利益作为衡量是否成立环境犯罪的标准,但把有造成人身伤亡或者财产损害的危险作为处罚依据,是不容否认的事实,而且普遍处罚过失犯乃至实行严格责任,同时在诉讼程序上实行因果关系推定。所以,在人类中心主义环境犯罪观下,为了实现对人类利益的有效保护,必然运用刑法实现对环境犯罪的提前干预。

---

[1] 参见〔美〕约书亚·德雷斯勒:《美国刑法纲要》,姜敏译,中国法制出版社 2016 年版,第 21 页。

(二)破坏人与自然和谐关系的环境犯罪观与环境犯罪刑法治理的早期化

如果说传统的环境问题具有局部性、暂时性、潜在性等特点,那么现代环境问题不再是局部性的、暂时性的和潜在性的,而是具有了全球性、长远性、公开性等特点。现代环境问题主要是酸雨、臭氧层破坏、全球性气候变化、生物多样性锐减、有毒化学品污染及越界转移、土壤退化加速、淡水资源枯竭与污染、污染导致海洋生态危机、森林面积急剧减少、突发性环境污染事故以及大规模的生态破坏。其中,最为严重的环境问题是酸雨、臭氧层破坏、温室效应及全球气候变化、突发性环境污染事故、大规模生态破坏等。[1] 现代环境问题的产生足以表明,虽然人们对工业革命带来的环境污染和资源破坏问题采取了一系列治理措施,也取得了一些成效,但并未从根本上扭转继续污染环境和破坏生态的局面;相反,环境问题已从局部问题演变为全球问题,从暂时的问题演变为一个长远的问题,从相对潜在的问题演变为相对公开的问题。

在这一时期,出现了震惊世界的新八大公害事件。[2] 与旧八大公害事件相比,新八大公害事件有如下显著特点:一是危害结果与污染源明显扩大。旧的公害事件的危害主要限于对人体健康的危害,污染源主要是工业生产;新的公害事件的危害既包括对人体健康的影响,又包括对生态环境的破坏,污染源除工业生产外,还包括社会生活、交通运输、开发活动乃至政府决策等人类活动。二是危害范围大、后果严重、持续时间长。旧的公害事件大都具有局部性,通常局限于一个比较

---

[1] 参见吕忠梅:《环境法新视野》(第三版),中国政法大学出版社2019年版,第19—23页。
[2] 是指意大利塞维索化学污染事故、美国三里岛核电站泄漏事故、墨西哥液化气爆炸事故、印度博帕尔农药泄漏事故、苏联切尔诺贝利核电站泄漏事故、瑞士巴塞尔赞多兹化学公司莱茵河污染事故、全球大气污染和非洲大灾荒。

小的范围之内,危害规模不大,危害事件也较短暂;新的公害事件危害范围大、后果严重,且持续时间长。三是形成机理具有综合性且危害较为严重。旧的环境公害事件大多为单个环境要素受到影响而产生的危害后果,且污染物积累的时间有限;新的公害事件则是长期环境污染的综合效应,是对环境更深、更广的危害。四是发生频率明显加快。旧八大公害事件从1930年马斯河谷烟雾事件至1968年米糠油事件,前后经历了38年,发生频率相对较慢;而新八大公害事件发生在20世纪70年代中期到80年代初期这不到10年的时间内,发生频率明显加快。五是具有全球性。旧的公害事件都发生在发达国家;新的公害事件扩展到了发展中国家,而且与发达国家的环境问题相比,发展中国家现在面临的环境问题更大、更难解决。[1] 可见,不论是在形成机理还是在危害的范围、危害的严重性程度以及治理机制上,现代环境问题明显不同于工业革命时期的环境问题。现代环境问题的产生足以表明,20世纪50—60年代为了应对环境污染而采取的一系列措施虽然取得了一定的成绩,但从全球范围来看收效甚微,否则就不会出现现代环境问题。这就促使世界各国不得不重新思考生态环境保护问题。

正是在这种社会背景下,不但开启了生态环境保护的国际法历程[2],

---

[1] 参见吕忠梅:《环境法新视野》(第三版),中国政法大学出版社2019年版,第22—23页。
[2] 联合国人类环境会议于1972年6月5日至16日在斯德哥尔摩举行。会议通过了著名的《联合国人类环境宣言》(也称《斯德哥尔摩人类环境宣言》),呼吁人类联合起来共同保护地球生态环境。斯德哥尔摩会议的召开,明确宣布了环境问题的全球性和严重的危害性。时隔20年,联合国环境与发展会议于1992年6月3日至14日在里约热内卢举行了会议,重申了1972年6月16日在斯德哥尔摩通过的《联合国人类环境会议宣言》,并通过了《里约环境与发展宣言》,致力于达成既尊重各方利益,又保护全球环境与发展体系的国际协定。之后,《约翰内斯堡可持续发展宣言》《联合国气候变化框架公约》《生物多样性公约》《联合国关于在发生严重干旱和/或荒漠化的国家特别是在非洲防治荒漠化的公约》《控制危险废物越境转移及其处置巴塞尔公约》等国际性生态环境保护公约陆续出现,充分展现了生态保护国际立法的发展历程。同时标志着生态环境保护是一个具有很强的全球性和国际性的问题,也赋予了环境法较强的国际性。

而且促使各国重构了现有环境法律体系,生态环境保护的价值立场正在由原来的人类中心主义价值立场向生态中心主义立场转变,环境的生态价值逐步受到重视。就环境刑法而言,最能体现这种转变的是德国环境刑法。德国环境刑法最初采取的也是人类中心主义价值立场,注重保护人身或者财产。但进入20世纪80年代,德国环境刑法开始向人类利益与环境利益并重转型。一方面,在1980年以前,德国的环境刑法附属于环境行政法,服务于环境行政法的环境管制目的。1980年,德国立法者根据第十八部《刑法修订法》和《打击环境犯罪法》在刑法分则中新增"危害环境的犯罪"一章,并规定了"水污染罪""空气污染罪""不法运营设施罪""未经允许处理核燃料罪""危害保护区罪""泄露有毒物质致重大危险罪"等;1994年,德国立法者根据第三十一部《刑法修订法》增设了"土地污染罪"。[1] 另一方面,现行《德国刑法典》分则第29章"危害环境的犯罪"规定的环境犯罪包括基本犯、未遂犯、过失犯、加重犯等类型。其中,基本犯的行为对象同时包括自然要素、人身和财产。如《德国刑法典》第324条将污染水域罪之基本犯的罪状规定为"未经许可污染水域或对其品质作不利的改变"。从字面意思看,这里的"水域"显然不限于人类正在利用的水域,还包括人类没有利用的水域。又如,第325条将污染空气罪之基本犯的罪状规定为"违背行政法义务,使设备,尤其是工厂或机器的运转过程中,造成空气的改变,足以危害设备范围之外的人、动物、植物健康或其他贵重物品"。显然,从字面意思看,这里的动物、植物包括自然界的一切动物、植物,不限于对人类有用的动物、植物。[2] 可见,从20世纪80年代开始,德国环境刑法

---

[1] 参见金燚:《德国五十年刑事立法发展史的考察、评析与启示》,载《德国研究》2020年第2期。

[2] 参见《德国刑法典》,徐久生译,北京大学出版社2019年版,第228—229页。

就已经摆脱了人类中心主义的窠臼，走上了人类利益与生态利益并重的轨道，实现了对环境之生态价值的保护。

在日本刑法学界，关于环境刑法的保护法益主要有三种观点，即生态学的法益论（环境中心主义法益论）、人类中心的法益论和生态学的人类中心法益论。[1] 但是，人们一般基于《日本刑法典》分则中"关于饮用水的犯罪"的规定和《公害罪法》的规定，将日本环境刑法所坚持的法益观解释为人类中心论的法益观。[2] 然而，《日本刑法典》分则中"关于饮用水的犯罪"和《公害罪法》规定的环境犯罪只是日本环境犯罪的一小部分，大部分环境犯罪被规定在环境行政管制法中，而且从司法实践来看，适用单行刑法（《公害罪法》）的案件非常少。也就是说，日本的环境刑法除刑法典和单行刑法之外，主要表现为附属刑法。实际上，从20世纪70年代开始，日本的《环境基本法》不但否定了刑法在环境犯罪方面限定的社会秩序所形成的机能，环境基本法已不限于过去那种狭小范围的法益保护，而且超越个人的法益保护已经正当化，作为刑法的保护法益应当包括环境乃至"将来世代的法益"。[3] 经过1970年的整理和整合，《水质污染防止法》《大气污染防止法》等环境行政法立法目的中"与经济相协调"的规定被删除，并明确规定"保全生活环境"，已具备环境刑法的实质。[4] 而

---

[1] 张明楷：《外国刑法纲要》（第三版），法律出版社2020年版，第617—619页。
[2] 参见《日本刑法典》第142条至第147条规定的各罪都将行为对象限于饮用水，有的规定导致饮用水不能饮用，有的规定将有毒物质或者其他足以危害他人健康的物质混入供人饮用的净水，有的规定致人伤亡，有的规定损害或者堵塞公众饮用的净水的水道，显然彰显了人类中心主义；日本《公害罪法》第2条和第3条规定，不论是故意犯罪还是过失犯罪，都以"给公众的生命或身体带来危险"为成立条件，也彰显了人类中心主义。
[3] 参见冷罗生：《日本公害诉讼理论与案例评析》，商务印书馆2005年版，第349页。
[4] 这里所说的"已具备环境刑法的实质"，意指环境刑法的保护法益从以往的环境的资源价值转向环境的生态价值。

且,在环境附属刑法中,违反排放标准作为犯罪成立标准被规定了下来,违反排放标准的,就由环境行政执法机关直接给予罚金或 1 年以下自由刑的处罚。[1] 对于这种立法发展趋势显然不能用人类中心的法益论来解释。

与旧八大公害时期的环境刑法相比,新八大公害时期的环境刑法在处罚机制上没有太大的变化,如普遍处罚危险犯和过失犯(英美环境刑法依然针对环境犯罪实行严格责任)、实行因果关系推定等。但由于环境犯罪从以往的作为破坏环境资源价值的环境犯罪发展为作为破坏环境生态价值的环境犯罪,致使其保护对象从传统的人类利益发展为包括人类利益在内的生态利益,从而导致刑法干预早期化进一步加深。首先,就普遍处罚危险犯而言,各国环境刑法规定不仅处罚对人的危险犯,还处罚对环境的危险犯,德国环境刑法在这方面的规定极具代表性。[2] 如此一来,危险犯的处罚范围大为拓展,刑法的早期化干预在犯罪客观方面进一步加深。其次,就普遍处罚过失犯而言,只要对环境要素造成损害或者有造成损害的危险,且行为人主观上存在过失,就可以发动刑法来处罚。这显然使过失犯的处罚范围大为拓展,刑法治理早期化的范围和程度进一步加深。就英美法系国家针对环境犯罪实行严格责任而言,只要对环境要素造成损害或者有造成损害的危险,就可以发动刑法来处罚。这致使严格责任的适用范围扩大,刑法治理的早期化进一步加深。最后,就普遍实行因果关系推定规则而言,作为破坏环境生态价值的环境犯罪的出现,使得只要环境损害结果出现,就推定行为与环境损害结果之间有因果关系,从而使因果关系推定规则的适用范围扩大,进而使

---

[1] 参见曲阳:《日本的公害刑法与环境刑法》,载《华东政法学院学报》2005 年第 3 期。
[2] 参见苏永生、高雅楠:《论德国环境刑法中的危险犯》,载《中国地质大学学报(社会科学版)》2020 年第 1 期。

刑法治理的早期化程度加深。

**二、环境犯罪的事实性特点和治理需要与刑法治理的早期化**

从事实上讲,环境犯罪不论是在形成机理还是危害原理上都有其自身的特点,这些事实性特点决定了在环境犯罪的刑法上应当采用不同的治理理念和方法,进而决定了环境犯罪刑法治理早期化的基本样态。

(一)环境犯罪的事实性特点与刑法治理的早期化

"无行为无犯罪,无行为无刑罚。"这是近现代以来人们对犯罪载体的设定,由此也决定了近现代刑法的基本展开。一般认为,刑法上的行为包括两个要素,即有体性和有害性。所谓有体性,即行为是人的身体活动,包括消极活动与积极活动;有害性,即行为必须是客观上侵犯法益(包括侵害法益和对法益造成威胁)的行为。[1] 然而,这种对刑法上行为的界定具有一般性或抽象性,不同的行为在有体性和有害性上有各自的特点,环境犯罪尤其如此。完全可以说,正如环境法给整个法律体系带来挑战一样[2],环境犯罪给整个刑法上的犯罪带来了极大挑战。

1. 环境犯罪行为的伴随性和隐蔽性

环境犯罪是经济发展的产物,是第二类环境问题的集中表现。在传统农业社会,砍伐森林、破坏草原、开垦农田等会造成一定的环

---

[1] 参见张明楷:《刑法学》(第五版),法律出版社2016年版,第142—143页。
[2] 我国有学者指出,环境法现象不仅仅与污染有关,它是关乎科学技术发展和经济发展、社会发展的问题,更是关乎人类价值观的转换和发展模式转换的问题,并从环境法的历史背景和本质特征、传统法在应对环境问题上的危机和贫困等方面,对环境法给传统法律体系带来的挑战作出了详尽分析。参见吕忠梅:《环境法新视野》(第三版),中国政法大学出版社2019年版,第36—70页。

境问题,但环境污染和生态破坏表现得并不突出。[1] 因而,人们在很大程度上还没有把环境问题作为犯罪来看待,即便是事实上的环境犯罪,也没有在法律上得到承认。真正的环境犯罪,是工业革命的产物。"工业文明在人定胜天价值观指导下,对生产工具和生产方式进行根本性变革,整个工业文明的社会化大生产,其战天斗地、创造和超越人类社会诞生以来全部物质财富总和的能力令人叹服;然而,其所形成的无以复加、积重难返、难以为继的人与自然关系的高度紧张,亦令人生畏、生愕。"[2]

在工业文明时期,不但出现了大规模的环境污染,而且生态环境遭到了前所未有的破坏,致使人们的生存受到了严重威胁。正是在这种背景下,西方资本主义国家提出了环境犯罪的概念,并借助法治传统、运用法治手段干预环境犯罪,由此形成了由环境法、环境刑法以及相关法律构成的治理环境犯罪的法律体系。

1848年,马克思在《共产党宣言》中指出:"资产阶级在它不到一百年的阶级统治中所创造的生产力,比过去一切世代创造的全部生产力还要多,还要大。"[3]正是这种忽视了生态环境保护的强有力的生产力,造成了前所未有的环境问题,创设了环境犯罪,并以特立独行的方式进入了犯罪的视野。所以,环境犯罪是近现代工业社会经济发展的必然产物,与工业生产活动具有伴随性。进而言之,工业生产的过程在一定程度上就是一个制造环境犯罪的过程,只要有工业生产,就会有环境犯罪发生。这是环境犯罪的重要特点之一。

近现代工业生产以科学技术的发展为基本条件,科学技术的发

---

[1] 参见金瑞林主编:《环境法学》(第四版),北京大学出版社2016年版,第11页。
[2] 蔡昉等:《新中国生态文明建设70年》,中国社会科学出版社2020年版,第284页。
[3] [德]马克思、[德]恩格斯:《共产党宣言》,中共中央马克思恩格斯列宁斯大林著作编译局编译,人民文学出版社2014年版,第20页。

展也决定了工业生产过程实际上就是科学技术的现实化过程。虽然当前已经在很大程度上实现了科学技术的社会化,人们的社会生活在一定程度上也离不开科学技术,如电脑、移动电话等。但不可否认,用于工业生产的技术只是一种少数知识精英阶层掌握的资源。普通民众乃至不专门从事科学技术研究和运用的人还难以掌握用于工业生产的技术,且难以理解其形成和运作机理。而且,在近现代工商业社会,科学技术通常也被视为一种秘密,并得到了法律的认可和保护。在这种情况下,用于工业生产的技术就难以普及,其结果是工业生产通常具有隐蔽性和不公开性,与工业生产相伴随的环境犯罪也就具有了隐蔽性。例如,普通民众一般不会发现企业生产中排出的污水危害性有多大,也不会了解排放于空气中的废气是否属于有害气体。

既然环境犯罪具有与工业生产的伴随性和隐蔽性,并且是一个逐渐累积的过程,那么对环境犯罪只有采取过程治理,打早打小,才能实现有效治理。在环境犯罪的治理上,全过程治理是与末端治理〔1〕相对应的一个概念,前者是指伴随工业生产全过程的犯罪,从违反环境法律法规出现污染环境或者破坏生态的抽象危险到出现具体危险,再到出现环境被污染或生态被破坏的结果,都应当被犯罪化,而不能仅仅在出现环境被污染或生态被破坏的结果之后才发动刑法来治理。由此来看,环境犯罪行为的伴随性和隐蔽性决定了,在

---

〔1〕 在环境法上,关于污染物的控制有末端控制和全过程控制之分。前者指的是一种以废弃物管理和污染控制为核心的管理战略,环境法主要以末端处理为依据,采取"命令—控制"模式,强调污染物达标排放或者废弃物无害化处理;后者在环境问题的处理上强调"从摇篮到坟墓",要求在工业生产的各个环节都要防范环境问题的发生。参见吕忠梅:《环境法新视野》(第三版),中国政法大学出版社2019年版,第262—266页。显然,末端控制属于典型的"先污染后治理",全过程控制强调在整个工业生产过程中控制污染和破坏,是经济发展与生态环境保护相协调的重要体现。

刑法上对环境犯罪应当采取全过程治理的治理模式，不论是违反环境法义务的抽象危险犯（行为犯），还是造成具体危险的危险犯，抑或是造成实际损害的实害犯，都应当犯罪化，由刑法介入。这种介入显然属于提前介入，并为环境犯罪刑法治理的早期化提供了现实依据。

2. 环境犯罪结果的不可预测性和不可控性

在科学主义的支撑下，人类曾经很自豪地认为，借助科学技术可以控制一切，包括大自然。但工业革命以来发生的无数事实证明，人类认识的局限性决定了借助科学技术来控制一切的想法只是一种幻想，甚至是一种自我欺骗。"在许多方面，科学的不确定性是环境政策的决定性特征，因为大部分环境问题涉及复杂的技术和经济问题。但是环境政策制定者在决策时几乎不可能拥有完美确定的科学信息。科学确定性可以帮助制定最佳的法律和政策，但总是姗姗来迟或者永远无法实现。"[1]在以旧八大公害事件为代表的一系列公害事件出现之前，人们曾坚定地认为对环境可以采取"先污染后治理"的治理方针来解决环境污染问题，但在以旧八大公害事件为代表的公害事件出现后，人们为治理环境污染和生态破坏而付出的沉重代价，远远超过人们从自然中获取的价值；而且，对有些环境污染和生态破坏而言，即使付出了沉重的代价，也难以挽回损失，难以使已经被破坏的生态环境恢复。否则，就不会使环境问题从地区性演变为具有国际性，进而演变为具有全球性，也不会使环境问题从暂时性演变为具有长期性。这足以说明，人类认识的局限性决定了人类还难以认识到环境犯罪的结果。换言之，环境犯罪的结果通常具有不可预测性。

生态环境在文明进程中具有基础性地位。它不但对政治文明具

---

[1]〔美〕詹姆斯·萨尔兹曼、〔美〕巴顿·汤普森：《美国环境法（第四版）》，徐卓然、胡慕云译，北京大学出版社 2016 年版，第 12 页。

有重要影响,而且对物质文明具有决定性影响。〔1〕 人类对生态环境的依附性决定了污染环境和破坏生态不仅损害了生态环境本身,而且威胁或损害了依附于生态环境的各种人类利益。"环境问题在时间和空间上的可变性很大,环境问题的产生和发展又有一种缓发性和潜在性,再加上科学技术发展的局限,人类对损害环境的活动造成的长远影响和最终后果,往往难以及时发现和认识,等到后果一旦出现,往往为时已晚,而无法救治。"〔2〕正因如此,生态安全通常具有综合性,它不仅是个人安全,也是公共安全,还是国家安全。所以,环境犯罪的危害面在所有犯罪中最为广泛。然而,由于人类认识的局限性,在很多情况下人们对损害生态环境的后果究竟是什么并不知晓,且难以通过科学预测。生态环境受到损害后带来的进一步损害,也许是个体性危害,也许是群体性危害,还可能对国家安全造成严重威胁。传统犯罪的危害重点在于直接危害,而环境犯罪的危害恐怕主要在于间接危害。这就意味着,损害生态环境后所带来的进一步损害具有不可控性。

环境犯罪结果的不可预测性和不可控性意味着,等环境犯罪的实害结果发生后再发动刑罚处罚,虽然可以实现一般意义上的一般预防和特殊预防,但对于生态环境的恢复乃至因生态环境损害而引发的其他破坏通常于事无补。所以,对环境犯罪的刑法治理只能采取早期化治理策略:首先,应当把危险犯(包括对人的危险犯和对环境要素的危险犯)作为环境犯罪的基本犯,把实害犯(包括对人的实害犯和对环境要素的实害犯)作为环境犯罪的加重犯。其次,只要行

---

〔1〕 参见罗炳良:《生态环境对文明盛衰的影响》,载田丰、李旭明主编:《环境史:从人与自然的关系叙述历史》,商务印书馆2011年版,第215—226页。
〔2〕 金瑞林主编:《环境法学》(第四版),北京大学出版社2016年版,第39页。

为人对污染环境或者破坏生态的行为出于过失就应当处罚,从犯罪主观方面实现早期化干预。最后,就实害犯而言,在因果关系的判断上,应当设立采取因果关系推定规则。总之,环境犯罪在事实上的不可预测性和不可控性决定了对环境犯罪必须提前干预,这为环境犯罪刑法治理的早期化提供了充分而坚实的现实依据。

(二)环境犯罪的治理需要与刑法治理早期化

预防原则是环境法的重要原则之一,不论是国际环境法还是国内环境法,均将预防原则确定为环境法的重要原则。预防原则,是指在可能发生重大的或者不可恢复的损害的情况下,即使缺乏充分的科学根据,也应当采取措施预防环境恶化的思想原则。[1] 在大陆法系国家,日本是环境立法比较早且比较成熟的国家,预防原则从一开始就被确定为环境法的基本原则。日本《环境基本法》第4条规定:"环境保全……必须以充实的科学知识防止环境损害于未然为宗旨……"在其他环境单行法中均贯彻了预防原则。在英美法系国家,英国和美国的环境立法都比较早,虽然形成了各自的特色,但都把预防原则作为环境法的基本原则确立下来。例如,美国《国家环境政策法》第2条明文规定,本法"宣布一项旨在鼓励人与环境之间形成一种生机勃勃、快意盎然的和谐关系的国家政策;促进预防和消除对环境和生物圈的损害以及提高人类健康和福利的努力;丰富人类关于生态系统和自然资源对国家所具有的重要性的理解和认识"。在我国,1979年颁布的《中华人民共和国环境保护法(试行)》(已失效,以下简称1979年《环境保护法(试行)》)就已经将"防治污染和其他公害"作为立法指导思想之一,并且规定了体现该思想的环境影

---

[1] 参见〔日〕交告尚史等:《日本环境法概论》,田林、丁倩雯译,中国法制出版社2014年版,第136页。

响评价制度和"三同时"制度。1989年《中华人民共和国环境保护法》(已失效,以下简称1989年《环境保护法》或旧《环境保护法》)第1条把"防治污染和其他公害"作为立法目的规定下来,2014年《中华人民共和国环境保护法》(以下简称现行《环境保护法》)延续了这一规定。而且,现行《环境保护法》第5条还规定:"环境保护坚持保护优先、预防为主、综合治理、公众参与、损害担责的原则。"对此,我国有学者指出,"保护优先""预防为主"和"综合治理"的总体思路还是源于"预防"的基本理念。[1] 由此可见,预防原则是我国环境保护法确立的第一项基本原则。

在国际环境法中,预防原则也被确定为环境法的基本原则之一。1972年《斯德哥尔摩人类环境宣言》、1976年《南太平洋自然保护资源和环境公约》、1982年《内罗毕宣言》、1982年《世界自然宪章》、1982年《联合国海洋法公约》、1985年《保护臭氧层维也纳公约》、1987年《关于消耗臭氧层物质的蒙特利尔议定书》、1991年《在跨界背景下进行环境影响评价的公约》、1992年《生物多样性公约》、1992年《联合国气候变化框架公约》、1992年《里约环境与发展宣言》等国际环境立法,均对预防原则作出了不同程度的规定。[2] 其中,《斯德哥尔摩人类环境宣言》贯彻了预防原则,《联合国气候变化框架公约》和《生物多样性公约》将预防原则作为一般原则规定了下来,其他国际条约也都是在不同程度上对预防原则的贯彻。

我国有学者指出,预防原则包括损害预防原则和风险预防原则。前者是指在科学知识对于某一环境问题已经具有充分的了解时,必须事先采取预防措施以防止发生环境危害;后者是指在科学知识对

---

[1] 参见汪劲:《环境法学》(第四版),北京大学出版社2018年版,第49页。
[2] 参见林灿铃、吴汶燕主编:《国际环境法》,科学出版社2018年版,第65—66页。

于某一环境问题的认识尚未达成一致意见或者存在冲突时,如果可能对环境造成严重威胁或者不可逆损害的威胁,不应当将科学的不确定性作为延迟采取或者拒绝采取预防措施的理由,从而降低环境风险发生的可能性和风险损害程度。[1] 显然,后者实际上相当于国际环境法所提倡的谨慎原则。[2] 环境法之所以把预防原则确立为基本原则,根本原因在于环境问题是一个社会风险问题。"对已知的开发和利用环境行为所要造成的具体环境危害采取措施本身已经超越了预防的范畴,而具有对策的性质。因此,预防原则的关键应当放在防范可能的和抽象的环境危害及其风险之上。"[3] 从风险社会理论形成的现实动因来看,风险社会所说的当代风险首先是指环境风险。[4] 在风险社会理论的视野下,环境风险既具有客观性,也具有主观性。前者是指环境风险是一种客观存在的风险,只要污染环境或者破坏生态,客观上就会存在造成损害的危险;后者是指环境风险是人们主观想象当中的风险,也许客观上并不存在某种风险,但人们普遍认为存在某种风险。不论是哪一种风险,都会对决策者的决策带来影响。所以,在当代社会,环境犯罪治理实际上已经演变为环境风险防范,而不再是环境损害结果出现后的惩治。环境犯罪治理的

---

[1] 参见温登平:《环境法学讲义(总论)》,法律出版社2020年版,第204页。
[2] 针对不确定性对环境决策的困扰,1987年经济合作与发展组织提出了谨慎原则。根据该原则,当开发行为的未来影响具有科学不确定性时,只要存在发生危害的风险,决策者就应当本着谨慎行事的态度采取措施。显然,谨慎原则是一个更为严格的环境政策和法的原则。参见汪劲:《环境法学》(第四版),北京大学出版社2018年版,第50页。
[3] 汪劲:《环境法学》(第三版),北京大学出版社2014年版,第101页。
[4] 当代人类所面临的风险,更多源于自己所采用的技术手段和作出的公共决策,属于内生性风险,表现为核安全风险、食品安全风险、环境污染风险、生态破坏风险等。参见张继钢:《风险社会下环境犯罪研究》,中国检察出版社2019年版,第17页。实际上,作为现代风险的核安全风险、食品安全风险等,与环境污染和生态破坏之间存在不可分割的联系,从根本上也属于环境风险。

这种需求决定了首先应当把环境犯罪看作制造环境风险。既然如此,那么环境犯罪的基本犯就只能是危险犯,实害犯只能是环境犯罪的加重犯。换言之,从环境犯罪的治理需要来看,环境犯罪的刑法治理只能走早期化之路。为此,环境刑法应当实现从以环境损害为中心到以义务违反为中心的转变,即应当以违反环境法义务为标准设立环境犯罪的基本犯,并以环境损害作为判断环境犯罪之加重犯的标准。

由上可见,预防原则是环境法的首要原则,其基本要旨在于实现对环境风险的防控,有效预防危害结果的发生。预防原则是因应环境犯罪治理需要而确立的一项基本原则,由预防原则出发,环境犯罪的治理主要应当是过程治理,而非末端治理,这为环境犯罪刑法治理的早期化提供了重要的现实依据。

## 第二节 生态文明建设与环境犯罪刑法治理的早期化

大力推进生态文明建设是党的十八大提出的重要战略决策,将生态文明建设融入经济建设、政治建设、文化建设和社会建设是大力推进生态文明建设的明确要求。2018年颁布的《中华人民共和国宪法修正案》将生态文明建设写入宪法,强调"推动物质文明、政治文明、精神文明、社会文明、生态文明协调发展,把我国建设成为富强民主文明和谐美丽的社会主义现代化强国"。显然,生态文明建设为环境犯罪刑法治理早期化提供了重要现实依据。

### 一、生态文明建设的特点及对环境犯罪治理提出的挑战

(一)生态文明建设的特点

从我国社会主义国家性质和中国共产党的使命来看,社会主义生态文明建设与资本主义生态文明建设之间存在根本差异。社会主义生态文明建设有其自身的特点。

首先,生态文明建设在社会主义建设中具有根本性。应当说,生态文明建设是当前西方资本主义社会建设的重要内容。但是,受自由主义和个人所有权观念的影响,生态文明建设从来都没有在资本主义社会建设中获得根本性地位,而通常是为经济社会发展服务的。与此不同,自社会主义生态文明提出,生态文明建设就是从整个社会主义建设之根本意义上进行阐述的。2002年11月,党的十六大报告明确提出"可持续发展能力不断增强,生态环境得到改善,资源利用效率显著提高,促进人与自然的和谐,推动整个社会走上生产发展、生活富裕、生态良好的文明发展道路"的目标,较为系统全面地界定了生态文明建设的物理内涵,即生态、环境和资源三大成分,生态得到改善,环境得到整治,资源高效利用。[1] 2012年党的十八大明确提出"全面落实经济建设、政治建设、文化建设、社会建设、生态文明建设五位一体总体布局",指出"建设生态文明,是关系人民福祉、关乎民族未来的长远大计",强调"把生态文明建设放在突出地位,融入经济建设、政治建设、文化建设、社会建设各方面和全过程"。党的十九大提出"加快生态文明体制改革,建设美丽中国",强调推进绿色发展,着力解决突出环境问题,加大生态系统保护力度,改革生态环境监管体制,并强调"生态文明建设功在当代、利在千秋。我们要牢固树立社会主义生态文明观,推动形成人与自然和谐发展现代化建设新格局,为保护生态环境作出我们这代人的努力!"由此不难看

---

[1] 参见蔡昉等:《新中国生态文明建设70年》,中国社会科学出版社2020年版,第4页。

出,在整个社会主义建设中,生态文明建设具有根本性。[1]

其次,社会主义生态文明建设不是将来时,而是现在进行时。在生态文明建设上,西方走过了"先污染后治理"的道路。"在科技高速发展的情况下,人文显得格外重要,因为人文文化是起引领作用的,它指明科技文化发展的方向。如果没有人文文化的引领,科技文化就会像一匹脱了缰的野马一样,不知道往哪个方向去。""在近代西方的变革中,启蒙运动之所以能够冲破中世纪以神为本的文化,是因为学习了中国文化,用以人为本的中国文化去批判中世纪的桎梏。中国的人文精神在推进西方文化发展上起到了重要作用。但是由于西方二元对立的思维传统的影响,西方人认为,打倒了上帝,人就可以做主宰者。于是,一些人喊出了响亮的口号——人定胜天,人要征服、改造一切。"[2]近代以来,在主客二分和科技理性的支撑下,奉行科学主义成为西方文化的重要特点,认为科学能够解决物质世界的一切问题,在生态环境保护上走上了"先污染后治理"的道路。西方发达资本主义国家(包括深受西方法治文化影响的国家)有法治传统,所以用法治方式和法治思维解决社会问题是其解决社会问题的基本方法,在环境问题上亦不例外。但不可否认的是,不论是以旧八大公害事件为代表的公害事件发生后的环境刑法立法,还是以新八大公害事件为代表的公害事件发生后对环境刑法的改革,都充分体现了"先污染后治理"的治理方式。与此不同,从现实情况来看,社会主义生态文明虽然也是在环境问题较为严峻的社会背景下提出来的,但远未达到西方资本主义国家提出生态文明建设时环境问题的严重程度,我国也没有出现如旧八大公害事件和新八大公害事件那

---

[1] 参见焦艳鹏:《生态文明保障的刑法机制》,载《中国社会科学》2017年第11期。
[2] 楼宇烈:《中国文化的根本精神》,中华书局2016年版,第6页。

样的环境污染与生态破坏事件。这足以说明,社会主义生态文明建设绝不走"先污染后治理"的道路,社会主义生态文明建设不是将来时,而是现在进行时。这是对中国传统文化中"天人合一"和"以人为本"思想的继承,也体现了中国的社会治理者对全人类的极大关怀。

再次,社会主义生态文明建设重在"建设",而非事后恢复,故需要预防。由于西方发达资本主义国家走的是"先污染后治理"的道路,因而其生态文明建设的主要方式只能是恢复已被污染的环境和已被破坏的生态。换言之,西方生态文明建设的方式是重在恢复,而不是建设。凡是受过以旧八大公害事件和新八大公害事件为代表的公害事件影响的国家,无不如此。例如,在深受环境公害事件影响的日本,运用经济手段保全环境是环境保全的重要手段。所谓经济手段,即通过经济利益诱导失业者或市民减轻环境负荷来实现政策目标,由此在环境法上确立了污染者负担原则。[1] 日本《环境基本法》第 22 条对此作出了规定;而且第 37 条规定,出于保全目的,国家可以采取经济措施,对实行减少环境负荷活动的污染者进行"经济援助"。显然,主要通过经济手段来保全环境的行为,是排污交易制度的重要组成部分,是自由主义思想和绝对所有权理论在生态环境保护上的重要体现。采用经济手段保全生态环境,虽然也具有一定的预防功能,但其中蕴含的必然逻辑就是,先污染环境或者破坏生态,然后由国家和污染者出资恢复被污染和破坏的生态环境。在广泛采用经济手段保全生态环境的情况下,其实不是保全了生态环境,而是重建被污染和被破坏的生态环境。与此不同,社会主义生态文明建设从一开始就强调经济社会发展与生态环境保护相协调。旧

---

[1] 参见〔日〕交告尚史等:《日本环境法概论》,田林、丁倩雯译,中国法制出版社 2014 年版,第 145、196 页。

《环境保护法》施行期间,正是我国经济高速发展时期,当时坚持的是环境保护与经济社会发展相协调的原则,但环境问题并不严重,没有给人们的美好生活需求带来较为严重的负面影响;进入新时代以来,环境问题日益严峻,一出现严重化发展势头,党和国家就通过修改环境保护基本法把协调原则调整为"经济社会发展与环境保护相协调",并通过一系列环境政策有力地推动了该原则的有效落实。[1]这种生态环境保护思维决定了社会主义生态文明建设重在"建设",而非事后恢复。

最后,社会主义生态文明建设重在"生态",不局限于"环境",故需要注重保护自然环境的生态价值。在自由主义思想和绝对所有权理论的影响下,西方资本主义国家的生态文明建设主要坚持的是人类中心主义。在旧八大公害事件发生时期,保护环境的目的一方面表现为对自然资源之利用价值的保护,另一方面表现为对人的生命健康权的保护。在新八大公害事件发生时期,虽然出现了对自然环境之生态价值的考虑,但个人权利与生态环境保护之间的冲突与争议一直伴随着环境保护问题,并且是环境保护过程中的一个焦点问题。从英国、美国、德国等的环境保护立法来看,自然环境的生态价值得到了一定程度的重视;但是从日本的环境刑法立法来看,人类中心主义依然贯穿其中。不论是环境保护单行刑法还是刑法典,都将人的生命健康作为建构环境犯罪之基本犯和加重犯的基本依据。与此不同,社会主义生态文明从一开始就把自然环境的生态价值摆在首位,强调生态优先。党的十八大提出的把生态文明建设融入经济建设、政治建设、文化建设和社会建设过程中的思想,环境保护基本法确立的"经济社会发展与环境

---

[1] 参见陈海嵩:《中国环境法治中的政党、国家与社会》,载《法学研究》2018年第3期。

保护相协调"的原则,国家领导人的多次重要讲话[1],环境保护部门名称的调整[2],都充分展现了社会主义生态文明建设重在"生态",而不局限于"环境"这一特点。这就表明,社会主义生态文明建设注重自然环境的生态价值,把自然环境的生态价值放在首位,真正实现了以生态为基础的环境问题治理理念。

(二)生态文明建设对环境犯罪治理提出的挑战

环境犯罪是环境问题的集中表现。所以,社会主义生态文明建设的根本性、当下性、预防性以及突出环境价值的生态性,给环境犯罪治理带来了重大挑战。

首先,环境犯罪治理主要不是末端治理,而是过程治理。环境犯罪的末端治理,是指环境犯罪发生并造成环境损害后的治理。从立法上看,环境损害通常是环境违法行为成立的条件之一。例如,《中

---

[1] 进入新时代以来,习近平总书记围绕生态文明建设发表了一系列重要讲话,作出了重要指示,形成了习近平生态文明思想。

[2] 从国家层面来看,1982年全国人大常委会组建城乡建设环境保护部,下设环境保护局;1984年5月,国务院成立国务院环境保护委员会,办事机构设在城乡建设环境保护部;1984年12月,城乡建设环境保护部环境保护局改为国家环境保护局,仍归城乡建设环境保护部领导;1988年7月,国务院机构改革将环保工作从城乡建设部分离出来,成立独立的国家环境保护局(副部级);1998年6月,国务院将原副部级的国家环境保护局升格为正部级的国家环境保护总局,并扩大了其环境保护行政职能;2008年3月,国务院再次进行机构改革,在国家环境保护总局的基础上新组建了作为国务院组成部门的环境保护部;2018年3月,为整合分散的生态环境保护职责,统一行使生态和城乡各类污染排放监管与行政执法职责,加强环境污染治理,保障国家生态安全,建设美丽中国,全国人民代表大会通过了国务院机构改革的决定,将环保职责,国家发改委应对气候变化和减排职责,原国土资源部的监督防止地下水污染职责,水利部编制水功能区划、排污口设置管理、流域水环境保护职责,原农业部的监督指导农业面源污染治理职责,原国家海洋局的海洋环保职责,国务院南水北调工程建设委员会办公室的南水北调工程项目区环保职责等进行整合,组建生态环境部,作为国务院组成部门。参见汪劲:《环境法学》(第四版),北京大学出版社2018年版,第88页。国家层面的环境保护机构名称和职能调整后,地方层面的环境保护机构也由过去的"环境保护厅(局)"调整为"生态环境厅(局)",职能也做了相应调整。

华人民共和国民法典》(以下简称《民法典》)第 1229 条规定:"因污染环境、破坏生态造成他人损害的,侵权人应当承担侵权责任。"显然,造成他人损害是环境侵权行为成立的条件之一。相应地,因果关系判断是判断环境违法行为成立与否的重要条件。从理念上看,环境犯罪的末端治理坚持的是结果主义的治理模式,是传统的财产犯罪的治理模式在环境犯罪治理中的运用。从我国现行刑法对环境犯罪的规定来看,在 16 个具体环境犯罪中[1],基本犯属于实害犯的具体犯罪有 13 个,占环境犯罪总数的 81.25%,基本犯属于危险犯的具体犯罪有 3 个,占环境犯罪总数的 18.75%(详见表 3-1)。

表 3-1 我国刑法中环境犯罪之基本犯的性质[2]

| 罪名 | 犯罪性质 | 实害结果或危险 |
| --- | --- | --- |
| 污染环境罪 | 实害犯 | 严重污染环境 |
| 非法处置进口的固体废物罪 | 危险犯 | 抽象危险 |
| 擅自进口固体废物罪 | 实害犯 | 造成重大环境污染事故,致使公私财产遭受重大损失或者严重危害人体健康 |
| 非法捕捞水产品罪 | 实害犯 | 情节严重 |
| 危害珍贵、濒危野生动物罪 | 危险犯 | 抽象危险 |

---

[1] 这里所说的环境犯罪是指《刑法》分则第六章第六节规定的 16 个具体的环境犯罪,不包括散落在分则其他章节中的环境犯罪。
[2] 需要说明的是,在我国刑法规定的环境犯罪中,非法捕捞水产品罪、非法狩猎罪、非法猎捕、收购、运输、出售陆生野生动物罪、非法采矿罪、非法引进、释放、丢弃外来入侵物种罪、非法收购、运输盗伐、滥伐的林木罪等犯罪的基本犯属于情节犯,以情节严重或情节恶劣为成立条件。从形式逻辑上看,情节犯的"情节严重"属于整体评价要素,但实际上其内容只能表明法益侵害的客观情节严重。参见张明楷:《刑法学》(第五版),法律出版社 2016 年版,第 126 页。所以,属于情节犯的环境犯罪,属于实害犯。在我国刑法规定的环境犯罪中,非法占用农用地罪、盗伐林木罪、滥伐林木罪的基本犯属于数额犯,达到一定的犯罪数额才能成立犯罪。实际上,数额犯中的数额是对实害结果的一种限制,故数额犯也属于实害犯。

(续表)

| 罪名 | 犯罪性质 | 实害结果或危险 |
| --- | --- | --- |
| 非法狩猎罪 | 实害犯 | 情节严重 |
| 非法猎捕、收购、运输、出售陆生野生动物罪 | 实害犯 | 情节严重 |
| 非法占用农用地罪 | 实害犯 | 数量较大,造成耕地、林地等农用地大量毁坏 |
| 破坏自然保护地罪 | 实害犯 | 造成严重后果或者有其他恶劣情节 |
| 非法采矿罪 | 实害犯 | 情节严重 |
| 破坏性采矿罪 | 实害犯 | 造成矿产资源严重破坏 |
| 危害国家重点保护植物罪 | 危险犯 | 抽象危险 |
| 非法引进、释放、丢弃外来入侵物种罪 | 实害犯 | 情节严重 |
| 盗伐林木罪 | 实害犯 | 数量较大 |
| 滥伐林木罪 | 实害犯 | 数量较大 |
| 非法收购、运输盗伐、滥伐的林木罪 | 实害犯 | 情节严重 |

显然,我国当前的环境刑法在环境犯罪的治理上坚持的是结果主义的治理理念,属于典型的末端治理。而且,部分犯罪在构成要件设置上将"数量较大"作为成立条件,彰显了财产犯罪治理模式在环境犯罪治理中的运用。在整个社会主义建设中,生态文明建设具有根本性,要融入经济建设、政治建设、社会建设和文化建设;同时,社会主义生态文明建设具有当下性和预防性,重在突出环境的生态价值。所以,我国当前以末端治理为重点的环境犯罪治理模式显然难以满足生态文明建设的需要。为此,环境刑法的治理模式应当实现从末端治理向过程治理的重大转变。这是生态文明建设给环境犯罪治理提出的重大挑战。

其次,环境犯罪治理主要不是恢复性治理,而是预防性治理。与我国刑法对环境犯罪主要采取的末端治理模式相适应,对环境犯罪的治理主要是恢复性治理,而非预防性治理。刑法中犯罪的罪行体系一般由基本犯和加重犯(或减轻犯)构成,少数犯罪只有基本犯,而没有加重犯(或减轻犯);有的犯罪的加重犯只有一级,有的犯罪的加重犯有两级甚至两级以上,减轻犯一般只有一级。从我国刑法中环境犯罪的罪行体系设置来看,基本犯属于危险犯的只有3个犯罪,即非法处置进口的固体废物罪,危害珍贵、濒危野生动物罪和危害国家重点保护植物罪,其他13个犯罪的基本犯均属于实害犯,要求发生某种特定的危害结果,或者达到情节严重的程度,或者达到一定的犯罪数额。在我国环境刑法规定的16个具体犯罪中,9个有加重犯,7个没有加重犯。在有加重犯的犯罪中,加重犯均属于实害犯,5个具体犯罪的加重犯只有一级加重犯,4个具体犯罪的加重犯包括两级加重犯(详见表3-2)。

表3-2 我国环境犯罪的罪行体系

| 罪名 | 基本犯的性质 | 加重犯的性质和级别 |
| --- | --- | --- |
| 污染环境罪 | 实害犯 | 实害犯、两级加重犯 |
| 非法处置进口的固体废物罪 | 危险犯 | 实害犯、两级加重犯 |
| 擅自进口固体废物罪 | 实害犯 | 实害犯、一级加重犯 |
| 非法捕捞水产品罪 | 实害犯 | — |
| 危害珍贵、濒危野生动物罪 | 危险犯 | 实害犯、两级加重犯 |
| 非法狩猎罪 | 实害犯 | — |
| 非法猎捕、收购、运输、出售陆生野生动物罪 | 实害犯 | — |
| 非法占用农用地罪 | 实害犯 | — |
| 破坏自然保护地罪 | 实害犯 | — |
| 非法采矿罪 | 实害犯 | 实害犯、一级加重犯 |

(续表)

| 罪名 | 基本犯的性质 | 加重犯的性质和级别 |
|---|---|---|
| 破坏性采矿罪 | 实害犯 | — |
| 危害国家重点保护植物罪 | 危险犯 | 实害犯、一级加重犯 |
| 非法引进、释放、丢弃外来入侵物种罪 | 实害犯 | — |
| 盗伐林木罪 | 实害犯 | 实害犯、两级加重犯 |
| 滥伐林木罪 | 实害犯 | 实害犯、一级加重犯 |
| 非法收购、运输盗伐、滥伐的林木罪 | 实害犯 | 实害犯、一级加重犯 |

从表 3-2 不难看出，就我国刑法规定的环境犯罪的基本犯而言，不论是特定的危害结果，还是情节严重程度，抑或是达到一定的犯罪数额，都说明我国刑法在环境犯罪的治理上具有较强的事后性，坚持的主要是污染环境或者破坏生态的结果发生之后再进行恢复的思维模式，而不是预防环境污染或者生态破坏的思维模式。从加重犯的设置来看，对环境犯罪的刑法治理完全坚持了恢复性治理的治理方式。生态文明建设虽然也强调对环境的恢复，而且修复生态环境责任已经成为环境违法行为的重要责任承担方式。[1] 但是，生态文明建设的重心并不在于修复，而是在于建设和预防，这要求刑法在环境犯罪的治理上实现预防化转向。这是生态文明建设对环境犯罪治理提出的另一重要挑战。

最后，环境犯罪治理主要不是单一治理，而是系统治理，强调环境刑法与其他法律之间的协调一致。从立法层面来看，我国当前的环境刑法与环境保护法之间的协调仅限于实体上的协调，不包括程

---

[1] 参见吕忠梅、窦海阳：《修复生态环境责任的实证解析》，载《法学研究》2017年第3期。

度上的协调。受法典化立法体例的影响,环境刑法与环境保护法的协调仅限于对空白罪状的运用。[1] 在我国刑法规定的16个具体环境犯罪中,只有盗伐林木罪的罪状属于叙明罪状,其他15个具体犯罪的罪状均为空白罪状(详见表3-3)。

表3-3　我国刑法中环境犯罪的基本罪状情况

| 罪名 | 基本罪状的类型 | 罪状内容 |
| --- | --- | --- |
| 污染环境罪 | 空白罪状 | 违反国家规定,排放、倾倒或者处置有放射性的废物、含传染病病原体的废物、有毒物质或者其他有害物质,严重污染环境 |
| 非法处置进口的固体废物罪 | 空白罪状 | 违反国家规定,将境外的固体废物进境倾倒、堆放、处置 |
| 擅自进口固体废物罪 | 空白罪状 | 未经国务院有关主管部门许可,擅自进口固体废物用作原料,造成重大环境污染事故,致使公私财产遭受重大损失或者严重危害人体健康 |
| 非法捕捞水产品罪 | 空白罪状 | 违反保护水产资源法规,在禁渔区、禁渔期或者使用禁用的工具、方法捕捞水产品,情节严重 |
| 危害珍贵、濒危野生动物罪 | 空白罪状 | 非法猎捕、杀害国家重点保护的珍贵、濒危野生动物的,或者非法收购、运输、出售国家重点保护的珍贵、濒危野生动物及其制品 |
| 非法狩猎罪 | 空白罪状 | 违反狩猎法规,在禁猎区、禁猎期或者使用禁用的工具、方法进行狩猎,破坏野生动物资源,情节严重 |

[1] 需要说明的是,有学者提出了混合罪状的概念,即既说明了所违反的法律、法规或行政命令,也较为详细地说明了行为和结果特点的罪状,主要表现为空白罪状与叙明罪状的混合。参见何秉松主编:《刑法教科书》,中国法制出版社2000年版,第641页。实际上,如果罪状中说明行为和结果特点的部分与所参照的法律、法规、行政命令所描述的行为和结果的特点一致,没有增加新的内容,那么这种罪状也只能是空白罪状。

（续表）

| 罪名 | 基本罪状的类型 | 罪状内容 |
|---|---|---|
| 非法猎捕、收购、运输、出售陆生野生动物罪 | 空白罪状 | 违反野生动物保护管理法规，以食用为目的非法猎捕、收购、运输、出售国家重点保护的珍贵、濒危野生动物以外的在野外环境自然生长繁殖的陆生野生动物，情节严重 |
| 非法占用农用地罪 | 空白罪状 | 违反土地管理法规，非法占用耕地、林地等农用地，改变被占用土地用途，数量较大，造成耕地、林地等农用地大量毁坏 |
| 破坏自然保护地罪 | 空白罪状 | 违反自然保护地管理法规，在国家公园、国家级自然保护区进行开垦、开发活动或者修建建筑物，造成严重后果或者有其他恶劣情节 |
| 非法采矿罪 | 空白罪状 | 违反矿产资源法的规定，未取得采矿许可证擅自采矿，擅自进入国家规划矿区、对国民经济具有重要价值的矿区和他人矿区范围采矿，或者擅自开采国家规定实行保护性开采的特定矿种，情节严重 |
| 破坏性采矿罪 | 空白罪状 | 违反矿产资源法的规定，采取破坏性的开采方法开采矿产资源，造成矿产资源严重破坏 |
| 危害国家重点保护植物罪 | 空白罪状 | 违反国家规定，非法采伐、毁坏珍贵树木或者国家重点保护的其他植物的，或者非法收购、运输、加工、出售珍贵树木或者国家重点保护的其他植物及其制品 |
| 非法引进、释放、丢弃外来入侵物种罪 | 空白罪状 | 违反国家规定，非法引进、释放或者丢弃外来入侵物种，情节严重 |
| 盗伐林木罪 | 叙明罪状 | 盗伐森林或者其他林木，数量较大 |
| 滥伐林木罪 | 空白罪状 | 违反森林法的规定，滥伐森林或者其他林木，数量较大 |
| 非法收购、运输盗伐、滥伐的林木罪 | 空白罪状 | 非法收购、运输明知是盗伐、滥伐的林木，情节严重 |

从表 3-3 来看,我国环境刑法与环境保护法的协调是通过空白罪状来实现的。但不可否认的是,不改变立法体例,仅仅采用空白罪状还难以实现环境刑法与环境保护法的有效协调。一方面,难以满足环境犯罪治理对刑事一体化的特殊要求。环境犯罪的治理具有实体与程序兼容的特点,主要表现为两个方面:其一,在环境犯罪的司法治理中,在因果关系判断上不能采用传统的因果关系判断规则,必须采用因果关系推定,对此必须在环境刑法中作出明文规定。但是,我国现行刑法与刑事诉讼法均未对此作出规定,也难以对此作出规定,从而给环境犯罪的查处带来了障碍。其二,环境犯罪的追诉(特别是在证据采信、审查判断上)必须实现生态环境部门与侦查机关的合作,但我国现行刑法和刑事诉讼法均未对此作出规定,也难以作出规定,对环境犯罪的有效惩治造成了一定的障碍。另一方面,难以满足环境刑法对环境行政法的依赖。环境犯罪的司法认定对环境行政法具有强烈的依赖性,但空白罪状的抽象性通常会给环境犯罪的形式违法性判断带来一定的障碍,环境刑法还得随着环境行政法的修改而及时作出修改[1],否则会滞后于环境行政法的发展,给环境刑法与环境行政法的协调带来一定的障碍。"生态文明建设的基本要求,一是生态安全,二是环境良好,三是资源永续。"[2]不论是哪一个方面的基本要求,都具有相当的复杂性和系统性,必须协调运用政治的、经济的、文化的、社会的等各方面的手段和方法来进行建设。社会主义生态文明建设时代也是全面推进依法治国的时代,故必须

---

[1] 我国环境刑法并未仅仅将环境犯罪的罪状表述为"违反……规定(法),处……",而是在写明所违反的法律、法规或行政命令的基础上,还对行为作出了一定的描述。这就必然导致环境刑法要随着环境行政法的修改而修改,否则就会出现不协调现象。

[2] 蔡昉等:《新中国生态文明建设 70 年》,中国社会科学出版社 2020 年版,第 51 页。

运用法治方式和法治思维来协调政治的、经济的、文化的、社会的各方面的手段和方法,要将生态文明建设的要求贯彻到整个法律体系中,特别需要有效协调环境刑法与环境保护法的关系,这显然从如何有效实现环境刑法与环境保护法的协调上对环境犯罪的治理提出了挑战。

**二、作为公共政策的生态文明建设与环境犯罪刑法治理的早期化**

(一)生态文明建设作为公共政策

生态文明建设是执政党根据我国政治、经济、社会、文化等方面的新发展和进入新时代以来广大人民群众的新需要提出的战略决策,并通过中共中央和国务院制定和落实一系列具体的政策来一步步推进。从宏观方面看,2007年党的十七大召开以来,社会主义生态文明建设逐步形成了一个清晰的脉络。首先,2007年召开的党的十七大,在全面建设小康社会奋斗目标的新要求中第一次明确提出了建设生态文明,从四个方面对生态文明建设作出了部署:一是基本形成节约能源资源和保护生态环境的产业结构、增长方式、消费模式;二是循环经济形成较大规模,可再生能源比重显著上升;三是主要污染物排放得到有效控制,生态环境质量明显改善;四是生态文明观念在全社会牢固树立。其次,2012年召开的党的十八大明确提出"大力推进生态文明建设",强调"建设生态文明,是关系人民福祉、关乎民族未来的长远大计",并从优化国土空间开发格局、全面促进资源节约、加大自然生态系统和环境保护力度以及加强生态文明制度建设四个方面提出了生态文明建设的基本要求。再次,2013年召开的党的十八届三中全会通过了《中共中央关于全面深化改革若干重大问题的决定》,从健全自然资源资产产权制度和用途管制制度、划定生态保护红线、实行资源有偿使用制度和生态补偿制度以及改革生态环境保护管理体制四个方面对加快生态文明制度建设作出了部署。最后,2019年召开的党的十九大提出"加快生态文明体制改革,建设美丽中国",强调"人与自然是生命共同体,人类必须尊重自然、顺应自然、保护自然","必须坚持节约优先、保护优先、自然恢复为主的方针,形成节约资源和保护环境的空间格局、产业结构、生产方式、生活方式,还自然以宁静、和谐、美丽"。为此,必须推进绿色发展,着力解决突出环境问题,加大生态系统保护力度,改革生态环境监管体制。上述党的会议召开后,都形成了关于生态文明建设的决议,深刻阐述了社会主义生态文明建设的重大意义,并为如何进行社会主义生态文明建设指明了方向,形成了社会主义生态文明建设的总政策和基本政策。[1]

从微观层面看,党中央、国务院针对如何有效推进生态文明建设制定颁布了一系列政策。自党的十八大以来,具有代表性的环境政策主要有两类:一是综合性环境政策。主要是指中共中央、国务院分别于2015年4月和2015年9月发布的《关于加快推进生态文明建设的意见》和《生态文明体制改革总体方案》。二是单行性环境政策。从发布主体看,单行性环境政策又可以分为三类:第一类是中共中央办公厅、国务院办公厅联合发布的环境政策,主要有《党政领导干部生态环境损害责任追究办法(试行)》(2015年8月)、《环境保护督察方案(试行)》(2015年9月)、《生态环境损害赔偿制度改革试点方案》(2015年12月)、《关于设立统一规范的国家生态文明试验区的意见》(2016年8月)、《关于省以下环保机构监测监察执法垂直管

---

[1] 参见李梁:《环境犯罪刑法治理早期化之理论与实践》,载《法学杂志》2017年第12期。

理制度改革试点工作的指导意见》(2016年9月)、《生态文明建设目标评价考核办法》(2016年12月)、《关于全面推行河长制的意见》(2016年12月)、《关于划定并严守生态保护红线的若干意见》(2017年2月)、《关于建立资源环境承载能力监测预警长效机制的若干意见》(2017年9月)、《生态环境损害赔偿制度改革方案》(2017年12月)等;第二类是国务院发布的环境政策,主要有《大气污染防治行动计划》("大气十条")(2013年9月)、《水污染防治行动计划》("水十条")(2015年4月)、《土壤污染防治行动计划》("土十条")(2016年5月)等;第三类是国务院办公厅发布的环境政策,主要有《关于健全生态保护补偿机制的意见》(2016年5月)、《湿地保护修复制度方案》(2016年11月)等。这些环境政策属于对党中央发布的总的环境政策和基本环境政策的具体展开,属于具体环境政策,对生态文明建设具有直接指导意义。

不论是从总的环境政策或基本环境政策,还是从具体环境政策来看,生态文明建设重在建设,同时强调对生态环境的自然修复。例如,生态保护、环境良好和资源永续是社会主义生态文明建设的三大基本目标。在这三大基本目标中,生态保护是最为基本的目标。具体而言,在生态文明建设中,环境良好和资源永续是直接的目标,生态保护是基础和保障。生态保护在生态文明建设中(乃至对整个人类的生存和发展)具有基础性和根本性的战略意义。生态保护是促进和落实生态文明建设之首义,是保障生态产品和国土安全之关键,是实现美丽中国建设和可持续发展的保障,是推动我国建立国际话语权的必然选择。[1] 生态保护实际上就是在保护生态系统,保护

---

[1] 参见蔡昉等:《新中国生态文明建设70年》,中国社会科学出版社2020年版,第33—35页。

对象主要包括自然生态系统和人工生态系统。前者如森林、草原、荒漠、湿地、海洋等,后者如农田、城镇等。就自然生态系统而言,因保护对象不同,保护举措也不同。对于原始或保存较好的生态系统,采取的保护举措主要是保存,即生态系统的保护、生物多样性和各类自然保护区的保存;对轻中度退化的生态系统,采取的保护举措主要是保育,即生态系统的保护、促进正向生态演替的生态保育;对遭受严重破坏或者退化的生态系统,采取的保护举措主要是修复、改良、改造乃至重建,即对被破坏或者退化的生态系统的修复、生态系统组成和结构的改良或改造、生态系统的恢复重建;对于原生生态系统已经消失的土地,采取的保护举措主要是重建,即用人工方法仿照重建原有生态系统,或根据需求转变与重建为其他生态系统。[1] 显然,生态保护主要强调的是保护和建设,而非修复。生态兴则文明兴,生态衰则文明衰,保护生态环境就是保护生产力。历史经验表明,等到生态被破坏或者退化之后再去修复,往往得不偿失。不仅如此,环境良好和资源永续是生态文明建设的直接目标。这两大目标的实现,主要表现为对环境污染犯罪和破坏环境资源犯罪的有效治理。就前者而言,显然不能走"先污染后治理"之路,应当强调优先保护;就后者而言,只能坚持"在保护中发展,在发展中保护"的原则。[2] 所以,对生态环境问题的治理只能选择源头治理和过程治理,而不能选择末端治理。

(二)生态文明建设作为公共政策对环境犯罪刑法治理的影响

从前述党的会议对生态文明建设的阐述和中共中央、国务院印

---

[1] 参见蔡昉等:《新中国生态文明建设70年》,中国社会科学出版社2020年版,第32页。
[2] 参见李梁:《环境犯罪刑法治理早期化之理论与实践》,载《法学杂志》2017年第12期。

发的一系列对生态文明建设作出部署的文件来看,生态文明建设在我国具有强烈的政党和政府推进性,属于典型的公共政策。公共政策是政治的表达,环境公共政策是环境政治的表达。从政治与法律的基本关系来看,虽然近代以来法律被赋予制约政治权力的功能,但政治对于法律而言始终处于主导性地位。政治不但是法律的存在根基和现实目的,而且是法律的实践背景和发展动因,法律在事实上和逻辑上依赖政治,政治在事实上和逻辑上控制和决定着法律。[1] 所以,公共政策就自然而然地成为刑事立法的基本依据。正因为如此,才有了"最好的社会政策是最好的刑事政策"[2]的著名论断。相应地,就出现了刑法的刑事政策化的现实需求。实际上,在政治国家所管控的社会生活中,作为公共政策之刑事政策是刑事立法的基本动因,也是刑事司法的重要影响因素,刑法就是刑事政策的法律化。刑法的刑事政策化与刑事政策的刑法化构成了刑法发展的两个基本路向,刑事法治正是通过刑法的刑事政策化和刑事政策的刑法化共同构筑起来的。

既然刑法的刑事政策化是刑法发展的基本动因,而生态文明建设属于公共政策,内含着环境刑事政策的基本理念和基本内容[3],那么,大力推进生态文明建设就意味着要将生态文明建设中的重保护和建设的基本理念转化为环境刑法的基本内容,强调环境犯罪刑法治理的早期化。

---

[1] 参见姚建宗:《法律的政治逻辑阐释》,载《政治学研究》2010年第2期。
[2] 这是德国著名刑法学家、刑事政策大师李斯特的名言。参见徐久生:《刑罚目的及其实现》,中国方正出版社2011年版,第4页。
[3] 参见李梁、田玉明:《我国环境犯罪刑事政策的现状、困境与完善路径》,载《新疆财经大学学报》2022年第3期。

### 三、作为宪法理念的生态文明建设与环境犯罪刑法治理的早期化

**(一)生态文明建设作为宪法理念**

2007年10月召开的党的十七大提出"建设生态文明",把生态文明建设列入全面建设小康社会奋斗目标;2012年11月召开的党的十八大提出"大力推进生态文明建设",并将生态文明建设纳入中国特色社会主义"五位一体"总体布局,把生态文明建设上升到国家战略高度[1];2017年10月召开的党的十九大提出"加快生态文明体制改革,建设美丽中国"。这三次党的代表大会促成了生态文明建设的宪法化。2018年3月由全国人大通过的《中华人民共和国宪法修正案》将生态文明写入宪法,生态文明建设成为宪法理念。

我国宪法由序言、总纲(第一章)、公民的基本权利和义务(第二章)、国家机构(第三章)和国旗、国歌、国徽、首都(第四章)组成。序言部分对中华民族的发展历史、新民主主义革命、社会主义革命和建设、国家治理的基本方略、社会主义建设者和领导者、社会主义民族关系、中国与外国的关系以及宪法的目的、效力、实施等根本性问题作出了规定。总纲部分对我国的国家性质、国家权力归属和行使、政权组织形式和人民代表大会产生方式、中央与地方的关系、民族平等、依法治国、基本经济制度和经济形式、自然资源和土地的所有权与使用权、非公有制经济、社会主义公共财产和公民的合法的私有财产、社会主义市场经济、教育和科学发展、医疗卫生、文化事业、人才培养、精神文明建设和社会主义核心价值观、计划生育、环境保护、国家机关实行的一般原则、犯罪治理、武装力量、行政区划、外国人的合

---

[1] 参见李梁:《环境犯罪刑法治理早期化之理论与实践》,载《法学杂志》2017年第12期。

法权益等"总"的问题作出了规定。公民的基本权利和义务部分对中华人民共和国公民所享有的基本权利和必须履行的基本义务作出了明文规定。国家机构部分对全国人民代表大会、中华人民共和国主席、国务院、中央军事委员会、地方各级人民代表大会和地方各级人民政府、民族自治地方的自治机关、监察委员会、人民法院和人民检察院等国家机关的产生、职权范围、职权行使方式等作出了规定。国旗、国歌、国徽、首都部分对中华人民共和国的国旗、国歌、国徽和首都作出了规定。

在宪法的这五个组成部分中,直接规定生态文明建设的是序言部分和国家机构部分。序言部分规定:"……推动物质文明、政治文明、精神文明、社会文明、生态文明协调发展,把我国建设成为富强民主文明和谐美丽的社会主义现代化强国,实现中华民族伟大复兴。"此规定包括两方面的内容:一是推动物质文明、政治文明、精神文明、社会文明、生态文明协调发展,二是建设美丽中国。其中,美丽中国就是生态良好的中国。宪法序言部分的内容的根本性决定了生态文明建设在我国具有根本性,必须贯彻于政治生活和社会生活的各方面,实现经济、政治、文化和社会的生态化。国家机构部分对生态文明的规定是指《宪法》第89条把领导和管理生态文明建设规定为国务院的职权之一。宪法对生态文明建设的间接规定出现在总纲部分,即《宪法》第26条的规定。该条第1款规定:"国家保护和改善生活环境和生态环境,防治污染和其他公害。"不论是保护和改善生态环境和生活环境,还是防治污染和其他公害,都是生态文明建设的直接目标,最终目的都是为了实现生态良好,故该条第1款属于对生态文明建设的间接规定。该条第2款规定:"国家组织和鼓励植树造林,保护林木。"生态文明建设必须始终坚持山水林田湖草综合治理工程思路,始终注重发展方式转变。[1] 所以,植树造林与保护林木是山水林田湖草综合治理系统中的一个子系统,对植树造林和保护林木的宪法规定就属于对生态文明建设的间接规定。

宪法对生态文明建设的表述特色鲜明。宪法序言部分对生态文明建设的规定突出"协调",即物质文明、政治文明、精神文明、社会文明、生态文明协调发展,这就意味着必须把生态文明建设贯穿于物质文明、政治文明、精神文明和社会文明建设中,强调建立生态文明建设的经济机制(如保护生态环境就是保护生产力)、政治机制(如生态保护考核制)、文化机制(如弘扬生态文化)和社会机制(如公众参与机制)。既然强调推动物质文明、政治文明、精神文明、社会文明、生态文明协调发展,就意味着在生态环境问题的治理上必须选择源头治理和过程治理,强调在发展中保护生态环境,在保护生态环境中谋求发展。"富强民主文明和谐美丽的社会主义现代化强国"指的是生产发展、生活富裕和生态良好的国家,不是单纯强调生产发展和生活富裕,而是强调生产发展、生活富裕、生态良好三者的统一。这就意味着在社会生产和人民生活中必须贯彻生态环境保护理念,严格执行生态环境保护制度,就治理生态环境问题而言显然强调的是源头治理和过程治理。宪法总纲部分对环境保护、防治公害的规定,强调的是保护与防治,突出预防环境污染与破坏结果的出现,蕴含着对环境问题的预防性治理理念。

(二)作为宪法理念的生态文明建设对环境犯罪刑法治理的影响

在我国法律体系中,宪法具有最高的法律效力,是制定其他一切法律的依据。我国《刑法》第1条规定开宗明义:"……根据宪法……制

---

[1] 参见蔡昉等:《新中国生态文明建设70年》,中国社会科学出版社2020年版,第276—278页。

定本法。"所以,宪法是制定刑法的法律依据,刑法必须体现宪法的精神,宪法所规定的重要制度必须通过刑法来维护,宪法所确立的重要理念必须通过刑法来实现。生态文明建设属于宪法理念,需要通过刑法化的方式加以贯彻。因而,生态文明建设的根本性不但需要实现刑法的整体生态化,而且需要设立专门用于落实生态文明建设之宪法理念的罪刑规范。就前者而言,例如,应当修改《刑法》第2条将生态文明建设规定为刑法的任务之一。又如,在犯罪分类上如何贯彻生态环境保护优先的理念,使环境犯罪对其他犯罪类型的设置具有制约作用,是一个值得深入研究的问题。再如,既然生态文明建设具有根本性,如何根据环境犯罪的本质来改造犯罪本质理论,是刑法有效回应生态文明建设,实现刑法生态化的一个值得进一步思考的核心问题。就后者而言,如何突出环境犯罪,使其独立于其他犯罪类型,获得专门的规制机制,也是刑法有效回应生态文明建设的核心问题。

我国《宪法》第28条规定:"国家维护社会秩序,镇压叛国和其他危害国家安全的犯罪活动,制裁危害社会治安、破坏社会主义经济和其他犯罪的活动,惩办和改造犯罪分子。"这是宪法精神体现在刑法中的重要根据。据此规定,凡是危害国家安全、社会安全和个人安全的犯罪,都应当通过刑法立法规定为刑法上的犯罪,并配置妥当的刑事制裁措施。给生态文明建设带来阻力的主要是各种环境问题,最核心的是各种环境犯罪。所以,通过刑法立法来规定环境犯罪,实现刑法对环境犯罪的有效干预,是宪法精神在刑法中的重要表现。环境犯罪侵害的法益主要是生态安全,而且生态安全具有综合性,集国家安全、社会安全与个人安全于一体。这为通过刑法干预环境犯罪提供了更加强有力的现实依据。另外,值得注意的是,生态文明建设的基本要求是生态保护、环境良好和资源永续,这为环境犯罪的分类提供了重要的现实依据。为此，应当将刑法中的环境犯罪分为破坏生态保护的犯罪、污染环境的犯罪和破坏环境资源保护的犯罪三大类，从犯罪类型上实现刑法对生态文明建设之宪法理念的回应。

我国提出大力推进生态文明建设的时期，也是提出全面推进依法治国的时期，生态文明时代也是全面依法治国的时代。这必然要求用法治思维和法治方式来推进生态文明建设，生态文明建设也就成为全面依法治国的重要内容。"建设生态文明是一场涉及生产方式、生活方式、思维方式和价值观念的革命性变革。实现这样的根本性变革，必须依靠制度和法治。我国生态环境保护中存在的一些突出问题，大都与体制不完善、机制不健全、法治不完备有关。"[1] 所以，只有实行最严格的制度、最严密的法治，才能为生态文明建设提供可靠保障。这也是生态文明建设之宪法理念的题中应有之义。在整个法律制度体系中，刑法制度属于最严格的法律制度。所以，通过刑法制度来承担生态文明建设，是用最严格的制度为生态文明建设提供保障的当然要求。在一国法治体系中，刑事法治具有保障性，是保障其他法律领域法治的基底。缺乏刑事法治的法治体系不仅是不完整的法治体系，而且会导致整个法治体系的崩溃。[2] 所以，用最严密的法治来为生态文明建设提供法治保障，离不开刑事法治，而这要求将生态文明建设的宪法理念融入刑事法治。

综上所述，不论是从我国宪法对生态文明建设的直接规定还是从间接规定来看，二者都强调优先保护和预防性保护。所以，生态文

---

[1] 蔡昉等：《新中国生态文明建设70年》，中国社会科学出版社2020年版，第272—273页。
[2] 奉行罪刑法定原则是实现法治的第一步，也是最为关键的一步。参见张明楷：《刑法学》（第五版），法律出版社2016年版，第45页。罪刑法定原则是通过宪法确立的近现代刑法中最为基本的原则，这一事实足以说明刑事法治之于整个法治体系的重要性。

明建设之宪法理念的刑法化,就意味着环境问题源头治理和过程治理的刑法化,需要实现刑法对环境犯罪的早期化干预。同时,从大力推进生态文明建设与全面推进依法治国的交汇来看,将刑法对环境犯罪的早期化干预制度化、法律化,也是生态文明建设之宪法理念刑法化的基本依据。

**四、作为文化形态的生态文明建设与环境犯罪刑法治理的早期化**

(一)生态文明建设作为文化形态

在我国,生态文明建设具有深厚的文化传统。在五千年中华文化传统中,引领主流的是儒、道、释三家共同作用下形成的文化。在儒、道、释三家共同作用下,形成了以天人合一、道法自然和众生平等为基本内容的中华生态文化。分而论之,"天人合一""与天地参"是儒家关于人与自然关系的最基本思想,强调每一个生命个体都可以通过自身德性修养、践履而上契天道,进而实现"上下与天地合流"或"与天地合其德"。"道法自然""通常无为"是道家关于人与自然关系的最基本表达,强调自然法则是宇宙万物和人类世界的最高法则,人们要遵循自然法则,不妄为、不强为、不乱为,要顺其自然,因势利导地处理好人与自然的关系。"众生平等""大慈大悲"是佛家处理人与自然关系的最高准则,既强调众生平等,也强调大慈大悲,是维护生态平衡和生物多样性的至高道德。[1]"天人合一""道法自然"和"众生平等"有机结合,相互影响,形成了独具特色的中华生态文化。

文化是一个内涵极为丰富的概念,也是难以被定义的概念,但其基本层面包括物质和精神,即所谓物质文化和精神文化。人们通常所说

---

[1] 参见蔡昉等:《新中国生态文明建设70年》,中国社会科学出版社2020年版,第271—272页。

的文化主要指的是精神文化。而且从历史发展来看,对人们影响至深的主要还是精神文化。精神文化构成了一个民族的灵魂,通常表现为思想、理论、意识、心理等。例如,我国有学者将法律文化分为法律设施、法律制度、法律思想和理论、法律意识、法律心理等诸多层面,主张法律设施和法律制度属于法律文化的浅层,而法律思想和理论、法律意识、法律心理则属于法律文化的深层,法律心理是最深层的法律文化,对人们的行为具有持久的影响。[1] 以"天人合一""道法自然"和"众生平等"为基本内容的中华传统生态文化,是古人处理人与自然关系的生态智慧,主要以思想、理论、观念等形态存在,对人们的生产和生活具有持久性的影响。[2] 这种生态文化与生态文明建设基本精神和内容完全契合,对生态文明建设具有重要的阐述功能。例如,生态文明建设的最为根本的目标是生态保护,而中华传统生态文化的基本内容就是以保护生态见长的。不论是儒家的"天人合一"和"与天地参",还是道家的"道法自然"和"通常无为",抑或是佛家的"众生平等"和"大慈大悲",都强调自然的至上性,蕴含着深刻的生态整体主义思想,为生态文明建设提供了重要的思想支撑,使生态文明获得了浓厚的文化性。

在社会主义生态文明建设中,思想的引领和推动显得极为重要。2012年党的十八大把生态文明建设纳入中国特色社会主义"五位一体"总体布局,把生态文明建设上升为国家战略以来,习近平总书记围绕生态文明建设发表的一系列重要讲话,对推动新的环境政策的形成和环境法立法的修改与完善,起到了举足轻重的作用,在党的十九大召开前夕形成了习近平生态文明思想。习近平生态文明思想

---

[1] 参见刘作翔:《法律文化理论》,商务印书馆1999年版,第102页以下。
[2] 参见李梁:《法律殖民与法文化品格的塑造——以澳门刑法文化为中心的考察》,载《比较法研究》2013年第2期。

面对环境污染、生态破坏和资源短缺的系统性、区域性和全球性生态危机，根据马克思主义生态文明思想和中国传统文化中的生态智慧，对新时代生态文明建设的理论体系、基本规律、发展阶段、实现途径和方法等作出了深刻阐述，是引领和推动当代中国乃至全球生态文明建设的重要思想。习近平总书记针对生态文明建设的基本规律提出的"生态兴则文明兴，生态衰则文明衰"[1]"保护生态环境就是保护生产力，改善生态环境就是发展生产力"[2]和"绿水青山就是金山银山"[3]的著名论断，是习近平生态文明思想的核心范畴，针对如何建设生态文明提出的"只有实行最严格的制度、最严密的法治，才能为生态文明建设提供可靠保障"的著名论断，彰显了习近平生态文明思想的高超的方法论。从这些论断中不难看出，习近平生态文明思想既是对马克思人与自然关系学说[4]的继承和发展，也是对中国传统

---

[1] 习近平：《在十八届中央政治局第六次集体学习时的讲话》（2013年5月24日），载中共中央文献研究室编：《习近平关于社会主义生态文明建设论述摘编》，中央文献出版社2017年版，第6页。

[2] 习近平：《在海南考察工作结束时的讲话》（2013年4月10日），载中共中央文献研究室编：《习近平关于社会主义生态文明建设论述摘编》，中央文献出版社2017年版，第4页。

[3] 早在2005年8月，时任浙江省委书记的习近平就已经提出"绿水青山就是金山银山"的理念，之后不久撰写了《从"两座山"看生态环境》一文，对"金山银山"与"绿水青山"的关系作出了深刻论证。2013年9月，习近平主席在哈萨克斯坦纳扎尔巴耶夫大学发表演讲时，首次面向国际社会系统阐述了"绿水青山"与"金山银山"的辩证关系。之后，其于2016年9月在二十国集团领导人杭州峰会上阐述了"绿水青山就是金山银山"理念，并于2019年在北京世界园艺博览会上又一次阐述了"绿水青山就是金山银山"理念。参见蔡昉等：《新中国生态文明建设70年》，中国社会科学出版社2020年版，第287—288页。

[4] 马克思指出："自然界，就它自身不是人的身体而言，是人的无机的身体。人靠自然界生活。这就是说，自然界是人为了不致死亡而必须与之处于持续不断的交互作用过程的、人的身体。所谓人的肉体生活和精神生活同自然界相联系，不外是说自然界同自身相联系，因为人是自然界的一部分。"参见[德]马克思：《1844年经济学哲学手稿》，中共中央马克思恩格斯列宁斯大林著作编译局编译，人民出版社2000年版，第56—57页。

生态文化智慧的创造性转化,是当代中国生态文化的核心内容,并以人与自然和谐相处为核心内容展开,强调对生态环境的保护与建设,坚决反对以破坏生态环境后再行修复的方式来建设生态文明。

(二)生态文明建设作为文化形态对环境犯罪刑法治理的影响

任何法律都具有地域性,是特定文化的产物。孟德斯鸠指出:"为某一国人民而制定的法律,应该是非常适合于该国的人民的;所以如果一个国家的法律竟能适合于另外一个国家的话,那只是非常凑巧的事。"[1]该国的法律适合该国人民,实际上就是指该国的法律适合该国人民所普遍接受的文化。环境刑法是特定的生态文化的产物,否则会与生态文化产生剧烈冲突而难以为继,甚至走向死亡。所以,中国的环境刑法应当充分体现中国生态文化的基本要求。当今中国的生态文化,是在马克思主义生态文化的指导下,以中国生态文明建设实践和要求为关切,充分吸收中国优秀传统生态文化,广泛借鉴国外优秀生态文化而形成的生态文化。这就是以习近平生态文明思想为核心形成的生态文化。所以,中国的环境刑法必须有效回应这种生态文化的基本要求。这就意味着,生态文化通过刑法来影响环境犯罪的治理。在习近平生态文明思想中,贯穿着一根主线——人与自然和谐共生,必须强调对生态环境的保护与建设。这就要求在环境犯罪的治理上强调预防,强调早期化治理。与此相适应,环境刑法主要属于预防性刑法。

文化的就是历史的,法律的文化解释就是法律史解释。[2]所以,生态文明建设作为文化形态,主要就是强调用传统生态文化来解释环境刑法,通过运用传统生态文化来促进环境刑法的发展。不论是儒家的"天人合一"和"与天地参",还是道家的"道法自然"和"通

---

[1] [法]孟德斯鸠:《论法的精神》,张雁深译,商务印书馆2020年版,第12页。
[2] 参见梁治平编:《法律的文化解释》,生活·读书·新知三联书店1994年版,第1—2页。

常无为",抑或是佛家的"众生平等"和"大慈大悲",其根本精神都在于强调人与自然和谐共生,强调对生态环境的保护和建设,并且是一种源头治理和过程治理思想。所以,运用传统生态文化来治理环境犯罪,实际上就是要求把预防优先的理念植入环境刑法,实现环境刑法的预防刑法化,达至刑法对环境犯罪的早期化治理。

运用传统文化来建设生态文明和治理环境犯罪,也是提升文化自信的重要表现。提升文化自信主要是一个外向型概念,要求提升中华文化在国际社会的地位,在国际社会发展中贡献中国智慧,提供中国方案。就生态文化建设而言,就是通过对中国传统生态文化的理论和实践阐释,使国际社会普遍认同中华传统生态文化,为全球生态文明建设贡献中国智慧、提供中国方案,实现中华传统生态文化对全球生态文明建设的引领。在这个意义上,提升中国生态文化的自信,实际上就是通过运用中国传统生态文化建设生态文明和治理环境犯罪来提升中国生态文化在国际社会中的地位,运用中国生态文化为国际环境犯罪治理提供中国智慧和中国方案。反过来说,提升中国生态文化的自信,就必须运用中国传统生态文化治理犯罪,将其中蕴含的生态保护理念和预防性治理理念运用到环境犯罪的治理中,为环境犯罪刑法治理早期化提供重要的现实依据。

## 第三节 非刑事法律的局限性与环境犯罪刑法治理的早期化

生态文明建设是一个极具复杂性和系统性的建设工程,必须综合运用经济、政治、文化、社会等多重手段。正因为如此,党的十八大强调要将生态文明建设融入经济建设、政治建设、文化建设和社会建设中。在全面推进依法治国的时代,这一切都必须通过法治思维和法治方式推进。从立法层面来看,与环境犯罪治理有关的法律除刑法之外,还有宪法、民法和环境行政法。然而,由于基本功能的限制,这些法律在环境犯罪的治理上都表现出了一定的局限性,为环境犯罪刑法治理的早期化提供了现实依据。

**一、宪法治理的难以操作性**

(一)宪法关于环境犯罪治理的规定

在我国,宪法关于生态文明建设和环境保护的规定是环境法的重要渊源,在环境法学理论上,也都承认关于环境保护的宪法性规定属于环境法的重要渊源。[1] 虽然我国法理学界把刑法解释为部门法,但实际上刑法和刑事诉讼法是保障其他一切法律实施的法律,在整个法律体系中处于保障法的地位。[2] 保障环境法实施的刑法,主要是环境刑法。我国现行《环境保护法》第 69 条规定:"违反本法规定,构成犯罪的,依法追究刑事责任。"这就意味着,为了有效保障环境法的实施,环境刑法应当尽量与环境法相协调,环境刑事责任也普遍被认为属于环境法律责任的重要组成部分。为此,宪法中关于生态文明建设和环境保护的规定,也就成为环境刑法的重要渊源。[3] 我国宪法关于环境犯罪治理的规定主要包括两个方面,即宪法关于生态文明建设的规定和关于犯罪治理的直接规定,这两方面对环境犯罪的治理均具有重要的指导意义。

---

[1] 参见汪劲:《环境法学》(第四版),北京大学出版社 2018 年版,第 25—26 页。
[2] 参见苏永生:《刑法公法化的疑问》,载《国家检察官学院学报》2011 年第 1 期。
[3] 值得思考的是,我国刑法学界在介绍刑法的渊源时一般不会将宪法关于犯罪治理的规定解释为刑法的渊源。实际上,这在很大程度上忽视了宪法与刑法的关系。

1. 宪法关于生态文明建设的规定及其对环境犯罪治理的指导意义

宪法关于生态文明建设的规定与生态环境保护直接相关，而有效惩治环境犯罪是生态文明建设的题中应有之义。所以，宪法关于生态文明建设的规定就成为关于环境犯罪治理的规定。这种规定主要指的是《宪法》在序言中关于生态文明建设之国家战略的规定、在总纲中(《宪法》第 26 条)对环境保护的规定以及在国家机构中(《宪法》第 89 条)关于国务院领导和管理生态文明建设之职权的规定。

我国宪法序言中关于生态文明建设的规定集中表现在两个方面：一是明文规定"贯彻新发展理念"，二是明文规定"推动物质文明、政治文明、精神文明、社会文明、生态文明协调发展，把我国建设成为富强民主文明和谐美丽的社会主义现代化强国"。新发展理念，即创新、协调、绿色、开放、共享的发展理念。其中，协调发展和绿色发展与环境犯罪治理关系密切。协调发展，就是要统筹城乡发展、统筹区域发展、统筹经济社会发展、统筹人与自然和谐发展、统筹国内外发展和对外开放，推动生产力和生产关系、经济基础和上层建筑相协调，推动经济、政治、文化、社会和生态文明建设的各个环节、各个方面相协调。所谓绿色发展，即发展不只是经济的量的增长，也包括经济结构的优化、科技水平的提高，还包括人民生活的改善、社会的全面进步。归根到底，是为了社会与人的全面发展，实现人与自然的全面和谐。[1] "走出环境问题和生态危机，必须实现工业文明各个维度的联动变革。"[2] 协调发展和绿色发展都强调要在发展中实现人与自然和谐共生，这对环境犯罪的治理具有重要指导意义。

---

[1] 参见蔡昉等：《新中国生态文明建设 70 年》，中国社会科学出版社 2020 年版，第 277 页。

[2] 钱易主编：《生态文明建设理论研究》，科学出版社 2020 年版，第 42 页。

在宪法序言"推动物质文明、政治文明、精神文明、社会文明、生态文明协调发展,把我国建设成为富强民主文明和谐美丽的社会主义现代化强国"的规定中,"推动物质文明、政治文明、精神文明、社会文明、生态文明协调发展"是手段和方法,"把我国建设成为富强民主文明和谐美丽的社会主义现代化强国"是目标。换言之,只有"推动物质文明、政治文明、精神文明、社会文明、生态文明协调发展",才能"把我国建设成为富强民主文明和谐美丽的社会主义现代化强国"。实际上,"推动物质文明、政治文明、精神文明、社会文明、生态文明协调发展"是协调发展与绿色发展的完整表述,即在物质文明、政治文明、精神文明和社会文明中注入"绿色"因素,实现经济社会发展与生态文明建设相协调。与此相适应,在协调发展的实现目标上,"美丽"就成为社会主义现代化强国的重要维度。为了保障协调发展和绿色发展顺利进行,保障美丽中国发展目标的实现,作为保障法的刑法不仅应当规定相应的环境犯罪来为此保驾护航,还应当在刑法立法和司法中确立绿色原则,实现整个刑法的生态化。

我国《宪法》第 26 条分两款对环境保护作出了原则性规定。第 1 款规定:"国家保护和改善生活环境和生态环境,防治污染和其他公害。"第 2 款规定:"国家组织和鼓励植树造林,保护林木。"虽然我国最高立法机关于 1982 年通过宪法时就已经作出该规定,且在历次宪法修正中未作过任何修改,但其迄今并未失去先进性。主要原因在于我国从 20 世纪 70 年代就已经开始了生态文明建设。例如,1972 年 6 月,在经济发展极为困难和严重滞后的情况下,我国依然派代表团参加了在瑞典首都斯德哥尔摩召开的联合国人类环境会议,并在大会上表明了自己的立场,这在很大程度上表达了我国对全球生态文明建设的高度责任感。之后,我国越来越广泛地参与到生态环境保护的国际活动中,从最初的参与者成为后来的推动者和引领者。[1] 正是在宪法关于环境保护之规定的推动下,1984年我国将环境保护上升为基本国策。从《宪法》第26条第1款的规定来看,环境保护中的"环境"不仅仅是指生活环境,还包括生态环境。这表明,我国最高立法机关是以广阔的视野来看待环境问题,并且很早就认识到了保护生态环境的重要性。"国家组织和鼓励植树造林,保护林木"的规定虽然将保护的范围仅限于林木,但在整个生态系统中,林木无疑发挥着最为重要的作用。我国目前的森林覆盖率远远低于31%这一全球的平均水平,人均森林面积仅为世界人均水平的1/4,人均森林蓄积只有世界人均水平的1/7,森林资源总量相对不足、质量不高、分布不均的状态仍未得到根本改变,林业发展还面临压力和挑战。[2] 我国缺林少绿的现实情况致使我国生态脆弱。正是为了解决这一现实问题,现行宪法将保护林木作为生态环境保护的重要举措,并在这一理念的指导下自改革开放以来实施了一系列重大林木建设工程,如京津风沙源治理工程、沿海防护林体系工程、天然林保护工程、退耕还林工程、自然保护区建设工程等,如今形成了山水林田湖草综合性治理理念。显然,宪法确认的环境保护理念对环境犯罪的治理具有重要指导意义。

根据我国《宪法》第89条的规定,除第(十八)项规定的"其他职权"外,国务院有17项职权。其中,第六项职权是"领导和管理经济工作和城乡建设、生态文明建设",这是2018年宪法修正案增设的内容,原来的内容是"领导和管理经济工作和城乡建设",没有领导和管理生态文明建设的内容。也就是说,2018年宪法修正案赋予了国务

---

〔1〕 参见蔡昉等:《新中国生态文明建设70年》,中国社会科学出版社2020年版,第197—259页。
〔2〕 参见蔡昉等:《新中国生态文明建设70年》,中国社会科学出版社2020年版,第112页。

院领导和管理生态文明建设的职权。这一职权的赋予显然对环境犯罪的治理具有重要的影响。一方面,环境犯罪治理不仅仅是刑法的任务,除刑法治理之外,其他法律的治理通常发挥着更为重要的作用。通过其他法律来治理环境犯罪,特别是通过环境行政法来治理环境犯罪,是环境犯罪治理的重要维度,并与通过刑法治理环境犯罪形成了一个有机统一的治理系统。另一方面,通过刑法治理环境犯罪通常需要其他法律治理手段的协助,如环境犯罪罪状的设置、证据的收集和审查判断、环境犯罪案件判决书的执行等都离不开环境行政法和环境行政管理机关的环境行政管理活动。

2. 宪法关于犯罪治理的直接规定及其对环境犯罪治理的指导意义

我国《宪法》第 28 条规定:"国家维护社会秩序,镇压叛国和其他危害国家安全的犯罪活动,制裁危害社会治安、破坏社会主义经济和其他犯罪的活动,惩办和改造犯罪分子。"这是我国宪法对犯罪治理的直接规定。环境犯罪属于一类新型犯罪,是生态文明时代犯罪的重要组成部分。如果一个国家的刑法体系中没有环境犯罪的罪刑规范,那么这个国家一定没有进入生态文明时代。所以,宪法关于犯罪治理的直接规定从逻辑上和事实上都包含对环境犯罪的治理,是对环境犯罪治理的直接规定。

对宪法关于环境犯罪治理的直接规定应当从立法论和适用论两方面来理解。从立法论上看,应当把事实上危害生态保护、破坏环境资源和污染环境的行为转化为法律的禁止性规定,使其成为规范上的违法行为,特别是应当把部分严重危害生态保护、破坏环境资源和污染环境的行为转化为刑法中的犯罪行为。从解释论上看,在法律将危害生态环境、破坏环境资源和污染环境的行为规定为犯罪的情况下,凡是实施了这种行为的,就必须受到相应的制裁。就刑法治理而言,凡是行为人实施了刑法规定的环境犯罪行为,就必须追究行为人的刑事责任,贯彻有罪必罚原则。

(二)宪法关于环境犯罪治理规定的基本特点及其局限性

在我国,宪法具有最高的法律效力,是国家的根本大法。所以,宪法的规定通常具有原则性和宣示性,不宜作为裁判的直接依据。宪法的规定通常通过其他法律的规定得以具体化后才能实现。例如,虽然宪法规定国家维护社会秩序、镇压和制裁犯罪、惩罚与改造犯罪分子,但必须通过建立刑事法律体系才能充分实现上述目的。宪法关于环境犯罪治理的规定亦如此。

一方面,宪法关于生态文明建设的规定只是强调要推动物质文明、政治文明、精神文明、社会文明、生态文明协调发展,把我国建设成为富强民主文明和谐美丽的社会主义现代化强国。但是,必须借助其他法律的生态化才能实现这一目标,特别是环境行政法、民法、刑法等法律。这为法律体系建设提出了两个方面的要求:其一,除宪法之外的所有法律必须将协调发展理念贯穿其中,实现整个法律体系的生态化;其二,除宪法之外的其他法律必须相互协调,即不但要将发展理念贯穿于环境行政法、民法、刑法等法律中,而且各个法律之间在推动协调发展上要协调。

另一方面,宪法关于环境保护的规定依然需要通过其他法律来落实。从社会主义生态文明建设的基本要求来看,广义上的环境保护主要由生态保护、环境良好和资源永续三方面组成,涉及面非常广泛,不能仅仅依靠环境行政法来完成,还需要其他法律部门的配合。要建立以宪法为龙头,以环境保护行政法为骨干,以其他法律为辅助的法律体系。而且,其他法律不是可有可无,而是必须跟进,要以自己特有的机制实现宪法关于环境保护的规定,要以开放的态度实现与环境行政法的协调,为环境保护法的有效实施提供助力。这里尤其值得一提的是刑法。刑法与环境保护法之间具有特殊关系。其一,刑法(特别是环境刑法)是环境保护法的保障法,如果没有环境刑法或者环境刑法不完备,那么环境保护法的规定就会因失去后盾而难以实施。例如,我国环境刑法所采用的空白罪状要求参照的法规,必须是国家层面的法律法规。[1] 也就是说,仅仅违反地方性法律和地方政府规章实施污染环境、破坏生态和环境资源的行为,不可能成立以"违反国家规定"为构成要件要素的犯罪,这显然会抹杀环境保护的地域性,进而不利于环境法的有效实施。其二,环境保护法通常将环境刑事责任作为环境法律责任的重要内容,更强化了环境保护法与环境刑法之间的联系。这就意味着宪法关于环境保护的规定,在通过环境保护法来实现的同时,也必须通过环境刑法来实现。

(三)刑法对环境犯罪宪法治理局限性之克服

抽象性是成文法的基本特点,也是成文法的局限性之一。对于成文法的抽象性,主要通过解释加以克服。但是,在没有宪法诉讼的我国,宪法的抽象性只能通过其他法律的规定加以克服。宪法关于环境犯罪治理的规定具有抽象性,这是由宪法作为国家根本大法的特点决定的。但是,宪法的这种抽象性规定恰恰体现了宪法在环境

---

[1] 我国环境刑法对空白罪状的表述有"违反国家规定"(第338条、第339条第1款、第344条、第344条之一)、"未经国务院有关主管部门许可"(第339条第2款)、"违反保护水产资源法规"(第340条)、"违反狩猎法规"(第341条第2款)、"违反野生动物保护管理法规"(第341条第3款)、"违反土地管理法规"(第342条)、"违反自然保护地管理法规"(第342条之一)、"违反矿产资源法的规定"(第343条)、"违反森林法的规定"(第345条第2款)。其中,使用最多的是"违反国家规定"。《刑法》第96条将"违反国家规定"界定为"违反全国人民代表大会及其常务委员会制定的法律和决定,国务院制定的行政法规、规定的行政措施、发布的决定和命令"。

犯罪治理上的局限性。宪法在环境犯罪治理上的局限性必须突破,否则,宪法关于生态文明建设和犯罪治理的规定就无法得到落实,宪法对环境犯罪治理的指导意义就会流于形式。然而,宪法的基本特点决定了,对于宪法的这种局限性,依靠宪法本身是无法突破的,必须通过其他法律来突破。

从我国法律体系的现状和发展趋势来看,宪法在环境犯罪治理上的局限性主要应当通过环境行政法、民法和刑法来突破。需要利用环境行政法、民法和刑法各自的机制,来实现宪法关于生态文明和环境犯罪治理的规定。具体而言:一方面,通过环境行政法和民法把一般环境违法行为规定下来,并设置相应的制裁措施,抑制人们实施一般环境违法行为。另一方面,通过刑法把严重危害生态环境的行为上升为犯罪,设置一定的罪状、配置相应的刑罚,威慑人们不要去实施危害生态环境的行为,并以此形成保护生态环境的意识,增强社会成员对生态环境保护法律的认同感和忠诚感。

**二、民法治理的末端性**

(一)民法关于环境犯罪治理的规定

1. 侵权责任法关于环境犯罪治理的规定

通过民法来治理环境犯罪,是世界各国预防和治理环境犯罪的重要方式之一,集中体现为民法中有关环境侵权责任的规定。各国民法都将环境污染和生态破坏责任规定为侵权责任的一种,我国也不例外。早在1986年《中华人民共和国民法通则》(已失效,以下简称《民法通则》)中就规定了环境污染致人损害的民事责任。1986年《民法通则》第124条规定:"违反国家保护环境防止污染的规定,污染环境造成他人损害的,应当依法承担民事责任。"显然,将污染环境造成他人损害的行为规定为依法应当承担民事责任的行为,具有防止环境侵权行为向环境犯罪发展的功能,对环境犯罪具有一般预防意义,是治理环境犯罪的重要举措。

2009 年通过的《中华人民共和国侵权责任法》(已失效,以下简称 2009 年《侵权责任法》)第八章规定了"环境污染责任",用 4 个条文(第 65 条至第 68 条)对环境污染责任作出了较为详尽的规定。第 65 条属于一般规定,即污染者因污染环境造成损害的,应当承担侵权责任;第 66 条规定了举证责任倒置,即污染者应当就两种情形承担举证责任:(1)法律规定的不承担责任或者减轻责任的情形;(2)污染者实施的污染行为与损害之间不存在因果关系。第 67 条规定了环境侵权的按份责任,即两个以上污染者污染环境的,根据污染物的种类、排放量等因素在污染者之间分配责任。第 68 条规定了因第三人过错污染环境造成损害的民事责任,即污染者与第三人之间承担连带赔偿责任。这些规定对治理环境犯罪的作用主要表现为两个方面:其一,从实体上看,除了一般性地规定污染者应当对其造成环境损害的污染行为承担责任,还对如何承担环境污染责任作出了相对具体的规定,提高了可操作性。其二,从程序上看,明确规定了举证责任倒置,蕴含着责任推定和因果关系推定原理[1],明显有利于环境污染责任的实现。

---

[1] 2009 年《侵权责任法》第 66 条关于污染者应当就法律规定的不承担责任或者减轻责任的情形承担举证责任的规定,实际上规定了责任推定,即只要出现污染行为且出现了环境损害结果,就推定污染者有责任或者有完全责任;如果污染者能够举证证明其行为属于法律规定的不承担责任或者减轻责任的情形,就推翻原来的责任推定,污染者不承担责任或者减轻责任。该条关于污染者承担污染行为与损害结果之间不存在因果关系的规定,实际上规定了因果关系推定,即只要存在污染环境的行为且出现了环境损害的结果,就推定污染者承担民事责任;如果污染者能够证明其污染行为与损害结果之间不存在因果关系,就推翻原来的推定。

2020年通过的《民法典》在总则编和侵权责任编中分别对环境犯罪治理问题作出了规定。总则性规定集中体现为《民法典》第9条。该条规定:"民事主体从事民事活动,应当有利于节约资源、保护生态环境。"此即《民法典》确立的绿色原则。此规定意义重大,是民法生态化的集中体现,也是对社会主义生态文明建设的有力回应。分则性规定集中体现为第七编"侵权责任"第七章"环境污染和生态破坏责任",用7个条文(第1229条至第1235条)对环境污染和生态破坏责任作出了详尽的规定。第1229条是对环境污染和生态破坏责任的一般性、原则性规定,即行为人因其污染环境、破坏生态的行为对他人造成损害的,应当承担侵权责任。第1230条规定了举证责任倒置,即行为人因其污染环境、破坏生态而发生纠纷的,应就两种情形承担举证责任:(1)法律规定的不承担责任或者减轻责任的情形;(2)行为人所实施的污染环境、破坏生态行为与损害之间不存在因果关系。第1231条规定了环境污染、生态破坏的按份责任,即两个以上污染环境、破坏生态者根据污染物的种类、浓度、排放量,破坏生态的方式、范围、程度以及行为对损害后果所起的作用等因素,分配责任。第1232条规定了惩罚性赔偿,即侵权人违反法律规定故意污染环境、破坏生态造成严重后果的,被侵权人有权请求相应的惩罚性赔偿。第1233条规定了因第三人的过错污染环境、破坏生态的侵权责任,即因第三人的过错污染环境、破坏生态的,由侵权人与第三人承担连带责任。第1234条规定了生态环境修复责任。[1] 第1235条规定了公益诉讼的赔

---

[1] 根据该条规定,生态环境修复责任的成立条件有四个:(1)违反国家规定造成生态环境损害;(2)生态环境能够修复;(3)在合理的期限内承担修复责任;(4)请求权人是国家规定的机关或者法律规定的组织。另外,如果侵权人在期限内未修复的,请求权人可以自行或者委托他人进行修复,但所需费用由侵权人负担。

偿范围。[1] 可见,《民法典》关于环境的治理,既有对2009年《侵权责任法》的继承和发展,也有根据时代要求作出的创新。[2] 这些规定对环境的治理具有重要作用。首先,《民法典》在肯定2009年《侵权责任法》第八章"环境污染责任"之规定的基础上,把环境的治理范围从过去的环境污染扩大至包括环境污染和生态破坏,扩大了环境治理的范围。因为与环境相比,生态更具有根本性,"生态"概念是一个整体性和综合性的概念,生态学方法是超越物理科学的方法。[3] 其次,《民法典》将修复生态环境作为环境污染和生态破坏的责任形式规定了下来,拓宽了责任形式的范围,对环境犯罪治理具有较强的适应性和适用性。最后,《民法典》明文规定了公益诉讼的赔偿范围,对助推公益诉讼和保护生态环境具有不容忽视的作用。

2. 物权法关于环境犯罪治理的规定

在民法领域,除侵权责任法之外,另一个与环境犯罪治理有关的法律是物权法。在1986年颁布的《民法通则》第五章"民事权利"下第一节"财产所有权和与财产所有权有关的财产权"中,就对国家财产所有权、集体财产所有权和公民个人财产所有权作出了规定。就

---

[1] 根据该条规定,赔偿的前提是违反国家规定造成生态环境损害。赔偿范围包括:(1)生态环境受到损害至修复完成期间服务功能丧失导致的损失;(2)生态环境功能永久性损害造成的损失;(3)生态环境损害调查、鉴定评估等费用;(4)清除污染、修复生态环境费用;(5)防止损害的发生和扩大所支出的合理费用。赔偿请求主体是国家规定的机关或者法律规定的组织。
[2] 《民法典》第1229条至第1233条是对2009年《侵权责任法》第八章"环境污染责任"的继承和发展。继承之处表现为完全继承了2009年《侵权责任法》第八章"环境污染责任"的基本原理,发展之处表现为将原来的"环境污染"变更为"污染环境、破坏生态",扩大了治理范围。《民法典》第1234条和第1235条是根据生态文明建设的要求和实践作出的创新性规定。
[3] 参见钱易主编:《生态文明建设理论研究》,科学出版社2020年版,第34—35页。

环境犯罪的治理而言,集中体现于《民法通则》第 74 条第 2 款、第 80 条和第 81 条的规定。根据第 74 条第 2 款和第 80 条的规定,土地归国家和集体所有,可以由全民所有制单位和集体所有制单位使用,公民和集体依法对集体所有的或者国家所有由集体使用的土地的承包经营权受法律保护;土地不得买卖、出租、抵押或者以其他形式非法转让。根据第 81 条的规定,森林、山岭、草原、荒地、滩涂、水面等自然资源由国家所有,可以依法由全民所有制单位使用,也可以依法确定由集体所有制单位使用,国家保护其使用权和收益权;对集体所有的或者国家所有由集体使用的森林、山岭、草原、荒地、滩涂、水面,公民、集体依法有承包经营权,并受法律保护。全民所有制单位、集体所有制单位和公民依法可开采国家所有的矿藏,国家保护合法的采矿权。对集体所有的或者国家所有由集体使用的森林、山岭、草原、荒地、滩涂、水面,公民、集体依法有承包经营权,且受法律保护。国家所有的矿藏、水流,国家所有的和法律规定属于集体所有的林地、山岭、草原、荒地、滩涂不得非法转让。显然,这些规定建立了土地和自然资源所有权的基本秩序,在很大程度上实现了自然资源占有、使用、收益和处分的有序性,对有效预防破坏环境资源的犯罪具有重要的现实意义。

2007 年通过的《中华人民共和国物权法》(已失效,以下简称 2007 年《物权法》),对自然资源的所有权作出了较为详尽的规定,集中体现在第二编第五章"国家所有权和集体所有权、私人所有权"的规定中。根据 2007 年《物权法》第 46 条至第 49 条的规定,矿藏、水流、海域属于国家所有;城市的土地以及法律规定的部分农村和城市郊区的土地属于国家所有;除法律规定属于集体所有之外的森林、山岭、草原、荒地、滩涂等自然资源,属于国家所有;法律规定属于国家所有的野生动植物资源,属于国家所有。根据第 58 条第(一)项的规定,法律规定属于集体所有的土地和森林、山岭、草原、荒地、滩涂,属于集体所有。除此之外,对自然资源所有权的行使也作出了明确规定。较之于《民法通则》对土地和自然资源之所有权和使用权的规定,2007年《物权法》拓展了对自然资源的保护范围,而且规定了较为丰富的保护方法,强化了对自然资源的管理。这些规定对从整体上预防破坏环境资源犯罪具有重要意义。

2020年通过的《民法典》第二编"物权"第五章"国家所有权和集体所有权、私人所有权"专门规定了国家和集体对自然资源的所有权,在2007年《物权法》的基础上增加了无居民海岛的国家所有权(第248条),同时明文规定对耕地实行特殊保护,即严格限制农用地转为建设用地,控制建设用地总量,而且不得违反法律规定的权限和程序征收集体所有的土地(第244条)。显然,《民法典》物权编在2007年《物权法》的基础上扩大了国家的自然资源所有权的范围,即扩大了对自然资源的保护范围,对破坏环境资源犯罪的治理具有积极作用。除国家和集体对自然资源所有权的规定之外,物权编中对相邻不动产之间不可量物侵害的规定(第294条)、对自然资源有偿使用制度的规定(第325条)、对用益物权人权利的行使的规定(第326条)等,均属于重要的环境犯罪的非刑法治理措施。另外,《民法典》合同编中关于合同履行原则的规定和标的物包装方式的规定[1],亦与生态环境保护直接相关。

---

[1] 关于合同履行原则,《民法典》第509条第3款规定:"当事人在履行合同过程中,应当避免浪费资源、污染环境和破坏生态。"关于标的物包装方式,《民法典》第619条后段规定:"对包装方式没有约定或者约定不明确,依据本法第五百一十条的规定仍不能确定的,应当按照通用的方式包装;没有通用方式的,应当采取足以保护标的物且有利于节约资源、保护生态环境的包装方式。"

(二)民法关于环境犯罪治理规定的特点及其局限性

1. 从侵权责任法看民法关于环境犯罪治理之规定的特点及其局限性

民法中侵权责任法对环境犯罪治理的规定具有一个鲜明的特点,即以污染环境、破坏生态的行为造成损害后果为行为人承担民事责任的条件,属于末端治理和事后治理。在1986年颁布的《民法通则》中,仅用一个条文(第124条)对环境犯罪治理问题作出了规定,即:"违反国家保护环境防止污染的规定,污染环境造成他人损害的,应当依法承担民事责任。"2009年《侵权责任法》第65条属于环境污染侵权责任的一般规定,其内容是:"因污染环境造成损害的,污染者应当承担侵权责任。"《民法典》第1229条是对环境污染和生态破坏责任的一般规定,其内容是:"因污染环境、破坏生态造成他人损害的,侵权人应当承担侵权责任。"显然,从《民法通则》关于污染环境责任的一般规定到2009年《侵权责任法》关于污染环境责任的一般规定,再到《民法典》关于环境污染和生态破坏责任的一般规定,都是以造成环境损害为承担污染环境责任或者污染环境、破坏生态责任的成立条件。换言之,只有污染环境、破坏生态造成实际损害时才应当承担民事责任;造成污染环境、破坏生态之危险的,不承担污染环境、破坏生态责任。显然,从民法中环境侵权责任法的规定来看,民法在环境犯罪的治理上始终坚持的是结果主义治理立场。这种对污染环境、破坏生态责任的条件设定,具有明显的事后性特点,未能实现对环境犯罪的提前干预,属于典型的末端治理,不利于有效预防环境犯罪。

2. 从《民法典》物权编的规定看民法关于环境犯罪治理之规定的特点及其局限性

从《民法典》物权编的规定来看,《民法典》对环境犯罪的治理有不同于通过侵权责任法对环境犯罪进行治理的特点,也暴露出《民法典》对环境犯罪治理具有局限性。

一方面,从客观方面看,民法在环境犯罪的治理上,源头治理、过程治理与末端治理兼而有之。既然我国《民法典》规定了国家和集体对自然资源的所有权,那么国家和集体就是民事主体。对这两种民事主体的自然资源的所有权的侵犯,就要承担民事责任。换言之,《民法典》物权编关于环境犯罪治理的规定主要是指国家和集体对自然资源所有权的规定以及侵犯这种所有权所应承担的民事责任。从《民法典》第179条的规定来看,可适用于行为人侵犯国家和集体对自然资源所有权的民事责任承担形式,包括停止侵害、排除妨碍、消除危险、恢复原状、赔偿损失五种。[1] 其中,停止侵害发生在自然资源受到侵害的过程中,即自然资源已经受到了侵害才能适用停止侵害;排除妨碍主要适用于对国家和集体行使自然资源所有权造成妨碍的情形,不需要侵害结果的出现;消除危险主要适用于对国家和集体的自然资源所有权有造成侵害之危险的情形;恢复原状和赔偿损失显然适用于对国家和集体对自然资源的所有权造成实际侵害的情形。所以,从环境犯罪治理的角度而言,排除妨碍和消除危险属于源头治理,停止侵害属于过程治理、恢复原状和赔偿损失属于末端治理。但是,从近年来我国自然资源保护的实际情况来看,对侵犯自然资源所有权的基本民事治理方式是停止侵害、恢复原状和赔偿损失,主要属于末端治理。

另一方面,从主观方面看,在自然资源侵权上实行的是过错责

---

[1] 返还财产、修理、重作、更换、继续履行,支付违约金,消除影响、恢复名誉以及赔礼道歉,不适用于侵犯国家和集体对自然资源的所有权。

任。《民法典》没有规定专门的自然资源侵权责任,所以从侵权责任的一般规定来看,对侵犯国家和集体对自然资源的所有权的行为只能适用过错责任,即行为人在侵犯国家和集体对自然资源的所有权时主观上持有故意或过失的,才承担相应的民事责任,而不承担过错推定责任。这也就意味着在侵犯国家和集体对自然资源所有权的场合,必须证明行为人主观上有故意或者过失,不能在未证明的情况下就让其承担民事责任。显然,从程序治理的角度看,这种治理模式具有较强的末端性。

(三)刑法对环境犯罪民法治理局限性之克服

不论是从侵权责任法还是从物权法的规定来看,民法对环境犯罪的治理主要是一种末端治理。换言之,按照民法的设置,对环境犯罪的治理主要是一种事后治理。这种治理方式是由民法的性质决定的。民法是调整平等主体之间的财产关系和人身关系的法律规范的总称,所以民法在性质上属于私法,强调主体之间的平等性,在每一个民事案件中主体都是很明确的。民法的这种性质就决定了民事责任主要是一种恢复性法律责任,而不是制裁性法律责任,惩罚性制裁措施仅限于特别规定(如惩罚性赔偿),由特殊侵权责任法作出规定。

民事责任的恢复性决定了民事责任不可能具有预防性。就环境犯罪治理而言,在民法上不可能要求将有造成损害结果之危险的行为规定为民事侵权行为,进而追究民事责任。显然,这是民法在环境犯罪治理方面的基本特点,也是民法在环境犯罪治理上的局限性和不足。[1] 对于这种局限性,恐怕得借助环境刑法来克服。实际上,

---

[1] 参见褚雨、李梁:《污染环境罪刑法治理早期化问题探究》,载《中共郑州市委党校学报》2019年第5期。

环境刑法完全可以通过设立危险犯来解决这一问题。环境刑法中危险犯的设立,意味着在客观上实现了对环境犯罪的早期化治理。换言之,民法对环境犯罪治理之末端性和事后性这一局限,只能通过设立危险犯来克服。关于这一点,面临的理论困境可能是受到刑法谦抑主义的诟病。[1] 但笔者认为,对刑法谦抑主义应当进行合理评价。一方面,刑法谦抑主义是刑事古典学派时期提出的一种理论。在这一时期,基于对封建刑法之恣意性、干涉性、身份性和残酷性的反动,政治法律思想家提出了刑法谦抑主义,旨在保障人权。换言之,刑法谦抑主义是与依法治国理念紧密联系在一起的,或者说是依法治国理念的重要组成部分。当今时代,已完全不同于刑事古典学派盛行的时代,西方国家普遍进入后法治时代,我国当前面临着法治建设与风险防范的双重任务,而且法治建设与风险防范通常交织在一起,对法治建设提出了严峻的挑战。在这种背景下,用古典的只强调人权保障的刑法谦抑主义来指导刑事立法和司法,显然不合时宜。另一方面,刑法的社会机能包括人权保障和社会保护两个方面,但刑法谦抑主义是以人权保障为基底的,因而是单向度的。将这种具有单向度的理论凌驾于所有刑法理论之上,对所有的犯罪化立法和刑罚化立法进行批评显然是不合适的。因而,罪刑规范的设置不应当受民法的制约,环境刑法对环境犯罪的早期化治理亦如此。

从主观构成要件层面来看,根据《民法典》物权编对国家和集体的自然资源所有权及相应的法律责任的规定,民法对环境犯罪的治理采取的是过错责任。过错责任对证明责任的增加(与无过

---

[1] 传统刑法学认为,与民法、行政法等法律相比,刑法具有补充性。基于刑事一体化考虑,刑法与侵权行为法、行政处罚法共同构筑防范犯罪的法律堤坝,刑法是这一堤坝的最后一道防线,是防范犯罪的最后手段。参见陈兴良:《本体刑法学》(第三版),中国人民大学出版社2017年版,第62—63页。

错责任相比),使得民法对环境犯罪的治理在程序上具有了末端性,这也是民法在环境犯罪治理方面的不足。对于这种不足,显然不能通过在国家和集体的自然资源所有权方面引入过错推定责任来克服,只能通过在环境刑法中引入相对严格责任[1]来改变。而在环境刑法中引入严格责任,使处罚得以提前,属于刑法对环境犯罪的早期化治理。

### 三、环境行政法治理的不严厉性

除宪法和民法之外,在环境犯罪的治理上,由各层次和种类构成的环境行政法,在环境犯罪治理方面承担着重要任务。所以,应当总结环境行政法在环境犯罪治理方面的特点,指出其局限性并寻求解决方案。

(一)环境行政法对法律责任的规定

从世界范围来看,专门用于环境保护的法律是指环境行政法,包括环境保护基本法、环境保护单行法、国务院及其各部委制定颁布的环境保护法规和部门规章以及地方性环境保护法规、地方政府规章等。其中,最为基本的法律是环境保护基本法,环境保护单行法是对环境保护基本法的具体展开,但有特别规定。我国环境保护法的形成,一般采取的是从地方到中央、从行政机关立法到权力机关立法的形成过程。换言之,国务院及其各部委制定颁布的行政法规和部门规章以及地方性法规和地方政府规章一般先于环境保护基本法和单

---

[1] 严格责任是英美法系国家刑法中的责任形式,起初采用的是绝对严格责任,即不允许被告人抗辩的严格责任,后来改为相对严格责任,即允许被告人以证明没有故意和过失进行抗辩,实际上是过错推定责任。参见刘仁文:《刑法中的严格责任研究》,载《比较法研究》2001年第1期;赖早兴:《美国刑法中的严格责任犯罪:争议、解决方案及其启示》,载《环球法律评论》2018年第3期。

行法。所以,对环境行政法治理环境犯罪现状的分析,从环境保护基本法和其他环境行政法两个层面展开比较妥当。

1. 环境保护基本法关于环境犯罪治理的规定

我国的环境保护基本法立法经过了从 1979 年《中华人民共和国环境保护法(试行)》(已失效,以下简称 1979 年《环境保护法》)到 1989 年《环境保护法》,再到 2014 年《环境保护法》(现行《环境保护法》)的发展过程。1979 年《环境保护法》仅用一个条文(第 32 条)规定了污染和破坏环境的法律责任,1989 年《环境保护法》第五章用 11 个条文(第 35 条至第 45 条)系统规定了法律责任,现行《环境保护法》第六章也用 11 个条文(第 59 条至第 69 条)规定了法律责任。现行《环境保护法》对法律责任的规定分为三类:(1)行政责任,即第 59 条至第 63 条、第 67 条、第 68 条等 7 个条文的规定。(2)民事责任,即第 64 条至第 66 条的规定。第 64 条和第 65 条规定了环境民事责任的成立条件,第 66 条规定了环境民事责任的诉讼时效。从前两条的规定来看,环境民事责任的成立条件之一是因污染环境和破坏生态造成损害,这比较符合民事责任的特点,属于末端治理和事后治理。(3)刑事责任,即第 69 条的规定:"违反本法规定,构成犯罪的,依法追究刑事责任。"由此来看,承担环境刑事责任的前提是违反环境保护基本法的规定,这也是环境刑事责任的基本特点。可见,环境保护基本法规定的法律责任实际上是由行政责任、民事责任和刑事责任构成的,表明环境保护法还没有专有的责任形式。其中,环境犯罪的环境行政法治理,仅限于环境保护法对行政责任的规定。

从现行《环境保护法》对行政责任的规定来看,环境保护行政责任有两种:一是环境行政处罚责任,即行政相对人违反环境保护法而应承担的责任(第 59 条至第 63 条),处罚种类包括罚款、责令限制生产、停产整治,责令停业、关闭,责令恢复原状,责令公开,予以公告,拘留等。二是环境行政处分责任,即环境行政管理者违法行使环境保护监督管理职权而应承担的责任(第67条和第68条)。处分种类包括向有关机关或者监察机关提出处分建议、记过、记大过、降级、撤职、开除、引咎辞职等。

2.其他环境保护行政法关于环境犯罪治理的规定

近年来,随着生态文明建设的有效推进,我国最高立法机关不仅对环境基本法作出了大幅度修改,而且对几乎所有的环境保护单行法作出了修改,还制定了新的环境保护基本法;与此同时,国务院及其部委,以及地方人大和地方政府制定颁布了一系列环境保护行政法规、部门规章以及地方性法规和地方政府规章。生态文明建设的基本目标在于实现生态安全、环境良好和资源永续[1],以此为根据可将我国环境保护基本法之外的环境行政法分为三大类[2]:一是生态保护法。虽然生态保护在生态文明建设中处于基础和保障地位,但人们对生态保护的认识远远晚于对环境污染防治和自然资源破坏的认识。所以,与环境污染防治立法和自然资源保护立法相比,生态保护立法要相对较晚,且仍然处于探索阶段。近年来,在党中央的领导下,全国人大和地方国家权力机关及行政机关也制定颁布了一些生态保护方面的法律法规,如《水土保持法》《野生动物保护法》《自然保护区条例》《云南省生物多样性保护条例》等。二是环

---

[1] 参见蔡昉等:《新中国生态文明建设70年》,中国社会科学出版社2020年版,第33页。
[2] 需要说明的是,这种分类只具有相对意义,因为环境污染防治法和自然资源保护法本身就蕴含保护生态的内容。例如,《野生动物保护法》在维护生态平衡的同时,也发挥着保护野生动物资源的重要作用。又如,《水污染防治法》在承担防止水质被污染之责任的同时,自然而然地保护了水资源。再如,《森林法》《草原法》等自然资源保护法在保护自然资源的同时,必然发挥着维护生态平衡的作用。

境污染防治法。在环境保护行政法体系中,该类法律法规是最多的,如《水污染防治法》《大气污染防治法》《固体废物污染环境防治法》《环境噪声污染防治法》《海洋环境保护法》等。三是自然资源保护法。保护自然资源历来是我国环境立法的重点,所以目前在我国形成了以单行法为核心和引领、以行政法规和部委规章以及地方性法规和地方政府规章为具体展开的丰富的自然资源保护法律体系。在单行法层面,有《土地管理法》《农业法》《森林法》《草原法》《水法》《防沙治沙法》等;在行政法规层面,有《土地复垦条例》《基本农田保护条例》《草原防火条例》等。

从以上法律、法规、规章等对违法行为的构成和法律责任的规定来看,我国目前在环境犯罪的治理模式上坚持的是过程治理,而非末端治理。这些法律大都规定了三种法律责任,即行政责任、民事责任和刑事责任。其中,行政责任包括行政相对人承担的法律责任和行政主管部门直接负责的主管人员和其他直接责任人员承担的法律责任。不论是哪种责任,成立条件均是违反相关法律法规或者违反职权要求,实害结果的出现通常是加重处罚的情形。例如,根据《水土保持法》第52条的规定,在林区采伐林木不依法采取防止水土流失措施的,由县级以上地方人民政府林业主管部门、水行政主管部门责令限期改正,采取补救措施;造成水土流失的,由水行政主管部门按照造成水土流失的面积处每平方米2元以上10元以下的罚款。又如,根据《水污染防治法》第83条的规定,违反《水污染防治法》进行排污的,由县级以上人民政府环境保护主管部门责令改正或者责令限制生产、停产整治,并处10万元以上100万元以下的罚款;情节严重的,报经有批准权的人民政府批准,责令停业、关闭。再如,根据2018年的《野生动物保护法》第42条的规定,野生动物保护主管部门或者其他有关部门、机关有不依法履行职责的行为的，由本级人民政府或者上级人民政府有关部门、机关责令改正，对负有责任的主管人员和其他直接责任人员依法给予记过、记大过或者降级处分；造成严重后果的，给予撤职或者开除处分，其主要负责人应当引咎辞职。

(二)环境行政法关于环境犯罪治理的特点及局限性

通过分析环境行政法关于环境犯罪治理的规定不难发现，环境犯罪的行政法治理有三个显著特点：首先，环境行政责任的承担以违反环境保护法律或者环境保护法规定的职责为前提。这里的环境保护法，是指广义上的环境保护法，主要包括环境保护基本法、单行环境保护法、国务院及其各部委制定颁布的环境保护行政法规和行政规章、地方性环境保护法规、地方政府规章等。[1] 其次，环境行政责任的成立并不以造成环境污染或生态损害结果为要件，或者说，造成环境污染或生态损害结果通常是加重处罚的条件。最后，与环境犯罪的民法治理在有些情况下实行无过错责任[2]不同，环境犯罪的行政法治理主要实行的是过错责任。由此来看，环境犯罪的行政法治理与环境犯罪的民法治理有两点不同：其一，环境犯罪的民法治理主要是末端治理或事后治理，而环境犯罪的行政法治理主要是过程治

---

[1] 现行《环境保护法》只是在少数条文中规定了"违反本法规定"（第62条、第68条第（五）项和第69条），并将所违反的法律限定为现行《环境保护法》。除此之外，多数条文(参见现行《环境保护法》第25条、第34条、第38条、第49条第3款、第59条、第63条、第65条等条款的规定)将所违反的法律规定为"法律法规"，而且第59条第3款明文规定："地方性法规可以根据环境保护的实际需要，增加第一款规定的按日连续处罚的违法行为的种类。"由此不难判断出，我国环境保护基本法所说的违法实质上是指违反广义上的环境保护法。

[2] 在我国环境法律责任体系中，实行严格责任的主要是环境侵权责任，如《环境保护法》第6条和第64条、《民法典》第1229条、《固体废物污染环境防治法》第122条、《水污染防治法》第96条、《环境噪声污染防治法》第61条等。

理。其二，环境犯罪的民法治理在责任形式上采取了一定的无过错责任，而环境犯罪的行政法治理在责任形式上采取的是过错责任。从承担责任的方式来看，民事责任的承担方式与行政责任的承担方式虽然存在很大不同，但从性质和程度上看，均不属于刑事制裁措施。

环境行政法属于行政法的范畴，从立法法、行政法和司法法的分类来看，行政法的指导原理是合目的性。[1] 所以，环境行政法的目的在于实现环境行政管理的目的。而且，在整个国家法律制裁体系中，行政制裁和民事制裁属于同一级别，都是对一般违法行为的制裁，属于最轻微的制裁。因而，如果把环境行政法律责任普遍配置于造成生态损害、严重环境污染、严重自然资源破坏等行为中，那么必然出现"罪刑不相适应"的结果。所以，就环境犯罪的治理而言，环境行政法治理只能属于源头治理和过程治理，其目的在于预防环境犯罪的发生，这是由环境行政法的性质决定的。但是，正是环境犯罪行政法治理的这种特点，决定了环境行政法治理所具有的局限性，集中表现为处罚措施不严厉，致使违法成本过低。

环境犯罪是工业文明的产物。"工业文明是我们更为熟悉的文明形态，也被普遍认为是造成现今生态危机和环境问题的罪魁祸首，其根源应该是自然科学，尤其是数学的革命性发展和由此兴起的对能源和机械的大规模使用。"[2] 工业文明是以人类为中心的文明形态，是以所有权理论和自由主义为基础的文明形态。所以，在生态文明还未完全超越工业文明的情况下，在环境犯罪过程中往往伴随着行为人对成本与收益关系的计算，在环境违法犯罪行为能够得到

---

[1] 参见张明楷：《刑法学》（第五版），法律出版社2016年版，第16页。
[2] 钱易主编：《生态文明建设理论研究》，科学出版社2020年版，第52页。

有效追究的情况下尤其如此。就环境行政处罚责任而言，责任形式主要有罚款、责令限制生产、停产整治、责令停业、关闭、责令恢复原状、责令公开、予以公告、拘留等，当行为人通过理性计算后得知，通过违反环境行政法能够获得很大的经济收益时，这些处罚措施就不足以阻止其实施违法行为。通过一次违法行为获得的经济收益，甚至是通过十几年、几十年的合法经营都无法获得的。在这种情况下，行为人就不会把这些行政处罚放在眼里。更何况在法治不健全的社会，逃避处罚也成为行为人实施违法行为的重要心理根据。所以，即便是在环境违法行为能够得到有效追究的情况下，环境行政违法的成本也会小于环境违法的收益，这正是促使行为人不担心受到行政处罚而实施环境违法行为的主要原因。就环境行政处分责任而言，违反法定职责的行为人显然不会在违法与他人获得收益之间进行计算，但通常会在违法与自己通过受贿等方式获得收益之间进行计算；而且，其违法行为得不到追究也是促使其为他人的环境违法行为"开绿灯"的重要心理根据。所以，就行政处分责任而言，在违法行为（保护受贿等犯罪行为）能够得到有效追究的情况下，违法的成本往往大于违法的收益。总之，环境行政法的特点决定了其处罚存在天然的不严厉性，即便是在环境违法行为能够得到有效追究的情况下，也会出现违法收益大于违法成本的情况，从中体现出的是，环境犯罪的行政法治理天然存在不严厉性。

(三) 刑法对环境犯罪行政法治理局限性之克服

环境犯罪的行政法治理虽然是预防环境犯罪的重要的、不可或缺的治理方式，但是，环境犯罪的行政法治理的不严厉性，致使在有些情况下行为人的违法成本小于其通过违法所获得的收益。对于这种情况，只能通过刑法加以克服。

刑法规定的环境犯罪通常与环境行政法规定的环境违法具有同构性,即便不存在同构性,也应当在协调性原则的指导下通过环境刑法改革,使得环境犯罪与环境行政违法之间具有同构性。环境违法行为与环境犯罪行为之间的同构性,既可以从环境行政法中找到依据,也可以从环境刑法中找到依据。

从环境行政法的角度来看,不论是环境保护基本法还是环境保护单行法以及其他环境行政法,在规定法律责任时通常将刑事责任作为最后的责任方式规定下来,而且在行为构成上几乎没有区别。例如,我国《环境保护法》第69条规定:"违反本法规定,构成犯罪的,依法追究刑事责任。"这就意味着环境犯罪的成立必须以违反环境保护法为前提,环境违法与环境犯罪之间在逻辑上属于属种关系。环境违法属于属概念,环境犯罪属于种概念,环境违法的外延要大于环境犯罪的外延,环境犯罪当然属于环境违法行为,但环境违法行为则不一定属于环境犯罪。又如,我国《固体废物污染环境防治法》第123条规定:"违反本法规定……构成犯罪的,依法追究刑事责任……"这就意味着,固体废物污染环境类犯罪[1]的成立必须以违反固体废物污染环境防治法为前提。不但违反固体废物污染环境防治法是固体废物污染环境类犯罪的构成要件要素,而且在其他成立条件(如行为类型)上也具有同构性。[2]

从刑法对环境犯罪的罪状设置来看,通常将违反环境行政法作为环境犯罪成立的前提。例如,立法者在污染环境罪的罪状设置

---

[1] 结合我国《固体废物污染环境防治法》和《刑法》的规定来看,固体废物污染环境类犯罪主要涉及两种类型的犯罪:一是污染类犯罪,主要有污染环境罪、非法处置进口的固体废物罪、擅自进口固体废物罪、走私废物罪等;二是渎职类犯罪,主要有环境监管失职罪、滥用职权罪、玩忽职守罪等。

[2] 如果在行为类型上不具有同构性,就会出现违反环境刑法的行为不属于环境行政违法行为,进而就不会违反环境行政法的规定的情形。

上,就将"违反国家规定"作为该罪的构成要件要素之一,使得污染环境罪的成立对环境行政法具有强烈的依附性。[1] 这种情形几乎存在于所有的环境犯罪中。即便在环境犯罪的罪状中没有明文规定违反环境行政法的场合,违反环境行政法也是不成文的构成要件要素。显然,在法典化立法模式下,立法者将环境犯罪的罪状普遍设置为空白罪状是不得已而为之,反映了环境法秩序的高度统一性,同时映射出环境犯罪与环境行政违法的同构性。

从环境犯罪与环境行政违法行为的同构性来看,当环境行政法责任不足以遏制环境违法行为时,追究刑事责任只意味着责任程度的加剧,而并未改变行为的性质。换言之,运用刑事责任来治理环境违法行为,意味着加大了违法成本,显然对内含理性计算成分的环境违法具有明显的治理效果。所以,面对环境行政法的不严厉性,环境刑法通常成为遏制环境违法犯罪的不二选择。笔者在前文中已经指出,环境行政责任的成立并不以违法行为造成损害结果为前提,属于过程治理。所以,为了克服环境行政违法行为的不严厉性的局限,从环境行政违法行为与环境犯罪的同构性出发,环境犯罪也不应当以造成实害结果为构成要件要素。换言之,环境行政一般违法行为与环境犯罪的同构性决定了环境犯罪是(或应当是)危险犯,实害结果的出现通常是加重处罚的条件。[2] 因而,通过刑法来克服环境行政法在环境犯罪治理上的局限性,意味着环境犯罪刑法治理的早期化。

---

[1] 参见苏永生:《论污染环境罪的附属性》,载《武汉科技大学学报(社会科学版)》2015年第4期。
[2] 参见李梁:《中德两国污染环境罪危险犯立法比较研究》,载《法商研究》2016年第3期。

**本章小结**

自环境法(包括环境刑法)产生以来,不论是在人类中心主义环境犯罪观还是在破坏人与自然和谐关系的环境犯罪观的支配下,均形成了环境犯罪刑法治理的早期化。只不过在保护范围上,人类中心主义环境犯罪观主张对人身和财产利益进行早期保护,而破坏人与自然和谐关系的环境犯罪观强调应当将保护范围扩大到人身和财产利益之外的环境要素。在两种环境犯罪观的指导下,危险犯不但作为环境犯罪的基本犯规定下来,而且处罚过失犯成为刑法干预的常态;同时在司法证明上普遍实行因果关系推定和过错推定。显然,环境法产生以来所形成的两种环境犯罪观,为环境犯罪刑法治理的早期化提供了重要的现实依据。从事实上看,环境犯罪行为具有与工业生产的伴随性和因科学技术的运用而形成的隐蔽性,而科学的不确定性和环境问题的风险性决定了环境犯罪的结果具有不可预测性和不可控性。环境犯罪行为的这些事实性特点决定了对环境犯罪只能进行预防性治理,进而决定了对环境犯罪的刑法治理只能走早期化治理之路,这是环境犯罪刑法治理早期化的重要现实依据。[1]

生态文明建设具有根本性、过程性、预防性、生态性等特点,这对环境犯罪的刑法治理提出了严峻挑战。从生态文明建设的这些特点来看,环境犯罪治理主要不是末端治理,而是过程治理,需要刑法的全过程参与;环境犯罪治理主要不是恢复性治理,而是预防性治理,需要在刑法中植入预防性理念;环境犯罪治理主要不是单一治

---

[1] 参见李梁:《环境犯罪刑法治理早期化之理论与实践》,载《法学杂志》2017年第12期。

理,而是系统治理,需要充分强调环境刑法与其他法律之间的协调一致。生态文明建设在我国属于典型的公共政策,属于广义的环境犯罪的刑事政策,对环境犯罪的刑法治理具有全方位的指导意义。刑法的刑事政策化要求将生态文明建设中所蕴含的过程治理、预防性治理和系统性治理理念融入环境刑法,走早期化治理之路。生态文明建设在我国属于宪法理念。从宪法关于犯罪治理的规定需通过刑法展开的基本法律机制来看,宪法关于生态文明的规定必须通过环境刑法来展开,这为环境犯罪刑法治理早期化提供了现实依据。[1] 生态文明建设在我国是以优秀传统文化中人与自然和谐共生文化为基础的,具有深厚的文化底蕴,是作为一种文化(文明)形态而存在的,并蕴含着预防性治理理念。将生态文化运用于环境犯罪治理的现实需求,为环境犯罪刑法治理的早期化提供了重要现实依据。[2]

在我国,对环境犯罪的非刑法治理主要有宪法治理、民法治理和环境行政法治理。环境犯罪宪法治理的基本依据在于宪法关于生态文明建设的规定和犯罪治理的规定,其基本特点是具有理念性和抽象性,同时具有难以操作性之局限。对于这一局限,应当借助宪法与刑法的关系,通过环境犯罪刑法治理的早期化来克服。环境犯罪的民法治理主要是通过侵权责任法中环境侵权的规定和物权法中国家和集体对自然资源的所有权的规定来实现的,基本特点是具有事后性,属于末端治理。对于这一局限性,只有通过在环境刑法中设立危险犯才能加以克服,促使环境犯罪的刑法治理具有了早期化特点。

---

[1] 参见李梁:《环境犯罪刑法治理早期化之理论与实践》,载《法学杂志》2017年第12期。
[2] 参见李梁:《环境犯罪刑法治理早期化之理论与实践》,载《法学杂志》2017年第12期。

环境犯罪行政法治理主要是通过环境行政处罚和环境行政处分两种环境行政责任来实现的。从环境行政违法行为的设置上看,环境犯罪的行政法治理属于过程治理,具有预防性,但具有责任方式不严厉性之局限,降低了违法成本,不利于遏制环境违法。对此,应当借助环境犯罪与环境行政违法行为的同构性,通过在刑法中设立环境犯罪的危险犯加以克服。

# 第四章
# 环境犯罪刑法治理早期化的立法完善

环境犯罪刑法治理的早期化,既是世界各国环境刑法和国际环境刑法的发展趋势,也有着深厚的理论基础;在我国,实现环境犯罪刑法治理的早期化也有着充分的现实依据。那么,我国刑法在多大程度上实现了对环境犯罪的早期化治理?还存在哪些不足?该如何改进?这是本章要解决的问题。

## 第一节 我国环境犯罪刑法治理早期化程度分析

在我国刑法中,环境犯罪被集中规定于《刑法》分则第六章第六节,被命名为"破坏环境资源保护罪",共规定了 16 个具体犯罪;另外,《刑法》第 408 条规定的环境监管失职罪,通常也被认为属于环境犯罪。除此之外,我国有学者还将非法制造、买卖、运输、储存危险物质罪,重大责任事故罪,危险物品肇事罪,走私珍贵动物、珍贵动物制品罪,走私国家禁止进出口的货物、物品罪,违法发放林木采伐许可证罪,非法批准征收、征用、占用土地罪,动植物检疫徇私舞弊罪,动植物检疫失职罪等也列入环境犯罪,并据此指出我国刑法对环境犯罪的规定具有松散性,不但影响了刑法分则体例的周延性,而且严重淡化了环境犯罪的客体特征,对环境犯罪的集中治理产生了极大的负面影响。[1] 实际上,从广义上讲,凡是与生态环境保护有关的犯罪均属于环境犯罪,但如此界定环境犯罪,则环境犯罪的范围过于广泛。所以,将环境犯罪限于专门治理生态环境问题(《刑法》分则第六章第六节规定的16个具体犯罪和第408条规定的环境监管失职罪)比较妥当。在本节中,笔者将就这些犯罪对环境犯罪刑法治理的早期化程度作出分析。

**一、我国环境犯罪的类型及其反映出的刑法治理早期化程度**

是否实现了刑法的早期化治理,从犯罪的法定类型上可以得出比较直观的结论。所以,对我国环境犯罪是否实现了刑法的早期化治理的分析,首先应当从该类犯罪的法定类型开始。

(一)我国环境犯罪的类型化分析

从犯罪的客观构成要件看,可将我国刑法规定的环境犯罪分为行为犯、结果犯[2]、情节犯和数额犯四种基本类型。

行为犯,是指只要有行为即可成立的犯罪。在我国环境刑法规定的犯罪中,属于行为犯的有3个,即非法处置进口的固体废物罪(第339条第1款)、危害珍贵、濒危野生动物罪(第341条),以及危害国家重点保护植物罪(第344条)。该类犯罪的特点是,只要实施

---

[1] 参见付立庆:《中国〈刑法〉中的环境犯罪:梳理、评价与展望》,载《法学杂志》2018年第4期。
[2] 关于行为犯与结果犯的概念,有一种观点认为,行为犯是指行为与结果同时发生的犯罪,结果犯是行为与结果存在时间间隔的犯罪。参见张明楷:《刑法学》(第五版),法律出版社2016年版,第169页。该观点是基于结果无价值论得出的一种结论,为本书所不取。另外,本书所说的行为犯、结果犯、情节犯和数额犯均是就基本犯而言,既不包括犯罪的非既遂形态和狭义的共犯,也不包括加重犯。

特定的行为即可构成犯罪,无需特定危害结果的发生。例如,只要有非法收购、运输、加工、出售等行为就可成立危害国家重点保护植物罪,无需特定危害结果的发生。所以,该类环境犯罪的客观方面的核心构成要件只有行为。

结果犯,是指既遂的成立以发生一定的危害结果为要件的犯罪。在我国环境刑法规定的犯罪中,属于结果犯的具体犯罪有5个,即污染环境罪(第338条)、擅自进口固体废物罪(第339条第2款)、非法占用农用地罪(第342条)[1]、破坏性采矿罪(第343条第2款)以及环境监管失职罪(第408条)。该类犯罪的特点是,行为实施后,只有出现特定的危害结果才成立犯罪,而且行为实施后并不必然导致特定危害结果的出现,且结果通常在行为实施后间隔一段时间才能出现。例如,在污染环境罪的场合,违反国家规定排放、倾倒或者处置有害物质的行为并不必然导致严重污染环境的结果发生,而且严重污染环境的结果通常在行为实施后甚至间隔一段时间后才能出现。所以,该类环境犯罪客观方面的核心构成要件包括行为和结果。

情节犯,是指法律规定出现"情节严重""情节恶劣""情节较重"等才成立既遂的犯罪。在我国环境刑法中,属于情节犯的有7个具体犯罪,即非法捕捞水产品罪(第340条)、非法狩猎罪(第341条第2款)、非法猎捕、收购、运输、出售陆生野生动物罪(第341条第3款)、破坏自然保护地罪(第342条之一)、非法采矿罪(第343条第1款)、非法引进、释放、丢弃外来入侵物种罪(第344条之一)以及非法收购、运输盗伐、滥伐的林木罪(第345条第3款规定)。这些犯罪的基本特点是,行为人不仅要实施符合犯罪构成要件的行为,而且必须

---

[1] 需要说明的是,《刑法》第342条将非法占用农用地罪的罪状表述为"……数量较大,造成耕地、林地等农用地大量毁坏",故该罪属于数额+结果犯,而非单纯的结果犯。

出现"情节严重"才能成立犯罪既遂。例如,根据《刑法》第340条的规定,行为人实施了违反保护水产资源法规,在禁渔区、禁渔期捕捞水产品或者使用禁用的工具、方法捕捞水产品的行为,还不足以成立该罪,只有达到情节严重的程度后,才能成立该罪(既遂)。所以,该类犯罪客观方面的核心要素既包括行为,也包括情节严重。[1]

数额犯,是指法律规定出现一定的犯罪数额之后才成立既遂形态的犯罪。从我国《刑法》分则的规定来看,数额犯中的犯罪数额主要有两种:一种是相对确定的数额,如《刑法》第140条规定的生产、销售伪劣产品罪属于数额犯,犯罪数额之一是"销售金额5万元以上不满20万元";另一种是抽象的数额犯,如根据《刑法》第163条的规定,成立非国家工作人员受贿罪,要求受贿数额达到数额较大时,才成立该罪。值得注意的是,数额犯的抽象的数额,通常会通过最高人民法院、最高人民检察院联合发布的司法解释而变为相对确定的数额。在我国环境刑法规定的两个数额犯(盗伐林木罪和滥伐林木罪)中,立法者将犯罪数额表述为"数量较大",属于抽象的数额。根据2008年6月25日最高人民检察院、公安部《关于公安机关管辖的刑事案件立案追诉标准的规定(一)》(公通字〔2008〕36号,以下简称《立案追诉标准(一)》)第72条的规定,盗伐林木案在犯罪数额上的追诉标准是盗伐2—5立方米以上或者盗伐幼树100—200株以上。也就是说,盗伐林木罪的数量较大是指盗伐2—5立方米以上或者盗伐幼树100—200株以上。这类犯罪的基本特点是,不但要求行为人实施符合犯罪构成的行为,而且要达到一定的犯罪数额,其客观方面的核心要素表现为行为和犯罪数额。

---

[1] 笔者认为,对情节犯的"情节严重""情节恶劣"等的判断,只能是一种客观判断。

(二)从环境犯罪的类型看我国环境犯罪刑法治理早期化

从前文的分析中不难看出,我国刑法规定的环境犯罪包括行为犯、结果犯、情节犯和数额犯。那么,这四种类型的犯罪是如何体现刑法治理早期化的? 值得逐个分析。

首先,在行为犯的场合,只要实施了刑法明文规定的行为就成立犯罪,无需发生任何特定危害结果。所以,环境犯罪中的所有行为犯均实现了刑法的早期化治理。例如,要成立非法处置进口的固体废物罪,在客观上只需行为人实施了违反国家规定,将境外的固体废物进境倾倒、堆放、处置的行为即可,无需发生任何危害结果。换言之,对非法处置进口的固体废物的行为而言,不需要等到发生任何实害结果就可以动用刑法来处罚,故实现了处罚的提前。

其次,在结果犯场合,在客观上不但需要行为人实施刑法明文规定的行为,而且必须发生刑法明文规定的危害结果。所以,环境犯罪中的所有结果犯均未实现刑法的早期化治理。例如,在擅自进口固体废物的场合,实施了未经国务院有关主管部门许可的擅自进口固体废物用作原料的行为还不能处罚,只有等到发生重大环境污染事故,致使公私财产遭受重大损失或者严重危害人体健康的结果出现后才能处罚,故并未实现处罚的提前。

再次,情节犯相对复杂。情节犯中的"情节较重""情节严重""情节恶劣"等被我国学者称为整体评价要素。整体评价要素中的整体评价,并非指从客观和主观两个方面进行整体评价。基于没有独立于客观的主观的原理,对整体评价要素只能从客观上进行整体评价。[1] 既然如此,情节犯中的情节要么表现为行为情状,要么表现为危害结果。我国环境刑法规定的 7 个情节犯大多以"情节严重"为构

---

[1] 参见张明楷:《刑法学》(第五版),法律出版社 2016 年版,第 126—135 页。

成要件。对这里的"情节严重",只能从客观方面来理解。这种情况也得到了司法解释的印证。例如,《立案追诉标准(一)》第 63 条把非法捕捞水产品罪的立案标准解释为 6 项:(1)在内陆水域非法捕捞水产品 500 公斤以上或者价值 5000 元以上的,或者在海洋水域非法捕捞水产品 2000 公斤以上或者价值 2 万元以上的;(2)非法捕捞有重要经济价值的水生动物苗种、怀卵亲体或者在水产种质资源保护区内捕捞水产品,在内陆水域 50 公斤以上或者价值 500 元以上,或者在海洋水域 200 公斤以上或者价值 2000 元以上的;(3)在禁渔区内使用禁用的工具或者禁用的方法捕捞的;(4)在禁渔期内使用禁用的工具或者禁用的方法捕捞的;(5)在公海使用禁用渔具从事捕捞作业,造成严重影响的;(6)其他情节严重的情形。除第(六)项内容之外,其他五项均属于客观方面的具体情节。其中,第(一)项、第(二)项和第(五)项属于客观方面的结果,第(三)项和第(四)项属于行为手段与方法。由此不难看出,情节犯从逻辑上就可以转化为结果犯和行为犯。转化为结果犯的情节犯,实际上属于侵害犯,其中不存在刑法的早期化治理。行为犯的成立不以危害结果的出现为要件,所以凡属于行为犯的,均属于刑法的早期化治理。[1] 以此来看,环境犯罪中的情节犯都包含着行为犯,在一定程度上实现了刑法的早期化治理。

最后,数额犯的情况也相对复杂。数额犯的基本特点是,不但要实施一定的行为,而且要出现一定的犯罪数额。就环境犯罪而言,从资源保护的角度来看,数额犯的数额实际上就是一种结果;但从生态保护的角度来看,数额犯的数额并非结果,只是行为情状,因为盗伐或者滥伐数量较大的林木并不必然造成生态破坏的后果。所以,对

---

[1] 有德国学者把行为犯等同于抽象危险犯。参见〔德〕乌尔斯·金德霍伊泽尔:《刑法总论教科书(第六版)》,蔡桂生译,北京大学出版社 2015 年版,第 67—68 页。既然如此,就意味着行为犯从客观上实现了刑法的早期化治理。

于环境犯罪中的数额犯是否实现了刑法治理的早期化,应从不同立场来分析。从资源保护的立场来看,数额犯中的数额实际上属于危害结果,故并未实现刑法的早期化治理;从生态保护的立场来看,数额犯的成立并不要求造成生态损害结果,故实现了刑法的早期化治理。

综上所述,在我国刑法规定的环境犯罪中,行为犯不以发生一定的危害结果为成立要件,故在客观上实现了刑法的早期化治理;结果犯以发生一定的实害结果为犯罪要件,故没有实现刑法的早期化治理;情节犯包含着行为犯,故在一定程度上实现了刑法的早期化治理;从资源保护的立场看,数额犯并未实现刑法的早期化治理,而从生态保护的立场看则实现了刑法的早期化治理。

## 二、我国环境犯罪的罪过形式及其反映出的刑法治理早期化程度

罪过形式在一定意义上会反映刑法治理的早期化程度。故意与过失是不同的罪过形式。在认识因素上,过失是没有预见到危害结果的发生,或者已经预见到危害结果可能发生但轻信能够避免。在这种情况下都要处罚,确实体现了刑法的早期化治理。[1] 例如,就某一行为而言,既惩罚故意危险犯又惩罚过失危险犯,显然比只惩罚故意危险犯体现了更高的刑法治理早期化程度。所以,环境犯罪的罪过形式设置是分析环境犯罪刑法治理早期化的重要维度。

(一)我国环境犯罪的罪过形式分析

从我国《刑法》分则的规定来看,有的明文规定了具体犯罪的罪过形式,有的没有明文规定罪过形式,只能根据《刑法》总则关于责任

---

[1] 参见李梁:《环境犯罪刑法治理早期化之理论与实践》,载《法学杂志》2017年第12期。

主义的一般规定来解释具体犯罪的罪过形式。

首先,关于污染环境罪的罪过形式,在刑法解释学上经历了一个发展过程。在《刑法修正案(八)》修改《刑法》第338条之前,刑法理论上一般将重大环境污染事故罪(污染环境罪的前身)的罪过形式解释为过失,理由主要是分则条文中使用了"重大环境污染事故"的用语以及该罪的法定刑较低。《刑法修正案(八)》把结果要素由原来的"造成重大环境污染事故……"修改为"严重污染环境"之后,起初人们还是沿用重大环境污染事故罪的思维,将污染环境罪的罪过形式解释为过失。当前,关于污染环境罪的罪过形式,主要有两种观点。一种观点认为,从《刑法》第338条的文理、共犯问题的合理解决、处罚的周延性等方面来看,污染环境罪的罪过形式应当是故意,即只要行为人明知自己实施的污染环境的行为可能发生严重污染环境的结果,并且希望或者放任这种结果发生。[1] 另一种观点认为,为了实现处罚的周延性和定罪的准确性,应将污染环境罪的罪过形式解释为既可以是故意也可以是过失。[2] 笔者认为,后一种观点既符合立法原意,也符合环境犯罪治理的刑事政策要求,故比较合理。

其次,关于严重后果型环境犯罪(擅自进口固体废物罪、破坏性采矿罪、环境监管失职罪等犯罪)的罪过形式,在我国刑法理论上也存在争议。[3] 传统观点一致认为,擅自进口固体废物罪和破坏性采矿罪的罪过形式是故意,环境监管失职罪的罪过形式是过失。但

---

[1] 参见张明楷:《刑法学》(第五版),法律出版社2016年版,第1131页。
[2] 参见苏永生:《污染环境罪的罪过形式研究——兼论罪过形式的判断基准及区分故意与过失的例外》,载《法商研究》2016年第2期;高铭暄、马克昌主编:《刑法学》(第九版),北京大学出版社、高等教育出版社2019年版,第582页。
[3] 参见李梁:《我国刑法中的"严重后果"及其主观归责问题研究》,载《政法论坛》2023年第4期。

是，坚持择一罪过说的学者指出，在这些犯罪的场合，行为人要么不希望严重后果发生，要么对严重后果的发生持放任态度，因而从规范层面上看，这些犯罪的罪过形式可以是故意，也可以是过失，属于择一罪过。[1] 值得注意的是，传统观点在解释这些犯罪的罪过形式时，均坚持的是行为论的罪过形式判断根据。例如，擅自进口固体废物罪和破坏性采矿罪均要求发生严重后果才能成立。如果以严重后果为根据来解释罪过形式，绝不会将这两个犯罪的罪过形式解释为故意，否则就会出现明显的罪与刑不相适应的情况。[2] 又如，传统观点之所以把环境监管失职罪的罪过形式解释为过失，是基于"严重不负责任"这一用语而得出的解释结论，而"严重不负责任"是环境监管失职罪的行为要件。而且，严重不负责任绝不仅仅在过失的情况下才能发生，行为人完全可能放任自己严重不负责任的行为发生。所以，仅仅根据严重不负责任的行为要件将环境监管失职罪的罪过形式解释为过失，显然不符合责任主义的基本要求，故而比较偏狭。[3] 总而言之，我国传统刑法理论关于严重后果型环境犯罪罪过形式的解释存在偏狭，择一罪过说的观点具有合理性，应当得到支持。

最后，我国刑法理论将其他环境犯罪的罪过形式均解释为故意。值得注意的是，在解释这些犯罪的罪过形式时，解释者大多采取了行为论的罪过形式判断根据，即主要以行为和行为对象为根据来解释

---

[1] 参见苏永生：《我国刑法中的择一罪过立法反思》，载《法商研究》2018年第4期。
[2] 试想，在擅自进口固体废物罪的场合，如果行为人对致使公私财产遭受重大损失或者严重危害人体健康的危害结果持有故意，最高刑是5年有期徒刑，显然不合理。在破坏性采矿罪的场合，如果行为人对造成矿产资源严重破坏的危害结果持有故意，最高刑也是5年有期徒刑，显然也不合理。
[3] 参见李梁：《污染环境罪的罪过形式：从择一到二元》，载《甘肃社会科学》2021年第1期。

罪过形式。例如,在解释非法捕捞水产品罪的罪过形式时,解释者指出,该罪的主观方面只能是故意,即明知是禁渔区、禁渔期或明知使用的是禁用的工具或方法而捕捞水产品。又如,在解释非法猎捕、杀害珍贵、濒危野生动物罪(现为危害珍贵、濒危野生动物罪的行为类型之一)的罪过形式时,解释者认为,该罪的主观方面是故意,即明知是国家重点保护的珍贵、濒危野生动物而猎捕、杀害。[1] 这种解释结论符合这些环境犯罪的实际,但与我国《刑法》总则所提倡的结果论的罪过形式判断根据之间出现了分歧。[2]

(二)从罪过形式看我国环境犯罪刑法治理的早期化

从我国环境刑法对环境犯罪罪过形式的规定来看,大多数环境犯罪的罪过形式是故意,只有在污染环境罪、擅自进口固体废物罪、破坏性采矿罪、环境监管失职罪等犯罪中含有过失的情形。这种罪过形式的不同设置,反映了环境犯罪刑法治理不同的早期化程度。

一方面,就罪过形式为故意的环境犯罪而言,不能处罚相应的过失犯。这是罪刑法定原则的基本要求。根据故意与过失之间的位阶关系,可将故意解释为过失,但不允许将过失解释为故意。因为从规范上讲,故意符合过失的构成条件,但过失不符合故意的构成条件。[3] 所以,根据故意与过失之间的位阶关系,不能把与我国环境犯罪的故意犯罪相对应的过失犯罪解释为故意犯罪。换言之,从我

---

[1] 参见高铭暄、马克昌主编:《刑法学》(第九版),北京大学出版社、高等教育出版社2019年版,第585页。

[2] 从《刑法》第14条第1款和第15条第1款对故意和过失的定义性规定来看,罪过形式的判断根据只能是"危害社会的结果",即我国刑法立法上采取了结果论的罪过形式判断根据。在这种情况下,任何根据行为情状和行为对象来解释某一犯罪罪过形式的做法,都不符合刑法的规定。

[3] 参见张明楷:《刑法学》(第五版),法律出版社2016年版,第281—282页。

国环境刑法对故意犯罪之罪过形式的规定来看,我国刑法在环境犯罪的处罚上不处罚发生在故意之前的过失,从主观上未能实现环境犯罪刑法治理的早期化。

另一方面,就罪过形式包括故意和过失的环境犯罪而言,在故意之前就惩罚过失,这实际上相当于实现了刑法的提前干预。因为从发展阶段来看,故意是过失的"高级"形式。过失的认识因素是没有认识到危害结果发生的可能性或者已经认识到危害结果发生的可能性,故意的认识因素是认识到了危害结果发生的必然性和可能性,这显然是建立在过失的认识因素之上的认识因素。换言之,认识到危害结果发生的必然性是比认识到危害结果发生的可能性的更高一级的主观认识,认识到危害结果发生的可能性是比没有认识到(应当认识到)危害结果发生的可能性更高一级的主观认识。过失的意志因素是不希望危害结果发生,故意的意志因素是希望或者放任危害结果的发生。显然,从不希望到放任再到希望,是一个主观恶性逐步增加的递进过程。所以,既处罚故意犯,又处罚与此相对应的过失犯,就比只处罚故意犯而不处罚与此相对应的过失犯在刑法治理上更加提前。另外,传统刑法奉行"以处罚故意犯罪为原则,处罚过失犯罪为例外"的处罚原则,甚至把过失犯、不作为犯等看作犯罪的特殊形式。[1] 在这种情况下,大面积处罚过失犯本身就意味着刑法对犯罪的早期化治理。由此来看,我国环境刑法规定的罪过形式可以是故意也可以是过失的具体犯罪,实现了刑法的早期化治理。

综上所述,在我国环境刑法规定的具体犯罪中,大多数犯罪的罪

---

[1] 参见〔德〕汉斯·海因里希·耶赛克、〔德〕托马斯·魏根特:《德国刑法教科书》,徐久生译,中国法制出版社2017年版,第148—149页。

过形式只能是故意,少数犯罪的罪过形式可以是故意也可以是过失。[1] 从故意与过失的位阶关系和罪刑法定原则的基本要求来看,罪过形式只能是故意的环境犯罪不处罚相应的过失犯,故未实现刑法治理的早期化;罪过形式可以是故意也可以是过失的环境犯罪既处罚故意犯也处罚相应的过失犯,故实现了刑法治理的早期化。从比例上看,罪过形式只能是故意的犯罪有 12 个,罪过形式可以是故意也可以是过失的犯罪有 5 个[2]。所以,从罪过形式立法来看,在我国刑法规定的环境犯罪中,只有不到 1/4 的犯罪实现了刑法的早期化治理,超过 3/4 的犯罪没有实现刑法的早期化治理。

### 三、我国环境犯罪的法益类型及其反映出的刑法治理早期化程度

法益是分析刑法立法的一个有力工具,从环境犯罪立法所反映出来的法益观中,通常可以发现环境犯罪刑法治理的早期化程度。为此,应当先梳理出我国刑法中环境犯罪的法益类型,然后据此分析我国环境犯罪是否实现了刑法的早期化治理。[3]

(一)环境犯罪的法益类型

我国当前具有较大影响力的关于法益的理论将刑法法益界定为刑法所保护的人的生活利益,包括个人法益、国家法益和社会法益,而且强调国家法益和社会法益应当能够还原为个人法益。[4] 显

---

[1] 参见李梁:《污染环境罪的罪过形式:从择一到二元》,载《甘肃社会科学》2021 年第 1 期。
[2] 这 5 个犯罪是污染环境罪、擅自进口固体废物罪、非法占用农用地罪、破坏性采矿罪和环境监管失职罪。
[3] 参见李梁:《环境犯罪刑法治理早期化之理论与实践》,载《法学杂志》2017 年第 12 期。
[4] 参见张明楷:《刑法学》(第五版),法律出版社 2016 年版,第 63 页。

然,这体现了以人类中心主义为立场的法益观。"所有的理论或原则都具有历史性或非恒定性,随着社会与政治语境的变化,其意义与功能也会发生相应的流变。"[1]随着我国进入生态文明时代,用人类中心主义法益观来解释环境犯罪,则显得较为保守。为此,对人类中心主义法益观进行生态学的调整,就成为社会与政治话语在刑法上的必然反映。为此,出现了生态学的人类中心主义法益观,专门用于解释环境犯罪的法益。即使把环境犯罪主要设置在妨害社会管理秩序罪之下,也不妨碍把生态法益观植入环境犯罪。正如我国有学者指出的那样,污染环境罪的法益包括秩序法益和生态法益,而且生态法益处于核心地位,包括人的生态法益和其他主体的生态法益。[2] 2016年最高人民法院、最高人民检察院联合公布的《关于办理环境污染刑事案件适用法律若干问题的解释》(已失效,以下简称2016年《环境污染刑事案件解释》)把对环境要素的侵害解释为《刑法》第338条的"严重污染环境"的内容[3],恰恰是把生态法益观植入环境犯罪的现实表达。

从历史发展的角度看,最先出现且历时最长的法益观是人类中心主义法益观,其至今还在立法和司法活动中占据着统治地位。然而,人类中心主义法益观最大的局限在于缺乏对生态环境的关切,最终引发了极为广泛和深刻的环境问题。为了矫正人类中心主义法益观,人们提出了生态中心主义法益观,强调生态的整体性,将人类作

---

[1] 劳东燕:《风险社会中的刑法:社会转型与刑法理论的变迁》,北京大学出版社2015年版,第7页。
[2] 参见焦艳鹏:《法益解释机能的司法实现——以污染环境罪的司法判定为线索》,载《现代法学》2014年第1期。
[3] 2016年《环境污染刑事案件解释》第1条把《刑法》第338条中的"严重污染环境"解释为18项内容,其中第1项至第8项、第10项属于对环境要素的侵害,第18项"其他严重污染环境的情形"包含对环境要素的侵害。

为生态环境的一员来看待,企图以此来抑制人类的贪欲,进而化解生态危机。然而,生态中心主义的最大局限在于其缺乏制度上的可操作性,其本身具有浓厚的理想主义色彩,故主要停留在伦理学层面。但不可否认的是,生态中心主义法益观对刑法法益观的影响是深刻的,并促使很多国家在刑法上确立了人类·生态中心的法益观或者生态学的人类中心主义法益观。例如,在德国、日本的刑法理论上,关于环境犯罪的法益有生态学的法益论(环境中心主义的法益论)、人类中心的法益论和生态学的人类中心的法益论。其中,生态学的人类中心的法益论是生态学的法益论和人类中心的法益论的折中,占据通说地位。生态学的法益论主张,只有存在于现存人以及未来人的环境条件的保全相关的利益时,环境才成为独立的保护法益。[1] 而且,生态学的人类中心主义法益观已经得到了立法实践的承认。例如,《德国刑法典》分则第29章"危害环境的犯罪"中规定的9个具体环境犯罪,在基本犯的设置上大都将环境要素与人身或者财产利益并列规定在一起。如根据《德国刑法典》第324条的规定,水污染罪的罪状是"擅自污染水体或其他使水质恶化"。[2] 关于该罪的保护法益,通说认为,受管理的水与没有受管理的水都是该罪的保护法益,水域包括地表水、地下水与海洋。[3]

由上文不难看出,当前关于环境犯罪的法益观有三种,即人类中心主义法益观、生态中心主义法益观和生态学的人类中心主义法益观。其中,人类中心主义法益观依然占据统治地位,生态学的人类中心主义法益观是在人类中心主义法益观的基础上植入了对生态学的考量,在部分国家(如德国)的环境刑法立法上得到了体现。生态中

---

[1] 参见张明楷:《外国刑法纲要》(第三版),法律出版社2020年版,第617—620页。
[2] 参见《德国刑法典》,王士帆等译,元照出版公司2017年版,第408页。
[3] 参见张明楷:《外国刑法纲要》(第三版),法律出版社2020年版,第620页。

心主义法益观把人和人之外的所有自然要素视为权利主体,脱离了人的价值判断,在很大程度上失去了可操作性和现实性,故完全根据生态中心主义法益观来建构的环境刑法制度还未出现。所以,对环境犯罪只能从人类中心主义法益观和生态学的人类中心主义法益观两个不同维度来考量。相应地,环境犯罪的法益类型就表现为人类法益和环境法益。对环境犯罪是否实现了刑法的早期化治理,应当从人类法益和环境法益两个层面来分析。

(二)从环境犯罪的法益类型看我国环境犯罪刑法的早期化治理

刑法的早期化治理,集中表现为危险犯的广泛设立,同时,预备行为实行行为化和帮助犯的正犯化也在一定程度上反映了刑法的早期化治理。那么,从人类法益的立场来看,我国环境刑法是否实现了早期化治理呢?在此,需要以此为立场对具体的环境犯罪进行逐个分析。

根据《刑法》第338条的规定,污染环境罪客观方面的核心要素由行为和结果组成。也就是说,污染环境罪的成立需要发生严重污染环境的危害结果,故该罪属于侵害犯。从立法者把结果要素设定为"严重污染环境"来看,该罪属于对环境的侵害犯。从2016年《环境污染刑事案件解释》第1条对"严重污染环境"的解释看,污染环境罪基本犯同时包含对环境的侵害犯和对人的侵害犯。[1] 对环境的保护离不开人的价值判断,所以对环境的侵害犯实际上蕴含着对

---

[1] 2016年《环境污染刑事案件解释》把《刑法》第338条规定的"严重污染环境"解释为18种情形。其中,第1种至第7种情形和第10种情形属于对环境的侵害,与此相对应的污染环境罪属于对环境的侵害犯;第8种、第9种和第11种至第17种情形属于对人的侵害,与此相对应的侵害犯属于对人的侵害犯;第18种情形是"其他严重污染环境的情形",从逻辑上包括对环境的侵害和对人的侵害,与此相对应的侵害犯包括对环境的侵害犯和对人的侵害犯。

人的危险犯。所以,从人类法益的角度来看,污染环境罪实现了刑法的早期化治理。[1] 但是,从环境法益的角度来看,污染环境罪的基本犯属于侵害犯,未能实现刑法的早期化治理。

根据《刑法》第 339 条第 1 款的规定,非法处置进口的固体废物罪的基本犯的客观方面的要件是"违反国家规定,将境外的固体废物进境倾倒、堆放、处置"。该罪属于典型的污染环境类犯罪,根据法律规定,只要实施了违反国家规定将境外的固体废物进境倾倒、堆放或者处置的行为,就成立本罪,并未规定必须发生某种污染结果或者环境损害结果。所以,不论是从人类法益的角度还是从环境法益的角度看,该罪实现了刑法的早期化治理。

根据《刑法》第 339 条第 2 款的规定,擅自进口固体废物罪的基本犯的行为要件是未经国务院有关主管部门许可,擅自进口固体废物用作原料,结果要件是造成重大环境污染事故,致使公私财产遭受重大损失或者严重危害人体健康。换言之,擅自进口固体废物用作燃料的行为本身不构成擅自进口固体废物罪,只有造成重大环境污染事故,致使公私财产遭受重大损失或者严重危害人体健康时才构成犯罪。"造成重大环境污染事故"与"致使公私财产遭受重大损失或者严重危害人体健康"之间不是并列关系,而应当理解为后者是对前者的解释。因为即便擅自进口固体废物用作燃料的行为造成了重大环境污染事故,但如果没有发生致使公私财产遭受重大损失或者严重危害人体健康的结果,也不成立擅自进口固体废物罪。而且,致使公私财产遭受重大损失或者严重危害人体健康显然是对人身或者财产法益的侵害。[2] 所以,不论是从人类法益的视角还是从环境法

---

[1] 参见李梁:《环境犯罪刑法治理早期化之理论与实践》,载《法学杂志》2017 年第 12 期。
[2] 参见李梁:《污染环境罪侵害法益的规范分析》,载《法学杂志》2016 年第 5 期。

益的视角来看,擅自进口固体废物罪均未实现刑法的早期化治理。

根据《刑法》第 340 条的规定,非法捕捞水产品罪属于情节犯,成立该罪不但要求行为人违反保护水产资源法规,在禁渔区、禁渔期或者使用禁用的工具、方法捕捞水产品,而且要达到情节严重的程度。对作为整体评价要素的"情节严重",只能从客观方面进行整体评价,最终只能转化为危害结果和行为情状。从《立案追诉标准(一)》第 63 条关于该罪的立案标准来看,该罪中的情节严重要么表现为危害结果,要么表现为行为手段和方法。所以,从人类法益的视角看,能够转化为结果犯的非法捕捞水产品罪从逻辑上看没有实现刑法的早期化治理,但从环境法益的角度看,似乎实现了刑法的早期化治理。例如,《立案追诉标准(一)》第 63 条第(一)项规定,在内陆水域非法捕捞水产品 500 公斤以上或者价值 5000 元以上的,或者在海洋水域非法捕捞水产品 2000 公斤以上或者价值 2 万元以上的,应当立案追诉,也就是说,这种情形属于情节严重。显然,这属于典型的数额犯,从资源保护的角度看属于结果,但从生态保护的角度看通常属于有损害生态价值的危险。所以,不论是从人类法益的视角还是从环境法益的视角来看,包含行为犯的非法捕捞水产品罪显然实现了刑法的早期化治理。

根据《刑法》第 341 条第 1 款的规定,危害珍贵、濒危野生动物罪的基本犯包括两种情形;一是非法猎捕、杀害国家重点保护的珍贵、濒危野生动物;二是非法收购、运输、出售国家重点保护的珍贵、濒危野生动物及其制品。第一种情形成立危害珍贵、濒危野生动物罪,只要求行为人实施了非法猎捕、杀害国家重点保护的珍贵、濒危野生动物的行为;第二种情形成立危害珍贵、濒危野生动物罪,只要求行为人实施了非法收购、运输、出售国家重点保护的珍贵、濒危野生动物及其制品的行为。从资源保护的角度看,实施非法猎捕、杀害国家重点保护的珍贵、濒危野生动物的行为,必然导致野生动物资源受损,非法收购、运输、出售国家重点保护的珍贵、濒危野生动物及其制品的行为为非法猎捕、杀害国家重点保护的珍贵、濒危野生动物的行为提供间接帮助或者后续帮助,故并未实现刑法治理的早期化。从生态保护的角度看,这两种行为都有对生态系统造成损害的危险,因而实现了刑法的早期化治理。

根据《刑法》第341条第2款的规定,成立非法狩猎罪,不但要求行为人实施了违反狩猎法规,在禁猎区、禁猎期或者使用禁用的工具、方法进行狩猎,破坏野生动物资源的行为,而且要求达到情节严重的程度。情节严重通常由危害结果及行为手段和方法来表现。根据《立案追诉标准(一)》第66条的规定,非法狩猎罪的立案追诉标准有4个:(1)非法狩猎野生动物20只以上的;(2)在禁猎区内使用禁用的工具或者禁用的方法狩猎的;(3)在禁猎期内使用禁用的工具或者禁用的方法狩猎的;(4)其他情节严重的情形。不难看出,第一种情形属于危害结果,第二种和第三种情形属于行为地点、手段和方法以及时间等行为状况,第四种情形在逻辑上包括危害结果和行为状况。所以,从人类法益的角度来看,在作为整体评价要素的情节转化为结果的情况下,并未实现刑法的早期化治理;在作为整体评价要素的情节转化为行为犯的情况下,实际上实现了刑法的早期化治理。从环境法益的角度来看,不论是哪一种情况,均蕴含着造成损害生态系统的危险,因而实现了刑法的早期化干预。

根据《刑法》第341条第3款的规定,非法猎捕、收购、运输、出售陆生野生动物罪的成立,不但要求行为人实施了违反野生动物保护管理法规,以食用为目的非法猎捕、收购、运输、出售国家重点保护的珍贵、濒危野生动物以外的在野外环境自然繁殖的陆生野生动物的行为,而且要求达到情节严重的程度。其中,"情节严重"属于整体评价要素,包括非法猎捕、收购、运输、出售上述陆生野生动物的数量和手段、方法等。将数量作为情节严重的情形属于结果犯,将手段、方法等作为情节严重的情形属于行为犯。从人类法益的角度看,该罪保护的是陆生野生动物资源,将数量作为情节严重的情形属于结果犯,并未实现刑法的早期化干预;将手段、方法等作为情节严重的情形属于行为犯,实现了刑法干预的早期化。从环境法益的角度看,不论是哪一种情形,都蕴含着造成损害生态系统的危险,因而实现了刑法干预的早期化。

根据《刑法》第342条的规定,成立非法占用农用地罪,不但要求行为人实施了非法占用耕地、林地等农用地,改变被占用土地之用途的行为,而且要求达到数量较大,并造成耕地、林地等农用地大量毁坏的结果。从人类法益的角度看,该罪显然未实现刑法的早期化治理。但是,从环境法益的角度看,造成耕地、林地等农用地大量毁坏的,必然造成对生态环境的破坏或者有破坏生态环境的危险,故在一定程度上实现了刑法的早期化治理。

根据《刑法》第342条之一的规定,成立破坏自然保护地罪,不但要求行为人违反自然保护地管理法规,在国家公园、国家级自然保护区进行开垦、开发活动或者修建建筑物,而且要求造成严重后果或者有其他恶劣情节。从人类法益的角度看,该罪显然蕴含着损害人类利益的危险,因而实现了刑法干预的早期化;从环境法益的角度看,该罪显然包含着对环境法益的侵害和造成环境损害的危险,故也实现了刑法的早期化治理。

根据《刑法》第343条第1款的规定,非法采矿罪属于情节犯,即该罪的成立不但要求行为人实施了非法采矿的行为,而且要求达到情节严重的程度。根据《立案追诉标准(一)》第 68 条的规定,非法采矿造成矿产资源破坏的价值数额在 5 万至 10 万元以上的,应予追诉。也就是说,非法采矿造成矿产资源破坏的价值数额在 5 万至 10 万元以上的,就达到了情节严重的程度。显然,司法解释将作为情节犯的非法采矿罪解释为数额犯。从人类法益的角度看,非法采矿罪未实现刑法的早期化治理。但是,任何采矿行为都会对生态环境造成一定的破坏,非法采矿通常超出了环境的承载能力,对生态环境造成极大的破坏。从近年来发生的祁连山非法采矿案、木里非法采矿案等案件来看,非法采矿对生态环境通常有着极大的破坏,至少有造成破坏生态环境的危险。换言之,对非法采矿行为的有效惩治,在很大程度上会预防对生态的破坏。所以,从环境法益的角度看,非法采矿罪在一定程度上实现了刑法治理的早期化。

根据《刑法》第 343 条第 2 款的规定,破坏性采矿罪属于典型的结果犯,要求造成矿产资源严重破坏,才成立该罪。所以,从人类法益的角度看,破坏性采矿罪具有典型的事后处罚的特点,并未实现刑法的早期化治理。但是,从环境法益的角度看,与非法采矿相比,破坏性采矿对生态环境的破坏更甚,因而主要表现为对生态环境的侵害,也包括有造成侵害生态环境的危险,在一定程度上实现了刑法治理的早期化。

根据《刑法》第 344 条的规定,危害国家重点保护植物罪包括两种情形:一是违反国家规定,非法采伐、毁坏珍贵树木或者国家重点保护的其他植物;二是非法收购、运输、加工、出售珍贵树木或者国家重点保护的其他植物及其制品。第一种情形成立危害国家重点保护植物罪,只要求实施了非法采伐、毁坏珍贵树木或者国家重点保护的植物的行为;第二种情形成立危害国家重点保护植物罪,只要求实施了非法收购、运输、加工、出售珍贵树木或者国家重点保护的其他植物及其制品的行为。从资源保护的角度看,实施非法采伐、毁坏国家重点保护的植物的行为,必然导致国家重点保护的植物资源受损;非法收购、运输、加工、出售国家重点保护的植物及其制品的行为为非法采伐、毁坏国家重点保护的植物的行为提供间接帮助或者后续帮助,故并未实现刑法治理的早期化。从生态保护的角度看,这两种行为都有对生态系统造成损害的危险,因而实现了刑法的早期化治理。

根据《刑法》第344条之一的规定,非法引进、释放、丢弃外来入侵物种罪属于情节犯。成立该罪,不但要求行为人实施了违反国家规定,非法引进、释放或者丢弃外来入侵物种的行为,而且要达到情节严重的程度。从人类法益的角度看,非法引进、释放或者丢弃外来入侵物种可能造成对本来物种的侵害,故实现了刑法干预的早期化。从环境法益的角度看,非法引进、释放或者丢弃外来入侵物种罪的情节严重显然既包括对生态系统造成损害,也包括有造成生态系统损害的危险,在一定程度上实现了刑法干预的早期化。

根据《刑法》第345条第1款的规定,盗伐林木罪属于数额犯,成立该罪不但要求行为人实施盗伐森林或者其他林木的行为,而且要求达到数量较大的程度。根据该条第2款的规定,滥伐林木罪也属于数额犯,成立该罪不但要求行为人实施了违反森林法的规定,滥伐森林或者其他林木的行为,而且要求达到数量较大的程度。从资源保护的角度来看,这两个具体犯罪均未实现刑法的早期化治理。然而,盗伐林木和滥伐林木虽然不必然给生态环境带来损害,但存在损害生态环境的危险。所以,从环境法益的角度看,这两个犯罪实现了刑法的早期化治理。

根据《刑法》第345条第3款的规定,明知是盗伐、滥伐的林木而非法收购、运输,且情节严重的,成立非法收购、运输盗伐、滥伐的林木罪。《立案追诉标准(一)》第74条把该罪的立案追诉标准规定为两种情形:(1)非法收购、运输盗伐、滥伐的林木20立方米以上或者幼树1000株以上的;(2)其他情节严重的情形。显然,非法收购、运输盗伐、滥伐的林木罪的情节严重主要是犯罪数额,属于数额犯。所以,从人类法益的角度来看,该罪并未实现刑法的早期化治理。非法收购、运输盗伐、滥伐的林木的行为属于盗伐、滥伐林木的事后行为,注重的是林木的经济价值,且其本身不会对生态环境带来任何损害。所以,从生态法益的角度来看,非法收购、运输盗伐、滥伐的林木罪与生态环境保护没有直接关系,故而不存在是否实现了刑法的早期化治理问题。

根据《刑法》第408条的规定,环境监管失职罪属于典型的结果犯,成立该罪不但需要行为人实施了严重不负责任的行为,而且要求导致发生重大环境污染事故,致使公私财产遭受重大损失或者造成人身伤亡的严重后果。[1] 根据2016年《环境污染刑事案件解释》第2条的规定,实施第408条规定的行为,致使公私财产损失30万元以上,或者"具有本解释第一条第十项至第十七项规定情形之一的",应当认定为"致使公私财产遭受重大损失或者造成人身伤亡的严重后果"。2016年《环境污染刑事案件解释》第1条第(十)项规定的情形是造成生态环境严重损害,第(十一)项至第(十七)项规定的情形均属于对财产和人身的损害。所以,从人类法益的角度看,负有环境保护监管职责的国家机关工作人员严重不负责任,造成生态环境严重损害的,属于对环境的侵害犯,蕴含着对人的危险犯,因而实现了刑法的早期化治理;负有环境保护监管职责的国家机关工作人员不负

---

[1] "导致发生重大环境污染事故"与"致使公私财产遭受重大损失或者造成人身伤亡的严重后果"之间并非并列关系,而是被解释与解释的关系,即后者是对前者的解释。

责任,造成2016年《环境污染刑事案件解释》第1条第(十一)项至第(十七)项规定结果的,属于对人身和财产的侵害犯,因而未实现刑法的早期化治理。从生态法益的角度看,环境监管失职罪的结果属于对环境的侵害犯和对财产和人身的侵害犯,故根本未实现刑法的早期化治理。

综上所述,从人类法益的角度看,污染环境罪,非法处置进口的固体废物罪,非法捕捞水产品罪,破坏自然保护地罪,非法引进、释放、丢弃外来入侵物种罪,环境监管失职罪等具体犯罪,在不同程度上实现了刑法的早期化治理。从环境法益的角度看,非法捕捞水产品罪,危害珍贵、濒危野生动物罪,非法狩猎罪,非法猎捕、收购、运输、出售陆生野生动物罪,非法占用农用地罪,破坏自然保护地罪,非法采矿罪,破坏性采矿罪,危害国家重点保护植物罪,非法引进、释放、丢弃外来入侵物种罪,盗伐林木罪和滥伐林木罪等具体犯罪,在不同程度上实现了刑法的早期化治理。但是,从环境法益的角度看,这里的早期化治理主要限于"榨干"刑法条文的解释结论,或者说,这种解释结论只是一种没有超出刑法用语含义范围的逻辑推理。例如,就非法捕捞水产品罪而言,立法者提供的判断标准是情节严重,司法者进一步将这一判断标准解释为财产损失或者行为手段、方法等,并未明确规定"有导致生态环境损害之危险"。虽然可以将这种情形解释为对生态环境的抽象危险,但由于缺乏明确的、有针对性的规定,通常会导致司法者在适用具体罪刑规范时缺乏生态保护意识,进而使生态价值不受重视。

**四、我国环境犯罪的特殊形态及其反映出的刑法治理早期化程度**

这里所说的犯罪的特殊形态,主要包括犯罪的非既遂形态[1]和

---

[1] 在德国、日本等大陆法系国家,与既遂犯概念相对应的是未遂犯。广义的未遂包括障碍未遂和中止未遂,狭义的未遂仅指障碍未遂。参见张明楷:《外国刑 (转下页)

狭义的共犯。就环境刑法而言,与仅处罚既遂犯相比,处罚犯罪的非既遂形态显然实现了刑法的早期化治理。与仅仅处罚正犯相比,处罚教唆犯和帮助犯的正犯化,同样实现了环境犯罪刑法治理的早期化。

(一)环境犯罪的特殊形态

从犯罪形态上看,我国《刑法》分则规定的具体犯罪均属于单独的既遂犯。[1]除此之外,《刑法》第22条、第23条和第24条分别规定了犯罪预备、犯罪未遂和犯罪中止,第29条规定了教唆犯,帮助犯只是刑法理论上的概念。《刑法》第22条第1款规定:"为了犯罪,准备工具、制造条件的,是犯罪预备。"第2款规定:"对于预备犯,可以比照既遂犯从轻、减轻处罚或者免除处罚。"由此来看,我国刑法处罚一切犯罪的预备犯,而且在处罚原则上采取的是得减主义,要比采取必减主义处罚原则严厉。过失犯只有结果或者危险发生后才能成立,不存在犯罪的预备形态,所以预备犯仅存在于故意犯罪中。在我国环境刑法规定的16个具体犯罪中,大部分属于故意犯,少部分同时包括故意犯和过失犯。所以,从逻辑上看,为了实行环境犯罪而准备工具、制造条件的行为,均成立环境犯罪的预备犯。值得注意的是,在我国近年来的刑法立法中出现了将某种犯罪的预备行为规定为分则中的实行行为的情况,即犯罪预备行为的实行行为化,如《刑

---

(接上页)法纲要》(第三版),法律出版社2020年版,第225页。在我国,与既遂犯概念相对应的概念包括未遂犯、中止犯和预备犯,后三项合称为"犯罪的非既遂形态"比较妥当。

[1] 关于我国《刑法》分则规定的犯罪究竟属于犯罪成立意义上的犯罪还是犯罪的既遂形态问题,在我国刑法学界存在争议,由此形成了成立说和既遂说两种观点。笔者认为,从犯罪构成的角度看,犯罪的非既遂形态和共同犯罪(特别是狭义的共犯)的犯罪构成属于修正的犯罪构成。所谓"修正",即在《刑法》分则规定的单独的既遂犯的基础上予以修正。在这个意义上,我国《刑法》分则规定的犯罪只能是单独的既遂犯。

法修正案(九)》增设的第 120 条之二(准备实施恐怖活动罪)、第 287 条之一(非法利用信息网络罪)等,是刑法立法活性化和处罚早期化的重要表现。但是,在我国近年来的环境刑法立法中还未出现犯罪预备行为实行行为化的立法。

《刑法》第 23 条第 1 款规定:"已经着手实行犯罪,由于犯罪分子意志以外的原因而未得逞的,是犯罪未遂。"第 2 款规定:"对于未遂犯,可以比照既遂犯从轻或者减轻处罚。"也就是说,我国刑法不但处罚一切犯罪的未遂犯,而且在处罚原则上采取的是得减主义,严于对预备犯的处罚。就过失犯罪而言,一般认为只有结果发生后才能成立犯罪,所以过失犯没有犯罪未遂。我国环境刑法规定的环境犯罪的罪过形式大部分属于故意,少部分属于择一罪过,即既可以是故意,也可以是过失。[1] 在罪过形式只能是故意的情况下,均存在未遂犯;在罪过形式属于择一罪过的情况下,只有行为人希望或者放任危害结果发生时才存在未遂犯。从犯罪类型来看,结果犯的未遂犯表现为已经着手实行犯罪的实行行为但法定危害结果没有发生,行为犯的未遂犯表现为未将犯罪的实行行为实施完毕。我国环境刑法规定的犯罪类型主要有行为犯、结果犯、情节犯和数额犯。就行为犯而言,未遂犯表现为犯罪实行行为未实行完毕。就结果犯而言,未遂犯表现为已经着手实行环境犯罪的行为,但法定的危害结果未能发生。情节犯中的情节由危害结果或行为情状来表现,所以情节犯的未遂表现为已经着手实行环境犯罪的行为,但法定的危害结果未能发生,或者未能实施完毕环境犯罪的行为。就数额犯而言,未遂犯表现为未实现法定的犯罪数额。

---

[1] 参见李梁:《污染环境罪的罪过形式:从择一到二元》,载《甘肃社会科学》2021 年第 1 期。

《刑法》第 24 条规定了中止犯。根据该条第 1 款的规定,犯罪中止是指在犯罪过程中自动放弃犯罪或者自动有效地防止犯罪结果发生的情形。这里的"犯罪过程中",指的是整个犯罪过程,包括犯罪预备阶段和犯罪实行阶段,在实行行为与结果发生之间有时间间隔的情况下,还包括实行行为实施完毕至法定危害结果发生前的阶段。在犯罪中止的场合,基于行为人主观恶性较小,立法者在处罚原则上选择了必减主义,即对于没有造成损害结果的犯罪中止和造成损害结果的犯罪中止分别规定了应当免除处罚和应当减轻处罚。就过失犯而言,只有发生法定危害结果后才能成立犯罪,所以过失犯不存在中止犯。前文中已经指出,我国刑法规定的环境犯罪的罪过形式要么属于故意,要么属于择一罪过,即在规范层面包括故意和过失。就前者而言,一律存在犯罪中止;就后者而言,只有罪过形式表现为故意时才存在中止犯。从犯罪阶段来看,中止犯包括预备阶段的中止、实行阶段的中止以及实行后的中止。不论哪一种情况,都存在于我国刑法规定的环境犯罪中。我国刑法规定的环境犯罪包括行为犯、结果犯、情节犯和数额犯。就行为犯而言,犯罪中止表现为行为人自动放弃为实行环境犯罪而准备犯罪工具、制造条件的行为或自动放弃环境犯罪的实行行为。就结果犯而言,犯罪中止表现为行为人自动放弃为实行环境犯罪而准备犯罪工具、制造条件的行为,或者自动放弃环境犯罪的实行行为,或者有效防止危害结果发生。就数额犯而言,不论是预备行为还是实行行为,其目标均针对数量较大的犯罪所得,所以只要行为实施完毕就必然达到犯罪数额。因而,在数额犯的场合,犯罪中止表现为行为人自动放弃为实行环境犯罪而准备犯罪工具、制造条件的行为,或者表现为自动放弃环境犯罪的实行行为,不存在实行后中止。例如,在盗伐林木罪的场合,行为人只有以获取数量较大的林木为目标,才有可能成立犯罪。达到这一目标属于犯罪既遂,实行犯罪(包括预备)后未实现这一目标则属于犯罪的非既遂形态。如果行为人在预备阶段中止了为盗伐数量较大林木而做准备的行为,或者中止了盗伐数量较大的林木的行为,就属于犯罪中止。

《刑法》第29条第1款前段规定:"教唆他人犯罪的,应当按照他在共同犯罪中所起的作用处罚。"第2款规定:"如果被教唆的人没有犯被教唆的罪,对于教唆犯,可以从轻或者减轻处罚。"由此不难看出,我国刑法处罚一切犯罪的教唆犯。不但对教唆犯根据其在共同犯罪中所起的作用来处罚,而且处罚教唆未遂。在我国刑法规定的16个环境犯罪中,大部分属于故意犯,少部分包括故意犯,故均存在教唆犯。从逻辑上看,既根据教唆犯在环境犯罪中所起的作用来处罚教唆犯,也处罚教唆他人实施环境犯罪但未遂的情形。《刑法》第27条第1款规定:"在共同犯罪中起次要或者辅助作用的,是从犯。"我国刑法理论指出,在共同犯罪中起辅助作用,是指为共同犯罪人实行犯罪创造方便条件,帮助其实行犯罪,而不直接参加实行犯罪构成客观要件的行为,即帮助犯。[1] 根据《刑法》第27条第2款的规定,应当处罚一切犯罪的从犯,环境犯罪亦不例外。所以,凡是帮助他人实施环境犯罪的,都应当受到处罚。值得注意的是,近年来在我国刑法立法上出现了帮助犯的正犯化,如《刑法修正案(九)》修改的第120条之一(帮助恐怖活动罪)和增设的第284条之一第2款(组织考试作弊罪)、第287条之二(帮助信息网络犯罪活动罪)等,是刑法立法活性化和处罚早期化的重要表现。但是,在近年来关于环境

---

[1] 参见高铭暄、马克昌主编:《刑法学》(第九版),北京大学出版社、高等教育出版社2019年版,第171页。

刑法的修改中,并未出现帮助犯的正犯化。

(二)从犯罪形态看我国环境犯罪刑法治理的早期化

从前面的分析不难看出,我国环境刑法规定的所有故意犯罪均存在预备犯。而且,根据我国《刑法》第22条的规定,所有环境犯罪的预备犯都应当受到处罚,这是有罪必罚原则的基本要求。但从实际情况来看,处罚犯罪预备是极为例外的现象,有学者也据此提出应当肯定处罚犯罪预备的例外性。[1] 还有学者指出,《刑法》第22条关于处罚预备犯的规定不仅未考虑其可执行性,甚至未充分论证其必要性。事实上,一般犯罪的预备犯实无处罚的必要,充其量处罚其未遂。[2] 由此来看,处罚环境犯罪之预备犯的立法主要是一种象征性立法。而且,在我国近年来的环境刑法修改中也未出现犯罪预备行为的实行行为化。所以,从实际情况来看,我国环境犯罪在预备犯立法上并未实现刑法治理的早期化。

不论是从《刑法》第23条的规定还是从当然解释的基本原理来看[3],我国环境刑法规定的故意犯罪(绝大部分犯罪)均存在未遂犯;而且,所有环境犯罪的未遂犯都应当受到处罚。关于未遂犯的处罚根据,在大陆法系国家主要有客观的未遂论、主观的未遂论和折中的未遂论。其中,在客观的未遂论内部,又有形式的客观说与实质的客观说,实质的客观说又包括危险说、危险结果说与综合的危险说。[4] 我国刑法理论的通说指出:"我国刑法中的犯罪未遂,是指行

---

[1] 参见张明楷:《刑法学》(第五版),法律出版社2016年版,第336页。
[2] 参见付立庆:《积极主义刑法观及其展开》,中国人民大学出版社2020年版,第55页。
[3] 既然处罚某一犯罪的预备犯,那么该罪的未遂犯也应当受到处罚。因为在违法性上未遂犯是比预备犯更为严重的犯罪形态。如果刑法只规定处罚某一犯罪的预备犯而不处罚未遂犯,那么这一刑法立法显然是缺乏理性的,也不符合生活逻辑。
[4] 参见张明楷:《外国刑法纲要》(第三版),法律出版社2020年版,第229—230页。

为人已经着手实行具体犯罪构成的实行行为,由于其意志以外的原因而未完成犯罪的一种犯罪停止形态。"[1]显然,这是在未遂犯的处罚根据上采取了形式的客观说。近年来,有学者提倡实质的客观说中的危险结果说,认为未遂犯的处罚根据是对法益侵害的危险,而且这里的"危险"是"作为结果的危险",即行为所造成的危险状态。[2]显然,不论是形式的客观说还是危险结果说,都将危险作为未遂犯的处罚根据。这也说明,我国环境刑法处罚未遂犯,是针对危险而发动刑罚权,实现了对环境犯罪的早期化干预。

根据《刑法》第 24 条的规定,不但要处罚实行阶段和实行完毕后结果发生前阶段的中止犯,而且要处罚预备阶段的中止犯。预备阶段的中止犯是比预备犯更为缓和的犯罪形态,因为我国刑法理论一直把"未能着手实行犯罪是由于行为人意志以外的原因"设置为预备犯的构成特征[3],而"自动放弃犯罪或者自动有效地防止犯罪结果发生"是刑法明文规定的中止犯的特征。前文中已经指出,既然处罚预备犯是极为例外的现象,那么处罚预备阶段的中止犯应当是比处罚预备犯更具有例外性的现象。实行阶段的中止和实行终了结果发生前的中止都有可能造成损害,也都有可能没有造成损害。对于前者应当免除处罚,对于后者应当减轻处罚。从我国刑法的规定来看,刑事责任的承担方式有三种,即定罪判刑(最常见的刑事责任承担方式)、定罪免刑但判处非刑罚处罚方法和单纯宣告有罪。也就是说,刑法上的处罚方式不仅仅指的是定罪判刑,定罪免刑但判处非刑

---

[1] 高铭暄、马克昌主编:《刑法学》(第九版),北京大学出版社、高等教育出版社 2019 年版,第 149 页。
[2] 参见张明楷:《刑法学》(第五版),法律出版社 2016 年版,第 338—339 页。
[3] 显然,这是一种限缩性解释,目的在于限制预备犯的处罚范围。但问题是,被限缩的内容又被解释为中止犯的一种类型,从整体上又致使限缩目的未能达到。在这个意义上,把预备阶段的中止解释为中止犯的类型,是有失妥当的。

罚处罚方法和单纯宣告有罪也是刑法上的处罚方式。免除处罚是在定罪的基础上免除刑罚处罚,可能表现为判处非刑罚处罚方法和单纯宣告有罪。所以,处罚环境犯罪的中止犯,即意味着在环境损害结果未发生的情况下就进行刑法干预,是环境犯罪刑法治理早期化的表现。

教唆犯的本质在于教唆者是犯意的发起者。"在'教唆他人使之实行犯罪'的场合成立教唆。这意味着使他人产生施行犯罪的意思,并致使其实行犯罪。必要的是,要实施了足以使人产生犯意的教唆行为,能够肯定由该教唆行为使正犯产生了施行犯罪的意思并且基于此意思而实施了实行行为,产生了作为该危险现实化的构成要件的结果。"[1]所以,处罚教唆犯的基本根据在于其对刑法所保护的法益形成了威胁,并借助实行犯的实行行为得以现实化。相应地,主要应当在刑法处罚早期化的意义上理解教唆犯,以共犯独立性说为根据的立法更应当如此。一般而言,教唆犯仅针对故意犯罪而言,在我国刑法规定的环境犯罪中,大部分犯罪属于故意犯,少部分包含故意犯。所以,教唆他人实施环境犯罪的,均成立环境犯罪的教唆犯,即使在被教唆者实行未遂的情况下也应当受到处罚。这是刑法治理早期化的重要表现。

总之,我国刑法规定的环境犯罪大部分属于故意犯,少部分包含故意犯。所以,在我国环境犯罪中既存在预备犯、未遂犯、中止犯等犯罪的非既遂形态,也存在帮助犯、教唆犯等共犯形态。这两种犯罪的特殊形态的处罚根据主要在于行为对刑法所保护的法益造成了危险。所以,处罚环境犯罪的非既遂形态和共犯形态,就意味着在环境

---

[1] 参见〔日〕山口厚:《刑法总论(第3版)》,付立庆译,中国人民大学出版社2020年版,第331页。

损害结果发生之前就进行刑法干预,这显然是环境犯罪刑法治理早期化的重要表现。

## 第二节　我国环境犯罪刑法治理早期化的实体立法完善

从国外和国际环境刑法立法来看,早期化治理是通过刑法治理环境犯罪的常态。反观我国环境刑法,虽然在一定程度上实现了早期化治理,但从整体上看其早期化程度还不足,不利于对环境犯罪的有效治理,进而不利于推进生态文明建设。所以,我国环境犯罪刑法治理的早期化需要进一步完善。从国外和国际立法来看,环境犯罪刑法治理的早期化主要表现在实体立法和程序立法两个方面,而且在实体立法上从客观维度到主观维度均有所体现。所以,我国环境犯罪刑法治理早期化的实体立法完善,应当从客观和主观两个维度展开。

### 一、环境犯罪刑法治理早期化的客观维度

从客观维度看,环境犯罪刑法治理早期化主要表现为设立危险犯和为实行犯罪提供准备、帮助行为的实行犯化。从我国近年来的刑法立法来看,实行犯化所针对的主要是较为严重的犯罪,如恐怖活动犯罪、有组织犯罪等。[1] 恐怖主义犯罪等有组织犯罪不但本身实

---

[1] 日本国会于2017年在《修正〈关于处罚有组织犯罪及犯罪收益的规制等法律〉等的一部分的法律》(法律第67号)中,创设了共谋罪。参见张明楷:《日本刑法的修改及其重要问题》,载《国外社会科学》2019年第4期。在我国,《刑法修正案(九)》针对恐怖活动犯罪、考试作弊犯罪等作出了实行犯化的立法,如扩大了帮助恐怖活动罪的处罚范围,把为他人实施组织考试作弊提供作弊器材或者其他帮助的行为规定为组织考试作弊罪的重要情形,同时增设了帮助信息网络犯罪活动罪、准备实施恐怖活动罪等。

际危害较大,而且给人们的体感安全带来了极大威胁。从环境犯罪的发展历史来看,该类犯罪虽然具有极大的危害性,甚至是灾难性,但通常具有潜在性,其危害在多数情况下也不具有直接性,不会给人们的体感安全带来极大威胁。[1] 所以,就客观维度上的环境犯罪的刑法治理早期化而言,无需实行犯化,只需增设危险犯即可。

（一）增设环境犯罪的危险犯的基本思路

生态文明建设的基本目标有三个,即生态保护、环境良好和资源永续。其中,环境良好和资源永续是直接目标,生态保护是基础和保障。"生态保护在生态文明建设中,乃至于对整个人类的生存和发展,都具有基础性和根本性的战略意义。"[2] 以此为根据,环境犯罪应当分为破坏生态的犯罪、污染环境的犯罪和破坏自然资源的犯罪。但由于生态保护在生态文明建设的目标中有基础性地位,因而破坏生态的犯罪与污染环境的犯罪和破坏自然资源的犯罪在很多情况下难以区分。但是,不论哪一类环境犯罪,如果等到结果发生以后再来处罚,则通常为时已晚,损失往往难以挽回,而且会失去刑法对环境犯罪的"治理"意义。所以,不论哪一类环境犯罪,基本犯主要应当是危险犯。破坏生态的犯罪的基本犯,只要求有造成破坏生态之危险即可成立;污染环境的犯罪的基本犯,只要求有造成严重污染环境之危险即可成立;破坏自然资源的犯罪的基本犯,只要求有造成自然资源严重破坏之危险即可成立。而且,这些基本犯在保护法益上应当分别仅限于环境法益,即生态系统、环境要素和自然资源。[3] 进而言之,只要有对环境法益造成实际侵害之危险的行为,在客观上就可

---

[1] 参见李梁:《我国恐怖主义犯罪立法的特点及其司法展开》,载《法学杂志》2019年第12期。
[2] 蔡昉等:《新中国生态文明建设70年》,中国社会科学出版社2020年版,第33页。
[3] 参见李梁:《污染环境罪侵害法益的规范分析》,载《法学杂志》2016年第5期。

以成立环境犯罪的基本犯。

　　与环境犯罪的基本犯相对应的是加重犯和减轻犯。其中,减轻犯是就基本犯为严重犯罪的情形而言的,如故意杀人罪的基本犯属于严重犯罪,故立法者针对故意杀人罪的基本犯设立了减轻犯。既然环境犯罪的基本犯应当属于危险犯,其基本功用在于严密刑事法网和预防实害结果的发生,那么就只能属于较轻的犯罪,故无需针对基本犯设立减轻犯。与环境犯罪的危险犯相对应的是实害犯,而且从实际情况和逻辑上看主要包括两种:一是对环境的侵害犯,即对环境要素造成侵害的情形,具体表现为生态系统遭到破坏、环境遭到严重污染和自然资源遭到严重破坏。二是对人的侵害犯,即因生态遭到破坏、环境遭到严重污染和自然资源遭到严重破坏进而损害人身或者财产的情形,从实际情况看,这种情形主要发生在破坏生态和污染环境的场合。这两类侵害犯是比环境犯罪的基本犯(危险犯)更为严重的犯罪,故应当属于环境犯罪的加重犯。对人的侵害犯是比对环境的侵害犯更为严重的侵害犯,所以前者属于环境犯罪的一级加重犯,后者属于环境犯罪的二级加重犯,由此形成了环境犯罪的等级体系(详见表4-1)。

表4-1　环境犯罪的等级体系

| 环境犯罪的类型 | 基本犯 | 一级加重犯 | 二级加重犯 |
| --- | --- | --- | --- |
| 破坏生态的犯罪 | 有造成破坏生态之危险 | 生态系统遭到破坏 | 对人身或者财产造成侵害 |
| 污染环境的犯罪 | 有造成严重污染环境之危险 | 环境遭到严重污染 | 对人身或者财产造成侵害 |
| 破坏自然资源的犯罪 | 有造成自然资源严重破坏之危险 | 自然资源遭到严重破坏 | — |

由表 4-1 不难看出,不论就哪一类犯罪而言,环境犯罪的基本犯都应当属于危险犯,但在危险程度上有不同要求。在生态保护、环境良好和资源永续这三大生态文明建设的目标中,生态保护属于基础和保障,所以应当将破坏生态类犯罪的危险犯设定为有造成生态系统破坏之危险。环境良好和资源永续属于直接目标,在生态文明建设中不具有根本性地位,故应当将污染环境类犯罪和破坏自然资源类犯罪的危险犯分别设定为有造成严重污染环境之危险和有造成严重破坏自然资源之危险。[1]

(二) 环境犯罪三分法下我国环境犯罪的保护法益和犯罪形态设置

从我国环境犯罪在刑法分则体系中的位置以及立法者对环境犯罪的命名来看,环境犯罪的保护法益只能是国家对环境的管理秩序,维护的是环境的资源价值。但是,从环境犯罪的罪状设置和立法趋势来看,对环境犯罪的理解显然不能局限于秩序法益和资源价值。例如,对 2020 年通过的《刑法修正案(十一)》增设的非法猎捕、收购、运输、出售陆生野生动物罪,破坏自然保护地罪,非法引进、释放、丢弃外来入侵物种罪等犯罪,如果仅在秩序法益和资源价值的框架下来理解,立法者设立这些犯罪的目的就会落空。所以,对我国刑法中环境犯罪的理解,除站在秩序法益维度之外,必须坚持在环境法益的维度下进行解释。相应地,对我国刑法中环境犯罪之危险犯必须在环境法益的维度下设置。[2] 进而言之,对我国刑法中的环境犯罪应当在破坏生态类犯罪、污染环境类犯罪和破坏自然资源类犯罪的三分法的基础上,从破坏生态、污染环境、破坏自然资

---

[1] 参见李梁:《中德两国污染环境罪危险犯立法比较研究》,载《法商研究》2016 年第 3 期。
[2] 参见李梁:《污染环境罪侵害法益的规范分析》,载《法学杂志》2016 年第 5 期。

源的角度来理解。

虽然我国当前的生态文明建设理论从生态文明建设实践出发,把生态文明建设的目标确定为保护生态、环境良好和资源永续,环境犯罪应当相应地被划分为破坏生态类犯罪、污染环境类犯罪和破坏自然资源类犯罪三类,但从我国刑法对环境犯罪之罪状设置来看,很难根据三分法对我国刑法中的环境犯罪作出严格区分,这反映出我国环境犯罪在分类上存在诸多不足。例如,根据《刑法》第 338 条的规定,污染环境罪的结果要素是"严重污染环境",从该罪的罪名和结果要素来看,只能将该罪归类为污染环境的犯罪。但是,从 2016 年《环境污染刑事案件解释》第 1 条对"严重污染环境"的解释以及经过《刑法修正案(十一)》增设的污染环境罪的二级加重犯的四种情形来看,污染环境罪的法益除保护生活环境之外,显然包括保护生态。[1] 但是,在维护现有环境犯罪体系的基础上,根据三分法所蕴含的法益类型来设置危险犯还是具有可行性的。

从破坏生态类犯罪、污染环境类犯罪和破坏自然资源类犯罪及其相应的保护法益即生态保护、环境良好和资源永续来看,我国刑法规定的环境犯罪在一定程度上实现了危险犯化(详见表 4-2)。

---

[1] 例如,《刑法》第 338 条把污染环境罪的二级加重犯规定为四种情形:(1)在饮用水水源保护区、自然保护地核心保护区等依法确定的重点保护区域排放、倾倒、处置有放射性的废物、含传染病病原体的废物、有毒物质,情节特别严重;(2)向国家确定的重要江河、湖泊水域排放、倾倒、处置有放射性的废物、含传染病病原体的废物、有毒物质,情节特别严重;(3)致使大量永久基本农田基本功能丧失或者遭受永久性破坏;(4)致使多人重伤、严重疾病,或者致人严重残疾、死亡的。显然,对第 1 种和第 2 种情形,必须从生态保护来理解;对第 3 种和第 4 种情形,必须从环境良好来理解。

表 4-2　环境犯罪的法益和形态分析

| 罪名 | 基本罪状 | 法益类型 | 犯罪形态 |
| --- | --- | --- | --- |
| 污染环境罪 | 违反国家规定,排放、倾倒或者处置有放射性的废物、含传染病病原体的废物、有毒物质或者其他有害物质,严重污染环境 | 环境良好 生态保护 | 实害犯 |
| 非法处置进口的固体废物罪 | 违反国家规定,将境外的固体废物进境倾倒、堆放、处置 | 环境良好 | 危险犯 |
| 擅自进口固体废物罪 | 未经国务院有关主管部门许可,擅自进口固体废物用作原料,造成重大环境污染事故,致使公私财产遭受重大损失或者严重危害人体健康 | 环境良好 | 实害犯 |
| 非法捕捞水产品罪 | 违反保护水产资源法规,在禁渔区、禁渔期或者使用禁用的工具、方法捕捞水产品,情节严重 | 生态保护 资源永续 | 实害犯 危险犯 |
| 危害珍贵、濒危野生动物罪 | 非法猎捕、杀害国家重点保护的珍贵、濒危野生动物的,或者非法收购、运输、出售国家重点保护的珍贵、濒危野生动物及其制品 | 生态保护 | 危险犯 |
| 非法狩猎罪 | 违反狩猎法规,在禁猎区、禁猎期或者使用禁用的工具、方法进行狩猎,破坏野生动物资源,情节严重 | 生态保护 资源永续 | 实害犯 危险犯 |
| 非法猎捕、收购、运输、出售陆生野生动物罪 | 违反野生动物保护管理法规,以食用为目的非法猎捕、收购、运输、出售国家重点保护的珍贵、濒危野生动物以外的在野外环境自然生长繁殖的陆生野生动物,情节严重 | 生态保护 | 实害犯 危险犯 |
| 非法占用农用地罪 | 违反土地管理法规,非法占用耕地、林地等农用地,改变被占用土地用途,数量较大,造成耕地、林地等农用地大量毁坏 | 生态保护 资源永续 | 实害犯 |

(续表)

| 罪名 | 基本罪状 | 法益类型 | 犯罪形态 |
| --- | --- | --- | --- |
| 破坏自然保护地罪 | 违反自然保护地管理法规,在国家公园、国家级自然保护区进行开垦、开发活动或者修建建筑物,造成严重后果或者有其他恶劣情节 | 生态保护 | 实害犯 危险犯 |
| 非法采矿罪 | 违反矿产资源法的规定,未取得采矿许可证擅自采矿,擅自进入国家规划矿区、对国民经济具有重要价值的矿区和他人矿区范围采矿,或者擅自开采国家规定实行保护性开采的特定矿种,情节严重 | 资源永续 生态保护 | 实害犯 危险犯 |
| 破坏性采矿罪 | 违反矿产资源法的规定,采取破坏性的开采方法开采矿产资源,造成矿产资源严重破坏 | 资源永续 生态保护 | 实害犯 |
| 危害国家重点保护植物罪 | 违反国家规定,非法采伐、毁坏珍贵树木或者国家重点保护的其他植物的,或者非法收购、运输、加工、出售珍贵树木或者国家重点保护的其他植物及其制品 | 生态保护 | 危险犯 |
| 非法引进、释放、丢弃外来入侵物种罪 | 违反国家规定,非法引进、释放或者丢弃外来入侵物种,情节严重 | 生态保护 | 实害犯 危险犯 |
| 盗伐林木罪 | 盗伐森林或者其他林木,数量较大 | 资源永续 生态保护 | 实害犯 危险犯 |
| 滥伐林木罪 | 违反森林法的规定,滥伐森林或者其他林木,数量较大 | 生态保护 资源永续 | 实害犯 危险犯 |
| 非法收购、运输盗伐、滥伐的林木罪 | 非法收购、运输明知是盗伐、滥伐的林木,情节严重 | 资源永续 生态保护 | 实害犯 危险犯 |
| 环境监管失职罪 | 负有环境保护监督管理职责的国家机关工作人员严重不负责任,导致发生重大环境污染事故,致使公私财产遭受重大损失或者造成人身伤亡的严重后果 | 环境良好 | 实害犯 |

由表4-2不难发现,从生态保护的角度看,完全实现危险犯化的犯罪只有危害珍贵、濒危野生动物罪和危害国家重点保护植物罪;包含危险犯的犯罪有非法捕捞水产品罪,非法狩猎罪,非法猎捕、收购、运输、出售陆生野生动物罪,破坏自然保护地罪,非法采矿罪,破坏性采矿罪,非法引进、释放、丢弃外来入侵物种罪,盗伐林木罪,滥伐林木罪,非法收购、运输盗伐、滥伐的林木罪;未实现危险犯化的犯罪有污染环境罪和非法占用农用地罪。从环境良好的角度看,完全实现危险犯化的犯罪只有非法处置进口的固体废物罪,未实现危险犯化的犯罪有污染环境罪、擅自进口固体废物罪和环境监管失职罪。从资源永续的角度看,既没有完全实现危险犯化的犯罪,也没有包含危险犯的犯罪。

(三)增设环境犯罪之危险犯的具体策略

从上述分析不难看出,在我国刑法规定的环境犯罪中,不是危险犯或者不包括危险犯的犯罪有污染环境罪、擅自进口固体废物罪、非法占用农用地罪、破坏性采矿罪和环境监管失职罪。所以,增设环境犯罪的危险犯,实际上就是增设这些犯罪的危险犯。

1.关于污染环境罪的危险犯

根据《刑法》第338条的规定,污染环境罪的基本犯是实害犯,实害结果是严重污染环境。所以,污染环境罪的危险犯就应当以"有造成严重污染环境的危险"为限。相应地,造成严重污染环境之结果的,属于加重犯;因污染环境造成人身伤亡或者重大财产损失的,就属于二级加重犯。危险犯化之后的污染环境罪的基本犯可表述为:违反国家规定,排放、倾倒或者处置有放射性的废物、含传染病病原体的废物、有毒物质或者其他有害物质,有造成严重污染环境之危险的。显然,污染环境罪的危险犯属于具体危险犯,以出现造成严重污染环境的危险为成立要件,并非一切违反国家规定排放、倾倒或者处置有害物质的行为均成立污染环境罪。

2. 关于擅自进口固体废物罪的危险犯

根据《刑法》第339条第2款的规定,擅自进口固体废物罪的基本犯属于实害犯,以造成重大环境污染事故为成立条件,而且从法条的表述逻辑来看,造成重大环境污染事故表现为致使公私财产遭受重大损失或者严重危害人体健康。显然,随着立法者将污染环境罪(修改前的重大环境污染事故罪)的危害结果修改为严重污染环境,依然把擅自进口固体废物罪的实害结果保留为造成重大环境污染事故,存在明显的不协调[1];而且,擅自进口固体废物罪的保护法益是环境良好,实害结果应当是严重污染环境。因而,应当将擅自进口固体废物罪的危险犯设定为:未经国务院有关主管部门许可,擅自进口固体废物,有严重污染环境之危险的。相应地,严重污染环境的,就属于该罪的一级加重犯;造成人身伤亡或者重大财产损失的,就属于该罪的二级加重犯。

3. 关于非法占用农用地罪的危险犯

根据《刑法》第342条的规定,非法占用农用地罪属于实害犯,不仅要求改变被占用土地用途,数量较大,而且要造成耕地、林地等农用地大量毁坏。该罪的保护法益既包括资源永续,也包括生态保护。所以,应当将该罪的危险犯设立为:违反土地管理法规,非法占用耕地、林地等农用地,改变被占用土地用途,数量较大,有造成耕地、林

---

[1] 这种情况也存在于《刑法》第339条第1款规定的非法处置进口的固体废物罪中。虽然立法者将该罪规定为危险犯,而且是抽象危险犯,即只要实施了违反国家规定进境倾倒、堆放、处置境外的固体废物的行为,就成立该罪。但是,依然将该罪的一级加重犯保留为"造成重大环境污染事故,致使公私财产遭受重大损失或者严重危害人体健康",则显得不合时宜,因此应当修改为"严重污染环境"。相应地,应当将二级加重犯修改为"造成人身伤亡或者重大财产损失"。

地等农用地大量毁坏之危险的。相应地,造成耕地、林地等农用地大量毁坏的,就属于加重犯。

4.关于破坏性采矿罪的危险犯

根据《刑法》第 343 条第 2 款的规定,破坏性采矿罪的基本犯属于实害犯,以造成矿产资源严重破坏为成立要件。该罪的保护法益同时包括资源永续和生态保护。所以,应当将该罪的危险犯设定为:违反矿产资源法的规定,采取破坏性的开采方法开采矿产资源,又造成矿产资源严重破坏危险的。相应地,造成矿产资源严重破坏的,就属于加重犯。

5.关于环境监管失职罪的危险犯

在我国刑法理论上,环境监管失职罪被解释为过失犯罪。[1] 基本理由主要有:其一,该罪的基本行为是严重不负责任,即行为人不履行或者不认真履行环境保护监管职责。其二,该罪的成立需要发生重大环境污染事故,即致使公私财产遭受重大损失或者造成人身伤亡的严重后果,但最高法定刑是 3 年有期徒刑。言下之意是,如果行为人对严重后果持有故意,则成立其他犯罪,如污染环境罪的共犯。在这种情况下,针对环境监管失职罪的危险犯就很容易被解释为过失危险犯,致使提出增设环境监管失职罪的危险犯面临很大的理论障碍。实际上,环境监管失职罪属于双重罪过。一方面,行为人对严重不负责任(不履行或者不认真履行环境保护监管职责)的行为完全持有故意;另一方面,行为人对严重后果的发生持有过失。[2] 在这种情况下,针对环境监管失职罪增设危险犯时,实际上不受对严

---

[1] 参见高铭暄、马克昌主编:《刑法学》(第九版),北京大学出版社、高等教育出版社 2019 年版,第 657 页。
[2] 参见李梁:《我国刑法中的"严重后果"及其主观归责问题研究》,载《政法论坛》2023 年第 4 期。

重后果只能持有过失的影响。同时应当看到，立法者依然将环境监管失职罪的实害结果保留规定为"严重后果"已经不合时宜，应当修改为"严重污染环境"。有鉴于此，应当将环境监管失职罪的危险犯设定为：负有环境保护监督管理职责的国家机关工作人员严重不负责任，有导致严重污染环境结果发生危险的。相应地，导致严重污染环境的结果发生的，就属于加重犯。

6.环境犯罪之危险犯的刑罚设置问题

从我国现行环境刑法的规定来看，污染环境罪的基本犯和环境监管失职罪的主刑是3年以下有期徒刑或者拘役，前者还配置了罚金；擅自进口固体废物罪、非法占用农用地罪和破坏性采矿罪的主刑均为5年以下有期徒刑或者拘役，同时配置了罚金。针对这些犯罪设立危险犯的目的主要在于严密刑事法网，预防实害结果的发生。所以，在把这些犯罪的基本犯提升为加重犯的情况下，新的基本犯（危险犯）的法定刑应当低于原来的基本犯（实害犯、新的加重犯）的法定刑。具体而言，原来的基本犯的法定刑为5年以下有期徒刑或者拘役的，新的基本犯（危险犯）的法定刑应当是3年以下有期徒刑或者拘役，同时将原来的基本犯（实害犯、新的加重犯）的法定最低刑提高至3年有期徒刑；原来的基本犯（实害犯、新的加重犯）的法定刑为3年以下有期徒刑或者拘役的，新的基本犯（危险犯）的法定刑就应当是1年以下有期徒刑或者拘役，同时将原来的基本犯（实害犯、新的基本犯）的法定最低刑提高至1年有期徒刑。除环境监管失职罪之外，还应当针对其他四个犯罪各自的特点配置不同方式的无限额罚金。

**二、环境犯罪刑法治理早期化的主观维度**

从犯罪主观层面来看，刑法治理早期化主要表现为处罚过失犯和实行相对严格责任。与犯罪故意相比,犯罪过失是较为缓和的罪过形式。所以,有过失就可以处罚,表达了刑法的早期化干预;相对严格责任实际上是推定有罪过,即在没有证明有罪过的情况下就可以处罚,更加表达了刑法的早期化干预。我国环境犯罪刑法治理早期化在主观维度上亦应当从这两个方面展开。

(一)处罚环境犯罪的过失犯

1. 处罚环境犯罪之过失犯的基本思路

环境犯罪治理与经济发展之间在很多情况下存在对立关系,破坏生态、污染环境和破坏自然资源行为的过度犯罪化,必然会给一个国家的经济发展带来阻碍。所以,哪些环境犯罪应当处罚过失犯,通常取决于一国的经济发展状况。我国当下属于发展中国家,虽然提出了协调发展和绿色发展,并将其确定为新发展理念的重要内容,但核心词还在于"发展",发展依然是第一要务。基于此,笔者认为,环境犯罪的过失犯应当仅限于实害犯,而不应当扩展至危险犯。

根据本书对环境犯罪层级的设计,第一层级的环境犯罪(环境犯罪的基本犯)均属于危险犯,包括以造成生态破坏危险为内容的危险犯、以造成严重环境污染危险为内容的危险犯和以造成严重自然资源破坏危险为内容的危险犯三类。第二层级的环境犯罪(环境犯罪的一级加重犯)属于实害犯,包括以造成生态实际破坏为内容的实害犯、以造成环境严重污染为内容的实害犯和以造成自然资源严重破坏为内容的实害犯。第三层级的环境犯罪(环境犯罪的二级加重犯)属于实害犯,即因破坏生态和严重污染环境而导致人身伤亡或者重大财产损失。如果针对第一层级的环境犯罪(环境犯罪的危险犯)设立过失犯,即处罚过失导致生态破坏危险、严重环境污染危险和严重自然资源破坏危险的行为,则必然导致刑法的过度干预,在很大程度上会抑制经济发展。但是,第二层级环境犯罪和第三层级环境犯罪均属于实害犯,处罚过失犯则不会存在刑法过度干预问题。

2. 环境犯罪处罚过失犯的现状分析

根据《刑法》第 16 条的规定,我国刑法实行主客观相统一(责任主义)原则,不处罚客观上具有危害但行为人主观上无罪过的情形。所以,罪过形式(故意或过失)是一切犯罪的成立要件。[1] 另外,当代刑法遵循"以处罚故意犯罪为原则,处罚过失犯罪为例外"的处罚原则,《刑法》第 15 条第 2 款也规定"过失犯罪,法律有规定的才负刑事责任"。这就意味着,凡是《刑法》分则条文没有明文规定罪过形式的犯罪,其罪过形式应当是故意。我国有学者将其中的"法律有特别规定"解释为包括"法律有明文规定""法律有实质的规定"和"法律有文理的规定"。[2] 从我国环境刑法的规定来看,只有第 345 条第 3 款规定了"明知"[3],其他条款均未出现对罪过形式的明文规定。换言之,对除《刑法》第 345 条第 3 款之外的环境刑法条款所规定的犯罪的罪过形式,只能根据"法律有实质规定"和"法律有文理规定"来判断。据此,可将我国环境犯罪之基本犯的罪过形式解释如下(详见表4-3):

表 4-3 我国环境犯罪的罪过形式

| 刑法条款 | 罪名 | 罪过形式 |
|---|---|---|
| 第 338 条 | 污染环境罪 | 故意 |
| 第 339 条第 1 款 | 非法处置进口的固体废物罪 | 故意 |

---

[1] 参见李梁:《污染环境罪的罪过形式:从择一到二元》,载《甘肃社会科学》2021 年第 1 期。
[2] 参见张明楷:《刑法学》(第五版),法律出版社 2016 年版,第 282—283 页。
[3] 即明知是盗伐、滥伐的林木而非法收购、运输,且情节严重的,成立非法收购、运输盗伐、滥伐的林木罪。换言之,本罪的罪过形式是故意。

(续表)

| 刑法条款 | 罪名 | 罪过形式 |
| --- | --- | --- |
| 第339条第2款 | 擅自进口固体废物罪 | 过失 |
| 第340条 | 非法捕捞水产品罪 | 故意 |
| 第341条第1款 | 危害珍贵、濒危野生动物罪 | 故意 |
| 第341条第2款 | 非法狩猎罪 | 故意 |
| 第341条第3款 | 非法猎捕、收购、运输、出售陆生野生动物罪 | 故意 |
| 第342条 | 非法占用农用地罪 | 过失 |
| 第342条之一 | 破坏自然保护地罪 | 故意 |
| 第343条第1款 | 非法采矿罪 | 故意 |
| 第343条第2款 | 破坏性采矿罪 | 故意 |
| 第344条 | 危害国家重点保护植物罪 | 故意 |
| 第344条之一 | 非法引进、释放、丢弃外来入侵物种罪 | 故意 |
| 第345条第1款 | 盗伐林木罪 | 故意 |
| 第345条第2款 | 滥伐林木罪 | 故意 |
| 第345条第3款 | 非法收购、运输盗伐、滥伐的林木罪 | 故意 |
| 第408条 | 环境监管失职罪 | 过失 |

但是,从我国当前的刑法理论来看,关于环境犯罪的罪过形式存在以下问题:一是关于污染环境罪、擅自进口固体废物罪和非法占用农用地罪的罪过形式还存在不同观点。有的学者提出污染环境罪的罪过形式既包括故意,也包括过失[1],这种观点也得到了我国刑法理论通说的认可。[2] 无论是根据"法律有实质的规定"还是"法律

---

[1] 参见苏永生:《污染环境罪的罪过形式研究——兼论罪过形式的判断基准及区分故意与过失的例外》,载《法商研究》2016年第2期。
[2] 参见高铭暄、马克昌主编:《刑法学》(第九版),北京大学出版社、高等教育出版社2019年版,第582页。

有文理的规定",擅自进口固体废物罪的罪过形式都应当是过失,因为该罪的成立以造成重大环境污染事故,致使公私财产遭受重大损失或者严重危害人体健康为条件,且造成这种后果的最高法定刑只有5年有期徒刑。根据"法律有实质的规定",非法占用农用地罪的罪过形式应当是过失,因为该罪的成立要求造成耕地、林地等农用地大量毁坏的结果。但是,我国刑法理论的通说将上述两个犯罪的罪过形式解释为故意。[1] 二是在罪过形式的判断根据上存在分歧。根据《刑法》第14条第1款和第15条第1款的规定,故意和过失的判断根据只能是"危害社会的结果",这被我国有的学者称为结果论的罪过形式判断根据。[2] 但是,有的学者根据行为人对行为的态度,将《刑法》分则第六章第六节规定的环境犯罪的罪过形式均解释为故意。[3] 三是关于环境犯罪的结果加重犯的罪过形式,当前的刑法理论几乎未专门论及。我国刑法理论的通说在罪数形态当中论述结果加重犯时往往将结果加重犯视为法定的一罪,认为对结果加重犯的罪过形式应当根据我国刑法规定的实际情况来确定,有的结果加重犯的罪过形式只能是过失,有的结果加重犯的罪过形式可能是故意,也可能是过失。[4] 有学者在犯罪构成的结果要件中讨论结果加重犯,认为结果加重犯的罪过形式至少包括过失。[5] 言下之意是,所有的结果加重犯都可以由过失构成。还有学者认为,结果加重

---

[1] 参见高铭暄、马克昌主编:《刑法学》(第九版),北京大学出版社、高等教育出版社2019年版,第584、587页。

[2] 参见苏永生:《罪过形式的判断根据》,载《法律科学(西北政法大学学报)》2020年第6期。

[3] 参见陈兴良:《规范刑法学:全2册》,中国人民大学出版社2017年版,第1072—1098页。

[4] 参见高铭暄、马克昌主编:《刑法学》(第九版),北京大学出版社、高等教育出版社2019年版,第184—185页。

[5] 参见张明楷:《刑法学》(第五版),法律出版社2016年版,第170—171页。

犯的罪过形式属于择一罪过,可以是故意,也可以是过失。[1] 笔者认为,《刑法》第 15 条第 2 款只是规定"过失犯罪,法律有规定的才负刑事责任",并不是规定"过失犯罪,法律有特别规定的才负刑事责任"。实际上,如果坚持《刑法》分则条文未明文规定罪过形式的犯罪均属于故意犯罪,那么不但不符合部分分则条文的文义,而且会使我国刑法的处罚范围大为缩减。所以,当《刑法》分则条文未明文规定罪过形式,而且根据《刑法》分则条文的文义难以判断出罪过形式究竟是故意还是过失时,就可以将该条文规定的犯罪的罪过形式解释为可以是故意,也可以是过失。以此为根据,可将我国刑法中环境犯罪的罪过形式解释如下:

(1)污染环境罪的罪过形式。《刑法》第 338 条并未规定污染环境罪的罪过形式,而且从该法条的文理来看,立法者并未将该罪的罪过形式限定为故意或者过失。所以,污染环境罪的罪过形式至少包括过失,即污染环境罪处罚过失犯,从主观上实现了刑法的早期化干预。本罪一级加重犯的成立条件是"情节严重",而"情节严重"属于客观方面的整体评价要素,包括危害结果、行为情状等,故从逻辑上包括过失犯和故意犯。二级加重犯的成立条件除在特定区域排放、倾倒、处置有放射性的废物、含传染病病原体的废物、有毒物质之外,还需要达到情节严重,或者造成严重、特别严重的后果,从逻辑上看罪过形式也包括故意和过失。[2] 因而,污染环境罪的加重犯从罪过形式上实现了刑法的早期化治理。

(2)非法处置进口的固体废物罪的罪过形式。《刑法》第 339 条

---

[1] 参见苏永生:《我国刑法中的择一罪过立法反思》,载《法商研究》2018 年第 4 期。
[2] 参见李梁:《污染环境罪的罪过形式:从择一到二元》,载《甘肃社会科学》2021 年第 1 期。

第1款把非法处置进口的固体废物罪的基本犯的罪状表述为"违反国家规定,将境外的固体废物进境倾倒、堆放、处置"。显然,该罪基本犯的罪过形式的判断根据只能是行为,而且从文理上看行为人对上述行为只能持有故意,而不可能是过失。所以,非法处置进口的固体废物罪的基本犯属于危险犯,且罪过形式属于故意。成立非法处置进口的固体废物罪的加重犯的条件是造成重大环境污染事故,致使公私财产遭受重大损失或者严重危害人体健康(一级加重犯)或者后果特别严重(二级加重犯),属于典型的结果加重犯,罪过形式包括故意和过失,从主观上实现了刑法治理的早期化。

(3)擅自进口固体废物罪的罪过形式。根据《刑法》第339条第2款的规定,擅自进口固体废物罪基本犯的行为要件是"未经国务院有关主管部门许可,擅自进口固体废物用作原料",结果要件是"造成重大环境污染事故,致使公私财产遭受重大损失或者严重危害人体健康"。显然,行为人对行为主观上只能持有故意,但对于结果则可能存在故意,也可能存在过失。所以,擅自进口固体废物罪的基本犯的罪过形式属于双重罪过,有两种组合形式:一是对行为和结果均持有故意;二是对行为持有故意但对结果存在过失。擅自进口固体废物罪的加重犯的成立条件是"后果特别严重",属于典型的结果加重犯,罪过形式包括故意和过失。所以,不论是从基本犯还是从加重犯来看,擅自进口固体废物罪从主观上均实现了刑法的早期化治理。

(4)非法捕捞水产品罪的罪过形式。根据《刑法》第340条的规定,非法捕捞水产品罪的行为是"违反保护水产资源法规,在禁渔区、禁渔期或者使用禁用的工具、方法捕捞水产品",定量因素是"情节严重"。情节严重属于客观方面的构成要件要素,可以理解为危害结果和行为情状,如捕捞水产品的数量、对水产品的破坏程度等。所以,对非法捕捞水产品罪的罪过形式可以分两种情况来分析。[1] 当情节严重表现为行为情状时,非法捕捞水产品罪属于危险犯,罪过形式的判断根据只能是行为,而且只能是故意。当情节严重表现为危害结果时,非法捕捞水产品罪就属于实害犯,由行为要素和结果要素组成。行为人对行为在主观上只能持有故意,但对结果既可能持有故意,也可能持有过失。因而,这种情形下的非法捕捞水产品罪的罪过属于双重罪过,表现为对行为和结果均持有故意与对行为持有故意但对结果持有过失两种情形。在这个意义上,非法捕捞水产品罪在一定程度上实现了刑法的早期化治理。

(5)危害珍贵、濒危野生动物罪的罪过形式。根据《刑法》第341条第1款的规定,危害珍贵、濒危野生动物罪基本犯的成立只需要行为人实施了非法猎捕、杀害国家重点保护的珍贵、濒危野生动物,或者非法收购、运输、出售国家重点保护的珍贵、濒危野生动物及其制品的行为,不需要发生任何实害结果,故该罪的基本犯属于危险犯,罪过形式的判断根据只能是行为。从立法者对罪状的设置来看,这两种行为类型都具有"非法"性,足以表明行为人明知是珍贵、濒危野生动物而非法猎捕、杀害,或者明知是珍贵、濒危野生动物及其制品而非法收购、运输、出售,在主观上显然只能是故意。危害珍贵、濒危野生动物罪的加重犯以"情节严重"和"情节特别严重"为成立要件,分别构成一级加重犯和二级加重犯。根据"情节较重""情节严重""情节特别严重"等整体评价要素包含行为情状和危害结果的基本原理,危害珍贵、濒危野生动物罪的加重犯包括实害犯和危险犯,实践中主要表现为实害犯。当"情节严重"和"情节特别严重"表

---

[1] 参见李梁:《污染环境罪的罪过形式:从择一到二元》,载《甘肃社会科学》2021年第1期。

现为实害结果时，属于典型的结果加重犯，罪过形式包括故意和过失，从主观上实现了刑法的早期化治理。

（6）非法狩猎罪的罪过形式。根据《刑法》第341条第2款的规定，非法狩猎罪的行为要件是"违反狩猎法规，在禁猎区、禁猎期或者使用禁用的工具、方法进行狩猎，破坏野生动物资源"，定量因素是"情节严重"。根据"情节严重"包括行为情状和危害结果的基本原理，非法狩猎罪可以是实害犯，也可以是危险犯。当"情节严重"表现为行为情状时，罪过形式的判断根据只能是行为，而且行为人对行为主观上只能持有故意。当"情节严重"表现为实害结果时，罪过形式的判断根据包括行为和结果，属于双重罪过。具体有两种组合形式：一是对行为和结果均持有故意，二是对行为持有故意但对结果持有过失。当对结果持有过失时，显然表明该罪处罚过失犯，从主观上实现了刑法的早期化治理。

（7）非法猎捕、收购、运输、出售陆生野生动物罪的罪过形式。根据《刑法》第341条第3款的规定，非法猎捕、收购、运输、出售陆生野生动物罪的行为是违反野生动物保护管理法规，以食用为目的非法猎捕、收购、运输、出售国家重点保护的珍贵、濒危野生动物以外的在野外环境自然生长繁殖的陆生野生动物，定量因素是"情节严重"。根据"情节严重"包括行为情状和危害结果的基本原理，该罪包括危险犯和实害犯。当"情节严重"表现为行为情状时，罪过形式的判断根据是行为，而且从罪状表述看只能是故意；当"情节严重"表现为实害结果时，罪过形式的判断根据包括行为和实害结果，且属于双重罪过，表现为行为人对行为和结果均持有故意、对行为持有故意但对结果持有过失两种组合。在后一种罪过形式组合下，显然处罚过失犯，从主观上实现了刑法的早期化治理。

(8)非法占用农用地罪的罪过形式。根据《刑法》第 342 条的规定,非法占用农用地罪的行为是"违反土地管理法规,非法占用耕地、林地等农用地,改变被占用土地用途",结果是"数量较大,造成耕地、林地等农用地大量毁坏"。[1] 所以,该罪的罪过形式判断根据应当包括行为与结果。显然,行为人对行为只能持有故意,但对于结果可能持有故意,也可能存在过失。[2] 换言之,该罪的罪过形式属于双重罪过,包括对行为和结果均持有故意、对行为持有故意但对结果存在过失两种情形。后一种罪过形式组合表明,非法占用农用地罪的罪过形式包括过失,从主观上实现了刑法的早期化治理。

(9)破坏自然保护地罪的罪过形式。根据《刑法》第 342 条之一第 1 款的规定,破坏自然保护地罪属于情节犯,不仅要求实施了"违反自然保护地管理法规,在国家公园、国家级自然保护区进行开垦、开发活动或者修建建筑物"的行为,还要求造成严重后果或者有其他恶劣情节。显然,从犯罪类型来看,该罪包括实害犯和危险犯两种。在有其他恶劣情节的情形下,罪过形式的判断根据只能是行为,且只能表现为故意。在造成严重后果的情形下,罪过形式表现为双重罪过,包括对行为和严重后果均持有故意、对行为持有故意但对严重后果存在过失两种情形。[3] 在后一种情形下,显然处罚过失犯,从主观上实现了刑法的早期化治理。

(10)非法采矿罪的罪过形式。根据《刑法》第 343 条第 1 款的规

---

[1] 需要说明的是,为了限制处罚范围,表明行为具有严重的社会危害性,我国立法者给为数不少的犯罪设立了犯罪数额,即要求达到一定程度的犯罪数额才成立犯罪。实际上,犯罪数额也是一种犯罪结果,在很多情况下属于实害结果。
[2] 参见李梁:《污染环境罪的罪过形式:从择一到二元》,载《甘肃社会科学》2021 年第 1 期。
[3] 参见李梁:《我国刑法中的"严重后果"及其主观归责问题研究》,载《政法论坛》2023 年第 4 期。

定,非法采矿罪的基本犯属于情节犯,不仅要求行为人实施了非法采矿的行为,而且要求达到情节严重的程度。根据"情节严重"包括行为情状和危害结果的原理,当"情节严重"表现为行为情状时,罪过形式的判断根据只能是行为,"违反矿产资源法的规定"的罪状表明,行为人对非法采矿的行为只能持有故意。当"情节严重"表现为危害结果时,罪过形式的判断根据包括行为,表现为两种罪过形式组合,即对行为和结果均持有故意与对行为持有故意但对结果存在过失。后一种罪过形式组合表明,非法采矿罪的基本犯处罚过失犯,实现了刑法的早期化治理。非法采矿罪的加重犯的成立,客观上要求实施了非法采矿行为,且达到情节特别严重的程度。当"情节特别严重"表现为严重的危害结果时,就属于结果加重犯,罪过形式包括故意和过失,从主观上实现了刑法的早期化治理。

（11）破坏性采矿罪的罪过形式。根据《刑法》第343条第2款的规定,破坏性采矿罪属于实害犯,不但要求行为人实施了"违反矿产资源法的规定,采取破坏性的开采方法开采矿产资源"的行为,而且要求"造成矿产资源严重破坏"的实害结果。所以,该罪的罪过形式判断根据包括行为与结果。"违反矿产资源法的规定"的罪状表明,行为人对破坏性采矿行为只能持有故意,但对"造成矿产资源严重破坏"的实害结果则既可能持有故意,也可能存在过失。对危害结果存在过失的情形表明,该罪处罚过失犯,从主观上实现了刑法治理的早期化。

（12）危害国家重点保护植物罪的罪过形式。根据《刑法》第344条的规定,危害国家重点保护植物罪的基本犯属于危险犯,只要求行为人实施了非法采伐、毁坏珍贵树木或者国家重点保护的其他植物,或者非法收购、运输、加工、出售珍贵树木或者国家重点保护的其他植物及其制品的行为,即可成立本罪。所以,该罪的罪过形式判断根据只能是行为,而且"违反国家规定"的罪状表明,罪过形式只能是故意。危害国家重点保护植物罪的加重犯的成立,客观上要求达到情节严重的程度。根据"情节严重"包括行为情状和危害结果的原理,当"情节严重"表现为危害结果时,则属于结果加重犯,罪过形式既可以是故意,也可以是过失,从主观上实现了刑法的早期化治理。

(13)非法引进、释放、丢弃外来入侵物种罪的罪过形式。根据《刑法》第344条之一的规定,非法引进、释放、丢弃外来入侵物种罪属于情节犯,成立该罪客观上不但要求行为人违反国家规定非法引进、释放或者丢弃外来入侵物种,还需要达到情节严重的程度。根据"情节严重"包括行为情状和危害结果的原理,该罪包括危险犯和实害犯。当"情节严重"表现为行为情状时,罪过形式的判断根据只能是行为,而且从"违反国家规定""非法"的文理来看,罪过形式只能是故意。当"情节严重"表现为实害结果时,罪过形式的判断根据包括行为和结果,具有双重性,具体表现为对行为和结果均持有故意、对行为持有故意但对结果存在过失两种情形。显然,在后一种情形下处罚过失犯,实现了刑法的早期化治理。

(14)盗伐林木罪的罪过形式。根据《刑法》第345条第1款的规定,盗伐林木罪属于数额犯,基本犯的成立要求盗伐森林或其他林木数量较大;如果盗伐森林或其他林木达到数量巨大或者数量特别巨大的,则成立盗伐林木罪的一级加重犯和二级加重犯。但不可否认的是,数额只是量刑规则,而非加重构成要件。[1] 刑法理论一般认为,盗伐林木罪在主观上需要有非法占有目的。[2] 显然,这是占有

---

[1] 参见张明楷:《刑法学》(第五版),法律出版社2016年版,第119页。
[2] 参见陈兴良:《规范刑法学:全2册》,中国人民大学出版社2017年版,第1095页。

型财产犯罪的基本特点,即使立法者未作出明确规定,非法占有目的也属于不成文的构成要件要素。[1] 所以,不论盗伐林木罪的基本犯,还是加重犯,其罪过形式只能是故意,而不可能是过失。而且,从资源永续的角度来看,盗伐林木罪不可能处罚过失犯。相应地,不可能从主观上实现刑法的早期化治理。[2]

(15)滥伐林木罪的罪过形式。根据《刑法》第345条第2款的规定,滥伐林木罪的基本犯和加重犯均属于数额犯,前者要求滥伐林木达到数量较大,后者要求滥伐林木达到数量巨大。在行为要件上,"违反森林法的规定"的规定表明,行为人对滥伐林木的行为在主观上只能持有故意,犯罪数额只是量刑规则。所以,不论是基本犯还是加重犯,滥伐林木罪的罪过形式只能是故意,从主观上不可能实现刑法的早期化治理。[3]

(16)非法收购、运输盗伐、滥伐的林木罪的罪过形式。根据《刑法》第345条第3款的规定,明知是盗伐、滥伐的林木而非法收购、运输,达到情节严重程度的,成立非法收购、运输盗伐、滥伐的林木罪的基本犯。"明知"和"非法"的构成要件要素表明,对收购、运输滥伐的林木行为只能持有故意。根据"情节严重"包含行为情状和危害结果的原理,当"情节严重"表现为行为情状时,罪过形式的判断根据只能是行为,罪过形式也只能表现为故意;当"情节严重"表现为危害结

---

[1] 参见[日]西田典之:《日本刑法各论(第七版)》,[日]桥爪隆补订,王昭武、刘明祥译,法律出版社2020年版,第180页。
[2] 然而,盗伐林木的行为侵害的不仅是林木的资源价值,还可能侵害林木(特别是森林)的生态价值。所以,当考虑林木的生态价值时,盗伐林木的行为存在破坏生态的危险,甚至出现破坏生态的实害结果。在这种情况下,就可以考虑设置过失犯。
[3] 不可否认的是,滥伐林木的行为侵害的不仅是林木的资源价值,还可能侵害林木(特别是森林)的生态价值。所以,从生态保护的角度看,滥伐林木的行为有可能导致破坏生态的实害结果。在这种情况下,完全可以考虑设置过失犯,从犯罪主观方面实现刑法的早期化治理。

果时,罪过形式的判断根据包括行为与结果,属于双重罪过,具体表现为对行为和结果持有故意、对行为存在故意但对结果存在过失两种情形。后一种情形显然从犯罪主观方面实现了刑法的早期化治理。

(17)环境监管失职罪的罪过形式。根据《刑法》第408条的规定,环境监管失职罪的行为要件是"严重不负责任",结果要件是"发生重大环境污染事故,致使公私财产遭受重大损失或者造成人身伤亡的严重后果"。"严重不负责任"是指行为人不履行或者不认真履行环境保护监管职责,包括行为人故意不履行和过失不履行两种情形。从常理上讲,行为人应当预见而没有预见严重后果的发生,或者轻信严重后果不可能发生,或者放任了严重后果的发生,故在主观上既可能是故意,也可能是过失。由此来看,环境监管失职罪的罪过形式比较复杂,具体表现为对行为和结果均持有故意、对行为持有故意但对结果存在过失、对行为和结果均存在过失三种情形。显然,在第二种和第三种情形下,均处罚过失犯,实现了刑法的早期化治理。

3.环境犯罪三级罪行阶梯下处罚过失犯的具体策略

从生态文明建设的三个基本目标之间的关系以及生态环境与人的关系来看,应当从纵向上建立三个层级的环境犯罪罪行阶梯,即对环境的危险犯、对环境的侵害犯和对人身或重大财产的侵害犯。其中,由于环境的价值离不开人的主观判断,因而对环境的侵害犯实际上蕴含着对人身或者重大财产的危险犯。从三类环境犯罪的性质来看,对环境的危险犯主要是就保护生态和环境良好而言的,对环境的侵害犯覆盖三类环境犯罪,对人身和重大财产的损害主要是就保护生态和环境良好而言的。就罪过形式的设置而言,笔者认为,环境犯罪的基本犯(危险犯)只应当限于处罚故意犯,环境犯罪的加重犯可以处罚过失犯。进而言之，环境犯罪的基本犯的罪过形式判断根据仅限于行为，只处罚对行为持有故意的情形；环境犯罪的加重犯的罪过形式判断根据包括行为和加重结果，不仅应当处罚对行为和结果均持有故意的情形，也处罚对行为持有故意但对结果存在过失的情形。另外，在环境犯罪罪过形式的判断上，因刑法规定不明确而出现了许多不一致的问题。例如，关于污染环境罪的罪过形式，就有故意说、过失说、择一罪过说等不同学说。[1] 又如，如果坚持污染环境罪的罪过形式包括故意和过失，那么在不同罪过形式下如何量刑，以故意为基础对过失从宽处罚，还是以过失为基础对故意从严处罚，也存在不同认识。再如，对于环境犯罪的结果加重犯，由于刑法没有针对不同罪过形式配置不同的刑罚，必然导致量刑的不均衡。[2] 在这种情况下，只有通过立法来明确环境犯罪的罪过形式，明确哪些情况下成立过失犯，并配置轻于相应的故意犯的刑罚，才能消除由此而引发的各种乱象。

贯彻环境犯罪的三层级罪行阶梯，首先要求将每一个环境犯罪分为基本犯、一级加重犯和二级加重犯三个层级。[3] 基本犯属于危险犯，一级加重犯属于对环境的侵害犯，二级加重犯属于对人身或重大财产的侵害犯。其中，基本犯无需处罚过失犯，两级加重均处罚过失犯，但过失犯的刑罚应当轻于相应的故意犯的刑罚。循此思路，可将我国刑法规定的环境犯罪的罪刑规范设置如下：

(1)污染环境罪的罪刑规范：违反国家规定，排放、倾倒或者处置

---

[1] 参见李梁：《污染环境罪的罪过形式：从择一到二元》，载《甘肃社会科学》2021年第1期。
[2] 参见李梁：《认罪认罚从宽作为量刑情节及其具体适用》，载《华东政法大学学报》2023年第3期。
[3] 参见李梁：《中德两国污染环境罪危险犯立法比较研究》，载《法商研究》2016年第3期。

有放射性的废物、含传染病病原体的废物、有毒物质或者其他有害物质,有严重污染环境危险的,处2年以下有期徒刑或者拘役,并处或者单处罚金;严重污染环境的,处2年以上7年以下有期徒刑,并处罚金;致使人员伤亡或者重大财产损失的,处7年以上有期徒刑,并处罚金。

犯前款罪,过失引起环境严重污染的,处3年以下有期徒刑或者拘役,并处或者单处罚金;过失导致人员伤亡或者重大财产损失的,处3年以上7年以下有期徒刑,并处罚金。[1]

(2)非法处置进口的固体废物罪的罪刑规范:违反国家规定,将境外的固体废物进境倾倒、堆放、处置的,处3年以下有期徒刑或者拘役,并处罚金;严重污染环境的,处3年以上10年以下有期徒刑,并处罚金;致使人员伤亡或者重大财产损失的,处10年以上有期徒刑,并处罚金。

犯前款罪,过失引起环境严重污染的,处3年以下有期徒刑,并处罚金;过失导致人员伤亡或者重大财产损失的,处3年以上7年以下有期徒刑,并处罚金。

(3)擅自进口固体废物罪的罪刑规范:未经国务院有关主管部门许可,擅自进口固体废物用作原料,有严重污染环境危险的,处3年以下有期徒刑或者拘役,并处罚金;严重污染环境的,处3年以上10年以下有期徒刑,并处罚金;致使人员伤亡或者重大财产损失的,处10年以上有期徒刑,并处罚金。

犯前款罪,过失引起环境严重污染的,处2年以下有期徒刑,并处或者单处罚金;过失导致人员伤亡或者重大财产损失的,处3年以

---

[1] 如后文所述,笔者主张对污染环境罪实行严格责任。所以,这里基于处罚过失犯模式下对污染环境罪罪刑规范的设置,只具有逻辑和论证上的形式意义。

上 7 年以下有期徒刑,并处罚金。

（4）非法捕捞水产品罪的罪刑规范:违反保护水产资源法规,在禁渔区、禁渔期或者使用禁用的工具、方法捕捞水产品,情节严重的,处 3 年以下有期徒刑或者拘役,并处罚金;严重破坏生态环境的,处 3 年以上 7 年以下有期徒刑,并处罚金。

犯前款罪,过失引起生态环境严重损害的,处 2 年以下有期徒刑、拘役或者管制,并处罚金。[1]

（5）危害珍贵、濒危野生动物罪的罪刑规范:非法猎捕、杀害国家重点保护的珍贵、濒危野生动物的,或者非法收购、运输、出售国家重点保护的珍贵、濒危野生动物及其制品的,处 5 年以下有期徒刑或者拘役,并处罚金;破坏生态环境的,处 5 年以上 10 年以下有期徒刑,并处罚金;严重破坏生态环境的,处 10 年以上有期徒刑,并处罚金或者没收财产。

犯前款罪,过失引起生态环境损害的,处 3 年以下有期徒刑、拘役或者管制,并处或者单处罚金;过失引起生态环境严重损害的,处 3 年以上 7 年以下有期徒刑,并处罚金。

（6）非法狩猎罪的罪刑规范:违反狩猎法规,在禁猎区、禁猎期或者使用禁用的工具、方法狩猎,破坏野生动物资源,情节严重的,处 3 年以下有期徒刑或者拘役,并处或者单处罚金。严重破坏生态环境的,处 3 年以上 7 年以下有期徒刑,并处罚金。

犯前款罪,过失引起生态环境严重损害的,处 2 年以下有期徒

---

〔1〕 从实质上看,非法捕捞水产品的行为不但侵犯了他人对水产品的占有权,而且可能对生态系统造成损害。所以,对非法捕捞水产品罪的罪刑规范应当从资源永续和生态保护两个向度来设置。

刑、拘役或者管制,并处或者单处罚金。[1]

(7)非法猎捕、收购、运输、出售陆生野生动物罪的罪刑规范:违反野生动物保护管理法规,以食用为目的非法猎捕、收购、运输、出售国家重点保护的珍贵、濒危野生动物以外的在野外环境自然生长繁殖的陆生野生动物,情节严重的,处3年以下有期徒刑或者拘役,并处罚金;严重破坏生态环境的,处3年以上7年以下有期徒刑,并处罚金。

犯前款罪,过失引起生态环境严重损害的,处2年以下有期徒刑、拘役或者管制,并处或者单处罚金。

(8)非法占用农用地罪的罪刑规范:违反土地管理法规,非法占用耕地、林地等农用地,改变被占用土地用途,数量较大的,处3年以下有期徒刑或者拘役,并处罚金;造成耕地、林地等农用地大量毁坏的,处3年以上7年以下有期徒刑,并处罚金。

犯前款罪,过失引起耕地、林地等农用地大量毁坏的,处2年以下有期徒刑、拘役或者管制,并处或者单处罚金。

(9)破坏自然保护地罪的罪刑规范:违反自然保护地管理法规,在国家公园、国家级自然保护区进行开垦、开发活动或者修建建筑物的,处3年以下有期徒刑或者拘役,并处罚金;破坏生态环境的,处3年以上7年以下有期徒刑,并处罚金;严重破坏生态环境的,处7年以上有期徒刑,并处罚金或者没收财产。

犯前款罪,过失引起生态环境损害的,处3年以下有期徒刑或者拘役,并处或者单处罚金;过失引起生态环境严重损害的,处3年以

---

[1] 从现实情况看,非法狩猎的行为不但侵犯了他人对野生动物资源的占有权,而且可能对生态系统造成损害。所以,对非法狩猎罪的罪刑规范应当从资源永续和生态保护两个向度来设置。

上 7 年以下有期徒刑,并处罚金。

（10）非法采矿罪的罪刑规范:违反矿产资源法的规定,未取得采矿许可证擅自采矿,擅自进入国家规划矿区、对国民经济具有重要价值的矿区和他人矿区范围采矿,或者擅自开采国家规定实行保护性开采的特定矿种,情节严重的,处 3 年以下有期徒刑或者拘役,并处或者单处罚金;采矿数额巨大或者严重破坏矿产资源的,处 3 年以上 7 年以下有期徒刑,并处罚金。

犯前款罪,过失引起矿产资源严重损坏的,处 2 年以下有期徒刑、拘役或者管制,并处或者单处罚金。

（11）破坏性采矿罪的罪刑规范:违反矿产资源法的规定,采取破坏性的开采方法开采矿产资源的,处 3 年以下有期徒刑或者拘役,并处罚金;造成矿产资源严重破坏的,处 3 年以上 7 年以下有期徒刑,并处罚金;严重破坏生态环境的,处 7 年以上有期徒刑,并处罚金或者没收财产。

犯前款罪,过失引起矿产资源严重损害的,处 3 年以下有期徒刑、拘役或者管制,并处或者单处罚金;过失引起生态环境严重损害的,处 3 年以上 7 年以下有期徒刑,并处罚金。[1]

（12）危害国家重点保护植物罪的罪刑规范:违反国家规定,非法采伐、毁坏珍贵树木或者国家重点保护的其他植物的,或者非法收购、运输、加工、出售珍贵树木或者国家重点保护的其他植物及其制品的,处 3 年以下有期徒刑或者拘役,并处罚金;破坏生态环境的,处 3 年以上 7 年以下有期徒刑,并处罚金;严重破坏生态环境的,处 7 年以上有期徒刑,并处罚金或者没收财产。

---

[1] 与非法采矿罪主要侵害的是国家对矿产资源的管理秩序和他人对矿产资源的占有权不同,破坏性采矿罪侵害的主要是矿产资源的资源价值和生态价值。所以,对破坏性采矿罪的罪刑规范应当从资源永续和生态保护两个向度来设置。

犯前款罪,过失引起生态环境损害的,处3年以下有期徒刑、拘役或者管制,并处或者单处罚金;过失引起生态环境严重损害的,处3年以上7年以下有期徒刑,并处罚金。

(13)非法引进、释放、丢弃外来入侵物种罪的罪刑规范:违反国家规定,非法引进、释放或者丢弃外来入侵物种的,处1年以下有期徒刑、拘役或者管制,并处或者单处罚金;破坏生态环境的,处1年以上3年以下有期徒刑,并处罚金;严重破坏生态环境的,处3年以上7年以下有期徒刑,并处罚金。

犯前款罪,过失引起生态环境损害的,处1年以下有期徒刑、拘役或者管制,并处或者单处罚金;过失引起生态环境严重损害的,处1年以上3年以下有期徒刑,并处罚金。

(14)盗伐林木罪的罪刑规范:盗伐森林或者其他林木,数量较大的,处3年以下有期徒刑、拘役或者管制,并处或者单处罚金;数量巨大的,处3年以上7年以下有期徒刑,并处罚金;数量特别巨大的,处7年以上有期徒刑,并处罚金。

盗伐森林或者其他林木,破坏生态环境的,从重处罚。

犯前款罪,过失引起生态环境损害的,处1年以下有期徒刑、拘役或者管制,并处或者单处罚金;过失引起生态环境严重损害的,处1年以上3年以下有期徒刑或者拘役,并处罚金。[1]

(15)滥伐林木罪的罪刑规范:违反森林法的规定,滥伐森林或者其他林木,数量较大的,处3年以下有期徒刑、拘役或者管制,并处或者单处罚金;数量巨大的,处3年以上7年以下有期徒刑,并处罚金。

犯前款罪,造成生态环境损害的,从重处罚。

---

[1] 在盗伐林木的场合,行为人一般具有非法占有的目的,所以盗伐林木罪保护的主要法益是林木的占有权;但不可否认,盗伐林木行为同时会侵犯生态环境。因而,对盗伐林木罪的罪刑规范应当从财产法益和生态法益两个维度来设置。

犯第一款罪,过失引起生态环境损害的,处2年以下有期徒刑或者拘役;过失引起生态环境严重损害的,处2年以上5年以下有期徒刑,并处罚金。[1]

(16)非法收购、运输盗伐、滥伐的林木罪的罪刑规范:非法收购、运输明知是盗伐、滥伐的林木,数量较大的,处3年以下有期徒刑或者拘役,并处罚金;数量巨大的,处3年以上7年以下有期徒刑,并处罚金;数量特别巨大的,处7年以上有期徒刑,并处罚金或者没收财产。[2]

(17)环境监管失职罪的罪刑规范:负有环境保护监督管理职责的国家机关工作人员严重不负责任,有导致严重污染环境结果发生危险的,处1年以下有期徒刑、拘役或者管制;导致严重污染环境结果发生的,处1年以上3年以下有期徒刑;致使公私财产遭受重大损失或者造成人身伤亡的严重后果的,处3年以上7年以下有期徒刑。

犯前款罪,过失引起严重污染环境结果发生的,处拘役或者管制;过失引起公私财产遭受重大损失或者造成人身伤亡的严重后果的,处3年以下有期徒刑或者拘役。

明知他人实施环境犯罪行为而不予以监督管理的,以环境犯罪的共犯论处。

(二)有选择性地设立相对严格责任

**1. 新时代对环境犯罪实行严格责任的现实依据**

根据《刑法》第16条的规定,我国刑法严格坚持主客观相统一

---

[1] 滥伐林木的行为,可谓侵犯了多重法益,包括国家对林木的管理秩序、林木的资源价值和生态价值;而且,国家对林木的管理秩序属于手段性法益,林木的资源价值和生态价值属于目的性法益,且难以分清主次。所以,对盗伐林木罪的罪刑规范应当从财产法益和生态法益两个维度来设置。

[2] 从实质上看,非法收购、运输盗伐、滥伐林木的行为属于盗伐林木罪和滥伐林木罪的后续帮助行为,行为人与盗伐或者滥伐林木的行为人之间不存在意思联络,不可能直接侵犯林木的资源价值和生态价值,所以不存在针对资源价值和生态价值的过失犯。

（责任主义）原则，不处罚无罪过的行为和结果。但是，有原则必有例外，有些情况下不实行严格责任，就难以实现刑法的全面评价，进而难以实现司法正义。例如，《刑法》第236条第3款第（六）项把"致使被害人重伤、死亡或者造成其他严重后果"规定为强奸罪的加重情形。[1] 其中，被害人因被强奸而自杀的情形显然属于造成其他严重后果，行为人对此必须承担责任。但是，强奸行为与被害人因强奸而自杀之间通常不具有类型性，所以让行为人对被害人因被强奸而自杀的严重后果承担责任，显然属于严格责任。

环境犯罪的危害结果具有持久的危害性和不可逆性。所以，在以实行严格责任而著称的英美法系国家，对环境犯罪通常实行严格责任[2]，即便是在恪守责任主义的大陆法系国家，为了有效惩治环境犯罪，也在一定程度上实行严格责任。[3] 在我国，对环境犯罪是否设立严格责任，存在否定说与肯定说。否定说认为，严格责任违背了我国刑法确立的主客观相统一的基本原则，实行严格责任可能阻碍经济的发展，刑法并不是遏制环境危害行为的最佳选择，所以不应当针对环境犯罪实行严格责任。肯定说认为，严格责任不但有利于提高司法效率，节约司法成本，而且可以弥补传统责任主义的不足，所以针对环境犯罪应当实行严格责任；同时，我国经济社会结构的转

---

[1] 参见李梁：《我国刑法中的"严重后果"及其主观归责问题研究》，载《政法论坛》2023年第4期。

[2] 例如，在美国，对威胁到多数人的安全的"公共利益犯罪"通常实行严格责任，主要在毒品犯罪、环境污染犯罪、食品安全犯罪等犯罪中普遍适用。参见周兆进：《环境犯罪严格责任研究》，中国检察出版社2018年版，第61—62页。

[3] 例如，《日本刑法典》和日本的《公害罪法》都未针对环境犯罪实行责任主义，但20世纪60年代以来，随着严重水污染事件、大气污染事件等环境污染事件的出现，先在判例中确立了严格责任，随后在《水污染控制法》《大气污染控制法》等环境行政法中针对环境犯罪确立了严格责任。参见雷鑫：《生态现代化语境下的环境刑事责任研究》，知识产权出版社2010年版，第145页。

变,出现了对环境犯罪实行严格责任的特殊需求。[1] 笔者认为,进入新时代后,应当重新审视保护生态环境的意义和方法,反思传统的运用刑法保护生态环境的方式、方法。一方面,新时代是生态文明时代,"保护生态环境就是保护生产力,改善生态环境就是发展生产力"[2]。所以,不能过分强调生态环境保护与经济发展之间的对立关系。在这种背景下,通过对环境犯罪实行严格责任来保护生态环境,具有相当的合理性。另一方面,新时代是全面依法治国的时代,所以"保护生态环境必须依靠制度、依靠法治"。而且,"只有实行最严格的制度、最严密的法治,才能为生态文明建设提供可靠保障"[3]。严格责任的严厉性,恰恰满足了生态文明建设的这种需求,能够为环境犯罪的有效治理提供基本途径。依此来看,在生态文明时代,在环境犯罪的刑法治理上完全否定严格责任,并不符合生态文明建设的基本要求。

然而,从世界范围来看,环境犯罪的严格责任发生了两个维度的转变。其一,严格责任发展到现在,经历了从绝对严格责任向相对严格责任的转变。起初实行的是绝对的严格责任,即只要造成某种环境损害结果,行为人必须无条件承担刑事责任,不允许合法抗辩。后来,在责任主义影响下,各国对严格责任进行了限制。具体而言,环境损害结果发生后就推定行为人有责任,但允许行为人进行合法抗

---

[1] 参见周兆进:《环境犯罪严格责任研究》,中国检察出版社 2018 年版,第 132—137 页。
[2] 习近平:《在参加十二届全国人大二次会议贵州代表团审议时的讲话》(2014 年 3 月 7 日),载中共中央文献研究室编:《习近平关于社会主义生态文明建设论述摘编》,中央文献出版社 2017 年版,第 23 页。
[3] 习近平:《在十八届中央政治局第六次集体学习时的讲话》(2013 年 5 月 24 日),载中共中央文献研究室编:《习近平关于社会主义生态文明建设论述摘编》,中央文献出版社 2017 年版,第 99 页。

辩;当行为人能够证明其对环境损害结果不具有故意和过失时,则不承担责任。可见,相对严格责任与责任主义之间在实体上没有多大区别,只是举证责任发生了转移。详言之,在责任主义下,必须要求公诉机关负有证明行为人对环境损害结果持有故意或者过失的责任;而在相对严格责任下,免除了公诉机关证明行为人对环境损害结果持有故意或者过失的责任,但行为人负有证明自己不对环境损害结果持有故意或者过失的责任。其二,从仅对污染环境的犯罪实行严格责任转向对环境污染犯罪和破坏生态犯罪都实行严格责任。这一转变与环境公害事件的发展变化有关。在旧环境公害事件时期,公害都是由环境污染引起的。[1] 在这种背景下,仅针对环境污染犯罪实行严格责任。[2] 20 世纪 80 年代以后,进入了新环境公害时期,生态破坏成为引起公害的重要原因。[3] 在这种背景下,在公害事件发生较为频繁的国家,大都将严格责任扩展至破坏生态的犯罪。当前,从环境犯罪的类型来看,破坏生态的环境犯罪和污染环境

---

[1] 旧公害事件以发生在 20 世纪 30—60 年代的马斯河谷烟雾事件、多诺拉烟雾事件、伦敦烟雾事件、水俣病事件、四日市哮喘事件、米糠油事件、骨痛病事件、洛杉矶光化学烟雾事件八大公害事件(简称"旧八大公害事件")为代表的环境污染事件,其基本特点在于污染对人体健康的危害,且具有区域性、短暂性。

[2] 例如,英国 1956 年颁布的《空气清洁法》规定:无论行为人是否存在主观的故意或过失,只要烟囱冒浓烟的,行为人就应当承担过失责任之外的无须考虑过失的刑事责任。1974 年颁布的《污染控制法》规定,任何人致使有毒或者有害物质进入水体,并因此引起水污染的,均应当被判处不超过 2 年的监禁或罚金,或者同时处以监禁和罚金。参见周兆进:《环境犯罪严格责任研究》,中国检察出版社 2018 年版,第 64—65 页。

[3] 新公害事件以意大利塞维索化学污染事故、美国三里岛核电站泄漏事故、墨西哥液化气爆炸事故、印度博帕尔农药泄漏事故、苏联切尔诺贝利核电站泄漏事故、瑞士巴塞尔赞多兹化学公司莱茵河污染事故、全球大气污染、非洲大灾荒等新八大公害事件为代表,具有突发性、全球性、发生的高频率性、持久性等新特点。其中,最为严重的是酸雨、臭氧层破坏、温室效应及全球气候变化、突发性环境污染事故、大规模生态破坏等。参见吕忠梅:《环境法新视野》(第三版),中国政法大学出版社 2019 年版,第 19—23 页。

的环境犯罪有实行严格责任的需要,对破坏自然资源的犯罪则无须实行严格责任。

从环境犯罪刑法立法实际来看,并非针对所有的环境犯罪都实行严格责任,应实行严格责任的环境犯罪主要是危害结果极为严重的犯罪,或者说,实行严格责任的环境犯罪主要是极为严重的实害犯,几乎没有针对危险犯的严格责任。换言之,所谓推定有故意或者过失,是指推定行为人对环境损害结果有故意或者过失,而不是推定对行为有故意或者过失。在这个意义上,实行严格责任的环境犯罪的危害结果与因果关系推定中的结果具有同一性。不仅如此,犯罪主观罪过的有无和轻重与客观危害之间属于此消彼长的关系。也就是说,主观罪过与客观危害之间成反比关系。客观危害越轻,则要求主观罪过越重;相反,客观危害越重,则要求主观罪过越轻。详言之,在行为和刑罚幅度相同的情况下,故意犯的危害结果最轻、过失犯的危害结果次之,实行严格责任的犯罪的危害结果最为严重。[1] 所以,就环境犯罪而言,实行严格责任的犯罪应当是危害结果最为严重的犯罪。

2. 环境犯罪严格责任的设立

我国有学者指出,在我国有必要针对单位环境犯罪实行严格责任。主要理由是:单位(特别是企业)实施的环境犯罪行为不但具有较强的隐蔽性,而且因果关系复杂,主观罪过难以认定,同时危害后果具有严重性和难以弥补性;同时指出,只应当针对污染环境罪实行

---

[1] 例如,在美国,对环境犯罪实行严格责任的标准有二:其一,以事项应受制裁的轻重加以区分。原则上,严格责任的制裁应适用于法律规定的较重的情形,而过失责任则适用于非重大的事项。其二,如果依据损害的性质及造成的结果已无必要考察行为人的过失或者故意的动机(如重大保育需要),则应以严格责任为定罪量刑的基础;反之,则应以过失责任为基础。参见王秀梅:《国际环境犯罪惩治的理论与实践》,载《外国法译评》1999年第3期。

严格责任。[1] 也就是说,应当针对单位实施的污染环境罪实行严格责任。笔者认为,针对单位实施的环境犯罪实行严格责任的主张具有合理性。一方面,环境问题的主要制造者并非个人,而是单位,特别是企业单位。但是,从近年来我国环境污染犯罪的追诉现状来看,被以污染环境罪追究刑事责任的主要是自然人,而非单位。所以,针对单位环境犯罪实行严格责任,能够有效治理环境犯罪,促进生态文明建设。[2] 另一方面,单位犯罪通常具有隐蔽性,犯罪主观方面查处难度较大。实行严格责任后,只要单位不能证明其对环境污染或生态损害结果没有故意或者过失的,就应当承担刑事责任。这显然有利于增强对单位环境犯罪的查处力度,能够形成对单位环境犯罪的有力打击,进而有效促进生态文明建设。

同时,只针对污染环境罪实行严格责任也具有合理性。对此,论者提出两个方面的理由:其一,污染环境罪一般是企业在生产过程中实施的犯罪,即企业在生产过程中必然伴随着各类废弃物的排放,并与周围的环境要素发生各种反应,经过复杂的变化,最终对环境造成污染。从理论上看,企业在生产过程中对通过排出废弃物而造成的环境污染要么持有故意,要么持有过失,但是从司法实践来看,要查明企业对严重污染环境的结果具有故意或者过失,则非常困难。其二,2016年《环境污染刑事案件解释》第1条关于"严重污染环境"的解释就蕴含着严格责任,即只要行为人实施该司法解释第1条规定的18种情形之一,就构成污染环境罪,无需证明行为人主观上是否

---

[1] 参见周兆进:《环境犯罪严格责任研究》,中国检察出版社2018年版,第168—173、176—182页。
[2] 参见李梁:《环境污染犯罪的追诉现状及反思》,载《中国地质大学学报(社会科学版)》2018年第5期。

有故意或者过失。[1] 笔者认为,针对单位实施的污染环境罪实行严格责任的根本原因在于,在单位(特别是企业)实施的污染环境罪中,如果坚持责任主义,就要证明行为人对严重污染环境的结果持有故意或者过失,从而导致很多单位实施的污染环境犯罪无法得到惩治,由此将会给环境犯罪的治理带来较大阻碍。认为2016年《环境污染刑事案件解释》第1条规定了严格责任,则不符合实际。因为该条只是对污染环境罪的结果要素"严重污染环境"的解释,解释结论不能排斥其他构成要件的适用。

根据《刑法》第338条的规定,污染环境罪的客观构成要件由行为要件与结果要件组成,即不仅要有污染环境的行为,还需要有造成严重污染环境的结果。既然如此,那么根据主观见之于客观的基本原理和基本的司法判断方法,主观罪过的判断根据就应当包括行为和结果。相应地,污染环境罪的主观罪过属于双重罪过。实际上,"违反国家规定,排放、倾倒或者处置……有害物质"的文理就足以表明,行为人对污染环境的行为只能持有故意,而不可能是过失。换言之,只要行为人违法实施污染环境的行为,如违反排放标准排放污染物,就表明行为人是在故意实施行为。显然,对此作出判断不存在难度。问题的关键在于对行为人对严重污染环境的结果所持有的心理态度的判断。对此,在我国刑法解释学上存在两种观点。一种观点认为,污染环境罪的成立,在主观方面需要行为人明知自己的行为可能发生污染环境的结果,并且希望或者放任这种结果发生。[2] 另一种观点认为,污染环境罪的成立,在主观方面只要求行为人明知是

---

[1] 参见周兆进:《环境犯罪严格责任研究》,中国检察出版社2018年版,第177—180页。
[2] 参见张明楷:《刑法学》(第五版),法律出版社2016年版,第1131页。

违反国家规定排放、倾倒、处置有害物质的行为而有意实施即可,严重污染环境属于罪量要素,无需行为人对此有认识。[1] 既然污染环境罪的罪过形式属于双重罪过,那么在污染环境罪的罪过判断上不要求对行为人对严重污染环境持有的心理态度作出判断,实际上就等于承认严格责任。所以,关于污染环境罪的罪过形式的后一种观点,实际上等于承认了严格责任,其基本内容是对行为有故意但对结果无罪过。笔者认为,这一思路是妥当的。如果针对污染环境罪全面实行严格责任,不问是否违反国家规定,只要造成严重环境污染的结果就要承担刑事责任,则打击面过宽,既不符合现实,也不符合基本的刑法原理。所以,笔者认为针对污染环境罪实行的严格责任,属于部分严格责任,即对污染环境行为的故意和对严重污染环境结果的无罪过。循此思路,在前文处罚过失犯模式下对污染环境罪罪刑规范设置的基础上,可将实行严格责任的污染环境罪的罪刑规范设置如下:

违反国家规定,排放、倾倒或者处置有放射性的废物、含传染病病原体的废物、有毒物质或者其他有害物质,有严重污染环境危险的,处 2 年以下有期徒刑或者拘役,并处或者单处罚金;严重污染环境的,处 2 年以上 7 年以下有期徒刑,并处罚金;致使人员伤亡或者重大财产损失的,处 7 年以上有期徒刑,并处罚金。实施前款行为,只要导致环境严重污染,或者致使人员伤亡或重大财产损失的,就应当承担刑事责任。[2]

---

[1] 参见陈兴良:《规范刑法学:全 2 册》,中国人民大学出版社 2017 年版,第 1072—1073 页。
[2] 从实质上看,对实行严格责任的污染环境罪之罪刑规范的设置,仅有第 1 款即可,无需第 2 款。但是,考虑到发挥分则规范的例外性,实现罪刑规范的明确性和指示功能,有必要设置第 2 款。参见李梁:《中德污染环境罪立法明确性之比较研究》,载《中国地质大学学报(社会科学版)》2019 年第 5 期。

## 第三节　环境犯罪刑法治理早期化的程序立法完善

从世界范围来看,环境犯罪刑法治理的早期化在程序立法上主要表现在处罚模式和证明模式上。在处罚模式上,有司法处罚和行政处罚之分。大多数国家采取的是司法处罚模式,但有少数国家针对部分环境犯罪采取了行政处罚模式,如日本的直罚制度。在司法证明模式上,主要采取的是由行为人证明环境犯罪行为与危害结果之间不具有因果关系的证明模式,即因果关系推定。从我国现实情况出发,环境犯罪刑法治理早期化应当在司法处罚模式下从证据收集和采信、侦查模式以及司法证明模式上进行改革。

### 一、环境犯罪证据收集与采信

(一)环境犯罪的证据收集问题

从世界范围来看,环境犯罪属于公诉犯罪,我国环境犯罪亦如此,其诉讼程序需要经过侦查、起诉、审判和执行等环节。但是,环境犯罪所具有的较为明显的技术性特点,使得环境犯罪的侦查具有特殊性,需要懂得专业知识的人参与。根据我国《刑事诉讼法》第 3 条、第 19 条的规定,公安机关负责环境刑事案件的侦查工作。但现实情况是,公安机关中通常缺乏懂得环境科学、生态学等专门知识的侦查人员,致使侦查工作不得不依赖生态环境管理部门。

我国《刑法》第 402 条规定了徇私舞弊不移交刑事案件罪。据此规定,生态环境管理机关行政执法人员[1]徇私舞弊,对依法应当移交司法机关追究刑事责任的环境犯罪案件不移交,达到情节严重程度的,构成徇私舞弊不移交刑事案件罪;造成严重后果的,还要加重处罚。[2] 此犯罪的设立,表明生态环境管理机关行政执法行为与环境犯罪的侦查之间关系密切,环境犯罪案件通常是由生态环境管理部门移交到司法机关的。证据是案件的核心材料,所以生态环境管理部门在移交环境犯罪案件时必须移交其收集的证明行为人有无犯罪、犯罪轻重等方面的证据。这就出现一个问题:生态环境管理部门所收集的证据能否直接成为司法机关认定环境犯罪的证据?

根据我国《刑事诉讼法》第52条的规定,审判人员、检察人员、侦查人员必须依照法定程序,收集能够证明犯罪嫌疑人、被告人有罪或者无罪、犯罪情节轻重的各种证据。就环境犯罪的证据收集而言,司法人员应当依照法定程序来收集。同时,《刑事诉讼法》第54条第2款规定:"行政机关在行政执法和查办案件过程中收集的物证、书证、视听资料、电子数据等证据材料,在刑事诉讼中可以作为证据使用。"根据此款规定,生态环境管理机关在行政执法和查办案件过程中收集的有关环境犯罪的证据材料,在环境犯罪刑事诉讼中可以作为证据使用,司法机关可以据此作为定案的依据。

显然,环境犯罪的行政犯性质、技术性等特点,决定了环境犯罪的侦查与环境行政违法行为的查处之间存在紧密联系,将环境行政管理机关在环境管理行政执法和查办环境违法案件过程中收集的能够证明环境违法有无、轻重等方面的证据材料,作为环境犯罪的证据

---

[1] 生态环境管理机关行政执法人员不仅包括专门的生态环境管理机关的执法人员,还包括各级人民政府生态环境管理机关主管部门的执法人员。
[2] 参见李梁:《我国刑法中的"严重后果"及其主观归责问题研究》,载《政法论坛》2023年第4期。

来使用,不但能够避免生态环境管理机关行政执法资源的浪费,而且能够弥补侦查人员因缺乏相应的侦查能力而难以有效追诉环境犯罪的短板。[1] 从环境犯罪刑法治理早期化的角度来看,将环境行政管理机关在环境行政管理执法和查办环境违法案件过程中收集的证据材料作为环境犯罪的证据来使用,实际上等于提前进行了侦查工作,在一定程度上实现了环境犯罪刑法治理的早期化。

(二)环境犯罪的证据采信问题

我国《刑事诉讼法》第 56 条第 2 款规定:"在侦查、审查起诉、审判时发现有应当排除的证据的,应当依法予以排除,不得作为起诉意见、起诉决定和判决的依据。"所谓"应当排除的证据",根据该条第 1 款的规定,包括三类:(1)采用刑讯逼供等非法方法收集的犯罪嫌疑人、被告人供述;(2)采用暴力、威胁等非法方法收集的证人证言、被害人陈述;(3)应当予以补正或者作出合理解释的采取不符合法定程序收集的可能严重影响司法公正,且不能补正或者作出合理解释的书证、物证。据此规定,司法机关在办理环境犯罪案件过程中,必须审查环境犯罪证据的合法性,把生态环境管理机关行政执法人员收集的非法证据排除在定案依据之外。需要进一步说明的是,根据《刑事诉讼法》第 56 条第 1 款的规定,需要排除的非法证据与刑事诉讼有密切关系,立法者也采用了"刑讯逼供""犯罪嫌疑人、被告人供述""证人证言、被害人陈述""不符合法定程序"等表述。根据《刑法》第 247 条的规定,刑讯逼供罪、暴力取证罪的行为主体是司法工作人员,且只能发生在刑事诉讼中。就环境犯罪刑事诉讼中的证据判断而言,显然必须把获取非法证据的行为主体解释为生态环境管

---

[1] 参见李梁:《环境污染犯罪的追诉现状及反思》,载《中国地质大学学报(社会科学版)》2018 年第 5 期。

理机关行政执法人员,对"刑讯逼供"作扩大解释,即解释为"采用暴力逼取",将"犯罪嫌疑人、被告人供述"解释为"行为人","证人证言、被害人陈述"也不能限于刑事诉讼中的证人证言、被害人陈述,而应当扩大到生态环境管理机关行政执法过程中。所以,在环境犯罪刑事诉讼过程中,需要排除的非法证据是指以下三类:(1)生态环境管理机关行政执法人员采用暴力逼取等非法方法收集的行为人的口供;(2)生态环境管理机关行政执法人员采用暴力、威胁等非法方法收集的证人证言、被害人陈述;(3)生态环境管理机关行政执法人员采取不符合法定程序而收集的可能严重影响司法公正,且应当予以补正或者作出合理解释但不能作出合理解释的书证、物证。[1]

总之,根据我国刑法和刑事诉讼法的规定,生态环境管理机关行政执法人员在生态环境行政执法过程中收集的能够证明行为人有罪或者无罪、犯罪情节轻重的各种证据,必须随案移交到司法机关。司法机关对移交的环境犯罪案件,必须进行证据合法性审查,将凡是违法和违反法定程序收集的各种证据排除在定案依据之外。

### 二、环境犯罪的侦查模式

"生态环境保护作为具有浓厚科技性、公益性、技术性的专门领域,其治理体系与法律规则的形成具有一定的特殊性,对国家权力运作与多元主体参与国家治理提出了新任务、新要求。"[2]从我国环境犯罪的司法现状来看,有效治理该类犯罪的关键在于侦查的有效性,其中侦查模式的选择极为重要。笔者认为,环境犯罪的事实

---

[1] 这里的"不符合法定程序",显然不能理解为不符合刑事诉讼法规定的程序,而应当作扩大解释,即凡是生态环境管理机关行政执法人员违反法律程序收集的证据,就属于不符合法定程序。

[2] 陈海嵩:《中国环境法治中的政党、国家与社会》,载《法学研究》2018年第3期。

性特点决定了对该类犯罪的侦查必须采取协同侦查模式和同时侦查模式。

(一)建立协同侦查模式

在环境犯罪的侦查上,因侦查机关侦查能力有限,侦查机关不得不依靠环境行政执法机关的执法活动。但是,在侦查机关与环境行政执法机关的关系上,侦查机关不能处于被动地位,不能向生态环境管理等执法机关"等靠要"环境犯罪案件,而应当与生态环境管理行政执法机关之间建立起协调机制。一方面,侦查机关应当派员积极参与到生态环境行政违法案件的查处过程中,运用环境犯罪案件的标准及时发现环境犯罪案件,避免生态环境管理行政执法机关在行政主导的思维下对环境违法犯罪案件作过度行政化处理。另一方面,生态环境管理行政执法机关一旦发现环境犯罪事实,就应当及时告知侦查机关,请求侦查机关派员参与处理。此种侦查模式,即笔者所主张的协同侦查。只有采取协同侦查模式,才能使环境犯罪侦查由被动转向主动,才能及时发现环境犯罪案件,并及时追诉,增强刑法的威慑力,为环境犯罪案件的有效治理提供程序保障。[1]

针对环境犯罪案件建立的协同侦查模式,超越了传统的通过报案、举报等方式发现刑事案件的被动模式,转变为由侦查机关主动发现刑事案件的积极主动模式。在这种侦查模式下,实现了环境犯罪侦查与环境违法行为查处的一体化,司法行为蕴含于行政行为中,侦查机关凭借行政行为的力量发现环境犯罪案件,在一定程度上实现了环境犯罪刑法干预的早期化。

---

[1] 参见李梁:《环境污染犯罪的追诉现状及反思》,载《中国地质大学学报(社会科学版)》2018年第5期。

(二) 建立同时侦查模式

从世界范围来看,环境犯罪的基本犯主要是危险犯,加重犯通常是侵害犯,也包括少数重大危险犯。[1] 我国进入生态文明时代以来,"绿水青山就是金山银山",即"保护生态环境就是保护生产力,改善生态环境就是发展生产力"的理念得以确立,对生态环境保护提出了更高的要求。在这种背景下,必须注重预防生态环境损害,而不应当对环境犯罪采取事后治理。生态文明建设只能是"现在进行时",而不能是"将来时"。所以,对我国刑法中的环境犯罪必须进一步危险犯化。在本书对环境犯罪罪刑阶梯的设计中,基本犯属于危险犯,对环境的侵害犯是一级加重犯,对人身或重大财产的侵害犯属于二级加重犯。一级加重犯和二级加重犯的成立以出现实害结果为限,等到实害结果出现后再侦查虽然可能效果不佳,但还不算为时太晚,不会发生证据完全消失的情况。但是,对于基本犯而言,其成立不以发生实害结果为要件,等到行为实施完毕后,证据通常会消失,此时再来侦查,将会一无所获。因而,针对环境犯罪必须确立同时侦查模式。

所谓同时侦查,是指侦查行为与生态破坏、环境污染以及自然资源破坏行为应当同时进行。这种侦查模式的建立,也契合了环境法的基本要求。我国现行《环境保护法》在第二章用15个条文详细规定了环境行政管理机关及其职责;在第六章"法律责任"部分,也为环境保护监督管理部门的违法行为规定了行政责任。[2] 为了保障该法律责任的实现,《刑法》第408条规定了环境监管失职罪。这就足

---

[1] 参见李梁:《中德两国污染环境罪危险犯立法比较研究》,载《法商研究》2016年第3期。
[2] 参见《中华人民共和国环境保护法》第67条、第68条的规定。

以表明，环境保护监管职责是一种积极的、必须履行的责任。前文已经指出，环境犯罪的侦查必须采用协同侦查模式，充分利用生态环境行政管理机关对环境违法行为的查处来侦查环境犯罪。显然，协同侦查恰恰为同时侦查提供了得以展开的空间。

显然，针对环境犯罪建立的同时侦查模式，与传统的等到危害结果发生后再进行侦查的事后侦查模式存在很大不同，实现了由事后侦查向事中侦查的重大转变，是环境犯罪刑法治理早期化在程序上的重要体现。[1]

### 三、环境犯罪的司法证明模式

司法证明模式与环境犯罪刑法治理早期化之间关系密切。传统刑事诉讼适用"不能自证其罪"原则，证明犯罪嫌疑人、被告人有罪的证据只能由公诉机关提供。我国刑事诉讼法采取了"不得强迫自证其罪"的原则。我国现行《刑事诉讼法》第52条规定，"严禁刑讯逼供和以威胁、引诱、欺骗以及其他非法方法收集证据，不得强迫任何人证实自己有罪"。但是，在造成环境污染、生态损害以及自然资源破坏之实害结果的犯罪中，公诉机关通常难以证明行为与结果之间存在因果关系。在这种情况下，采取因果关系推定就成为有效惩治环境犯罪的不二选择。

（一）环境犯罪对司法证明的特殊需要

与传统犯罪相比，环境犯罪有着自身的特殊性，如污染或破坏行为的隐蔽性和技术性，危害后果的严重性、广泛性、长期性等。当环境犯罪（特别是污染环境的犯罪）表现为侵害犯时，证明行为与结果

---

[1] 参见李梁：《环境犯罪刑法治理早期化之理论与实践》，载《法学杂志》2017年第12期。

之间存在因果关系[1]就成为环境犯罪司法证明的一个难点,为环境犯罪的司法证明提出了特殊要求。

一方面,环境犯罪的技术性、隐蔽性以及危害结果的广泛性、长期性等特点,决定了查明环境犯罪行为与结果之间的因果关系需要花费很长的时间,等到查明行为与结果之间存在因果关系后再进行处罚,显然为时已晚。在这种情况下,刑罚因不能被及时发动而降低威慑力,进而丧失预防犯罪的功能。所以,在环境犯罪的司法证明中,不能由公诉机关证明环境犯罪行为与结果之间存在因果关系,只能推定行为与结果之间存在因果关系,然后由行为人提供不存在因果关系的反证。若行为人无法提供其行为与危害结果之间不存在因果关系的证据,就要承担刑事责任。

另一方面,环境犯罪的实害犯属于典型的隔时犯,而且在有的环境犯罪中,行为实施完毕后,危害结果数年甚至十数年后才会发生。而且,危害结果发生后,能够证明行为与结果之间存在因果关系的证据会随着时间的流逝而湮灭,导致根本无法证明行为与结果之间存在因果关系。在这种情况下,要有效处罚环境犯罪,就不能要求公诉机关证明环境犯罪行为与结果之间存在因果关系,只能推定行为与结果之间存在因果关系,然后由行为人提供不存在因果关系的反证。若行为人无法提供证明其行为与危害结果之间不存在因果关系的证据,就要承担刑事责任。

---

[1] 刑法上的因果关系是以条件说为基础展开的,由此形成了条件说、原因说、相当因果关系说、合法则的条件说、重要说等不同学说。其中,合法则的条件说主张,因果关系的存在,必须得到当代最高科学知识水平的认可,如果根据这种科学知识难以理解,则不能承认因果关系。参见张明楷:《刑法学》(第五版),法律出版社2016年版,第175—178页。笔者认为,环境犯罪是以科学技术发展为基础的工业革命的产物,科技性是其基本特点。所以,在环境犯罪的因果关系上采取合法则的条件说比较妥当。

显然,环境犯罪的事实性特点表明,在该类犯罪因果关系的司法证明中,若由公诉机关提供行为与结果之间存在因果法则的证据,就会导致对环境犯罪处罚得不及时,刑罚也会因此丧失基本功用,或者导致无法对环境犯罪进行处罚,最终使环境犯罪的有效治理无从谈起。[1] 在这种情况下,只能采取证明责任倒置,即在环境犯罪实害犯的司法证明中,只能采用因果关系推定来证明环境犯罪行为与结果之间存在因果法则。与证明存在因果法则相比,推定存在因果法则显然使处罚得以提前。所以,对环境犯罪的实害犯采取因果关系推定的证明方式,显然属于环境犯罪刑法治理的早期化。

(二)因果关系推定的法定化

关于因果关系推定的立法,主要有两种模式:一是明文规定因果关系推定,如日本《公害罪法》第5条就规定了因果关系推定:"如果某人由于工厂或企业的业务活动排放了有害于人体健康的物质,致使公众的生命和健康受到严重危害,并且认为在发生严重危害的地域内正在发生由于该种物质的排放所造成的对公众的生命和健康的严重危害,此时便可推定此种危害系该排放者所排放的那种有害物质所致。"显然,根据此规定,只要能够证明行为人排放的是有害于人体健康的物质,且在排放时就会出现危害的,就可以推定排放有害物质的行为与危害结果之间存在因果关系。[2] 二是因果关系推定不由法律明文规定,而由刑法理论提倡,并在实践中加以运用。大多数国家的环境刑法采取的是这种模式。例如,《德国刑法典》较为详尽

---

[1] 参见李梁:《危害性原理的解释困境及自然秩序化建构》,载《中国地质大学学报(社会科学版)》2022年第3期。
[2] 参见张明楷:《刑法学》(第五版),法律出版社2016年版,第188页。

地规定了环境犯罪,但并未规定对该类犯罪实行因果关系推定,而是由刑法理论提倡对该类犯罪实行因果关系推定。

从世界范围来看,在环境犯罪因果关系的证明上虽然存在不同的理论(如美国的"无因果关系理论""事实证明本身理论"、日本的"疫学因果关系理论""盖然性因果关系理论""间接反证理论"、德国的"设备责任说"等),但其基本宗旨在于降低因果关系的证明标准,在很大程度上属于推定环境犯罪行为与危害结果之间存在因果关系。[1] 那么,从立法例上看,是明文规定对环境犯罪实行因果关系推定比较妥当,还是将该问题交由司法官员和学者来解决更为合适? 这显然与一国环境犯罪的特点及司法现状有关。日本的《公害罪法》是在发生四大闻名世界的公害事件之后制定的一部专门用于治理环境犯罪的法律。从当时的历史背景来看,只能对环境犯罪采取极为严厉的态度。正是在这种背景下,从立法上确立了因果关系推定规则。同时应当注意到,西方国家大都采取的是"自由心证"的证据制度,赋予司法较强的创造性,法官也具有较强的创造能力,把对环境犯罪实行因果关系推定交由司法人员和学者解决不存在较大问题。在我国,生态文明建设的当下性决定了应当对环境犯罪实行刑法的早期化治理,在对环境犯罪的司法证明上实行因果关系推定也符合现实需要。然而,我国普遍实行的司法责任制在有效预防司法腐败的同时,也在一定程度上制约了司法人员创造能力的有效发挥,甚至在有些情况下致使司法人员离开司法解释就难以办案。这已成为不容否认的事实。在这种情况下,如果将对环境犯罪实行因果关系推定交由司法人员和刑法学家来解决,显然不现实。所以,在我国只有将因果关系推定法定化,才能为司法人员提供明确的指

---

[1] 参见蒋兰香:《环境犯罪基本理论研究》,知识产权出版社 2008 年版,第 180—192 页。

示,这是实现因果关系实定化的必然选择,是环境犯罪刑法干预早期化改革的重要表现。

**本章小结**

从我国刑法的相关规定来看,环境犯罪主要表现为行为犯、结果犯、情节犯和数额犯。在行为犯中,实现了刑法的早期化治理;在结果犯中,根本不存在刑法的早期化治理;在情节犯中,能够转化为行为犯的情节犯实现了刑法的早期化治理;就数额犯而言,从资源保护的角度看并未实现刑法的早期化治理,但从生态保护的角度看则在一定程度上实现了刑法的早期化治理。我国环境刑法规定大多数具体犯罪的罪过形式只能是故意,故并未实现刑法干预的早期化;少数具体犯罪的罪过形式可以是故意也可以是过失,实现了刑法治理的早期化。对环境犯罪只能从人类中心主义法益观和生态学的人类中心主义法益观两个不同维度来考量。相应地,环境犯罪的法益类型就表现为人类法益和环境法益。[1]

从人类法益的角度来看,污染环境罪,非法处置进口的固体废物罪,非法捕捞水产品罪,破坏自然保护地罪,非法引进、释放、丢弃外来入侵物种罪,环境监管失职罪等具体犯罪在不同程度上实现了刑法的早期化治理。从环境法益的角度看,非法捕捞水产品罪,危害珍贵、濒危野生动物罪,非法狩猎罪,非法猎捕、收购、运输、出售陆生野生动物罪,非法占用农用地罪,破坏自然保护地罪,非法采矿罪,破坏性采矿罪,危害国家重点保护植物罪,非法引进、释放、丢弃外来入侵物种罪,盗伐林木罪和滥伐林木罪等在不同程度上实现了刑法的早期化治理。在我国,既处罚环境犯罪的非既遂形态,也处罚环境犯罪

---

〔1〕 参见李梁:《污染环境罪侵害法益的规范分析》,载《法学杂志》2016年第5期。

的共犯,处罚根据主要在于行为对刑法所保护的法益造成了危险,故属于刑法早期化治理的重要表现。

从客观方面看,我国环境犯罪刑法治理需要进一步早期化,主要表现为增设危险犯。而且,应当以生态文明建设的三大基本目标——生态保护、环境良好和资源永续为思路来增设环境犯罪的危险犯。在生态文明建设的三大基本目标中,生态保护属于基础和保障,环境良好和资源永续属于直接目标,故应当将破坏生态类犯罪的危险犯的危险设定为"有造成生态系统破坏之危险",将污染环境类犯罪和破坏自然资源类犯罪的危险犯的危险分别设定为"有造成严重污染环境之危险"和"有造成严重破坏自然资源之危险"。在我国刑法规定的环境犯罪中,从生态保护的角度看完全属于危险犯的犯罪只有危害珍贵、濒危野生动物罪和危害国家重点保护植物罪;包含危险犯的犯罪有非法捕捞水产品罪,非法狩猎罪,非法猎捕、收购、运输、出售陆生野生动物罪,破坏自然保护地罪,非法采矿罪,破坏性采矿罪,非法引进、释放、丢弃外来入侵物种罪,盗伐林木罪,滥伐林木罪,非法收购、运输盗伐、滥伐的林木罪;未实现危险犯化的犯罪有污染环境罪和非法占用农用地罪。从环境良好的角度看,完全实现危险犯化的犯罪只有非法处置进口的固体废物罪,未实现危险犯化的犯罪有污染环境罪、擅自进口固体废物罪和环境监管失职罪。从资源永续的角度看,既没有完全实现危险犯化的犯罪,也没有包含危险犯的犯罪。所以,需要增设危险犯的犯罪主要是污染环境罪、擅自进口固体废物罪、非法占用农用地罪、破坏性采矿罪和环境监管失职罪。从主观方面看,我国环境犯罪刑法治理的进一步早期化主要表现为全面处罚加重犯的过失犯和有选择地设立相对严格责任。具体而言,应当明确规定处罚各种加重犯的过失犯,并在刑罚设置上与加重犯的故意犯有所区别;同时应仅针对单位实施的污染环境罪设立相对严格责任。

从程序立法的角度看,环境犯罪刑法治理早期化主要表现在证据收集与采信、侦查模式、司法证明模式等方面。在证据收集上,囿于侦查能力和环境犯罪的行政犯特点,必须依赖生态环境管理行政执法机关来调查取证;在证据采信上,生态环境管理行政执法机关在行政执法中收集的证据,可以作为环境犯罪刑事诉讼证据来使用。这一点已经得到我国刑事诉讼法的认可,在程序立法上实现了环境犯罪刑法治理的早期化。与此相适应,在环境犯罪的侦查方面必须建立协同侦查模式和同时侦查模式。前者主要用来解决侦查机关对环境犯罪侦查的能力不足问题和有效回应环境犯罪治理的行政附属性特点;后者主要用来解决环境犯罪的危险犯的侦查问题。在司法证明模式上,各国普遍降低了环境犯罪因果关系的证明标准,即通过对环境犯罪实行因果关系推定来实现对环境犯罪的有效治理。从立法例上看,有的国家在立法中明文规定了对环境犯罪实行因果关系推定,大多数国家在立法中没有明文规定,主要通过刑法理论和司法实践来解决这一问题。在我国普遍推行的司法责任制虽然是有效预防司法腐败的重要制度,但在一定程度上限制了司法人员司法创造能力的发挥。在无法律或者司法解释明文规定的情况下,司法人员一般不会自主地或者根据某种理论创造性地开展司法活动。在这一意义上,我国在司法证明模式上并未实现环境犯罪刑法治理的早期化。所以,为了实现环境犯罪刑法治理的早期化,必须通过立法明确规定对环境犯罪实行因果关系推定。

# 主要参考文献

## 一、中文文献

（一）中文书籍与期刊

1. 安然:《污染环境罪基础理论研究》,法律出版社 2022 年版。

2. 安然:《宽严之间:污染环境罪的司法适用之检视》,载《中国地质大学学报(社会科学版)》2019 年第 5 期。

3. 白建军:《法律实证研究方法》,北京大学出版社 2008 年版。

4. 蔡昉等:《新中国生态文明建设 70 年》,中国社会科学出版社 2020 年版。

5. 蔡桂生:《构成要件论》,中国人民大学出版社 2015 年版。

6. 陈兴良:《本体刑法学》(第三版),中国人民大学出版社 2017 年版。

7. 陈兴良:《刑法哲学》(修订版),中国政法大学出版社 1997 年版。

8. 陈兴良:《本体刑法学》,商务印书馆 2001 年版。

9. 陈兴良:《规范刑法学:全 2 册》,中国人民大学出版社 2017 年版。

10. 陈兴良:《教义刑法学》,中国人民大学出版社 2010 年版。

11. 陈海嵩:《中国环境法治中的政党、国家与社会》,载《法学研究》2018年第3期。

12. 陈璇:《刑法中的社会相当性理论研究》,法律出版社2010年版。

13. 陈珊:《水生态环境犯罪刑事法治体系研究》,法律出版社2016年版。

14. 陈冉:《污染环境犯罪治理的刑事司法保障》,知识产权出版社2022年版。

15. 陈冉:《论污染环境罪共同犯罪的"规范"性归责》,载《法学杂志》2022年第5期。

16. 陈洪兵:《模糊罪过说之提倡——以污染环境罪为切入点》,载《法律科学(西北政法大学学报)》2017年第6期。

17. 陈远航:《我国环境犯罪保护法益的演进与立法完善》,载《北方法学》2023年第3期。

18. 陈家林:《法益理论的问题与出路》,载《法学》2019年第11期。

19. 陈家林、姚畅:《违法性认识理论的本土化构建》,载《湖北社会科学》2021年第12期。

20. 陈志军:《刑法与刑事诉讼法关联问题研究》,中国政法大学出版社2022年版。

21. 陈志军:《我国犯罪构成模式改革的路径争论与建议》,载《法学杂志》2018年第10期。

22. 储槐植、江溯:《美国刑法》,北京大学出版社2012年版。

23. 储槐植:《严而不厉:为刑法修订设计政策思想》,载《北京大学学报(哲学社会科学版)》1989年第6期。

24. 褚雨、李梁:《污染环境罪刑法治理早期化问题探究》,载《中共郑州市委党校学报》2019 年第 5 期。

25. 程红:《象征性刑法及其规避》,载《法商研究》2017 年第 6 期。

26. 车浩:《阶层犯罪论的构造》,法律出版社 2017 年版。

27. 崔庆林、刘敏:《环境刑法规范适用论》,中国政法大学出版社 2018 年版。

28. 段秋关:《中国现代法治及其历史根基》,商务印书馆 2018 年版。

29. 邓子滨:《中国实质刑法观批判》,法律出版社 2009 年版。

30. 董邦俊:《环境犯罪防控对策研究:基于全球化、一体化视野》,法律出版社 2021 年版。

31. 董邦俊:《环境保护检察专门化之新时代展开》,载《法学》2022 年第 11 期。

32. 董邦俊:《环境法与环境刑法衔接问题思考》,载《法学论坛》2014 年第 2 期。

33. 董邦俊:《论我国环境行政执法与刑事司法之衔接》,载《中国地质大学学报(社会科学版)》2013 年第 6 期。

34. 冯军等:《环境污染犯罪治理问题研究》,法律出版社 2019 年版。

35. 冯军:《刑法问题的规范理解》,北京大学出版社 2009 年版。

36. 冯卫国:《原则与例外:刑事制裁双轨制的现实观察与理论省思》,载《警学研究》2021 年第 5 期。

37. 方泉:《澳门特别刑法概论》,社会科学文献出版社 2014 年版。

38. 方泉:《一般救助义务的刑事化问题》,载《中山大学学报(社会科学版)》2021年第4期。

39. 方泉:《犯罪论体系的演变》,中国人民公安大学出版社2008年版。

40. 房慧颖:《污染环境罪预防型规制模式的省察与革新》,载《宁夏社会科学》2022年第4期。

41. 樊建民:《污染环境罪司法适用的困境及其破解》,载《法商研究》2022年第3期。

42. 丰晓萌:《环境犯罪的基本理论及刑法立法研究》,中国水利水电出版社2018年版。

43. 付立庆:《积极主义刑法观及其展开》,中国人民大学出版社2020年版。

44. 付立庆:《犯罪构成理论:比较研究与路径选择》,法律出版社2010年版。

45. 付立庆:《中国〈刑法〉中的环境犯罪:梳理、评价与展望》,载《法学杂志》2018年第4期。

46. 付立庆:《论积极主义刑法观》,载《政法论坛》2019年第1期。

47. 付玉明:《立法控制与司法平衡:积极刑法观下的刑法修正》,载《当代法学》2021年第5期。

48. 邓琳君:《环境犯罪预防论》,中国林业出版社2020年版。

49. 高铭暄、马克昌主编:《刑法学》(第九版),北京大学出版社、高等教育出版社2019年版。

50. 高铭暄、孙道萃:《预防性刑法观及其教义学思考》,载《中国法学》2018年第1期。

51. 高铭暄:《中华人民共和国刑法的孕育诞生和发展完善》,北京大学出版社 2012 年版。

52. 高铭暄、郭玮:《论环境犯罪附加刑的目的、价值与完善》,载《甘肃社会科学》2021 年第 1 期。

53. 高铭暄、郭玮:《德国环境犯罪刑事政策的考察与启示》,载《国外社会科学》2020 年第 1 期。

54. 高铭暄、郭玮:《论我国环境犯罪刑事政策》,载《中国地质大学学报(社会科学版)》2019 年第 5 期。

55. 高景峰:《坚持立破并举 深化司法体制综合配套改革》,载《红旗文稿》2023 年第 8 期。

56. 郭泽强:《刑法行为人主义的辨析及其价值》,载《现代法学》2023 年第 3 期。

57. 郭建安、张桂荣:《环境犯罪与环境刑法》,群众出版社 2006 年版。

58. 耿佳宁:《污染环境罪单位刑事责任的客观归责取向及其合理限制:单位固有责任之提倡》,载《政治与法律》2018 年第 9 期。

59. 耿立峰、赵泽:《非法处置废物罪的德国经验及其借鉴》,载《江西社会科学》2021 年第 4 期。

60. 古承宗:《刑法的象征化与规制理性》,元照出版公司 2017 年版。

61. 盈科律师事务所编,康烨等著:《环境资源类犯罪法律实务与国际视野》,法律出版社 2023 年版。

62. 黄荣坚:《基础刑法学》(下),元照出版公司 2012 年版。

63. 黄荣坚:《刑法问题与利益思考》,中国人民大学出版社 2009 年版。

64. 黄茂荣:《法学方法与现代民法》(第五版),法律出版社 2007 年版。

65. 黄宗智:《经验与理论:中国社会、经济与法律的实践历史研究》,中国人民大学出版社 2007 年版。

66. 黄旭巍:《污染环境罪法益保护早期化之展开——兼与刘艳红教授商榷》,载《法学》2016 年第 7 期。

67. 黄晓亮:《论完善我国现行刑罚体系的原则与思路》,载《当代法学》2010 年第 1 期。

68. 何秉松主编:《刑法教科书》,中国法制出版社 2000 年版。

69. 何荣功:《刑法与现代社会治理》,法律出版社 2020 年版。

70. 何荣功:《刑法适用方法论》,北京大学出版社 2021 年版。

71. 何荣功:《自由秩序与自由刑法理论》,北京大学出版社 2013 年版。

72. 何荣功:《预防刑法的扩张及其限度》,载《法学研究》2017 年第 4 期。

73. 何荣功:《社会治理"过度刑法化"的法哲学批判》,载《中外法学》2015 年第 2 期。

74. 何荣功:《"预防性"反恐刑事立法思考》,载《中国法学》2016 年第 3 期。

75. 何佩佩:《论环境利益的刑法法益化》,载《法学杂志》2021 年第 5 期。

76. 侯艳芳:《环境资源犯罪常规性治理研究》,北京大学出版社 2017 年版。

77. 侯艳芳:《环境刑法的伦理基础及其对环境刑法新发展的影响》,载《现代法学》2011 年第 4 期。

78. 侯艳芳:《中国环境资源犯罪的治理模式:当下选择与理性调适》,载《法制与社会发展》2016 年第 5 期。

79. 侯艳芳:《污染环境罪疑难问题研究》,载《法商研究》2017 年第 3 期。

80. 侯艳芳:《环境法益刑事保护的提前化研究》,载《政治与法律》2019 年第 3 期。

81. 侯艳芳:《我国环境刑法中严格责任适用新论》,载《法学论坛》2015 年第 5 期。

82. 侯艳芳:《环境权利之刑事立法批判功能的实现》,载《政法论丛》2022 年第 3 期。

83. 韩德培主编:《环境保护法教程》(第八版),法律出版社 2018 年版。

84. 韩轶:《环境犯罪刑事法规制的立法与归责》,载《社会科学辑刊》2018 年第 2 期。

85. 韩轶:《法益保护与罪刑均衡》,中央民族大学出版社 2015 年版。

86. 韩轶:《刑罚目的的建构与实现》,中国人民公安大学出版社 2005 年版。

87. 江溯主编:《美国判例刑法》,北京大学出版社 2021 年版。

88. 江溯主编:《刑事法评论:刑法与刑诉法的交错》(第 45 卷),北京大学出版社 2021 年版。

89. 季卫东:《法治秩序的建构》(增补版),商务印书馆 2019 年版。

90. 金瑞林主编:《环境法学》(第四版),北京大学出版社 2016 年版。

91. 金燚:《德国五十年刑事立法发展史的考察、评析与启示》,载《德国研究》2020 年第 2 期。

92. 劳东燕:《罪刑法定本土化的法治叙事》,北京大学出版社 2010 年版。

93. 劳东燕:《风险社会中的刑法:社会转型与刑法理论的变迁》,北京大学出版社 2015 年版。

94. 焦艳鹏:《刑法生态法益论》,中国政法大学出版社 2012 年版。

95. 焦艳鹏等:《环境法调整范围问题研究》,中国政法大学出版社 2022 年版。

96. 焦艳鹏主编:《环境法典编纂视野下的环境法效能研究》,法律出版社 2021 年版。

97. 焦艳鹏:《法益解释机能的司法实现——以污染环境罪的司法判定为线索》,载《现代法学》2014 年第 1 期。

98. 焦艳鹏:《生态文明保障的刑法机制》,载《中国社会科学》2017 年第 11 期。

99. 焦艳鹏:《基于司法大数据的生态环境犯罪刑法惩治分析》,载《重庆大学学报(社会科学版)》2022 年第 4 期。

100. 蒋兰香:《环境犯罪基本理论研究》,知识产权出版社 2008 年版。

101. 蒋兰香:《环境刑法》,中国林业出版社 2004 年版。

102. 蒋兰香:《污染型环境犯罪因果关系证明研究》,中国政法大学出版社 2014 年版。

103. 蒋兰香:《环境行政执法中刑案移送与司法承接的衔接机制研究》,中国政法大学出版社 2020 年版。

104. 蒋兰香:《法律政策对污染型环境犯罪因果关系证明的影响》,载《华东政法大学学报》2010 年第 3 期。

105. 蒋兰香:《刑法"污染"概念之解析》,载《中国地质大学学报(社会科学版)》2016 年第 1 期。

106. 蒋兰香:《生态修复的刑事判决样态研究》,载《政治与法律》2018 年第 5 期。

107. 姜涛:《生物刑法与环境刑法分离论之提倡》,载《政法论坛》2021 年第 5 期。

108. 黎宏:《日本刑法精义》,法律出版社 2008 年版。

109. 黎宏:《刑法学》,法律出版社 2012 年版。

110. 黎宏:《刑法因果关系论考察》,载《清华法学》2022 年第 3 期。

111. 黎宏:《预防刑法观的问题及其克服》,载《南大法学》2020 年第 4 期。

112. 李树民:《论刑事特别程序创设的一般法理》,载《政法论坛》2019 年第 6 期。

113. 李梁:《中德两国污染环境罪危险犯立法比较研究》,载《法商研究》2016 年第 3 期。

114. 李梁:《污染环境罪侵害法益的规范分析》,载《法学杂志》2016 年第 5 期。

115. 李梁:《刑法中的明确性原则:一个比较法的研究》,载《法学评论》2017 年第 5 期。

116. 李梁:《环境犯罪刑法治理早期化之理论与实践》,载《法学杂志》2017 年第 12 期。

117. 李梁:《预备犯立法模式之研究》,载《法学》2016 年第 3 期。

118. 李梁:《环境污染犯罪的追诉现状及反思》,载《中国地质大学学报(社会科学版)》2018 年第 5 期。

119. 李梁:《德国环境刑法的立法模式及其对我国的借鉴意义》,载《法学杂志》2018 年第 11 期。

120. 李梁:《中德污染环境罪立法明确性之比较研究》,载《中国地质大学学报(社会科学版)》2019 年第 5 期。

121. 李梁:《德国环境刑法中的罪过形式立法及启示》,载《国外社会科学》2020 年第 1 期。

122. 李梁:《污染环境罪的罪过形式:从择一到二元》,载《甘肃社会科学》2021 年第 1 期。

123. 李梁:《危害性原理的解释困境及自然秩序化建构》,载《中国地质大学学报(社会科学版)》2022 年第 3 期。

124. 李梁:《我国刑法中的"严重后果"及其主观归责问题研究》,载《政法论坛》2023 年第 4 期。

125. 李梁:《认罪认罚从宽作为量刑情节及其具体适用》,载《华东政法大学学报》2023 年第 3 期。

126. 李梁、田玉明《我国环境犯罪刑事政策的现状、困境与完善路径》,载《新疆财经大学学报》2022 年第 3 期。

127. 李波:《规范保护目的:概念解构与具体适用》,载《法学》2018 年第 2 期。

128. 李兰英:《公害犯罪研究》,法律出版社 2016 年版。

129. 李立丰:《美国刑法犯意研究》,中国政法大学出版社 2009 年版。

130. 李永升、张光君:《生命刑法与环境刑法研究》,合肥工业大学出版社 2014 年版。

131. 李高伦:《论刑事治理环境犯罪早期化的合理性》,载《武汉公安干部学院学报》2017 年第 4 期。

132. 李冠煜:《环境犯罪刑事责任新论》,载《时代法学》2015 年第 5 期。

133. 李冠煜:《污染环境罪客观归责的中国实践》,载《法学家》2018 年第 4 期。

134. 李传轩:《绿色治理视角下企业环境刑事合规制度的构建》,载《法学》2022 年第 3 期。

135. 李兰英、屈舒阳:《论民生刑法的边界——以〈刑法修正案(九)〉为视角》,载《江西社会科学》2017 年第 7 期。

136. 廖华:《从环境法整体思维看环境利益的刑法保护》,中国社会科学出版社 2010 年版。

137. 林灿铃、吴汶燕主编:《国际环境法》,科学出版社 2018 年版。

138. 林钰雄:《新刑法总则》,中国人民大学出版社 2009 年版。

139. 林立:《哈伯玛斯的法律哲学》,新学林出版公司 2016 年版。

140. 林山田:《刑法通论》(下册)(增订十版),北京大学出版社 2012 年版。

141. 吕忠梅:《环境法新视野》(第三版),中国政法大学出版社 2019 年版。

142. 吕忠梅主编:《环境法学概要》,法律出版社 2016 年版。

143. 吕忠梅等:《中国环境司法发展报告(2021 年)》,法律出版社 2022 年版。

144. 吕忠梅、窦海阳:《修复生态环境责任的实证解析》,载《法学研究》2017 年第 3 期。

145. 吕欣:《环境刑法之立法反思与完善》,法律出版社 2012 年版。

146. 刘仁文:《刑法中的严格责任研究》,载《比较法研究》2001 年第 1 期。

147. 刘仁文:《宽严相济的刑事政策研究》,载《当代法学》2008 年第 1 期。

148. 刘艳红、周佑勇:《行政刑法的一般理论》(第 2 版),北京大学出版社 2020 年版。

149. 刘艳红:《实质刑法观》(第 2 版),中国人民大学出版社 2019 年版。

150. 刘艳红:《实质出罪论》,中国人民大学出版社 2020 年版。

151. 刘艳红:《开放的犯罪构成要件理论研究》,中国人民大学出版社 2022 年版。

152. 刘艳红:《中西刑法文化与定罪制度之比较》,东南大学出版社 2017 年版。

153. 刘艳红:《网络犯罪帮助行为正犯化之批判》,载《法商研究》2016 年第 3 期。

154. 刘艳红:《我国应该停止犯罪化的刑事立法》,载《法学》2011 年第 11 期。

155. 刘艳红:《象征性立法对刑法功能的损害——二十年来中国刑事立法总评》,载《政治与法律》2017 年第 3 期。

156. 刘艳红:《环境犯罪刑事治理早期化之反对》,载《政治与法律》2015 年第 7 期。

157. 刘艳红:《人性民法与物性刑法的融合发展》,载《中国社会科学》2020 年第 4 期。

158. 刘艳红:《民法典绿色原则对刑法环境犯罪认定的影响》,载《中国刑事法杂志》2020 年第 6 期。

159. 刘志伟:《用制度保障刑法基本原则的贯彻》,载《中国检察官》2019 年第 13 期。

160. 刘士心:《论可罚的违法性》,载《中国刑事法杂志》2009 年第 3 期。

161. 刘士心:《刑法中的行为理论研究》,人民出版社 2012 年版。

162. 刘士心:《美国刑法各论原理》,人民出版社 2015 年版。

163. 刘作翔:《法律文化理论》,商务印书馆 1999 年版。

164. 刘岩、邱家林:《转型社会的环境风险群体性事件及风险冲突》,载《社会科学战线》2013 年第 9 期。

165. 刘彩灵、李亚红:《环境刑法的理论与实践》,中国环境科学出版社 2012 年版。

166. 刘德法、高亚瑞:《论环境刑法视域下的生态修复性司法》,载《河南师范大学学报(哲学社会科学版)》2020 年第 3 期。

167. 刘宪权:《刑事立法应力戒情绪——以〈刑法修正案(九)〉为视角》,载《法学评论》2016 年第 1 期。

168. 刘伟琦:《处置型污染环境罪的法教义学分析》,载《法商研究》2019 年第 3 期。

169. 刘伟琦:《污染环境罪中"处置"行为的司法误区与合目的性解读》,载《当代法学》2019 年第 2 期。

170. 刘伟琦:《污染环境罪司法解释与刑法原理的背离及其矫正》,载《河北法学》2019 年第 7 期。

171. 刘夏:《环境刑法的预防转向与法治限度研究》,河南大学出版社 2021 年版。

172. 刘泽鑫:《污染环境罪客观构成要件要素研究》,中国政法大学出版社 2019 年版。

173. 卢建平:《刑事政策与刑法改革》,中国人民公安大学出版社 2011 年版。

174. 冷罗生:《日本公害诉讼理论与案例评析》,商务印书馆 2005 年版。

175. 雷鑫:《生态现代化语境下的环境刑事责任研究》,知识产权出版社 2010 年版。

176. 雷鑫:《严格责任移植于环境刑法中的价值分析》,载《法学杂志》2009 年第 6 期。

177. 楼宇烈:《中国文化的根本精神》,中华书局 2016 年版。

178. 郎胜:《在构建和谐社会的语境下谈我国刑法立法的积极与谨慎》,载《法学家》2007 年第 5 期。

179. 赖早兴:《美国刑法中的严格责任:争议、解决方案及其启示》,载《环球法律评论》2018 年第 3 期。

180. 马克昌:《论宽严相济刑事政策的定位》,载《中国法学》2007 年第 4 期。

181. 马克昌主编:《犯罪通论》,武汉大学出版社 1991 年版。

182. 马倍战主编:《污染环境罪处理实务》,法律出版社 2019 年版。

183. 马寅翔、蒋昊:《归因与归责:污染环境罪因果关系的判断路径探析》,载《时代法学》2021 年第 6 期。

184. 聂立泽、胡洋:《污染环境罪与投放危险物质罪的竞合关系及其处断研究》,载《南都学坛》2017 年第 6 期。

185. 欧阳本祺、秦长森:《积极刑法观的实践修正与功能完善》,载《东南大学学报(哲学社会科学版)》2023年第2期。

186. 潘佳:《适度前置化的污染环境罪规制观及其法律构造》,载《深圳社会科学》2022年第2期。

187. 彭文华:《犯罪构成的经验与逻辑》,中国政法大学出版社2021年版。

188. 彭文华:《我国刑法制裁体系的反思与完善》,载《中国法学》2022年第2期。

189. 彭文华:《我国犯罪附随后果制度规范化研究》,载《法学研究》2022年第6期。

190. 秦冠英、李国歆:《论污染环境罪的保护法益与构成要件——兼议要素分析模式下犯罪故意的修正》,载《中国刑警学院学报》2021年第4期。

191. 齐文远:《修订刑法应避免过度犯罪化倾向》,载《法商研究》2016年第3期。

192. 齐文远、吴霞:《对环境刑法的象征性标签的质疑——与刘艳红教授等商榷》,载《安徽大学学报(哲学社会科学版)》2019年第5期。

193. 齐文远、周详:《刑法司法解释立法化问题研究》,中国人民公安大学出版社2010年版。

194. 钱易主编:《生态文明建设理论研究》,科学出版社2020年版。

195. 曲阳:《日本的公害刑法与环境刑法》,载《华东政法学院学报》2005年第3期。

196. 渠敬东:《缺席与断裂——有关失范的社会学研究》,商务印书馆2017年版。

197. 瞿同祖:《中国法律与中国社会》,商务印书馆 2010 年版。

198. 余振华:《刑法总论》(修订二版),三民书局 2013 年版。

199. 喻海松:《环境资源犯罪实务精释》,法律出版社 2017 年版。

200. 田丰、李旭明主编:《环境史:从人与自然的关系叙述历史》,商务印书馆 2011 年版。

201. 田国宝:《我国污染环境罪立法检讨》,载《法学评论》2019 年第 1 期。

202. 田宏杰:《立法演进与污染环境罪的罪过——以行政犯本质为核心》,载《法学家》2020 年第 1 期。

203. 时延安:《中国刑法的宪法根据及其约束力》,载《中国刑事法杂志》2023 年第 2 期。

204. 时延安:《民刑关系问题重述:基于义务违反的视角》,载《中国法学》2023 年第 1 期。

205. 时延安:《犯罪化与惩罚体系的完善》,载《中国社会科学》2018 年第 10 期。

206. 苏力:《法治及其本土资源》(修订版),中国政法大学出版社 2004 年版。

207. 舒洪水、张晶:《近现代法益理论的发展及其功能化解读》,载《中国刑事法杂志》2010 年第 9 期。

208. 苏永生:《区域刑事法治的经验与逻辑》,人民出版社 2013 年版。

209. 苏永生:《刑法断思》,法律出版社 2017 年版。

210. 苏永生:《德国的刑法合法性原理之双重视角及其启示》,载《国外社会科学》2021 年第 1 期。

211. 苏永生、朱晓平:《中德刑法中的择一罪过立法比较研究》,载《青海社会科学》2018年第1期。

212. 苏永生、高雅楠:《论德国环境刑法中的危险犯》,载《中国地质大学学报(社会科学版)》2020年第1期。

213. 苏永生:《环境犯罪违法性判断的特殊性及标准》,载《甘肃社会科学》2021年第1期。

214. 苏永生:《变动中的刑罚结构——由〈刑法修正案(九)〉引发的思考》,载《法学论坛》2015年第5期。

215. 苏永生:《论污染环境罪的附属性》,载《武汉科技大学学报(社会科学版)》2015年第4期。

216. 苏永生:《刑法公法化的疑问》,载《国家检察官学院学报》2011年第1期。

217. 苏永生:《污染环境罪的罪过形式研究——兼论罪过形式的判断基准及区分故意与过失的例外》,载《法商研究》2016年第2期。

218. 苏永生:《罪过形式的判断根据》,载《法律科学(西北政法大学学报)》2020年第6期。

219. 苏永生:《我国刑法中的择一罪过立法反思》,载《法商研究》2018年第4期。

220. 苏永生:《将前科作为酌定从重处罚情节存在的问题及其对策》,载《法商研究》2022年第5期。

221. 苏永生:《德国刑事政策与刑法关系的理论及其借鉴意义》,载《法学杂志》2017年第10期。

222. 苏永生:《环境犯罪的独立性和体系性建构》,载《中国地质大学学报(社会科学版)》2018年第5期。

223. 苏永生:《德国刑法中的双重罪过立法及其对我国的借鉴意义》,载《法学杂志》2018年第12期。

224. 苏永生：《法益保护理论中国化之反思与重构》，载《政法论坛》2019 年第 1 期。

225. 孙国祥：《新时代刑法发展的基本立场》，载《法学家》2019 年第 6 期。

226. 孙明：《保护森林资源刑法规范研究》，人民出版社 2005 年版。

227. 帅清华：《生态文明建设领域的渎职犯罪研究》，中国环境出版集团 2021 年版。

228. 宋强、李国兵主编：《环境犯罪问题调查与研究：以贵州省为例》，中国政法大学出版社 2020 年版。

229. 童德华、张成东：《环境刑法法益的反思与坚守——基于污染环境罪的分析》，载《广西大学学报（哲学社会科学版）》2020 年第 5 期。

230. 王昭武：《共犯处罚根据论的反思与修正：新混合惹起说的提出》，载《中国法学》2020 年第 2 期。

231. 王吉春：《"美丽中国"背景下我国环境刑事法完善研究》，中国人民公安大学出版社 2018 年版。

232. 王钢：《德国近五十年刑事立法述评》，载《政治与法律》2020 年第 3 期。

233. 王秀梅：《英美法系国家环境刑法与环境犯罪探究》，载《政法论坛》2000 年第 2 期。

234. 王芳：《事实与建构：转型加速期中国区域环境风险的社会学研究》，上海人民出版社 2018 年版。

235. 王振民、屠凯：《大宪章的现代法政价值》，载《大宪章》，陈国华译，商务印书馆 2016 年版。

236. 王志远等:《遏制重刑:从立法技术开始》,中国政法大学出版社 2020 年版。

237. 王志远:《环境犯罪视野下我国单位犯罪理念批判》,载《当代法学》2010 年第 5 期。

238. 王勇:《环境犯罪立法:理念转换与趋势前瞻》,载《当代法学》2014 第 3 期。

239. 王充:《类型化的思考与多元保护法益——兼论污染环境罪保护法益的实践转向》,载《政法论坛》2022 年第 2 期。

240. 王振华:《我国环境犯罪理论研究》,载《上海政法学院学报(法治论丛)》2020 年第 5 期。

241. 王树义、冯汝:《我国环境刑事司法的困境及其对策》,载《法学评论》2014 年第 3 期。

242. 汪劲:《环境法学》(第四版),北京大学出版社 2018 年版。

243. 吴从周:《概念法学、利益法学与价值法学:探索一部民法方法论的演变史》,中国法制出版社 2011 年版。

244. 吴何奇:《风险社会环境犯罪治理模式的调整与补充》,载《大连理工大学学报(社会科学版)》2020 年第 2 期。

245. 温登平:《环境法学讲义》(总论),法律出版社 2020 年版。

246. 魏昌东:《新刑法工具主义批判与矫正》,载《法学》2016 年第 2 期。

247. 魏东:《中国刑法解释学理论体系的本土化构建》,中国社会科学出版社 2023 年版。

248. 魏东:《功能主义刑法解释论"问题性思考"命题检讨》,载《法学评论》2022 年第 2 期。

249. 魏汉涛:《刑事制裁与生态环境修复有机衔接的路径》,载

《广西大学学报(哲学社会科学版)》2020年第5期。

250. 魏汉涛、盛豪杰:《偏差与纠偏:污染环境罪单位责任人的刑事责任——以200份裁判文书为样本》,载《青海社会科学》2021年第4期。

251. 韦春发:《环境污染犯罪疑难问题研究》,华中科技大学出版社2023年版。

252. 万霞编:《国际环境法资料选编》,中国政法大学出版社2011年版。

253. 习近平:《在十八届中央政治局第六次集体学习时的讲话》(2013年5月24日),载中共中央文献研究室编:《习近平关于社会主义生态文明建设论述摘编》,中央文献出版社2017年版。

254. 习近平:《在海南考察工作结束时的讲话》(2013年4月10日),载中共中央文献研究室编:《习近平关于社会主义生态文明建设论述摘编》,中央文献出版社2017年版。

255. 习近平:《在参加十二届全国人大二次会议贵州代表团审议时的讲话》(2014年3月7日),中共中央文献研究室编:《习近平关于社会主义生态文明建设论述摘编》,中央文献出版社2017年版。

256. 杨继文:《污染环境犯罪因果关系的证明》,载《政治与法律》2017年第12期。

257. 杨继文:《污染环境犯罪因果关系证明实证分析》,载《法商研究》2020年第2期。

258. 严厚福、刘湘:《污染环境罪的罪刑均衡问题研究》,载《中州学刊》2020年第10期。

259. 杨迪:《污染环境罪司法样态透视——基于刑事判决的实证分析》,载《国家检察官学院学报》2020年第2期。

260. 许泽天:《刑法总则》(第二版),新学林出版公司 2021 年版。

261. 徐平:《环境刑法研究》,中国法制出版社 2007 年版。

262. 徐久生:《刑罚目的及其实现》,中国方正出版社 2011 年版。

263. 谢望原:《谨防刑法过分工具主义化》,载《法学家》2019 年第 1 期。

264. 谢登科:《论污染环境罪犯罪主体司法认定的困境与出路——基于东北三省 209 个案例的实证分析》,载《学术交流》2020 年第 8 期。

265. 于改之:《从控制到利用:刑法数据治理的模式转换》,载《中国社会科学》2022 年第 7 期。

266. 于改之:《法域冲突的排除:立场、规则与适用》,载《中国法学》2018 年第 4 期。

267. 于改之:《法域协调视角下规范保护目的理论之重构》,载《中国法学》2021 年第 2 期。

268. 喻海松:《环境资源犯罪案件的审理路径》,载《人民司法(案例)》2018 年第 8 期。

269. 喻海松:《污染环境罪若干争议问题之厘清》,载《法律适用》2017 年第 23 期。

270. 姚建宗:《法律的政治逻辑阐释》,载《政治学研究》2010 年第 2 期。

271. 叶良芳:《海洋环境污染刑法规制研究》,浙江大学出版社 2015 年版。

272. 赵秉志主编:《英美刑法学》,中国人民大学出版社 2004 年版。

273. 赵秉志主编:《当代刑事科学探索》,北京大学出版社 2010 年版。

274. 赵秉志:《改革开放 40 年我国刑法立法的发展及其完善》,载《法学评论》2019 年第 2 期。

275. 赵秉志:《刑法修正案(十一)理解与适用》,中国人民大学出版社 2021 年版。

276. 赵秉志、詹奇玮:《当代中国环境犯罪立法调控问题研究》,载《中国地质大学学报(社会科学版)》2018 年第 4 期。

277. 赵秉志:《中国环境犯罪的立法演进及其思考》,载《江海学刊》2017 年第 1 期。

278. 赵秉志、陈璐:《当代中国环境犯罪刑法立法及其完善研究》,载《现代法学》2011 年第 6 期。

279. 赵天红:《妨害司法罪·破坏环境资源保护罪立案追诉标准与疑难指导》,中国法制出版社 2022 年版。

280. 赵星:《环境犯罪论》,中国人民公安大学出版社 2011 年版。

281. 赵星:《法益保护和权利保障视域中的环境犯罪立法与解释》,载《政法论坛》2011 年第 6 期。

282. 张明楷:《刑法学》(第五版),法律出版社 2016 年版。

283. 张明楷:《外国刑法纲要》(第三版),法律出版社 2020 年版。

284. 张明楷:《刑法的基本立场》(修订版),商务印书馆 2019 年版。

285. 张明楷:《刑法分则的解释原理》(第二版)(上、下),中国人民大学出版社 2011 年版。

286. 张明楷:《刑法格言的展开》(第三版),北京大学出版社

2013年版。

287. 张明楷:《增设新罪的观念——对积极刑法观的支持》,载《现代法学》2020年第5期。

288. 张明楷:《日本刑法的发展及其启示》,载《当代法学》2006年第1期。

289. 张明楷:《日本刑法的修改及其重要问题》,载《国外社会科学》2019年第4期。

290. 张明楷:《责任主义与量刑原理——以点的理论为中心》,载《法学研究》2010年第5期。

291. 张明楷:《刑事立法的发展方向》,载《中国法学》2006年第4期。

292. 张明楷:《论帮助信息网络犯罪活动罪》,载《政治与法律》2016年第2期。

293. 张明楷:《污染环境罪的争议问题》,载《法学评论》2018年第2期。

294. 张泽涛:《行政犯违法性认识错误不可避免的司法认定及其处理》,载《政法论坛》2022年第1期。

295. 张泽涛:《行政违法行为被犯罪化处理的程序控制》,载《中国法学》2018年第5期。

296. 张泽涛:《论公安侦查权与行政权的衔接》,载《中国社会科学》2019年第10期。

297. 张晋藩:《中国法律的传统与近代转型》(第四版),法律出版社2019年版。

298. 张继钢:《风险社会下环境犯罪研究》,中国检察出版社2019年版。

299. 张志钢:《摆荡于激进与保守之间:论扩张中的污染环境罪的困境及其出路》,载《政治与法律》2016 年第 8 期。

300. 张志钢:《论累积犯的法理——以污染环境罪为中心》,载《环球法律评论》2017 年第 2 期。

301. 张忠民:《污染环境罪的明确性之辨》,载《贵州社会科学》2019 年第 8 期。

302. 张晓媛:《生态文明视野下环境刑法的立场转换——以环境损害的二元特征为视角》,载《中国刑事法杂志》2019 年第 4 期。

303. 张正宇:《德国水环境刑法之考察及其对中国的启示》,载《国外社会科学》2020 年第 1 期。

304. 郑志:《环境犯罪被害人的法律保护》,社会科学文献出版社 2018 年版。

305. 周少华:《刑事案件"同案同判"的理性审视》,载《法商研究》2020 年第 3 期。

306. 周少华:《刑法理性与规范技术——刑法功能的发生机理》,中国法制出版社 2007 年版。

307. 周兆进:《环境犯罪严格责任研究》,中国检察出版社 2018 年版。

308. 周兆进:《环境行政执法与刑事司法衔接的法律省思》,载《法学论坛》2020 年第 1 期。

309. 周峨春、孙鹏义:《环境犯罪立法研究》,中国政法大学出版社 2015 年版。

310. 周加海、喻海松:《〈关于办理环境污染刑事案件适用法律若干问题的解释〉的理解与适用》,载《人民司法》2013 年第 15 期。

311. 周光权:《刑法总论》(第三版),中国人民大学出版社 2016

年版。

312. 周光权:《转型时期刑法立法的思路与方法》,载《中国社会科学》2016年第3期。

313. 周光权:《积极刑法立法观在中国的确立》,载《法学研究》2016年第4期。

314. 周光权:《法治视野中的刑法客观主义》(第二版),法律出版社2013年版。

315. 周光权:《行为无价值论的中国展开》,法律出版社2015年版。

316. 周光权:《刑事立法进展与司法展望——〈刑法修正案(十一)〉总置评》,载《法学》2021年第1期。

317. 周光权:《刑事司法领域的宪法判断与刑法制度文明》,载《中国社会科学》2022年第8期。

318. 周详、农海东:《环境犯罪违法性判断多元化的反思》,载《广西大学学报(哲学社会科学版)》2020年第4期。

319. 周详、夏萌:《论污染环境罪的罪过形式:"故意说"之提倡与贯彻》,载《南京工业大学学报(社会科学版)》2021年第1期。

320. 曾粤兴:《刑罚伦理》,北京大学出版社2015年版。

321. 曾粤兴:《刑法学方法的一般理论》,人民出版社2005年版。

322. 曾粤兴、周兆进:《污染环境罪危险犯研究》,载《中国人民公安大学学报(社会科学版)》2015年第2期。

323. 曾粤兴、周兆进:《论环境行政执法与刑事司法的衔接》,载《青海社会科学》2015年第1期。

324. 曾粤兴、周兆进:《环境犯罪严格责任研究》,载《宁夏社会科学》2015年第1期。

325. 曾粤兴、魏思婧:《从重大事故污染环境的刑事责任看污染环境罪的完善》,载《人民检察》2016年第22期。

(二)中文译著

1.〔奥〕汉斯·凯尔森著、〔德〕马蒂亚斯·耶施泰特编:《纯粹法学说》(第二版),雷磊译,法律出版社2021年版。

2.〔奥〕路德维希·冯·米塞斯:《人的行为》,夏道平译,上海社会科学院出版社2015年版。

3.〔澳〕维多利亚·科尔文、〔澳〕菲利普·斯坦宁编:《检察官角色的演变:挑战和创新》,谢鹏程等译,中国检察出版社2021年版。

4.〔澳〕迈克尔·汤斯利主编:《环境犯罪学与犯罪分析(第2版)》,董见萌等译,清华大学出版社2021年版。

5.〔巴西〕《巴西环境犯罪法》,郭怡译,中国环境科学出版社2009年版。

6.〔比〕R. C. 范·卡内冈:《英国普通法的诞生》,李红海译,商务印书馆2017年版。

7.〔德〕乌尔斯·金德霍伊泽尔:《刑法总论教科书(第六版)》,蔡桂生译,北京大学出版社2015年版。

8.〔德〕《德国刑法典》,徐久生译,北京大学出版社2019年版。

9.〔德〕汉斯·海因里希·耶赛克、〔德〕托马斯·魏根特:《德国刑法教科书》,徐久生译,中国法制出版社2017年版。

10.〔德〕安塞尔姆·里特尔·冯·费尔巴哈:《德国刑法教科书(第十四版)》,徐久生译,中国方正出版社2010年版。

11.〔德〕克劳斯·罗克辛:《德国刑法学总论(第1卷)》,王世洲译,法律出版社2005年版。

12.〔德〕克劳斯·罗克辛:《德国刑法学总论(第2卷)》,王世洲等译,法律出版社 2013 年版。

13.〔德〕安德烈亚斯·罗德:《21.0:当代简史》,朱颜译,商务印书馆 2020 年版。

14.〔德〕马克思:《1844 年经济学哲学手稿》,中共中央马克思恩格斯列宁斯大林著作编译局编译,人民出版社 2000 年版。

15.〔德〕马克思:《共产党宣言》,载《马克思、恩格斯全集》,中共中央马克思恩格斯列宁斯大林著作编译局编译,人民出版社 2014 年版。

16.〔德〕阿图尔·考夫曼:《法律哲学(第 2 版)》,刘幸义等译,法律出版社 2011 年版。

17.〔德〕阿图尔·考夫曼、〔德〕温弗里德·哈斯默尔:《当代法哲学和法律理论导论》,郑永流译,法律出版社 2001 年版。

18.〔德〕卡尔·拉伦茨:《法学方法论》,陈爱娥译,商务印书馆 2003 年版。

19.〔德〕《德国刑法典》,王士帆等译,元照出版公司 2017 年版。

20.〔德〕冈特·施特拉腾韦特、〔德〕洛塔尔·库伦:《刑法总论 I——犯罪论》,杨萌译,法律出版社 2006 年版。

21.〔德〕克劳斯·罗克辛:《德国最高法院判例·刑法总论》,何庆仁、蔡桂生译,中国人民大学出版社 2012 年版。

22.〔德〕克劳斯·罗克辛:《刑事政策与刑法体系》,蔡桂生译,中国人民大学出版社 2012 年版。

23.〔德〕汉斯·海因里希·耶赛克、〔德〕托马斯·魏根特:《德国刑法教科书(总论)》,徐久生译,中国法制出版社 2001 年版。

24.〔德〕埃里克·希尔根多夫:《德国刑法学:从传统到现代》,江溯等译,北京大学出版社 2015 年版。

25.〔德〕阿图尔·考夫曼:《法律获取的程序:一种理性分析》,雷磊译,中国政法大学出版社 2015 年版。

26.〔德〕奥利弗·森森:《康德论人类尊严》,李科政、王福玲译,商务印书馆 2021 年版。

27.〔德〕奥特弗利德·赫费:《政治的正义性:法和国家的批判哲学之基础》,庞学铨、李张林译,商务印书馆 2021 年版。

28.〔德〕K·茨威格特、〔德〕H·克茨:《比较法总论》,潘汉典等译,法律出版社 2003 年版。

29.〔德〕恩格斯:《家庭、私有制和国家的起源》,载《马克思恩格斯选集(第四卷)》,人民出版社 1972 年版。

30.〔德〕费希特:《自然法权基础》,谢地坤、程志民译,商务印书馆 2004 年版。

31.〔德〕塞尔姆·里特尔·费尔巴哈:《德国刑法教科书(第 14 版)》,徐久生译,中国方正出版社 2010 年版

32.〔德〕哈贝马斯:《在事实与规范之间:关于法律和民主法治国的商谈理论》,童世骏译,生活·读书·新知三联书店 2014 年版。

33.〔德〕汉斯·约阿希姆·施奈德:《犯罪学》,吴鑫涛、马君玉译,中国人民公安大学出版社 1990 年版。

34.〔德〕赫尔穆特·查致格:《国际刑法与欧洲刑法》,王士帆译,北京大学出版社 2017 年版。

35.〔德〕黑格尔:《法哲学原理》,邓安庆译,人民出版社 2016 年版。

36.〔德〕黑格尔:《世界史哲学讲演录(1822—1823)》,刘立群等译,商务印书馆 2015 年版。

37.〔德〕黑格尔:《小逻辑》,贺麟译,商务印书馆 1997 年重

印版。

38.〔德〕康德:《道德形而上学的奠基》(注释本),李秋零译注,中国人民大学出版社 2013 年版。

39.〔德〕卡尔·拉伦茨:《法学方法论(全本·第六版)》,黄家镇译,商务印书馆 2020 年版。

40.〔德〕卡尔·拉伦茨:《正确法——法伦理学基础》,雷磊译,法律出版社 2022 年版。

41.〔德〕卡尔·施密特:《论法学思维的三种模式》,苏慧婕译,中国法制出版社 2012 年版。

42.〔德〕卡尔·施米特:《宪法学说(修订译本)》,刘锋译,上海人民出版社 2016 年版。

43.〔德〕拉德布鲁赫:《法哲学》,王朴译,法律出版社 2005 年版。

44.〔德〕鲁道夫·冯·耶林:《为权利而斗争》,郑永流译,法律出版社 2007 年版。

45.〔德〕鲁道夫·冯·耶林:《为权利而斗争》,刘权译,法律出版社 2019 年版。

46.〔德〕罗伯特·阿列克西:《法律论证理论》,舒国滢译,商务印书馆 2020 年版。

47.〔德〕尼克拉斯·卢曼:《法社会学》,宾凯、赵春燕译,上海人民出版社 2013 年版。

48.〔德〕莱因荷德·齐佩利乌斯:《法哲学(第六版)》,金振豹译,北京大学出版社 2013 年版。

49.〔德〕塞缪尔·普芬道夫:《人和公民的自然法义务》,鞠成伟译,商务印书馆 2017 年版。

50.〔德〕托马斯·杜斐、〔德〕斯特凡·鲁珀特、李富鹏编:《柏林共和时代的德国法学》,郭逸豪等译,商务印书馆 2021 年版。

51.〔德〕尤利安·尼达-鲁莫林:《哲学与生活形式》,沈国琴、王鸳嘉译,商务印书馆 2019 年版。

52.〔德〕尤利乌斯·冯·基尔希曼:《作为科学的法学的无价值性——在柏林法学会的演讲》,赵阳译,商务印书馆 2016 年版。

53.〔德〕英格博格·普珀:《法学思维小学堂:法律人的 6 堂思维训练课》,蔡圣伟译,北京大学出版社 2011 年版。

54.〔德〕保罗·克雷尔:《德国环境刑法》,张志钢译,中国社会科学出版社 2022 年版。

55.〔法〕孟德斯鸠:《论法的精神》,张雁深译,商务印书馆 2020 年版。

56.〔法〕雷蒙·阿隆:《社会学主要思潮》,葛秉宁译,上海译文出版社 2015 年版。

57.〔法〕弗朗索瓦·惹尼等:《法律方法的科学》,雷磊等译,商务印书馆 2022 年版。

58.〔法〕亚历山大·科耶夫:《法权现象学纲要》,邱立波译,华东师范大学出版社 2011 年版。

59.〔法〕孟德斯鸠:《波斯人信札》,梁守锵译,商务印书馆 2010 年版。

60.〔法〕米歇尔·福柯:《规训与惩罚:监狱的诞生》,刘北成、杨远婴译,生活·读书·新知三联书店 1999 年版。

61.〔法〕涂尔干:《职业伦理与公民道德》,渠敬东译,商务印书馆 2015 年版。

62.〔法〕托克维尔:《论美国的民主》(上卷),董果良译,商务印书馆 1997 年版。

63.〔古希腊〕亚里士多德:《政治学》,吴寿彭译,商务印书馆 1965 年版。

64.〔韩〕金日秀:《刑法秩序中爱的含义》,李颖峰译,无照出版公司 2021 年版。

65.〔美〕罗斯科·庞德:《普通法的精神》,唐前宏等译,法律出版社 2010 年版。

66.〔美〕约书亚·德雷斯勒:《美国刑法纲要》,姜敏译,中国法制出版社 2016 年版。

67.〔美〕道格拉斯·胡萨克:《刑法哲学》,姜敏译,中国法制出版社 2015 年版。

68.〔美〕约书亚·德雷斯勒:《美国刑法精解(第四版)》,王秀梅等译,北京大学出版社 2009 年版。

69.〔美〕理查德·A. 波斯纳:《法理学问题》,苏力译,中国政法大学出版社 2002 年版。

70.〔美〕E. 博登海默:《法理学:法律哲学与法律方法》,邓正来译,中国政法大学出版社 2017 年版。

71.〔美〕马库斯·达博:《积极的一般预防以及法益论》,杨萌译,载陈兴良主编:《刑事法评论》(第 21 卷),中国政法大学出版社 2007 年版。

72.〔美〕兰德尔 I 世·阿特拉斯:《21 世纪的安全与通过环境设计预防犯罪(CPTED)——关键基础设施保护的设计与犯罪预防》,但彦铮、张秋枫、曹艺译,知识产权出版社 2017 年版。

73.〔美〕乔治·P. 弗莱彻:《刑法的基本概念》,王世洲等译,中国政法大学出版社 2004 年版。

74.〔美〕庞德:《法哲学导论》,于柏华译,商务印书馆 2020 年版。

75.〔美〕乔治·弗莱彻:《反思刑法》,邓子滨译,华夏出版社 2008 年版。

76.〔美〕詹姆斯·萨尔兹曼、〔美〕巴顿·汤普森:《美国环境法(第四版)》,徐卓然、胡慕云译,北京大学出版社 2016 年版。

77.〔美〕米尔伊安·R.达玛什卡:《司法和国家权力的多种面孔》,郑戈译,中国政法大学出版社 2004 年版。

78.〔美〕哈伯特·L.帕克:《刑事制裁的界限》,梁根林等译,法律出版社 2008 年版。

79.〔美〕阿纳斯塔普罗:《美国 1787 年〈宪法〉讲疏》,赵雪纲译,华夏出版社 2012 年版。

80.〔美〕艾伦·德肖维茨:《法律创世记:从圣经故事寻找法律的起源》,林为正译,法律出版社 2011 年版。

81.〔美〕艾伦·德肖维茨:《你的权利从哪里来》,黄煜文译,北京大学出版社 2014 年版。

82.〔美〕彼得·德恩里科、邓子滨编著:《法的门前》,北京大学出版社 2012 年版。

83.〔美〕博西格诺等:《法律之门》,邓子滨译,华夏出版社 2017 年版。

84.〔美〕布雷恩·Z.塔玛纳哈:《论法治——历史、政治和理论》,李桂林译,武汉大学出版社 2010 年版。

85.〔美〕富勒:《法律的道德性》,郑戈译,商务印书馆 2005 年版。

86.〔美〕哈罗德·J.伯尔曼:《法律与革命——西方法律传统的

形成》,贺卫方、高鸿钧、张志铭、夏勇译,中国大百科全书出版社1993年版。

87.〔美〕保罗·罗宾逊、〔美〕泰勒·威廉姆斯:《美国刑法地图》,谢杰等译,上海人民出版社2023年版。

88.〔美〕罗伯特·诺奇克:《无政府、国家和乌托邦》,姚大志译,中国社会科学出版社2008版。

89.〔美〕罗伯特·索科拉夫斯基:《现象学导论》,高秉江、张建华译,上海文化出版社2021年版。

90.〔美〕诺内特、塞尔兹尼东:《转变中的法律与社会》,张志铭译,中国政法大学出版社1994年版。

91.〔美〕道格拉斯·N.胡萨克:《刑法哲学》,谢望原等译,中国人民公安大学出版社2004年版。

92.〔美〕罗斯科·庞德:《法律史解释》,邓正来译,商务印书馆2017年版。

93.〔美〕罗斯科·庞德:《通过法律的社会控制》,沈宗灵译,商务印书馆2010年版。

94.〔美〕西奥多·齐奥科斯基:《正义之镜:法律危机的文学省思》,李晟译,北京大学出版社2011年版。

95.〔美〕约翰·亨利·梅利曼、〔委〕罗格里奥·佩雷斯·佩尔莫:《大陆法系(第三版)》,顾培东、吴荻枫译,法律出版社2021年版。

96.〔美〕约翰·罗尔斯:《正义论》,何怀宏等译,中国社会科学出版社1988年版。

97.〔日〕交告尚史等:《日本环境法概论》,田林、丁倩雯译,中国法制出版社2014年版。

98.〔日〕西田典之:《日本刑法各论(第七版)》、〔日〕桥爪隆补订,王昭武、刘明祥译,法律出版社 2020 年版。

99.〔日〕西田典之:《日本刑法总论(第 2 版)》,王昭武、刘明祥译,法律出版社 2013 年版。

100.〔日〕西田典之:《共犯理论的展开》,江溯、李世阳译,中国法制出版社 2017 年版。

101.〔日〕山口厚:《刑法总论(第 3 版)》,付立庆译,中国人民大学出版社 2018 年版。

102.〔日〕山口厚:《刑法各论(第 2 版)》,王昭武译,中国人民大学出版社 2011 年版。

103.〔日〕平野龙一:《刑法的基础》,黎宏译,中国政法大学出版社 2016 年版。

104.〔日〕伊东研祐:《法益概念史研究》,秦一禾译,中国人民大学出版社 2014 年版。

105.〔日〕日高义博:《违法性的基础理论》,张光云译,法律出版社 2015 年版。

106.〔日〕高桥则夫:《共犯体系和共犯理论》,冯军等译,中国人民大学出版社 2010 年版。

107.〔日〕大谷实:《刑法讲义总论(新版第 2 版)》,黎宏译,中国人民大学出版社 2008 年版。

108.〔日〕川出敏裕、金光旭:《刑事政策》,钱叶六等译,中国政法大学出版社 2016 年版。

109.〔日〕大谷实:《刑事政策学》,黎宏译,中国人民大学出版社 2009 年版。

110.〔日〕大塚仁:《刑法概说(总论)(第 3 版)》,冯军译,中国人民大学出版社 2003 年版。

111.〔日〕芥川龙之介:《罗生门》,林少华译,上海译文出版社 2010 年版。

112.〔日〕穗积陈重:《法律进化论》,黄尊三等译,中国政法大学出版社 1997 年版。

113.〔日〕小野清一郎:《犯罪构成要件理论》,王泰译,中国人民公安大学出版社 1991 年版。

114.〔日〕只木诚:《罪数论之研究》,余振华、蔡孟兼译,新学林出公司 2019 年版。

115.〔斯洛文尼亚〕卜思天·M. 儒攀基奇:《刑法理念的批判》,丁后盾等译,中国政法大学出版社 2002 年版。

116.〔意〕切萨雷·贝卡里亚:《论犯罪与刑罚》,黄风译,商务印书馆 2018 年版。

117.〔意〕恩里科·菲利:《犯罪社会学》,郭建安译,商务印书馆 2007 年版。

118.〔意〕加罗法洛:《犯罪学》,耿伟、王新译,中国大百科全书出版社 1996 年版。

119.〔英〕P. S. 阿蒂亚:《法律与现代社会》,范悦等译,辽宁教育出版社 1998 年版。

120.〔英〕安东尼·达夫:《刑罚、沟通与社群》,王志远等译,中国政法大学出版社 2018 年版。

121.〔英〕鲍桑葵:《关于国家的哲学理论》,汪淑钧译,商务印书馆 1995 年版。

122.〔英〕哈利·波特:《普通法简史》,武卓韵译,北京大学出版社 2022 年版。

123.〔英〕梅因:《古代法》,沈景一译,商务印书馆1959年版。

124.〔英〕S. F. C. 密尔松:《普通法的历史基础》,李显冬等译,中国大百科全书出版社1999年版。

125.〔英〕乔纳森·赫林:《刑法(第三版)》,法律出版社2003年版。

126.〔英〕休谟:《人性论》(下册),关文运译,商务印书馆2020年版。

127.〔英〕约翰·奥斯丁:《法理学的范围》,刘星译,商务印书馆2022年版。

128.〔英〕韦恩·莫里森:《法理学:从古希腊到后现代》,李桂林等译,武汉大学出版社2003年版。

129. 严景耀:《中国的犯罪问题与社会变迁的关系》,吴桢译,北京大学出版社1986年版。

## 二、外文文献

(一)外文书籍与期刊

1. Albrecht E, The Regulation of Environment Noise in Germany, Journal for European Environmental & Planning Law, (2010).

2. Albuja S and Adarve I C, Protecting People Displaced by Disasters in the Context of Climate Change: Challenges from a Mixed Conflict/Disaster Context, Tulane Environmental Law Journal, (2011).

3. Alexander J C and Colomy P B, Differentiation Theory and Social Change: Comparative and Historical Perspectives, Columbia University Press, (1990).

4. Almer C and Goeschl T, Environmental Crime and Punishment:

Empirical Evidence from the German Penal Code, Land Economics, (2010).

5. Ambos K, Toward a Universal System of Crime: Comments on George Fletcher's Grammar of Criminal Law, Cardozo Law Review, (2006).

6. Armstrong S J and Botzler R G, Environmental Ethics, Divergence and Convergence, (1993).

7. Arnold T W and Tead O, The Symbols of Government, International Journal of Ethics, (1937).

8. Ashworth A and Horder J, Principles of Criminal Law(7th Edition), Oxford University Press, (2013).

9. Atkins A, A Complicated Environment: The Problem with Extending Victims' Rights to Victims of Environmental Crimes, Washington and Lee Law Review, (2010).

10. Ayres I and Braithwaite J, Responsive Regulation, Transcending the Deregulation Debate, Oxford University Press, (1995).

11. Barker D A, Environmental Crimes, Prosecutorial Discretion, and the Civil/Criminal Line, Virginia Law Review, (2002).

12. Bateson G, Steps to an Ecology of Mind: Collected Essays in Anthropology, Psychiatry, Evolution and Epistemology, University of Chicago Press, (2000).

13. Battistelli F and Galantino M G, Dangers, Risks and Threats: An Alternative Conceptualization to the Catch-all Concept of Risk, Current Sociology, (2019).

14. Baxter H, Autopoiesis and the Relative Autonomy of Law, Car-

dozo Law Review, (1987).

15. Baxter H, Niklas Luhmann's Theory of Autopoietic Legal Systems, Annual Review of Law and Social Science, (2013).

16. Beck U, Risk Society: Towards a New Modernity, SAGE Publications, Inc, (1992).

17. Beirne P and South N, Issues in Green Criminology, Willan Publishing, (2007).

18. Berry M A and Rondinelli D A, Proactive corporate environmental management: A new industrial revolution, Academy of Management Perspectives, (1998).

19. Besio C, Niklas Luhmann as an Empirical Sociologist: Methodological Implications of the System Theory of Society, Cybernetics & Human Knowing, (2008).

20. Biber E, Which Science? Whose Science? How Scientific Disciplines Can Shape Environmental Law, University of Chicago Law Review, (2012).

21. Binder D, The Increasing Application of Criminal Law in Disasters and Tragedies: A Global Phenomenon, Western New England Law Review, (2016).

22. Bjarup J, Niklas Luhmann's Paradigm and His Theory of Law: Some Critical Comments, Rechtstheorie, (1992).

23. Bohan M, Complicity and Strict Liability: A Logical Inconsistency, University of Colorado Law Review, (2015).

24. Bookchin M, The Ecology of Freedom: The Emergence and Dissolution of Hierarchy, Cheshire Books, (1982).

25. Bouza A, How to Stop Crime, Plenum Press, (1993).

26. Boyd C C, Expanding the Arsenal for Sentencing Environmental Crimes: Would Therapeutic Jurisprudence and Restorative Justice Work, William & Mary Environmental Law and Policy Review, (2007).

27. Braithwaite J, Restorative Justice & Responsive Regulation, Oxford University Press, (2002).

28. Brans M and Rossbach S, The Autopoiesis of Administrative Systems: Niklas Luhmann on Public Administration and Public Policy, Public Administration, (1997).

29. Bricknell S, Environmental Crime in Australia, Australian Institute of Criminology, (2010).

30. Brickey K F, Environmental Crime Law, Policy, Prosecution, Aspen Publishing, (2008).

31. Brisman A, Crime-environment Relationships and Environmental Justice, Seattle Journal for Social Justice, (2007).

32. Brown D, Criminalisation and Normative Theory, Current Issues in Criminal Justice, (2013).

33. Burns R G, Lynch M J and Stretesky P, Environmental Law, Crime, and Justice, LFB Scholarly Publishing LLC, (2008).

34. Carpenter C L, The Constitutionality of Strict Liability in Sex Offender Registration Laws, Boston University Law Review, (2006).

35. Carr N T, A Comparison of the Effects of Analytic and Holistic Rating Scale Types in the Context of Composition Tests, Issues in Applied Linguistics, (2000).

36. Cartwright N et al., Otto Neurath: Philosophy between Science

and Politics, German Studies Review, (1997).

37. Chen C et al., Holistic Combination of Structural and Textual Code Information for Context based API Recommendation, IEEE Transactions on Software Engineering, (2021).

38. Clifford M, Environmental Crime: Enforcement, Policy and Social Responsibility, Jones and Bartlett Learning, (1998).

39. Clothier D, Restorative Justice: What's that then?, Criminal Justice Matters, (2006).

40. Coffee Jr J C, Hush: The Criminal Status of Confidential Information After McNally and Carpenter and the Enduring Problem of Overcriminalization, American Criminal Law Review, (1988).

41. Coleman C L, The Influence of Mass Media and Interpersonal Communication on Societala and Personal Risk Judgments, Communication Research, (1993).

42. Cornell D, Relevance of Time to the Relationship between the Philosophy of the Limit and Systems Theory, Cardozo Law Review, (1991).

43. Cosens B, Resolving Conflict in Non-ideal, Complex Systems: Solutions for the Law-Science Breakdown in Environmental and Natural Resource Law, Natural Resources Journal, (2008).

44. Crofts P et al., Illegal Dumping and Crime Prevention: A case study of Ash Road Liverpool Council, The Journal of Law and Social Justice, (2010).

45. Davies H and Hopkins B, Environmental Crime and the Privilege against Self-incrimination, The International Journal of Evidence &

Proof, (2000).

46. Deflem M, The Boundaries of Abortion Law: Systems Theory from Parsons to Luhmann and Habermas, Social Forces, (1998).

47. Diamond S, Autopoiesis in America, Cardozo Law Review, (1991).

48. Dicks H, Environmental Ethics and Biomimetic Ethics: Nature as Object of Ethics and Nature as Source of Ethics, Journal of Agricultural and Environmental Ethics, (2017).

49. Dimento J F, Criminal Enforcement of Environmental Law, The Annals of American Academy of Political and Science, (1993).

50. Ding W B, Legal Autopoiesis and the Capital/Revenue Distinction, Victoria University of Wellington Law Review, (2007).

51. Dinkins C and Lonnquist S, The Belt and Suspenders Approach: The Advantages of a Formalized Environmental Compliance Program, Utah Law Review, (2009).

52. Doremus H, Scientific and Political Integrity in Environmental Policy, Texas Law Review, (2007).

53. Doty A, Reshaping Environmental Criminal Law: How Forfeiture Statutes Can Deter Crime, Georgetown International Environmental Law Review, (2005).

54. Downs T M, Recent Developments in Environmental Crime, William & Mary Journal of Environmental Law, (1992).

55. Drielak S C, Environmental Crime Evidence Gathering and Investigative Techniques, Charles C Thomas Publisher, (2019).

56. Du Rées H, Can Criminal Law Protect the Environment, Journal

of Scandinavian Studies in Criminology and Crime Prevention, (2001).

57. Dubber M D, Criminal Law: Model Penal Code, Foundation Press, (2002).

58. Dubber M D, Policing Possession: The War on Crime and the End of Criminal Law, Journal of Criminal Law and Criminology, (2000).

59. Dubber M D and Law C, Criminal Law: Model Penal Code, Foundation Press, (2002).

60. Dupuy P and Viñuales J, International Environment Law, Cambridge University Press, (2018).

61. Dwyer J P, The Pathology of Symbolic Legislation, Ecology Law Quarterly, (1990).

62. Edelman M J, The Symbolic Uses of Politics, University of Illinois Press, (1985).

63. Edwards S M, Edwards T D and Fields C B, Environmental Crime and Criminality: Theoretical and Practical Issues, Garland Publishing, (1996).

64. Fan J, Constitutional Environmental Rights: An Investigation and Analysis Based on Constitutional Texts of All Countries, Journal of Human Rights, (2017).

65. Farmer A, Faure M and Vagliasindi G M, Environmental Crime in Europe: State of Affairs and Future Perspectives, Environmental Crime in Europe, (2017).

66. Faure M and Visser M, How to Punish Environmental Pollution? Some Reflections on Various Models of Criminalization of Environmental Harm, European Journal of Crime, Criminal Law and Criminal

Justice, (1995).

67. Faure M G and Svatikova K, Criminal or Administrative Law to Protect the Environment? Evidence from Western Europe, Journal of Environmental Law, (2012).

68. Faure M G and Zhang H, Environmental Criminal Law in China: A Critical Analysis, Environmental Law Reporter News & Analysis, (2011).

69. Fletcher G P, The Nature and Function of Criminal Theory, California Law Review, (2000).

70. Frank B, Friedman, Practical Guide to Environment Management, The Environmental Law Reporter, (2012).

71. Fuller R C, Sociological Theory and Social Problems, Social Forces, (1936).

72. Gaines S E, Reflexive Law as a Legal Paradigm for Sustainable Development, Buffalo Environmental Law Journal, (2002).

73. Gidi A, Class Actions in Brazil: A Model for Civil Law Countries, The American Journal of Comparative Law, (2003).

74. Glasbergen P, Decentralized Reflexive Environmental Regulation: Opportunities and Risks Based on an Evaluation of Dutch Experiments, Environmental Sciences, (2005).

75. Glendon M A, Individualism and Communitarianism in Contemporary Legal Systems: Tensions and Accommodations, Brigham Young University Law Review, (1993).

76. Gravelle J and Rogers C, Researching the Police in the 21st Century: International Lessons from the Field, Springer, (2014).

77. Gray W and Esser A H, Hypercycles of Criminal System Formation and Their Resolution, Legal Medical Quarterly, (1979).

78. Greife M et al., Corporate Environmental Crime and Environmental Justice, Criminal Justice Policy Review, (2017).

79. Gumbrecht H U, Interpretation versus Understanding Systems, Cardozo Law Review, (1991).

80. Hall M, Victims of Environmental Harm: Rights, Recognition and Redress Under National and International Law, Routledge, (2013).

81. Halsall F, Niklas Luhmann and the Body: Irritating Social Systems, The New Bioethics, (2015).

82. Hamilton E, A Relic of the Past or the Future of Environmental Criminal Law: An Argument for a Broad Interpretation of Liability under the Migratory Bird Treaty Act, Ecology Law Quarterly, (2017).

83. Hamman E, Walters R and Maguire R, Environmental Crime and Specialist Courts: The Case for a "One-Stop (judicial) Shop" in Queensland, Current Issues in Criminal Justice, (2015).

84. Hammett T M, Epstein J, Local Prosecution of Environmental Crime, Bureau of Justice Statistics, (1993).

85. Hardin G, Extensions of "The Tragedy of Commons", Science, (1998).

86. Harland A T, Monetary Remedies for the Victim of Crime: Assessing the Role of the Criminal Courts, UCLA Law Review, (1982).

87. Hasson E, Risk Modernity and History, International Journal of Law in Context, (2005).

88. Hayim G J, Postmodern Tendencies in the Sociology of Luh-

mann the Self-Thematization of Modernity, Human Studies, (1994).

89. Heagerty M F, Crime and the Environment-Expanding the Boundaries of Environmental Justice, Tulane Environmental Law Journal, (2010).

90. Hepple B, Negotiating Social Change in the Shadow of the Law, South African Law Journal, (2012).

91. Hertz M, Structures of Environmental Criminal Enforcement, Fordham Environmental Law Journal, (1996).

92. Herrera E M S, Derecho Penalty Autopoiesis-Reflexiones Acerca de los Sistemas Penales Sociologicos Cerrados, Derecho Penalty Criminologa, (2012).

93. Hogeland A S, Criminal Enforcement of Environmental Laws, Massachuseetts Law Review, (1990).

94. Huber B, The Protection of the Environment in German Criminal Law, Comparative and International Law Journal of Southern Africa, (1990).

95. Huomo-Kettunen M, EU Criminal Policy at a Crossroads between Effectiveness and Traditional Restraints for the Use of Criminal Law, New Journal of European Criminal Law, (2014).

96. Hurst J W, Problem of Legitimacy in the Contemporary Legal Order, Oklahoma Law Review, (1971).

97. Husak D, Overcriminalization: The Limits of the Criminal Law, Oxford University Press, (2008).

98. Husak D N, The Philosophy of Criminal Law: Selected Essays, Oxford University Press, (2010).

99. Hughes G et al., Criminological Perspectives: Essential Readings, SAGE Publications, Inc, (2003).

100. Innerarity D, Sociological Illustration of Niklas Luhmann, Persona and Derecho, (1987).

101. Jacobson A J, Autopoietic Law: The New Science of Niklas Luhmann, Michigan Law Review, (1989).

102. Jakobs G, Imputation in Criminal Law and the Conditions for Norm Validity, Buffalo Criminal Law Review, (2004).

103. Jakobs G, Principios y límites de la justificación, Derecho Penalty Criminologia, (2013).

104. Jarolímková A, Enforcement of Environmental Protection through Criminal Law, Common Law Review, (2010).

105. Jarrell M L, Environmental Crime and Injustice: Media Coverage of a Landmark Environmental Crime Case, Southwest Journal of Criminal Justice, (2009).

106. Johnston H, Punishment and Control in Historical Perspective, Palgrave Macmillan, (2008).

107. Kadish S H, Some Observations on the Use of Criminal Sanctions in Enforcing Economic Regulations, University of Chicago Law Review, (1962).

108. Karavas V, The Force of Code: Law's Transformation Under Information-Technological Conditions, German Law Journal, (2009).

109. Kavu T D, Dube K and Raeth P G, Holistic User Context-Aware Recommender Algorithm, Mathematical Problems in Engineering, (2019).

110. Kellman B, Biological Terrorism: Legal Measures for Preventing Catastrophe, Routledge, (2001).

111. Kennedy D, Legal Formality, The Journal of Legal Studies, (1973).

112. Killion M U, The Function of Law in Habermas' Modern Society, Global Jurist, (2010).

113. King M, The 'Truth' about Autopoiesis, Journal of Law and Society, (1993).

114. King M and Schutz A, The Ambitious Modesty of Niklas Luhmann, Journal of Law and Society, (1994).

115. King M and Thornhill C J, Niklas Luhmann's Theory of Politics and Law, Palgrave Macmillan, (2003).

116. Klink B V, Beers B V and Poort L, Symbolic Legislation: An Essentially Political Concept, Springer, Cham, (2016).

117. Larmore C, Law, Morality and Autopoiesis in Niklas Luhmann: Comments on Drucilla Cornell's Time, Deconstruction and the Challenge to Legal Positivism: The Call for Judicial Responsibility, Cardozo Law Review, (1991).

118. Lauc Z, Problems in the Transition of the Legal System after the Collapse of Communism, Pravni Vjesnik, (1995).

119. Lee D H, The Concept of Personal Information: A Study on Its Interpretation and Scope, Asian Business Lawyer, (2016).

120. Levenson L L, Good Faith Defenses: Reshaping Strict Liability Crimes, Cornell Law Review, (1993).

121. Leydesdorff L, Luhmann, Habeimas and the Theory of Com-

munication, Systems Research and Behavioral Science: The Official Journal of the International Federation for Systems Research, (2000).

122. Liu F, Environmental Justice Analysis: Theories, Methods, and Practice, CRC Press, (2000).

123. Liu X and Li S, The Impact of Criminal Law Regulation-Based Business Environment Optimization on Entrepreneurial Spirit and Enterprise Development, Frontiers in Psychology, (2022).

124. Loughnan A, Manifest Madness: Mental Incapacity in Criminal Law, Oxford University Press, (2012).

125. Lourenco A, Autopoetic Social Systems Theory: The Co-Evolution of Law and the Economy, Australasian Journal of Legal Philosophy, (2010).

126. Luhmann N, Quod Omnes Tangit: Remarks on Jürgen Habermas's Legal Theory, Cardozo Law Review, (2018).

127. Luhmann N, The Cognitive Program of Constructivism and a Reality that Remains Unknown, Springer Netherlands, (1990).

128. Luhmann N, Social Systems, Stanford University Press, (1995).

129. Luhmann N, Law as a Social System, Oxford University Press, (2004).

130. Luhmann N, Essays on Self-Reference, Columbia University Press, (1990).

131. Luhmann N, Response to Commentators, Sociological Analysis, (1985).

132. Luhmann N, Insistence on Systems Theory: Perspectives from Germany-an Essay, Social Forces, (1983).

133. Luhmann N, What Is Communication? Communication Theory, (1992).

134. Luhmann N, The Paradoxy of Observing Systems, Cultural Critique, (1995).

135. Luhmann N, Tautology and Paradox in the Self-Descriptions of Modern Society, Sociological Theory, (1988).

136. Luhmann N, Legal Argumentation: An Analysis of its Form, Modern Law Review, (1995).

137. Luhmann N, Law as a social system, Northwestern University Law Review, (1988).

138. Luhmann N, Operational Closure and Structural Coupling: the Differentiation of the Legal System, Cardozo Law Review, (1991).

139. Luhmann N, Closure and Openness: On Reality in the World of Law, Autopoietic Law: A New Approach to Law and Society, (1988).

140. Luhmann N, The Autopoiesis of Social Systems, Journal of Sciocybernetics, (2008).

141. Luhmann N, The Code of the Moral, Cardozo Law Review, (1992).

142. Luhmann N, Ecological Communication, University of Chicago Press, (1989).

143. Luhmann N, The Self-Description of Society: Crisis Fashion and Sociological Theory, International Journal of Comparative Sociology, (1984).

144. Luhmann N, Politics as a Social System, in The Differentiation of Society, Columbia University Press, (1982).

145. Luhmann N, Risk: A Sociological Theory, translated by Rhodes Barrett, Aldine Transaction Publishers, (1988).

146. Luhmann N, The Differentation of Society, Translated by Stephen Holmes and Charles Larmore, Columbia University Press, (1982).

147. Luhmann N and Rasch W, Theories of Distinction: Redescribing the Descriptions of Modernity, Stanford University Press, (2002).

148. Lukic T, Detection and Investigation of Environmental Crime, Journal of Criminal Law and Criminology, (2012).

149. Lynch M J et al., The Weak Probability of Punishment for Environmental Offenses and Deterrence of Environmental Offenders: A Discussion Based on USEPA Criminal Cases, 1983-2013, Deviant Behavior, (2016).

150. Lyons D, Legal Formalism and Instrumentalism-A Pathological Study, Cornell Law Review, (1980).

151. Mandiberg S F, Locating the Environmental Harm in Environmental Crimes, Utah Law Review, (2009).

152. Mandiberg S F, What Does an Environmental Criminal Know?, Natural Resources & Environment, (2009).

153. Mandiberg S F, Moral Issues in Environmental Crime, Fordham Environmental Law Journal, (2011).

154. Mandiberg S F and Faure M G, A Graduated Punishment Approach to Environmental Crimes: Beyond Vindication of Administrative Authority in the USA and Europe, Columbia Journal of Environmental Law, (2009).

155. Marguerat S H, Private Property Rights and the Environment,

Palgrave Macmillan, (2019).

156. Marzulla R J and Kappel B G, Nowhere to Run, Nowhere to Hide: Criminal Liability for Violations of Environmental Statutes in the 1990s, Columbia Journal of Environmental Law, (1991).

157. Mathur P, Gregory Bateson, Niklas Luhmann and Ecological Communication, The Communication Review, (2008).

158. McAllister L, Making Law Matter: Environmental Protection and Legal Institutions in Brazil, Stanford University Press, (2008).

159. McMurry R I and Ramsey S D, Environmental Crime: The Use of Criminal Sanctions in Enforcing Environmental Laws, Loyola of Los Angeles Law Review, (1986).

160. Miles B and Morse S, The Role of News Media in Natural Disaster Risk and Recovery, Ecological Economics, (2007).

161. Mitsilegas V, From Overcriminalisation to Decriminalisation: The Many Faces of Effectiveness in European Criminal Law, New Journal of European Criminal Law, (2014).

162. Moeller H G, The Radical Luhmann, Columbia University Press, (2012).

163. Mtthheis C, The System Theory of Niklas Luhmann and the Constitutionalization of the World Society, Goettingen Journal of International Law, (2012).

164. Muchnicki E D, Marous J M and Jenkins-Smith M K, Criminal Enforcement of State Environmental Laws: The Ohio solution, Harvard Environmental Law Review, (1990).

165. Munch R, Autopoiesis by definition, Cardozo Law Review,

(1991).

166. Nelken D, Blind Insights? The Limits of a Reflexive Sociology of Law, Journal of Law and Society, (1998).

167. Nelson W E, The Impact of the Antislavery Movement upon Styles of Judicial Reasoning in Nineteenth Century America, Harvard Law Review, (1974).

168. Neves M, From the Autopoiesis to the Allopoiesis of Law, Journal of Law and Society, (2001).

169. Newig J, Symbolic Environmental Legislation and Societal Self-Deception, Environmental Politics, (2007).

170. Nwazi J, An Evaluation of Environmental Criminal Liability and Enforcement in Nigeria, African Journal of International and Comparative Law, (2022).

171. O'Connell G, Crime Prevention through Environmental Design: A Framework for Ireland, University College Dublin Law Review, (2010).

172. O'Malley P, Risk, Power and Crime Prevention, Economy and Society, (1992).

173. Ohana D, Trust, Distrust and Reassurance: Diversion and Preventive Orders Through the Prism of Feindstrafrecht, The Modern Law Review, (2010).

174. Oliveira A et al., Environmental Crimes, The American Criminal Law Review, (2005).

175. Orlando E, From Domestic to Global? Recent Trends in Environmental Liability from a Multi-Level and Comparative Law Perspec-

tive, Review of European, Review of European, Comparative & International Environmental Law, (2015).

176. Orts E W, Reflexive Environmental Law, Northwestern University Law Review, (1995).

177. Pardy B, The Hand is Invincible, Nature Knows Best, and Justice is Blind: Markets, Ecosystems, Legal instrumentalism, and the Natural Law of Systems, Tulsa Law Review, (2008).

178. Palmer C A, An Overview of Environmental Ethics, Royal College of Obstetricians and Gynaecologists, (2003).

179. Parra W J, Actual Politica Criminal en Colombia, Vista Desde la Perspectiva del Derecho Penal del Enemigo de Gunther Jakobs, La, Derecho Penalty Criminologia, (2006).

180. Pathal P, International Environmental Crime: A Growing Concern of International Environmental Governance, US-China Law Review, (2016).

181. Periconi J J, The State of Environmental Crimes Prosecutions in New York, Natural Resources & Environment, (2009).

182. Philippopoulos-Mihalopoulos A, Critical Autopoiesis and the Materiality of Law, International Journal for the Semiotics of Law, (2014).

183. Philippopoulos-Mihalopoulos A, Niklas Luhmann: Law, Justice, Society, Routledge, (2009).

184. Pillsbury S H, How Criminal Law Works: A Conceptual and Practical Guide, Carolina Academic Press, (2009).

185. Pink G and White R, Environmental Crime and Collaborative

State Intervention, Palgrave MacMillan London, (2016).

186. Pontell H N and Shichor D, Contemporary Issues in Crime and Criminal Justice, Prentice Hall, (2001).

187. Ponting C, Historical Perspectives on Sustainable Development, Environment: Science and Policy for Sustainable Development, (1990).

188. Prenzler T, Policing and Security in Practice: Challenges and Achievements, Palgrave Macmillan London, (2016).

189. Privacy C P, Formalism, Legal Realism and Constitutionally Protected Privacy under the Fourth and Fifth Amendments, Harvard Law Review, (1977).

190. Rabie M A, Legal Remedies for Environmental Protection, Comparative and International Law Journal of Southern Africa, (1972).

191. Reitze Jr A W, Criminal Enforcement of Pollution Control Laws, Environmental Lawyer, (2002).

192. Rhodes E L, Environmental Justice in America: A New Paradigm, Indiana University Press, (2005).

193. Ristović S, Environmental Crime Prevention through the Work of Community Policing, International Journal of Economics & Law, (2018).

194. Robinson P H, The Role of Moral Philosophers in the Competition between Deontological and Empirical Desert, William & Mary Law Review, (2006).

195. Robinson P H, The Structure and Limits of Criminal Law, Routledge, (2014).

196. Robinson P H, Criminal Law, Aspen Publishing, (1997).

197. Rodrigue M, Magnan M and Cho C H, Is Environmental Governance Substantive or Symbolic? An Empirical Investigation, Journal of Business Ethics, (2013).

198. Rolston Ⅲ H, A New Envionmental Ethics: The Next Millennium for Life on Earth, Routledge, (2020).

199. Roxin C, The Legislation Critical Concept of Goods-in-law under Scrutiny, European Criminal Law Review, (2013).

200. Rubin J and Stucky S, Fighting Black Markets and Oily Water: the Department of Justice's National Initiatives to Combat Transnational Environmental Crime, Sustainable Development Law and Policy, (2004).

201. Ruggiero V and South N, Green Criminology and Crimes of the Economy: Theory, Research and Praxis, Critical Criminology, (2013).

202. Sahasranaman P B, Handbook of Environmental Law (Second Edition), Oxford University Press, (2009).

203. Sazdovska M M, Environmental Crime and Forest Damage in the Former Yugoslav Republic of Macednoia, East and Central European Journal on Environmental Law, (2013).

204. Sarangi S et al., ' Relatively speaking' : Relativisation of Genetic Risk in Counselling for Predictive Testing, Health, Risk & Society, (2003).

205. Sax J L, Defending the Environment: A Strategy for Citizen Action, Harvard Law Review, (1971).

206. Scholze S, Barata J and Stokic D, Holistic Context-Sensitivity for Run-Time Optimization of Flexible Manufacturing Systems, Sensors, (2017).

207. Schünemann B, The System of Criminal Wrongs: The Concept of Legal Goods and Victim-Based Jurisprudence as a Bridge between the General and Special Parts of the Criminal Code, Buffalo Criminal Law Review, (2004).

208. Shabecoff P, A Fierce Green Fire: The American Environmental Movement, Island Press, (2012).

209. Shover N, Environmental Crime, Crime and Justice, (2005).

210. Simester A P and Smith A T H, Harm and Culpability, Clarendon Press, (1996).

211. Simester A P and Sulliva G R, Criminal Law: Theory and Doctrine (2 edition), Hart Publishing, (2003).

212. Simester A P and Sullivan G R, Criminal law: Theory and Doctrine, Hart Publishing, (2000).

213. Simon J, The Emergence of a Risk Society: Insurance, Law, and the State, Socialist Review, (1987).

214. Situ Y and Emmons D, Environmental Crime: The Criminal Justice System's Role in Protecting the Environment, SAGE Publications, Inc, (1999).

215. Sloep P B and Blowers A, Environmental Problems as Conflicts of Interest, Halsted Press, (1996).

216. Smith J C and Hogan B, Criminal Law, Butterworth, (1978).

217. Song B, Overall Thinking and System Design of Environmental Criminal Law in the Context of Risk Society, Mobile Information Systems,(2022).

218. Spapens T, White R and Huisman W, Environmental Crime in

Transnational Context: Global Issues in Green Enforcement and Criminalogy, Routledge, (2016).

219. Starr J W, Turbulent Times at Justice and EPA: The Origins of Environmental Criminal Prosecutions and the Work that Remains, George Washington Law Review, (1990).

220. Starr J W, Flack B L and Foley A D, A New Intersection: Environmental Crimes and Victims' Rights, Natural Resources & Environment, (2009).

221. Starr J et al., Environmental Crimes Deskbook, Environmental Law Reporter, (2014).

222. Stern N H, The Economics of Climate Change: The Stern Review, Cambridge University Press, (2007).

223. Stevanovic A and Pavlovic Z, Concept, Criminal Legal Aspects of the Artificial Intelligence and Its Role in Crime Control, Journal of Eastern-European Criminal Law, (2018).

224. Strom Jr J P, The United States Attorney's Policy towards Criminal Enforcement of Environmental Laws, South Carolina Environmental Law Journal, (1992).

225. Sunstein C R, Risk and Reason: Safety, Law, and the Environment, Cambridge University Press, (2002).

226. Tamanaha B Z, Law as a Means to an End: Threat to the Rule of Law, Cambridge University Press, (2006).

227. Teubner G, Constitutional Fragments: Societal Constitutionalism and Globalization, Oxford University Press, (2012).

228. Teubner G, Law as an Autopoietic System, Blackwell Publish-

ers, (1993).

229. Teubner G, Substantive and Reflexive Elements in Modern Law, Law & Society Review, (1983).

230. Teubner G, The Two Faces of Janus: Rethinking Legal Pluralism, Cardozo Law Review, (1991).

231. Thornburgh D, Criminal Enforcement of Environmental Laws-A National Priority, George Washington Law Review, (1990).

232. Tsivacou I, The Ideal of Autonomy from the Viewpoint of Functional Differentiation/Integration of Society, Systems Research and Behavioral Science: The Official Journal of the International Federation for Systems Research, (2005).

233. Uhlmann D M, After the Spill is Gone: The Gulf of Mexico Environmental Crimes, and the Criminal Law, Michigan Law Review, (2011).

234. Uhlmann D M, Prosecutorial Discretion and Environmental Crime, Harvard Environmental Law Review, (2014).

235. Uhlmann D M, After the Spill is Gone: The Gulf of Mexico, Environmental Crimes, and the Criminal Law, Michigan Law Review, (2011).

236. Valentinov V, Veblen and Instrumental Value: A Systems Theory Perspective, Journal of Economic Issues, (2013).

237. Vedder H, Environmental Crime in Europe; Rules of Sanctions, Common Market Law Review, (2006).

238. Verschraegen G, Human Rights and Modern Society: A Sociological Analysis from the Perspective of Systems Theory, Journal of Law

and Society, (2002).

239. Vibbert S, A Twisted Mosaic: The Ninth Circuit's Piecemeal Approval of Environmental Crime in Kasza v. Browner, Journal of National Resources & Environmental Law, (2002).

240. Villalobos M and Ward D, Living Systems: Autonomy, Autopoiesis and Enaction, Philosophy & Technology, (2015).

241. Vitale M Q, The Force of Law as a Social Problem, US-China Law Review, (2017).

242. Von Hirsch A and Jareborg N, Gauging Criminal Harm: A Living-Standard Analysis, Oxford Journal of Legal Studies, (1991).

243. Walker L, Restorative Justice Today: Practical Applications, SAGE Publications, Inc, (2012).

244. Walters R, Criminology and Genetically Modified Food, British Journal of Criminology, (2004).

245. Walsh D P, Shoplifting: Controlling a Major Crime, Palgrave, (1978).

246. Wang A L, Environmental Courts and Public Interest Litigation in China: Guest Editor's Introduction, Chinese Law & Government, (2010).

247. Watson M, Environmental Crime in the United Kingdom, European Energy and Environmental Law Review, (2005).

248. Watson M, Environmental Offences: The Reality of Environmental Crime, Environmental Law Review, (2005).

249. Weigend T and Ghanayim K, Human Dignity in Criminal Procedure: A Comparative Overview of Israeli and German Law, Israel Law

Review, (2011).

250. Weisbach D, Negligence, Strict Liability and Responsibility for Climate Change, Iowa Law Review, (2011).

251. Weleskifu J et al., PNS265 Incorporating Context in Observational Real-World DATA Using Targeted Learning, Value in Health, (2020).

252. White R, Environmental Crime: A Reader, Routledge, (2009).

253. White R, Environmental Crime and Problem-Solving Courts, Crime, Law and Social Change, (2013).

254. White R, Environmental Crime in Global Context: Exploring the Theoretical and Empirical Complexities, Current Issues in Criminal Justice, (2005).

255. White R, Crimes Against Nature: Environmental Criminology and Ecological Justice, Willan Publishing, (2008).

256. Winter S C and May P J, Motivation for Compliance with Environmental Regulations, Journal of Policy Analysis and Management: The Journal of the Association for Public Policy Analysis and Management, (2001).

257. Wolfe A, Sociological Theory in the Absence of People: The Limits of Luhmann's Systems Theory, Cardozo Law Review, (1991).

258. Zehr H, Restorative Justice? What's that? in Restorative Justice Today: Practical Applications, SAGE Publications, Inc, (2013)

259. Zehr H and Mika H, Fundamental Concepts of Restorative Justice, Contemporary Justice Review, (1998).

260. Zhenghang F, Study on the Legislative Mode of Environmental

Criminal Law, Academic Journal of Humanities & Social Sciences, (2022).

(二)外文网络文献

1. Blad J, Against Penal Instrumentalism, 4th International Conference on Conferencing and Circles, August 30, 2003, http://www.antoniocasella.eu/restorative/Blad_2003.pdf.

2. Environmental Crime: Issues Related to Justice's Criminal Prosecution of Environmental Offenses, U.S. Government Accountability Office, November 3, 1993, https://www.gao.gov/assets/t-ggd-94-33.pdf.

3. Management Review of the Office of Criminal Enforcement, Forensics and Training, United States Environmental Protection Agency, December 15, 2003, https://19january2021snapshot.epa.gov/sites/static/files/documents/oceft-review03.pdf.

4. Policy on Civil Penalties: EPA General Enforcement Policy, United States Environmental Protection Agency, February 16, 1984, https://www.epa.gov/sites/default/files/documents/epapolicy-civilpenalties021684.pdf.

## 图书在版编目(CIP)数据

环境犯罪刑法治理的早期化问题研究 / 李梁著. —北京：北京大学出版社, 2023.12
ISBN 978-7-301-34728-7

Ⅰ.①环… Ⅱ.①李… Ⅲ.①破坏环境资源保护罪—研究—中国 Ⅳ.①D924.364

中国国家版本馆 CIP 数据核字(2024)第 002926 号

| | |
|---|---|
| 书　　　名 | 环境犯罪刑法治理的早期化问题研究<br>HUANJING FANZUI XINGFA ZHILI DE ZAOQIHUA WENTI YANJIU |
| 著作责任者 | 李　梁　著 |
| 责 任 编 辑 | 闫　淦　方尔埼 |
| 标 准 书 号 | ISBN 978-7-301-34728-7 |
| 出 版 发 行 | 北京大学出版社 |
| 地　　　址 | 北京市海淀区成府路 205 号　100871 |
| 网　　　址 | http://www.pup.cn　http://www.yandayuanzhao.com |
| 电 子 邮 箱 | 编辑部 yandayuanzhao@pup.cn　总编室 zpup@pup.cn |
| 新 浪 微 博 | @北京大学出版社　@北大出版社燕大元照法律图书 |
| 电　　　话 | 邮购部 010-62752015　发行部 010-62750672　编辑部 010-62117788 |
| 印 刷 者 | 大厂回族自治县彩虹印刷有限公司 |
| 经 销 者 | 新华书店 |
| | 650 毫米×980 毫米　16 开本　24.75 印张　300 千字<br>2023 年 12 月第 1 版　2023 年 12 月第 1 次印刷 |
| 定　　　价 | 89.00 元 |

未经许可，不得以任何方式复制或抄袭本书之部分或全部内容。
**版权所有，侵权必究**
举报电话：010-62752024　电子邮箱：fd@pup.cn
图书如有印装质量问题，请与出版部联系，电话：010-62756370